U0314463

金融工程与风险管理系列

风险量化管理：
金融风险指导手册

（美）托马斯·科尔曼（Thomas S. Coleman） 著

郭喜才 译

Quantitative Risk Management + Website:

A Practical Guide to Financial Risk

化学工业出版社

·北京·

内 容 简 介

《风险量化管理：金融风险指导手册》是一本不可多得的金融风险管理实用指南，综合了作者作为研究人员、交易员和管理者多年来形成的观点，即管理风险是管理金融公司的核心，真正的风险管理永远不能下放给一个单独的部门，而必须是为公司利润作出贡献之人的责任。

本书主要分为两篇，第 1 篇集中讨论了风险、风险管理、风险测度、风险工具、金融风险大事件以及量化技术的局限性等方面的内容；第 2 篇侧重于如何计算风险，重点介绍形成量化风险测度基础的工具：波动率和 VaR，并将这些工具应用于风险报告和投资组合风险分析，重点讨论了信用风险、流动性风险和运营风险。

本书对致力于从事风险管理的从业者或初入风险管理行业的新人，是一本非常好的书，而且对于有多年风险管理工作经验的人士，也是一本极好的参考书。

Quantitative Risk Management ＋Website：A Practical Guide to Financial Risk by Thomas S. Coleman

ISBN 978-1-118-02658-8

Copyright © 2012 by Thomas S. Coleman. All rights reserved.

Authorized translation from the English language edition published by John Wiley & Sons，Inc.

本书中文简体字版由 John Wiley & Sons，Inc. 授权化学工业出版社独家出版发行。

本书仅限在中国内地（大陆）销售，不得销往中国香港、澳门和台湾地区。未经许可，不得以任何方式复制或抄袭本书的任何部分，违者必究。

北京市版权局著作权合同登记号：01-2013-0470

图书在版编目（CIP）数据

风险量化管理：金融风险指导手册/（美）托马斯·科尔曼(Thomas S. Coleman)著；郭喜才译. —北京：化学工业出版社，2022.12

（金融工程与风险管理系列）

书名原文：Quantitative Risk Management ＋Website：A Practical Guide to Financial Risk

ISBN 978-7-122-42722-9

Ⅰ.①风…　Ⅱ.①托…　②郭…　Ⅲ.①金融风险-风险管理-手册　Ⅳ.①F830.9-62

中国国家版本馆 CIP 数据核字（2023）第 002864 号

责任编辑：王淑燕　　　　　　　　装帧设计：张　辉
责任校对：赵懿桐

出版发行：化学工业出版社（北京市东城区青年湖南街 13 号　邮政编码 100011）
印　　装：中煤（北京）印务有限公司
787mm×1092mm　1/16　印张 22¾　字数 481 千字　2023 年 5 月北京第 1 版第 1 次印刷

购书咨询：010-64518888　　　　　　售后服务：010-64518899
网　　址：http://www.cip.com.cn
凡购买本书，如有缺损质量问题，本社销售中心负责调换。

定　　价：148.00 元　　　　　　　　　　　　　　版权所有　违者必究

序言

我曾在高盛公司担任过四年的风险管理部门负责人（很遗憾，我觉得有必要指出多年以前该公司还是一家备受尊敬的私人合伙企业），并曾合作出版过一本名为《风险管理的实践》的书籍，因此我对这本书的主题有自己的看法并不奇怪。

科尔曼（Coleman）也提出了风险管理的观点，无论好坏，我们都认可。这本书的中心主题是"在现实中，风险管理既是人员、流程和机构的管理，也是衡量和量化风险的科学"。我认为他是完全正确的。

这本书的标题也突出了重要的一点，这一点有时在大型组织中会被忽略。风险测度通常是分配给风险管理部门的任务，但实际上只是风险管理部门的职责之一。正如科尔曼所阐述的，"风险测度工具是帮助人们了解当前和过去的风险敞口，这是一项有价值且有必要的工作，但显然不足以实现风险管理"。然而，他指出，"风险管理的能力"是高级管理层需要掌握的，"不仅仅是对预期的事件作出反应，还要建立一个能够应对风险并承受意外事件的文化和组织。换言之，风险管理还包括建立灵活、稳健的流程和组织"。

认识到风险管理从本质上来说就是向上级沟通并从高层开始管理风险，这会带来更高层次的洞察。在大多数金融公司中，不同的风险由不同的部门管理，不同的部门需要完全不同的衡量指标。尽管如此，管理人员还必须要对风险进行全面和透彻的汇总，并具备分解和深入研究的能力。正如科尔曼指出的，这个过程的一致性和透明性是关键要求。在描述和研究风险时，所有的风险承担者和风险管理者必须使用相同的语言。

最后，科尔曼强调，风险管理的目标不是只在风险最小化。虽然风险通常是指随机结果的负面影响，但正如其所说，风险管理的目的是利用机会"控制劣势，利用优势"。

在讨论风险测度时，关键的概念当然是结果的分布。但是科尔曼恰当地强调了这种分布的未知性，并且不能用一个数字来概括，例如离散度。正如科尔曼指出的，行为金融学提供了许多例证，"人类并不擅长处理随机性和概率"。他建议，为了成功管理风险，"我们必须放弃世界存在确定性这种幻想，并拥抱未来的流动性、变化性和偶然性"。

我最喜欢这本书的一个方面是它在处理和发展有关概率的巧妙指导。例如，考虑一个经典问题，解释医学测试结果。科尔曼考虑了乳腺癌检测的案例，这种疾病折磨着大约1/20的女性。标准的乳房X光检查实际上有5％的概率报告假阳性。换句话说，一个没有患癌症的妇女在95％的情况下会得到阴性结果，在5％的情况下会得到阳性结果。在收到阳性检测结果的条件下，人们自然认为患癌症的概率非常高，接近95％。实际上，事实并非如此。考虑到在1000名妇女中，大约有5人将患有癌症，约有55人将收到阳性结果。因此，在收到阳性测试结果的条件下，患癌症的概率只有大约9％，而不是95％。然后以这个例子作为介绍，作者后来发展了贝叶斯模型更新的理论。

尽管这本书花费了大量精力来描述定量的风险测量技术，但这并不是它真正关注的焦点。这本书的定位是实用指南。例如，在谈到管理风险问题时，科尔曼很有见地地选择了管理人作为第一个主题，而所涉及的第一个问题就是委托-代理问题。科尔曼认为，"设计补偿和激励计划必须是风险管理中最困难和最不被重视的方面之一，但也是最重要的方面之一"。尽管他没有就如何制定雇佣合同给出明确建议，但他总结说："对偏好、激励、补偿和委托-代理问题的认真思考，为解决风险管理中许多棘手问题带来启迪——我认为我们作为专业人士，才刚刚开始以实质性方式解决问题。"

任何量化风险的尝试都有许多众所周知的局限性，本书提供了一个有用的警示表。在众多关切中，科尔曼强调"衡量风险的模型不会包括所有的头寸和风险"；"风险衡量标准，如在险价值和波动率是向后看的"；"在险价值不能衡量'最坏的情况'"；"量化技术很复杂，需要专业知识和经验才能正确使用"；最后，"量化风险衡量标准不能恰当地代表极端事件"。也许最重要的是，虽然讨论了最近金融危机的许多事件，但科尔曼对特异性风险和系统性风险进行了有用的划分，前者可以由公司管理，后者则是由公司控制之外的整个经济事件导致的。前者是本书的重点。对于后者，他的结论是"系统性风险事件更具破坏性，因为它们涉及一系列资产和各种市场的重大错位。此外，公司采取的预防特殊风险事件的措施通常对系统性事件无效。"

科尔曼引用了行为金融学的一些最新观点，尤其是关注过度自信的问题，用他的话说，这是"所有风险管理中最基本和最困难的（问题），因为自信是成功的必要条件，但过度自信会导致灾难"。后来他又说："风险管理也可以用作管理我们自己，管理我们的自我、傲慢、固执、错误。它不是复杂的量化技术，而是在面对不确定性、信息匮乏和相互竞争的需求时做出正确决策的问题。"他强调了可能导致风险管理错误的四个特征：熟悉、承诺、羊群本能和信念惯性。

当把重点放在风险的认识和沟通时，科尔曼深入研究了一套投资组合分析工具，他在高盛管理风险时帮助开发使用了这些工具。这些工具对风险的边际贡献、风险三角形、最佳对冲和最佳复制投资组合的处理，都是为了满足简化和突出风险敞口固有复杂组合最重要方面的实际需要而设计的。正如我们过去经常重复的那样，风险管理就是在正确的时间将正确的信息传达给正确的人。

在涵盖了理论、工具和实际应用之后，科尔曼最终迎来了一个令人不满意的现实，即未来永远不会像过去那样，在极端事件方面尤其如此。他的解决方案是承认这一局限性，"对数字和量化技术的过度自信，对我们处理极端事件能力的过度自信，应该受到严厉批评，因为它使我们陷入一种虚假的安全感"。最终，公司所依赖的不是风险测度工具，而是经验丰富的风险经理的判断和智慧。正如总结的那样，"一个拥有良好风险报告的糟糕经理仍然是一个糟糕经理。对一个组织来说，真正的风险存在于未预料到的或意外的情况——这正是风险测度量化能发现的，也是优秀管理者致力掌握的"。

鲍勃·利特曼（Bob Litterman）
Kepos 资本合伙人

前　言

风险管理是利用过去的教训来减轻不幸和善用未来的机会——换句话说，是避免再犯过去的愚蠢错误，尽管人类已经意识到事情还会出现新的错误。

本书源于 CFA 协会研究基金会的一个项目。研究基金会要求我写一本简短而实用的风险管理指南。我原本希望通过此书阐述我对风险的看法。最终，事情的发展远远超出了预期，但我仍然希望这本书是金融风险管理的实用指南。

本书阐述了我对风险管理的看法，这是我作为一名研究人员、交易员和管理者多年来形成的观点。我的方法有点独特，因为风险管理本身就存在分歧，一方面是软性的管理技能，另一方面是硬性的数学，任何试图在一本书中处理这两方面问题的做法，本质上都是一种实验。在写作本书的过程中，我想做的不仅仅是写下数学公式。我想解释我们应该如何思考风险，风险意味着什么，为什么我们要使用特定的风险度量。最重要的是，我想挑战公认的观点，即风险管理是或者曾经是一门独立的学科；管理风险是管理金融公司的核心，并且必须是为公司的利润作出贡献的人的责任。

我刚进入金融行业时是在掉期交易柜台做交易员。在交易台上，我们以盈亏为生。对于管理损益而言，没有什么比理解和管理风险更重要。风险每天都会有，我们需要建造和使用实用工具，帮助理解、展示、报告和管理各种复杂多样的风险。

交易台的经历告诉我，管理风险是金融业务的核心内容。管理风险不是可以委托的事情，也不是可以交给风险管理部门的事情。风险的衡量当然可以是技术性的，可能需要一定的专业知识和风险专业骨干，但管理的责任最终是由部门经理、高级管理层和董事会承担的。这个经验对于商业银行、投资组合经理和交易柜台的交易员来说都是正确的。任何金融业务，必须由经理来管理风险，真正的风险管理永远不能下放给一个单独的部门。

在当今复杂的市场中，管理风险的必要性导致了管理和量化之间不可避免的紧张关系。传统的管理者关注的是人、流程、制度、激励——管理企业的所有组成部分，而风险专家则专注于数学、模型、统计、数据——业务的量化方面。今天的市场要求公司弥合这种人为分歧，并整合管理和量化的能力。

本书试图解决这两方面的问题。第 1 篇，包括第 1 章到第 6 章，重点是管理方面的问题。我认为，管理风险与管理人员、流程和机构一样，一个强大且反应迅速的组织是应对风险的最佳工具。但管理者也需要适应量化问题：什么是风险？我们应该如何看待不确定性和随机性？波动性和在险价值等量化指标背后的含义是什么？这些不仅仅是技巧上的问题。我们需要理解公式背后的客观事实，并利用我们的知识来帮助做出决策。

第1篇并非仅针对管理人员。那些专注于建立模型和产生数字的风险专业人员，也需要了解这些数字是如何以及为什么被用于风险管理的。正如肯德尔（Kendall）和斯图尔特（Stuart）所言，"重要的不是数字本身，而是如何处理它们"。第1篇旨在阐述管理者和风险专业人员在衡量和管理风险方面的共同点。

第2篇将重点放在测量风险的量化工具和技术上。现代风险测度是定量的，通常是受过数学培训和具有专业知识的专家的"专属领域"。现在，无法回避风险度量所必需的统计、数学和计算机技术，但是我们不应该回避这些挑战。即使其中的细节很困难，但总体理念几乎总是非常直白。我试图全面地揭示这个理论，同时也解释理论背后的细节。在整本书中，我用一个简单一致的组合来提供关键思想和计算的示例。本书的购买者可以在网上查阅相关例子，以便更全面地理解这些概念。

第2篇主要针对风险专业人员，即那些需要掌握精确计算公式的人，例如风险因子。但管理人员也可以利用第2篇来了解风险计量背后的概念。第9章和第10章侧重实例和风险计量工具的使用。本书不应该仅仅是一本计算波动率或学习什么是广义帕累托分布时的参考书。我的目标是为复杂的概念找到简单的解释，这比什么都重要。

最后，如果读者在阅读本书时，既能体会到风险管理的重要性，又能深入了解衡量风险的量化框架，那么这本书就非常有意义了。我希望管理人员能借此提高量化技能和知识，而风险专业人员可以使用它来提高对使用数字管理业务的理解。

托马斯·科尔曼（Thomas S. Coleman）
格林威治（Greenwich），CT
2012年3月

目　录

第1篇　管理风险

第2篇　度量风险

第 1 篇
管理风险

1 风险管理与风险测度

众所周知，风险管理是所有金融机构的核心工作。但我们要认识到，风险管理部门往往是与交易部门或者其他职能部门分离的。更重要的是，我们将"风险管理"一词用于一个实际上并未参与任何管理的团队，这就引出了这样一个内涵——公司内部的风险管理和其他管理存在一些差别。《金融时报》曾引用过一位大型金融机构高管的话，"董事会不可能成为风险管理者"。[1] 实际上，董事会除要了解和掌握公司的利润及财务状况外，还有一项同等重要的责任——熟悉并控制公司的风险。

再次重申，风险管理是管理所有金融机构的核心工作，这是公司管理人员不能委托给其他人的一项重要责任。风险管理就是为了控制现有风险和充分利用未来机会而制定的战略战术决策。虽然风险管理确实包含那些在风险管理教科书中出现的量化工具和实践，但实际上，风险管理既是一门对人员、流程和机构进行管理的艺术，又是一门对风险进行测度和量化的科学。在金融行业中，风险管理更被视为职能部门管理人员的核心职责，上至董事会和CEO，下至个人交易单元和管理资产组合的经理。一个金融机构的管理者首先必须是一个风险管理者，必须要能够管理公司所面临的风险。

当我们把目光从被动的风险测度和风险监控转移到主动的风险管理的同时，也要将目光转向那些能够识别风险类型和方向以及提供对冲风险策略的工具。它反映出风险管理（过去关注的是监控风险）和投资组合管理（人们在追求利益时要考虑承担多大的风险）之间紧密的联系。

风险测度为风险管理提供必要的支持。风险测度是量化和表示风险的一个专业化

---

[1] 格雷拉和拉森（Guerrera and Larson，2008）。

的任务。在金融行业中，风险测度已经无可非议地形成了一套专业化的量化规则。在许多机构中，进行风险测度的人员会组成单独的部门，其报告流程也和职能部门不同。

风险测度有以下三个目标。

① 发现资产组合或者公司面临的已知风险。已知风险是指相同或类似风险过去已经在该公司或其他公司出现过，在研究或分析中能够被识别和了解的风险。这类风险可能由于资产组合的规模和分散程度的问题，不是那么明显，但只要细心一些，这类风险是可以被发现的。

② 使已知的风险更容易被发现、了解和比较——换句话说，就是更加有效、简洁和清晰地显示和报告风险。在险价值（value at risk，VaR），是一种该领域中常用的工具，当然也有其他的补充技术和工具。

③ 尽力去了解和发现未知的或未被预见到的风险——也许无法轻易地了解和预测这类风险。比如，可能是由于机构或行业过去没有经历过的。

正如我所提到的，风险管理是组织当中各个层级管理人员的责任。为了支持风险管理工作，从公司最底层（比如单个的交易平台）到最高管理层，整个公司的风险测度和报告要统一。应该将最底层的风险测度统一整合到公司层面的风险中。尽管风险整合很难实现，但一个高级经理要能预见到公司层面的风险。不过，它又如同一个洋葱的表皮或者俄罗斯套娃的外衣，我们要剥去表层，看到更加细微和分散的风险。这种基础统一的风险报告将会给公司带来巨大的收益，而当公司层面的风险与前台层面的风险处理基础不同时，就无法获取这种收益。

1.1 风险管理和风险测度的比较

我提出风险管理和风险测度之间区别的目的是说明在标准风险管理方法中，有一个细小但很重要的变化：除单独的风险测度外，我们还要专注于理解和管理风险。不幸的是，风险管理这个术语，已经被挪用于描述风险测度：即风险的度量和量化。风险测度需要专业人员，并且要组成一个与组织内部主要风险承担者相互分离的部门。相反，风险管理必须被金融公司以及公司高管视为核心能力。但这样挪用风险管理的定义，会让人误以为风险承担者担负的风险管理的责任得到了减轻，也就是减少了他们为有效管理风险作出必要决策的这种责任。管理人员不能下放他们风险管理的责任，同时独立的风险管理部门并不比独立的利润管理部门更应备有。

标准化的观点认为风险管理应作为一个独立的学科和独立的部门。我赞同风险测度确实需要技术技能，也通常作为一个独立部门出现。风险测度部门应该通过度量和评估风险来支持管理人员，这就如同会计部门应该通过度量收入、利润和损失来支持管理人员。这保留了管理人员对公司风险进行管理的职责。风险测度专家和管理人员（他们具有风险管理职责）都不应该混淆风险测度和风险管理。

1.2 重新定义和聚焦风险管理

风险管理的关注点在于主张谨慎的工具和大胆的目标。风险测度工具的作用是有限的。这些工具有助于了解当前和过去暴露的风险，这是有价值也是有必要的，但很明显对于真正的风险管理工作来说是不够的。相反，风险管理的目标应该是利用风险测度所提供的信息来管理未来的风险。而基于不完全信息的风险管理恰恰是令人生畏的，因为量化风险管理工具在捕捉那些由意外事件导致的巨大风险时，往往会失效。在不完全信息的条件下做出决策几乎是人类所有努力的一部分。风险管理的魅力不仅在于对预期事件的回应，更在于构建一种可以应对意外事件及其风险的文化和组织。换句话说，风险管理是构建灵活、稳健的过程和组织，以便更好地识别和应对风险。这些在过去没有被重视，但却是抵御意外风险最稳健的方式，也是一种利用新的机会的能力。

哲学家尼古拉斯·雷舍尔（Nicholas Rescher，2001）写的《运气》一书，可能将我对风险管理的观点做了最好的阐述，当然这本书与金融风险管理无关，书里写道：

底线就是在我们通过迷信的方法无法掌控运气（风险）时，我们还是可以通过谨慎原则来影响运气，当然这种原则并不神奇但非常有效。这里要先特别提出三种方法。

① 风险管理：管理风险暴露的方向和范围，并且用一种合理的方式调整我们承担风险的行为，既要不过于谨慎又要不过于放松。

② 控制损失：通过谨慎的手段保护自身免遭噩运的袭击，比如利用保险、"对冲"等。

③ 机会资本化：通过找准自己的定位来利用好所得的机会，避免过度谨慎，从而增加把潜在可能性转化为实际收益的预期。

1.3 量化测度和通用框架

风险测度是风险的语言，甚至可以说就是风险本身——当然所有这些都会随着资产和公司的变化而变化。交易员可能经常谈论 DV01（一个代号为 01 的美元价值），也可能谈论债券的修正久期、股票的 β 值以及外汇交易中外币的名义量，当然也会谈到期权这个潘多拉魔盒中的 delta 值、gamma 值、theta 值和 vega 值。风险管理人员在评估公司总体风险时，可能会讨论 VaR、期望缺口或者更低的半方差。

过多的术语容易引起混淆，并会出现关于风险的不同观点（不要求没有专业知识的读者此时就能理解所有这些术语，它们的定义会在需要时出现）。但是，所有这些术语从一个或其他方面引出同一个问题：什么是损益（profits and losses，P&L）的变异性？从个股交易员到董事会，通过透视损益（P&L）的变异性可以为分析不同的资产和公司提供统一的框架。

这个框架中隐含的假设是一致性。在测度和反馈风险时，如果整个公司采取统一的标准将会是大有裨益的。尽管反馈还需要适当地调整，但公司从上到下风险计算基础保持一致性还是很重要的。

一致性提供了两方面的好处。首先，高级管理人员可以确信，他们在管理公司层面的风险时，实际上是在对单个风险的总和进行管理。必要时高级管理人员可以对风险的来源进行追查。其次，底层管理人员可以知道，高级管理人员对风险提出的质疑是和他们实际管理的风险有关的。这些风险可能会用不同的专业术语来表达，但当风险通过统一的原则来计算和反馈时，不同的风险就可以转化为统一的语言来表述。

这里有一个例子，有助于展示当风险术语在公司不同层级有显著不同时，一致性是如何实现的。考虑一个简单的资产组合的市场风险：

① 一份名义价值 20000000 美元的 10 年期美国国债（UST）。

② 一份名义价值 7000000 欧元的 CAC40 指数（法国的股票指数）的期货合约。

我们可以把这个作为一个简单的上市公司的例子，债券代表固定收益部门或资产组合投资部门持有的头寸，而期货合约代表股票交易部门或资产组合投资部门持有的头寸。在一个真实的公司中，固定收益组合有许多不同的头寸，固定收益交易员或管理资产组合的经理会参与实时的头寸管理，而相似的情况在股票资产组合中也会出现。高级经理则会对总体或组合的风险负责，而不会参与日常决策。

柜台级别的交易员要求对风险有非常细致的判断。通常他们需要最新的消息以及资产组合的市场风险因素敏感度。固定收益交易员可能会利用久期来测度暴露的风险，如 DV01（也称为基点值［BPV］或美元久期），或等价的 5 年或 10 年债券。❶ 股票交易员则可以测算头寸的 β 值。

在所有的案例中，交易员只测算风险的暴露情况和敏感性——就是指市场因素变动特定的一个单位，可以收入或损失多少头寸。如表 1.1 所示，一个简单的报告展示了固定收益组合或股票组合风险的暴露情况或敏感性，表中列出了债券的美元久期和持有股票的 β 值。债券的美元久期是 18288 美元，即收益率每降低一个基点，利润为 18288 美元。❷ 在法国 CAC 指数中，持有股票头寸的 β 值是 910 万美元。

市场的盈亏及其分布通常是两个因素相互作用的结果：持有头寸对市场风险因素的暴露程度或敏感性，还有风险因素的分布。表 1.1 中的报告只展示了第一个因素，即暴露的市场风险因素。柜台级别的交易员要有一定的市场知识和经验，对震荡幅度大小的可能性有敏锐的判断，他们对市场风险因素的分布也有了自己的理解。一般而

---

❶ 固定收益暴露风险的测度和多数文章中所讨论的一样。

❷ 如果不使用 $18288 的 DV01 值，风险的暴露程度或者敏感性可以表示为调整或修正的久期 8.2，也可以表示为价值 $39000000 的等价 5 年期债券。在所有的例子中，它表示同一个意思：在给定的市场波动下，资产组合会发生多少波动。DV01 是收益率变动一个基点时用美元表示的敏感性，而修正久期是敏感性的百分比，对应收益率变动 100 个基点。修正久期可以通过乘以持有的美元转化为 DV01（还要除以 10000，因为久期是每一百个基点的变化百分比，而 DV01 是对应 1 一个基点）。在这个例子中，面值 $20000000 的债券实际价值为 $22256000，DV01＝8.2×22256000/10000＝$18288（取整）。

言，他们无须一份正式的报告来告诉他们市场如何波动，而是需要形成他们自己对于盈亏分布的估计。最后，他们会使用盈亏分布来管理资产组合。

表 1.1　简单的风险暴露报告

收益曲线（每降低一个基点）		股票（等风险的面值）	
10 年期账面收益	＄18288	CAC	＄9100000

一个更高级的管理人员不会参与日常交易，而是负责更大范围的资产组合，他们可能没有交易员那样与市场紧密相关且经常更新的知识，比如判断各种震荡幅度的可能性。这样的管理人员可能在市场波动的分布方面要求掌握额外的信息。

表 1.2 展示了这些额外的信息，比如债券收益率和 CAC 指数的日常波动率以及市场波动的标准差。我们可以看到 10 年期债券收益率的标准差是 7.15 个基点，而 CAC 指数是 2.54％。这意味着 10 年期债券收益率将至少上升或下降 7.15 个基点，而 CAC 指数三天内每天至少会变动 2.54％。换句话说，7.15 个基点为债券市场的波动提供了一个大致规模，而 2.54％则是股票市场波动的一个大致规模。

表 1.1 和表 1.2 中对市场和敞口风险的测度整合后，就可以得到债券和股票市场盈亏波动率的估计，如表 1.3 所示。❶

① 债券的盈亏波动率 ≈ ＄18288×7.15 ≈ ＄130750

② 股票的盈亏波动率 ≈ ＄9100000×0.0254 ≈ ＄230825

这些值对盈亏的变化或者说分布给出了一个正式的测度：盈亏分布的标准差。固定收益组合的 ＄130750 表示该资产组合在三天内，每天会有至少 ＄130750 的收益或损失，相当于盈亏波动的一个大致规模。表 1.3 整合了表 1.1 和表 1.2 的信息，用一种有逻辑且易于理解的方式提供了盈亏分布的信息。

表 1.2　单个市场收益变动的波动率或标准差

收益率曲线（基点数/天）		股票（％/天）	
10 年期账面收益	7.15	CAC	2.54

表 1.3　资产组合对特定市场风险单位标准差变动的敏感性

收益率曲线（收益下降）		股票（指数上升）	
10 年期账面收益	＄130750	CAC	＄230825

像表 1.3 这样的报告提供了很有价值的信息。但是，一个高级管理人员要把所有的头寸和可能的市场变化入账，因此，他最为关心的是总体盈亏的变异性。这就要求测算 10 年期债券收益率波动和股票的关系——也就是说，要考虑表 1.1 中的头寸可能的波动以及协动（comovements），不像表 1.2 只考虑它们各自的收益率波动。

---

❶ 线性假设是为了简化而做的，并不是必要的。其他替代的方法可以从头寸暴露的风险以及市场风险中获得盈亏分布；线性方法在这里只是为了说明问题。

对于一个包含两类资产的简单组合，总体盈亏波动的估计方法相对简单。组合盈亏的标准差可以用以下公式计算❶

$$投资组合波动 \approx \sqrt{\sigma_{Bond}^2 + 2 \cdot \rho \cdot \rho_{Bond} \cdot \rho_{Eq} + \sigma_{vol}^2}$$
$$= \sqrt{130750^2 + 2 \times 0.24 \times 130750 \times 230825 + 230825^2}$$
$$\approx \$291300 \tag{1.1}$$

这种情况可以用图 1.1 来表示。单独的资产组合和单个的交易员以及他们敞口风险的报告在最下端列出。（本例只有两种资产组合，实际的资产组合可以有很多。）单个交易员关注的是暴露的风险，并根据他们对于市场潜在波动的判断来形成盈亏分布的评估。

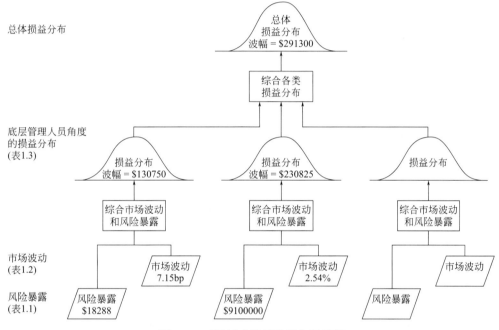

图 1.1　不同标准的风险报告展示图

不直接接触日常交易的管理人员可能需要敞口风险和市场波动信息的综合情况来形成对盈亏分布的估计。表 1.3 完成的就是这项工作，并在图 1.1 的第三行中展示。评估整体的盈亏需要整合单个资产组合的分布来形成总体分布——如式（1.1）以及图 1.1 第一行中所示。❷

这里很重要的一点是，对所有资产和公司所有的层级来说，目标都是一致的：测算、了解，以及最终管理盈亏。对于终日研究债券的美元久期的交易员和研究公司总体在险价值的 CEO 来说，这都是一样的。

---

❶　波动率如何整合将在第 8 章中讨论。债券和 CAC 指数的相关系数为 0.24。
❷　对于更多更复杂的资产组合以及除波动率以外的风险测度（例如，在险价值或预期缺口），将多个资产分布组合成一个整体分布可能很困难，但思想是一致的：将单个头寸组合起来估计总体盈亏的变异性或离差。

目前为止，我们考虑的资产组合是简单的两种资产。表 1.1 的敞口风险报告是很容易理解的。但一个更符合实际的资产组合会包含很多资产，会有许多的敞口风险。例如，一个固定收益资产组合可能不像表 1.1 那样，只有一个美元久期为 $18288 的资产，它可能是 5～8 种货币在 10 或 15 年期的收益率上所暴露的风险。一个交易员单独的报告很容易就包括 30、50 甚至 70 个条目——这可以为交易员实时管理资产组合提供详细的信息，但也会使关注整体风险的人员感到困惑。

当我们考虑多种资产组合时（比如，政府交易平台、互换交易平台、信用交易平台、股票交易平台或固定收益交易平台），问题就会迅速出现。一个对多种资产组合负责的高级管理人员需要整合风险的工具，将简单的敞口风险和单个资产组合的盈亏分布变成一个整体的分布。当头寸和子组合的数量、种类增加时，如图 1.1 所示的整合过程就变得很有必要了。

像图 1.1 那样从下到上构建风险和盈亏分布在理论上是很容易的，但实际操作起来会变得很困难。然而，从相反方向进行操作则是更为重要的：从全部盈亏风险角度向下挖掘来发现和了解风险的来源。在这方面，风险测度并不是很有深度，但十分重要。管理整体风险意味着要对承担或处理何种风险做出决策，而做出这种决策就要了解风险的来源。

无论是从下到上构建风险值，还是从上到下发现风险来源，计算风险测度值时的一致性原则，都是非常重要的。只有使用一致的框架，才能使整个公司进行风险管理工作的好处体现出来。

1.4 系统性风险和非系统性风险

当我们讨论风险时，要做一个重要的区分，我们称之为非系统性和系统性风险。尽管概念上是相关的，但它们的区别在于非系统性和系统性（β 值或整个市场）风险在资本定价模型中的不同作用。非系统性是针对某个特定公司的，而系统性风险囊括了整个金融体系。它们的区别有时是很模糊的，但却很重要。1995 年巴林银行的危机是巴林银行的特定风险（尽管它在 1890 年遇到的危机一定程度上与阿根廷债券有关）。相反，2008 年雷曼兄弟和 AIG 的危机是与整个房地产市场和范围更大的信贷市场危机相关的。

有两个原因使得非系统性和系统性风险之间的区别变得尤为重要。第一个原因是两类风险的来源不同。前者出现在公司内部，能够为管理层所掌控。后者由许多公司共同承担，并且经常由于政府的不合理干预、不合时宜的经济政策以及一些恶性事件所导致，比如自然灾害。当然，两种风险的应对策略也不同。公司内部的管理人员通常可以掌控和管理非系统性风险，但却无法控制系统性风险。更为重要的是，公司一般会根据既定的宏观经济状况做出调整，而不是试图去改变产生系统性风险的环境。

第二个原因是不同风险导致的结果不同。公司的风险对参与的企业和个人是非常严重的，但它对股东、债权人和客户的影响却是有限的。但系统性风险管理的灾难对宏观经济乃至整个社会都有非常深远的影响。比如 20 世纪 30 年代的大萧条、70 年代末和 80 年代的发展中国家债务危机、80 年代的美国储贷危机、90 年代末日本的经济危机、1998 年俄罗斯的债务违约、90 年代末期的亚洲金融危机，以及 2008 年的全球金融危机，当然这些都还是冰山一角。这些事件都与系统性风险以及风险管理的失效有关，并且引发了巨大的直接成本（为摆脱危机而付出的成本）和间接成本（经济衰退）。

由于在系统性危机过后，非系统性和系统性风险往往被混为一谈，所以认识其中的区别是很重要的。好的非系统性风险管理（针对单个公司）不能完全替代系统性风险管理（针对宏观经济和政策）。风险管理的失败往往被认为是系统性风险的主要驱动因素。尽管好的非系统性风险管理可以减缓系统性风险的影响，但它不能代替合适的宏观经济政策。政治家——实际上我们每个人都在参与政治——必须承担起制定经济政策的责任，从而确定刺激力度、回报和成本来应对系统性风险。

本书关注非系统性风险及风险管理——即单个公司可以控制的风险。虽然系统性风险的命题也是非常重要的，但这是其他书的主题——比如 1989 年金德尔伯格（Kindleberger）写的《疯狂、惊恐和崩溃：金融危机史》或者 2009 年莱因哈特（Reinhart）与罗格夫（Rogoff）写的《新时代：金融业的愚蠢行为》。

2 风险、不确定性、概率和运气

  风险管理要求习惯性地对不确定性和随机性进行思考。事实表明，人类不善于进行概率化的思考，我们希望生活是确定的，所以不会自然而然地去考虑随机性，而概率又不是凭直觉的。但是正如小时候学习骑车一样，我们不该放弃努力。要在那么大的领域里做到这些，就要求我们接受这个世界的不断变化以及不确定性。

  本章将重点介绍如何对风险、不确定性和概率进行思考。这一章提供了我们将在本书余下部分中会使用到的工具中的一部分工具。但更为重要的是，它会帮助我们从刻板、固定的世界走向变化、不确定的世界，也能帮助我们更好地探索这个奇妙复杂的世界。

2.1　什么是风险

  我们在问"什么是风险管理"这个问题之前，应该先问"什么是风险"。这不是一个简单的小问题，风险是一个模糊的概念。为了定义风险，我们要考虑未来结果的不确定性，以及这些结果的效用或收益。当一个人在结冰的湖上滑冰时，我们说他正在承担风险，不只因为冰面可能会破，而且因为如果冰面划破了，结果会很糟糕。相反，如果结冰的湖面上没有人，我们只会讨论冰面破裂的可能性；只有当冰面破裂对一些人或事产生影响时，我们才会使用"风险"一词。我们也可以引用哲学家乔治伯克利的一句话：如果一棵树在森林里倒了，但恰好没有人在那儿，那它还算风险吗？

  风险这个词常常与损失或糟糕的结果联系在一起，但当我们试图理解金融风险时，仅仅将分析局限于产生的损失是错误的。管理金融风险应该在避免损失的同时积极寻找获利机会。在其他条件不变时，随机性往往导致更多坏的结果。如同多数关注风险测度的文章一样，关注损失的测度是很恰当的（比如，更低的确定性和在险价值），但获利的机会同样不能被忽略。在金融市场上，其他条件不可能完全相同，而且更多的不确定性必然伴随着更多的获利机会。向上的风险可能被称为"机会"比较合适，但向下的风险和向上的机会如同镜像，更高的风险会有更高的期望报酬。成功的金融公司可以有效管理所有风险：在控制损失的同时发现机会。❶

风险包括了结果的不确定性以及结果带来的效用两个方面。对于金融机构，未来的结果是利润——用货币单位来测度盈亏。这里有个假设，即只有利润问题是最符合现实的，因为金融机构的基本目标就是利润最大化。另外，现实情况、公司地位、终生的工作等都是影响因素，但都是次要的，而且可以忽略。

未来的结果可以用盈亏来表示，利润的不确定性则可以用概率分布函数或概率密度函数来描绘，这两个函数对应了若干个可能的盈亏分布，从而可以看到利润有时高有时低。图 2.1 中 A 展示了价值 $10 的抛硬币赌博（只有两种结果），B 展示了一个假想的收益曲线策略（多种可能结果）。纵轴表示特定结果出现的概率，而横轴则表示利润或损失的水平。对于抛硬币，每种结果出现的概率都是 1/2。对于收益曲线策略，可能的结果是个范围，每个范围对应一定的概率水平。我们最终要考虑的是盈亏分布——即获利或损失多少。

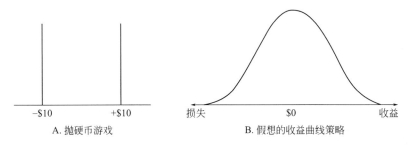

图 2.1　抛硬币游戏及假想的收益曲线策略损益图

分布函数包含了所有与随机结果有关的客观信息，但由任意给定水平的利润或损失带来的收益（可正可负）还取决于投资者的偏好或效用函数，即投资者如何给每单位正产出赋值以及对每单位负产出的厌恶程度。所以一个分布是否优于另一个（即一个结果的集合优于另一个集合）取决于投资者的偏好。

一般而言，对于所有投资者来说，各种分布没有唯一的排序，如分布 F 并不一定优于分布 G。即使在一些例子中我们说分布 F 的风险毫无疑问比分布 G 小，但这些例子的用途也是有限的。举个例子，考虑图 2.2A 中的两个分布，它们拥有相同的均值，但分布 F 离差更小，并且密度函数位于 G 的内部。所有厌恶风险的投资者都认为分布 G 更差，因其风险更大。❷

❶　吉仁泽（Gigerenzer，2002，26）强调，从正负两方面考虑风险是很重要的。
❷　从技术上说，分布 F 对分布 G 占优是指二阶占优。对于占优的讨论，可以参考艾特威尔、米利盖特和纽曼的汉姆利维（1987，新帕尔格雷夫经济学大辞典，第四卷，500-501）。在实际操作中，F 和 G 很少同时存在，因为价格体系决定了这种现象。如果有人认为 G 比 F 差，那么 G 的价格就会下跌——从而使它的回报率（均值）上升。

更一般的情况是没有固定的排序，一些投资者喜欢一种分布，而另一些投资者喜欢另一种分布。图 2.2B 展示了这样两种分布：H 有更小的离差但更低的期望，而 K 离差较大但均值也大。一个特定的投资者在给定偏好的情况下，可以决定哪一种分布更差。虽然一些投资者可能喜欢 H 而另一些可能喜欢 K，但没有特定的排序可以给出哪一种风险更大。

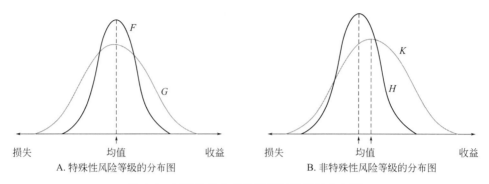

图 2.2　特殊性及非特殊性风险等级的分布图

概括起来说，分布的风险取决于投资者的偏好。没有一种特定的风险排序适合所有的分布和投资者。为了对分布进行排序和更好地定义风险，必须先引入偏好的概念。

马科维茨（Markowitz，1959）在引入现代金融经济学的基石——资产配置的均值-方差框架时，隐含地提出了一种偏好的模型。他假设投资者在相同的方差下倾向于选择更大的均值或预期回报，在相同的均值下倾向于选择更小的方差（或标准差）。投资者在不同结果之间的选择只取决于均值和方差。在这个框架内风险总是等同于方差，因为方差特有地衡量了由结果中更大离差所带来的负效用。

在马科维茨（Markowitz）的均值-方差框架中，问题被简化为对均值和方差（期望回报和风险）做出选择。实际的选择在不同投资者中会有变化，这取决于他们如何评估均值的收益和方差的成本。只有当均值相同时，方差才能对某一偏好水平上的分布做出排序。在图 2.2B 中，对某些投资者而言，分布 K 可能好于分布 H，即使 K 的方差更大（当然 K 的均值也更大）。即使将效用函数限制为二次函数，我们也必须精确地考虑如何在均值和方差之间取舍。

虽然马科维茨（Markowitz）的框架可以深入考察资产配置的过程，但它也只是一个理想化的模型。只有当回报服从正态分布（可以用均值和方差来描述）或者投资者的效用是二次函数（即使不是正态分布，他们也只关心均值和方差）时，风险才可以通过标准差或波动率来识别。

尽管风险是由分布情况和投资者的偏好两方面决定，但在本书余下部分我将主要考察分布的性质，基本上不考虑偏好。因为偏好很难测度并且每个人都不同。更重要的是，我假设偏好只和盈亏有关：如果知道整体的盈亏分布，就可以将它应用到任何特定投资者的偏好上。因此，本书关于风险的基础定义：风险是实际盈亏不同于期望值的可能性，风险也是通过未来的盈亏分布来测度的不确定性或随机性。这个表述比

较综合，且有效地排除了偏好或效用的问题。要想对风险测度和风险管理进行富有成效的讨论，这种简化是必要的。❶

2.2 风险测度

如果用未来的盈亏分布考察风险，那么一个重要的结论就是风险受多方面因素影响，不能用单个的数字来定义；我们需要考虑所有可能结果的分布。但在实际操作中，我们很难了解或使用完整的盈亏分布。因为完整的分布很难测度并且复杂到难以掌握，同时我们又希望有一个简单的途径来描述分布的性质，所以通常使用简化的测度来阐述分布的性质。

这些描述性的测度被称为风险测度，这些数字刻画了分布（风险）的重要性质。第一个重要的性质就是分布的离差或离散程度。标准差是描述离散程度最好的统计量，并且是一个很有价值的风险测度（尽管在理论上常常不能被认同，但实践中应用的还是很广泛）。但也有许多其他的测度可以阐述分布的离散程度、形态以及其他性质。

分布和概率密度函数的测度在统计中是很常见的。对于任何一个分布，人们最感兴趣的两个性质，一个是中心位置，另一个则是范围或离差。中心位置量化了一些典型值的中心趋向，而范围或离差则量化了中心值可能的离散程度。概括性测度很实用，但有时是主观的，因为它们描述的性质本身就比较模糊。❷ 对于风险管理，离散程度比中心位置更重要，主要因为盈亏分布的离差很大程度上与典型值相关。❸

图 2.3 表示了一种假想的债券组合盈亏分布（更准确地来说，应该是概率密度函数）。这个分布形态很好，对称且接近于正态分布或高斯分布。在这个例子中，均值是刻画分布的中心趋势的很好的指标，也是对位置很好的测度。标准差是反映分布的离散程度的良好指标，因此标准差可以作为分布的范围或离差的很好的测度。

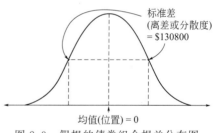

图 2.3　假想的债券组合损益分布图

特定的测度在特定的例子中很有效，但一般来说，单个数字并不总能很好地说明位置或离散程度。它会误导读者认为风险就是一个数字，对所有的例子、资产和投资者，风险都可以用一个数字来描述。风险是多方面的，数字在特定的环境中，可能更

---

❶ 如果知道全部的分布，就可以把它应用到任何一个特定的投资者偏好上，从而找到标普指数的效用。因此，关注整个分布意味着我们可以避免偏好问题。

❷ 参见克拉默（Cramér）1974 年文章中的第 15.5 节和第 15.6 节。下面的评论非常合适：所有对位置、离散程度以及相关性质的测度，很大程度上都是主观的。这是很自然合理的，因描述这些性质时，参数定义得过于模糊，以至于可以用单独的一个数字来表示。每一种测度都有它自身的优势和劣势，在某一个案例中作用良好，不代表在其他案例中也能使用。

❸ 标普 500 指数的日标准差大约为 1.2%，日平均回报率只有 0.03%（伊博森协会根据 1926 年到 2007 年数据计算，数据显示，年化的回报率和月度资金回报率的标准差分别为 7.41% 和 19.15%）。

好也可能更差。但几乎没有一个例子中，单个的数字就足够了（除非在论文的例子中出现了正态分布或二次效用函数）。事实上，用普遍的趋势将风险简化为一个数字是一种"确定性错觉"［来自吉仁泽（Gigerenzer）在 2002 年的一段话］，它将考虑不确定性的困难缩小了，这些内容将在下一节呈现。

2.3 随机性和确定性错觉

考虑不确定性和随机性是很困难的，因为考虑我们不知道的事比考虑知道的事情更难。如果风险能简化为一个数字，那么生活将会简单很多，但这是不可能的。人们倾向于将未来的不确定性和偶然事件简化为单个的、明确的数字，这是很有吸引力的事情，但由此也产生了确定性错觉。如果忽略未来的偶然因素，并依赖一个固定的数字表示未来的不确定性，就会产生错误和误解。人类喜欢将复杂、多元的世界简化为一个简单的因素，寻找风险数字就是很好的例子。

为了了解、评估和管理风险，我们必须放弃刻板、固定的思维，转而考虑其他方法。我们要摒弃世界是确定的这种思想，接受充满变化和不确定性的未来。吉仁泽（Gigerenzer，2002）认为，放弃确定性错觉能使我们享受并探索这个复杂的世界。

（1）直觉带来的困难

随机性充斥着我们的世界，但人类却不善于应对随机性和概率。经验和训练并不总是能使我们做好准备，去理解或是很好地接受不确定性。事实上，整个工业和文明史是以研究人们在思考和判断可能性时是如何犯错为基础的。在 20 世纪 30 年代，"研究人员指出，人们既不可能制造出随机数字序列，也不可能识别出一串数字是否是随机产生的"［蒙洛迪诺（Mlodinow，2008）］。这个领域最著名的学术研究是由心理学家丹尼尔·卡纳曼（Daniel Kahneman）和阿莫斯·特韦尔斯基（Amos Tversky）完成的。[1]

卡纳曼（Kahneman）和特韦尔斯基（Tversky）做了许多工作得出这样的结论：人们面对不确定性的问题时，往往会使用探索性的方法（对复杂问题进行简化）。他们发现这种方法会导致可预测的、持续性的错误（认知偏误）。他们共事多年，20 世纪70 年代发表了一些早期的重要成果。2002 年卡纳曼（Kahneman）凭借"将心理学研究的理论应用到经济学，特别是涉及了在不确定的条件下，人类如何做出判断和决策"荣膺当年的诺贝尔经济学奖。［特韦尔斯基（Tversky）于 1996 年逝世，诺贝尔奖不颁发给已过世的学者。］

一个经常被引用的例子深刻反映了用随机性和概率思考有多么困难。在给定一个人的背景和性格的情况下，受试者被要求评估这个人的职业和兴趣的各种概率。[2] 在实

---

❶　参见卡纳曼和特韦尔斯基（Kahneman and Tversky，1973）以及特韦尔斯基和卡纳曼（Tversky and Kahneman，1974）的例子。

❷　见卡纳曼、斯洛维克和特韦尔斯基（Kahneman，Slovic and Tversky，1982，90-98）。蒙洛迪诺（Mlodinow，2008）可以作为一个简化版本。

14　　风险量化管理：金融风险指导手册

验中，卡纳曼（Kahneman）和特韦尔斯基（Tversky）提供了琳达（Linda）的信息——31岁、单身、坦率、聪明。在学校里，她主修哲学，关心种族歧视和社会公平问题，还参与过反核武器游行。受试者要对琳达（Linda）目前三种可能的职业和兴趣的概率进行排序［也就是说，从琳达（Linda）的教育背景推测她目前的状况］：

A. 琳达（Linda）是一个银行出纳员；

B. 琳达（Linda）是一个激进的女权主义者；

C. 琳达（Linda）既是一个银行出纳员，同时也是个激进的女权主义者。

87％的受试者将两者同时存在的概率排在了单独存在的概率之前（换句话说，他们选择 C，也就是 A 与 B 组合，而不是单选 A 或者 B）。但这在数学上是不可能的。无论琳达（Linda）目前的工作和兴趣是什么，她同时拥有这两项的概率（也就是 C 选项）不可能比她只是一个银行出纳员的概率高。不管在什么情况下，A 与 B 组合在一起的概率永远不可能比 A 单独的概率高。从另外一个角度看，就是出纳员的圈子范围比带有激进女权主义者的出纳员要广。所以她更有可能只是一个银行出纳员而已，而不是带着女权主义思想的银行出纳员。

（2）对银行出纳员琳达（Linda）的进一步分析

银行出纳员和女权主义者结合在一起的概率是很小的，但在心理学上反而更合适。原因可能是我们日常的生活经验以及实践中的规律。实验本质在于提及了琳达（Linda）的学校生活并对她未来的职业做了概率性的描述。我们通常不会那样做。更多时候我们反其道而行之：对新认识的人，根据有限的了解试图去推测他们的性格和背景。换句话说，当碰到 31 岁的琳达（Linda），得知其现在的状况，然后对她的教育背景做出概率性的推断，这样的行为是很常见的。倘若她不只是一个银行出纳员，还是一个女权主义者，那么更有可能将她现在的状况归因于校园生活。换句话说，P（校园生活｜出纳员兼女权主义者）$>P$（校园生活｜出纳员），同时 P（出纳员兼女权主义者｜校园生活）$<P$（出纳员｜校园生活）。无论是由于实践还是先天的心理缺陷，我们善于解决更普遍的问题，但也更容易错误地描绘实验中这些问题的非常规特性。我们认为我们正在解决的，是一个熟悉的问题。这个解释与两人的另一个实验［特韦尔斯基和卡纳曼（Tversky and Kahneman，1983）；蒙洛迪诺（Mlodinow，2008，25）］一致。在这个实验中，医生们被要求根据可能的病情预测症状。而医生常常被训练做相反的事：根据症状诊断可能的病情。

另一种解释在于问题如何被提出。当我们阅读 C 时（"银行出纳员和女权主义者"），我们会不自觉地将对称性加在问题上，将 A 重新解释为"银行出纳员并且不是女权主义者"。根据已知的琳达（Linda）的信息，我们认为 C 的概率高于重新被定义的 A 就变得合理了。如果我们选择一个更加明确的问题，实验结果可能会改变——举个例子，将 A 表述为"琳达（Linda）是一个银行出纳员，但不知道她是否热衷于女权运动"——因为这样的表述就是说 C 在一定程度上是 A 的子集。

关于探索性方法（我们如何思考问题）和问题如何被提出与吉仁泽（Gigerenzer，

2002）的论文有关，我们之后会做更详细的探讨。

这些错误十分常见。卡纳曼（Kahneman）和特韦尔斯基（Tversky）提出了一些有代表性的概念、有效的例子或方案，并对人们在解决概率问题或应对不确定性时使用的试探法做了调整。❶ 正如我们在琳达（Linda）的例子中看到的那样，这些试探法往往会导致错误或偏差。行为经济和行为金融领域的很大一部分是基于他们的工作，而他们的贡献也不只局限于学术领域。人类不适合解决随机问题，这一观点被许多书推广。塔勒布（Taleb，2004，2007）的论文非常著名，但吉仁泽（Gigerenzer，2002）和蒙洛迪诺（Mlodinow，2008）的论文更具有教育意义。

（3）概率不是直觉

认真思考不确定性和随机性很困难但确实富有成效。应对概率和随机性是十分困难的，而且有时非常奇怪。蒙洛迪诺（Mlodinow，2008）受"琳达（Linda）实验"的启发，进一步设计了实验。一个与生日有关的问题，是"如何用非直觉方式处理概率问题"很好的例子，这个例子也说明概率论能使我们的直觉变得更加可靠。

生日问题在许多文章中都被提及，其中奥采尔（Aczel，2004）的书中讨论得很详细。这个问题很简单：在一个有 20 个人的房间，其中两个人生日相同（同一天，不一定是同一年）的概率是多少？大部分人认为概率很小，因为一年有 365 天之多。但事实上，结果让我惊讶，其概率超过了 41%。而要使概率超过 99%，只要找 56 个人就够了。下面是奥采尔（Aczel）的原话：

当 56 个人在同一个房间，找到至少两个生日相同的人的概率竟然达到了 99%！为什么一年有 365 天，而只需要 56 个人，就可以将这个问题近似为一个确定性的事件？概率似乎在以一种神秘的方式起着作用。如果有 365 个打开的盒子，只需要将 56 个球随意放进任意盒子中，则有 99% 的概率将至少两个球放在同一个盒子里。为什么会这样？从直觉上讲，没有人认为会是这样的。直觉应该是，有 365 个盒子，而只有 56 个球，不可能有两个球被放在同一个盒子里。数学结果是相反的，而事实也遵循数学规律。对于完全随机的事件，我们很容易找到许多和直觉相违背的例子。❷

另一个被直觉误导的例子是评估特征或距离。随机序列常常以聚类或聚束呈现（比如，抛硬币时正面朝上的数量），而我们的直觉认为这些序列不是随机的。而 iPod 上的随机播放经过一定调整后，倒使我们觉得更加随机。当 iPod 刚出现时，曲目的随机顺序还是会周期性重复，用户听到歌曲或歌手一次又一次播放，认为这个随机播放并不是随机的。按照史蒂夫·乔布斯（Steve Jobs）的说法，苹果改变了法则，使得"随机度降低，反而使人感觉到更加随机了"。❸ 子随机序列或二次随机序列被用到蒙特

---

❶ 参见卡纳曼和特韦尔斯基（Kahneman and Tversky，1974）。

❷ 费勒（Feller，1968，33）也讨论了这个问题，并估算了 r 个人中有两个或两个以上的人生日相同的概率。对于一个比较小的 r（比如 10 人），P（两个或两个以上生日相同）$\approx r(r-1)/730$。对于一个比较大的 r（15 个或更多），P（两个或两个以上生日相同）$\approx 1 - \exp[-r(r-1)/730]$。这些工作做得非常好。如果 $r=23$，真实概率是 0.507，而估算概率为 0.500；如果 $r=56$，真实概率是 0.988，而估算概率为 0.985。

❸ 见蒙洛迪诺（Mlodinow，2008，175）和马斯林（Maslin，2006）。

卡洛模拟和蒙特卡洛数据整合的原因也是因为随机序列的汇聚，这些序列被整合得更加有序。❶

为了说明连续为什么会产生误导，我们考虑抛硬币时观察到连续 10 次是正面的情况，抛 10 次的话概率是非常小的，1/1024，约 0.098％。但是，如果我们抛 200 次，有 17％的概率连续 10 次是正面或背面。❷

这种连续事件在生活中很多，我们需要仔细考虑。正如 10 次正面的例子，几乎不可能的事件在多次重复后就有可能发生。有这样一个例子，它与那些对风险管理感兴趣的人应该很有关系，这个例子说的是美盛的资产管理经理比尔·米勒（Bill Miller），到 2005 年底，他已经连续 15 年战胜标准普尔 500 指数，❸ 这是一个了不起的成就，但他究竟是凭借技术还是运气呢？通过后面的分析我们可以看到这完全是运气使然。

单支基金连续 15 年战胜标准普尔 500 指数的概率是很低的。假设我们有一支基金，在某一年它有 50％的概率跑赢指数（所以这里没有技巧可言，只靠运气）。这支基金连续 15 年击败指数的概率只有 1/32768，约为 0.3％❹——概率是非常低的。

但 0.003％不是真实的概率。我们之前并未选择美盛价值信托基金，也没有只跟踪它的业绩，而是回过头去看，从众多的基金中选出了一支连续多年获胜的基金。该基金也许真的有制胜法宝，但也有可能是我们在众多基金中恰好找到了这支幸运基金。在数量众多的基金中，总有一支基金是格外幸运的，即使我们事先并不知道它是哪一支。

当我们观察大量的基金时，连续 15 年战胜指数的概率有多大呢？假设只有 1000 支基金存在（很明显是低估的），每支基金独立运作，且一年内都有一半的机会战胜市场，15 年中有多大概率出现每年都战胜指数的基金呢？这个概率比 1/32768 高得多——大约 1/30，或者说是 3％。因此，在这样一个样本中观察到连续 15 年获胜并没有多么稀奇。

事实远不止如此。在 2003 年（观察期尚未结束），评论员报道称"过去 40 年没有基金能够连续 12 年战胜市场"。❺我们确实要考虑一下 40 年中连续 15 年击败市场的基金概率。在过去 40 年中，1000 支基金的基金池中出现连胜 15 年基金的可能性有多大？这个命题给了很大的自主权，因为这个观察期可能在 40 年周期的开端、中段或结尾。事实上，这个概率非常高，大约为 33％。换句话说，纯粹按概率观察到这样一个事件

---

❶ 子随机序列讨论见普雷斯、图科斯基、福特林和弗兰纳里（Press，Teukolsky，Vetterling and Flannery，2007，7.8）。

❷ 这里我使用模拟获得了答案，目前我还不知道可以计算这种序列概率的简化公式。

❸ 对结果的讨论见蒙洛迪诺（Mlodinow，2008）。

❹ 如果一支基金在一年中，有 p 的概率表现突出（我们的例子中，$p=0.5$），那么它连续 15 年战胜市场的概率为 $p^{15}=0.000031$，因为假设每年的表现都是独立的，然后我们将这些概率相乘得到联合概率［概率论的法则之一——见奥采尔（Aczel，2004），第四章，或哈金（Hacking，2001），第六章］。因此，基金做不到连胜 15 年的概率为 $1-p^{15}=0.999969$。每个基金都是独立的，所以在 1000 支基金中，没有基金做到此的概率为 $(1-p^{15})^{1000}=0.9699$（再次将独立事件相乘），这就意味着至少有一支基金能做到的概率为 $1-0.9699=0.0301$。

❺ 莫布森和巴托尔松（Mauboussin and Bartholdson，2003）［蒙洛迪诺（Mlodinow），2008，180 引用］。

的可能性是很高的。❶

这个例子不是为了证明米勒的投资只有平均水平。可能他确有技巧，也可能没有，关键在于，尽管15年的连胜听起来很出色，但不能证明他真得很厉害。我们必须好好评估这个世界，不为这些连胜、巧合所误导。米勒的连胜听起来确实非同凡响，但在我们为之着迷，并将他的成功归因于卓越的技巧时，我们必须冷静地评估，看看这种事件在概率上出现的可能性。米勒可能有卓越的技巧，但15年的连胜本身并不能证明这一点。❷

（4）概率的悖论与谜题：一段题外话

概率上存在很多悖论与谜题。在接下来这段很长的题外话中，我将研究随机游走和"三门问题"。❸

（5）随机游走

概率的悖论里一个很吸引人而且很有启发性的例子就是随机游走——特别是时间或信号的改变次数，无论是正的还是负的。

随机过程最简单的例子是，在每一期中，计数员以1/2的概率向上或向下移动一个单位。（这个例子有时被称为醉汉走路，即一个醉汉在路灯下跌跌撞撞地走着，有时往前有时往后，但完全是随机的。）随机游走和二叉树过程以及伯努利实验有着明显的关系，因为每一期都是上升或下降，换句话说，一个独立的伯努利实验概率 $p=1/2$。

随机游走为描述很多现实场景提供了很好的启发，如股市等。如果我们抛一枚硬币，朝上次数减去朝下次数，这个序列就是个简单的随机游走。这个结果（朝上次数减朝下次数）可以反映一个简单博弈的概率：如果是正面赢得1美元，是反面输掉1美元，那么这个数字就是我们总共赢得的金额。若加上一个细节条件（如概率 p 不是刚好为1/2，或者减少次数），则随机游走可以对股票市场做初步的描述。

我们再仔细考虑一下上面这个随机过程，抛硬币正面朝上赢得1美元，反面朝上输掉1美元。这是一个公平的博弈，我的直觉是，既然朝上和朝下概率相等，就应该在玩到一半发现赢钱时就离开。这个假设在长期可能是对的，但"长期"这个概念有欺骗性。事实上，"直觉会让我们对概率变动的效果产生错误的判断"。❹

假设抛了10000次。图2.4显示了费勒（1968）的经典案例。在这个例子中，我们先看大约前120次（正的收益），然后看充分长的一段时间，从大约3000到6000次，只有78次发生改变（从赢到输或从输到赢），这看上去很少，但比我们预期的要多很

---

❶ 我模拟了一支基金在40年中，连续15年（或更久）战胜市场（$p=0.000397$）的概率，并计算了1000支基金中没有一支可以连续15年战胜市场 $[(1-p^{15})^{1000}=0.672]$ 的概率，因此至少有一支基金做到的概率为（1-0.672=0.328）。蒙洛迪诺（Mlodinow, 2008, 181）得到的概率大约为75%。他可能假设现实中有更多基金，比如3500支，那样就能得到75%的概率。但不管是33%还是75%，都足以说明问题，因为两个概率都非常高。

❷ 作为一个极端例子，美盛价值基金自2005年以来，表现很不稳定。2006年到2009年的四年中，有三年跑输标准普尔500指数，总体上从2005年到2009年下跌了37.5%，而同期标准普尔500指数只下跌了2.7%。

❸ 注意这部分内容与本章其他内容是完全独立的。

❹ 费勒（Feller, 1968）。这个讨论来自其经典的概率论论文，费勒（Feller, 1968, 3.4-3.6）。

多。如果我们重复多次（10000 次），那么我们看到结果改变次数小于 78 次的概率在 88% 左右。

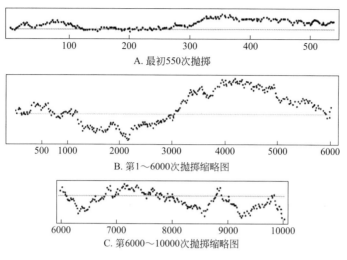

A. 最初550次抛掷

B. 第1~6000次抛掷缩略图

C. 第6000~10000次抛掷缩略图

图 2.4　10000 次均匀硬币抛掷样本图

如果我们将这个过程反过来看，就会觉得更加神奇。反过来之后，它也是一个随机游走，但结果发生改变的次数只有 8 次，亏损的次数达到 9930 次，也就是说处于赢利的时候只有 70 次。事实上，对于一个 10000 次的抛硬币实验，我们却总是处于赢利或亏损——超过 9930 次都是处于同一情况，这个概率会超过 10%。这个结果听起来很奇怪，但它就是被直觉误导的另一个鲜明的例子。正如费勒（Feller）所说，如果这些结论看起来令人吃惊，"一方面是直觉的错误，另一方面是我们看到太多对'平均法则'的不准确引用"。

作为一个实际问题，我们有必要对实际例子做一下研究，并与概率理论做一下比较。在一个服从随机游走的博弈（如股票市场）中，较长时期的赢利会误导我们认为自己有技巧或者赢的概率大于平均水平。与概率理论的比较能促使我们对这些假设进行批判性的评估。

（6）三门问题

最著名的概率谜题就是三门问题了，这个问题最先是给参与者三道门，其中一道门后面有奖励（比如一辆汽车），其他两道门后面没有奖励或奖励少（现在的版本是后面是山羊）。参与者打开一道门，但在门打开前，蒙蒂·霍尔（Monty Hall）会先打开一道门，给参与者一次改变选择的机会。这里的概率谜题是：坚持原来的选择好还是改变选择好？

答案是改变会更好：坚持原来选择赢的概率是 1/3，而改变后概率是 2/3。

在深入研究这个问题之前，要先明确两点。首先，正如我已经写到的，事实上这个问题并不能被很好地提出和正确地解答。正如我们所看到的，这个问题的核心在于蒙蒂·霍尔（Monty Hall）开门的规则。无论参与者选择哪道门，他总开同一道门吗？

或者他总开藏着山羊的门吗？这个问题在设立条件的时候有点太粗糙了。

其次，这个问题产生了诸多争论，数学领域和非数学领域对它感兴趣的人远远超过了其他类似的难题。这个问题本身是很有趣的，但争论却引出了一些重要的事实：

① 认真思考概率问题很困难但也很有价值。当直觉误导我们时，我们可以通过认真思考来得到正确答案。

② 问题的假设和框架很重要。三门问题的答案很大程度上取决于游戏设定的细节条件。

③ 当得到一个看似不合理的答案时，我们要回过头去重新审视思考方式和问题的假设。我们常常发现，自己没有充分理解如何去应用所得到的答案或者假设条件的暗含之意，最终，我们会深入思考这个问题，并将答案应用于现实世界。[取自拉卡托斯（Lakatos，1976）的《证明与驳论》]。

④ 综上所述，概率问题和模型只是世界的抽象，理解它是否很好（或不好）地反映了我们试图了解的世界是很重要的，三门问题就体现了这一点。在现实的电视节目中，蒙蒂·霍尔（Monty Hall）不是一个理论问题的专家，但答案却指出，理解蒙蒂·霍尔（Monty Hall）开门的规则是这个游戏的关键。

三门问题已经被讨论很久，最近这个问题再次兴起，并产生了许多论文。贾森·罗森豪斯（Jason Rosenhouse，2009）最近写的一本书中提到，许多人对于这个问题的研究都归因于蒙蒂·霍尔（Monty Hall）。❶ 马丁·加德纳（Martin Gardner，1959）在《科学美国》的专栏上首次提出了该问题，虽然名字不同，但是数学意义上等价。

该问题首次以蒙蒂·霍尔（Monty Hall）和《我们成交吧！》节目的形式出现在大众视野中，似乎是在 1975 年，由史蒂夫·塞尔文（Steve Selvin，1975a、1975b）在美国统计上发表了两篇文章，这个问题的发表引起了小范围的讨论。

其解答出现在 1990 年 9 月的美国《大观杂志》上，是玛丽莲·沃斯·莎凡特（Marilyn vos Savant）向一位读者做出的解答。玛丽莲·沃斯·莎凡特（Marilyn vos Savant）是这本杂志"问问玛丽莲"专栏的作者，由于智商高达 228 而被写入吉尼斯世界纪录（还进入了吉尼斯名人堂），但她因为对三门问题的回答而更加出名。

这个问题最有意思的地方从下面这段开始：

假设你正在参与一个游戏节目，你有三道门可以选择。其中一道门后是一辆车，其余两道门后面是山羊。如果你打算开启第一道门，而主持人知道门后有什么，并打开了第三道门，其后面是一只山羊。主持人问道："你是否要开第二道门？"请问此时你做出改变有利吗？[玛丽莲·沃斯·莎凡特（Marilyn vos Savant），1990a，15]

回复如下：

是的，你应该改变。第一道门有 1/3 的概率赢得汽车，但第二道门却有 2/3 的机会。这里有一个很好的理解方法。假设有一百万道门，你打开了第一道门。接着知道

---

❶ 三门问题讨论非常多——蒙洛迪诺（Mlodinow，2008）、吉仁泽（Gigerenzer，2002）、奥采尔（Aczel，2004），当然他们的表述各不相同。玛丽莲·沃斯·莎凡特（Marilyn vos Savant，1996）对这个问题进行了深入讨论。

答案的主持人打开了没有奖励那道门。此时你不是应该改变选择吗？［玛丽莲·沃斯·莎凡特（Marilyn vos Savant），1990b，25］

这个简单的改变引发了一系列的回应——她收到了成千上万从公众和研究机构那里寄来的信，不得不又开了两个专栏。这些回应多来自专业的数学家和统计学家，由于他们多数是错的，所以这些回答显得很不礼貌［玛丽莲·沃斯·莎凡特（Marilyn vos Savant），1996］，引用自罗森豪斯［(Rosenhouse) 2009，24-25］：

既然你喜欢直入主题，那我也一样。在接下来的问题和回答中，你会备受打击！

是的，你会备受打击的！

我能建议你在回答这类问题之前去参考一下标准的概率论教科书吗？

你犯了一个错误，但看起来是对的。如果所有的博士都错了，那这个国家就危险了。

她对问题的假设可能没有专业数学学者那样严谨，但不幸的是，面对这些回应，她都是对的。

让我们将这个问题用严谨的方式陈述一下：

① 有三道门，一辆汽车和两只山羊被随机地分别放在一道门后面。

② 主持人蒙蒂·霍尔（Monty Hall）知道汽车和山羊的位置，而参与者不知道。

③ 参与者选择一道门，但此门不打开。

④ 蒙蒂·霍尔（Monty Hall）打开一道门，他遵循的规则如下。

a.不打开参与者选择的那道门。

b.如果汽车藏在参与者选择的那道门后面（则两道未被选择的门后都是山羊），他就随机选择藏山羊的门打开。

c.如果汽车藏在没被选择的门后（这样只有一道未被选择的门后是山羊），主持人就开这道门。

⑤ 这样做的结果是，主持人打开的门后永远是一只山羊。

⑥ 最重要的是，这样的规则确保藏山羊的门是特意被打开的，不是随机的，而藏汽车的门永远不会打开。

⑦ 参与者有权选择是保留选择还是改变选择。

本能的反应是现在有两个选择（一道是先前选择的，另一道是剩下的），而此时改变是没有好处的：因为各种 50% 的机会。但这种直觉是错误的。保留选择情况下赢得汽车概率是 1/3，而改变选择概率是 2/3。

正如之前提到的，有大量文献讨论了这个问题和答案。我会给出两种解释，但记住只有在之前列出的条件下，以下解释才是正确的。❶

第一种方法，我们看到第一次选择时，有 1/3 概率抽到汽车，而其他两道门后面有汽车的概率合起来为 2/3（记住车子是随机放置，无论怎么选都是 1/3 的概率）蒙

---

❶ 这些论据可以说明为什么这个答案是对的，但不能作为一个正式的解决方案。罗森豪斯（Rosenhouse，2009）对这个问题进行了证明，还给出了多种不同的选择。

蒂·霍尔（Monty Hall）的开门规则确保他打开的一定是山羊，他的选择规则并不改变参与者一开始选的那道门后是汽车的概率，也不改变汽车在另外两道门后面的概率。通过改变选择，参与者可以将获胜概率从 1/3 提高到 2/3［本质上，2/3 是汽车藏在另外两道门后面的概率，主持人揭示了哪道门后面不是汽车。蒙蒂·霍尔（Monty Hall）开门提供了有价值的信息］。

另一种方法只有一些聪明的数学家想明白了，采用的是模拟博弈的方法。[1] 假设参与者始终选择第一道门，并将策略定为只选择第一道门（因为汽车是随机放置的，一直选第一道门和随机选择是一样的）。采用随机数字生成器生成一串 0 到 1 之间的随机数字［比如在 EXCEL 里用函数 RAND（　）］。如果随机数字小于 0.3333，则车子在一号门后面，你赢了。此时哪道门打开无所谓。尝试重复，你会看到有接近 1/3 的次数是赢的。

现在让我们改变策略。如果随机数字小于 1/3，那么车子就在一号门后面，此时参与者就输了。因为两道门后面都是山羊，打开哪道门都是无所谓的，你都输了。如果随机数字在 0.3333 到 0.6667 之间，汽车在 2 号门后面，然后 3 号门被打开，你选择 2 号门赢得奖励。如果随机数字大于 0.6667 小于 1，那么车子在 3 号门后面；2 号门会被打开，你转而选择 3 号门就会赢得奖励。这样大概赢 2/3 的次数，输 1/3 的次数。

最后，改变的策略赢得 2/3，而保留的策略只赢得 1/3。即使不靠直觉，这个策略也是正确的。在很多文献中，对这个结论进行了讨论，其中对很多细节进行了深入探讨，并从不同角度考察了这个结论。[2]

在这个问题中，选择开门的规则是关键。考虑另一种规则，即蒙蒂·霍尔（Monty Hall）不知道汽车的位置而随机打开剩下两道门中的一道，这就意味着他可能会打开有汽车的门而直接结束游戏。在这个案例中，结论是如果一道有山羊的门打开了，保留和改变获胜的概率各占 50%，因此没有理由去改变。

在第一个游戏中，蒙蒂·霍尔（Monty Hall）打开山羊的门，是无法告诉我们一开始选的那道门的信息的；之所以这样设计是为了当主持人开门时，对参与者一开始的选择没有影响。这里的启示在于，最开始选择的概率没有改变，还是 1/3（可以由贝叶斯公式得出）。

在第二个游戏中，后来打开的门确实会告诉我们一开始选择的那道门的信息。当蒙蒂·霍尔（Monty Hall）打开有汽车的门时（大约是 1/3），可以确定已经输了。当他打开的门后是山羊时，可以知道有两个选择，其中刚开始选择的门是其中之一。

很明显，实际的电视节目不遵守任何一条规则，而是一套我们觉得有些恶毒的规则。[3] 如果参与者选择了山羊，蒙蒂·霍尔（Monty Hall）通常打开参与者选的门展示

　　[1] 霍夫曼（Hoffman，1998）说明了为什么 20 世纪著名数学家保罗·厄多斯（Paul Erdös）只相信蒙特卡洛模拟的结果。我也是通过这个才理解了为什么改变选择是正确的。

　　[2] 罗森豪斯（Rosenhouse，2009）对这个问题和答案进行了深入讨论。这在蒙洛迪诺（Mlodinow，2008）和吉仁泽（Gigerenzer，2002）中也有涉及。

　　[3] 见罗森豪斯（Rosenhouse，2009，20）。

山羊，并结束游戏。当参与者选择的门后是汽车时，他通常打开其他一道门，然后试图说服参与者改变选择。在这种规则下，蒙蒂·霍尔（Monty Hall）的行为就是个明显的信号，即参与者坚持一开始的选择就能获胜。在这个例子中，最好的策略是坚持初始选择，无论蒙蒂·霍尔（Monty Hall）打开哪道门。

对于真实的电视节目，标准化的问题并不适用，概率上的论据也不相关。但是，这个问题的分析对于任何参与者来说都是有价值的。这个分析强调了蒙蒂·霍尔（Monty Hall）开门规则的重要性。对于真实的游戏，参与者如果对概率比较熟悉，他可以检验过去的游戏，识别出蒙蒂·霍尔（Monty Hall）开门的规则，从而提高获胜概率。

（7）历史/未来的不对称性

不确定性和随机性的一个重要方面就是历史和未来的不对称性。这通常被解释为很难用历史去预测未来，一些看起来注定要发生的事，事后会发现其实很偶然。蒙洛迪诺（Mlodinow，2008）在一些章节中讨论了这个问题，在第 10 章中，他给出了一个很好的例子，是关于国际象棋的：

国际象棋不像牌类游戏，它本身没有随机因素。但由于棋手无法确定对手下一步会怎么走，所以国际象棋还是有不确定性的。如果是职业棋手，他可以预测到未来的若干步；如果想再看得远一些，不确定性就会增加。没有人敢说一盘棋最后会下成什么样。另一方面，如果回过头去看，却很容易解释棋手的每一步棋。这又是一个随机过程，未来很难预测，但回过头来却很好理解。

蒙洛迪诺（Mlodinow）在书的第 1 章给出了一些文章被出版人拒绝的例子：约翰格里沙姆《逝去的时代》的手稿被 26 个出版人拒绝过，J.K 罗林（J.K Rowling）第一部《哈利·波特》的手稿被 9 个人拒绝过，瑟斯（Seuss）的第一本童话被 27 人拒绝过。回顾过去，很难想象这些书竟被拒绝过，但是，回过头去看是很容易的事，预测未来会如何却很困难。

由于我们总是回望历史，并觉得历史很容易解释，所以常常坠入认为未来也很容易了解的陷阱。事实恰好相反，国际象棋的例子提醒我们，即使设计了很好的规则和限制性的步骤，未来同样存在不确定性。我们要始终牢记未来是不确定的，而我们的猜测只是给出了一个不完美的观点，它永远不能消除未来固有的不确定性。

（8）不要过于担心人类的直觉

思考不确定性确实很困难，而且人类的直觉并不擅长解决问题。但即使这样，我们也不该对自己的直觉过分担忧。那么，一旦人类的直觉被误用于涉及不确定性的环境该怎么办呢？我们的直觉可能被误用于量子力学、狭义相对论甚至是经典力学，但它不会阻碍我们发明 DVD、MRI 扫描仪（以量子力学为基础）以及 GPS 装置（要求狭义和广义的时间修正），也不会阻止我们发射导弹（利用经典力学）。以上这些都不是靠直觉产生的，它们利用数学和科学得到正确的结论，因此，没有人会因为量化分析需要正确的直觉而感到惊讶。

如果我们做实验，问人们关于相对论的内容，没有人可以给出正确答案。相对论中有很多悖论，许多在本科生的狭义相对论课程中都有教授。而量子力学的情况就更糟了：爱因斯坦从不接受关于量子的争论，他将其称为"远处的怪异行为"。但事实上，这是存在的。缺乏直觉不会阻止相对论、量子力学以及它们实际应用的发展。

在概率论的领域，需要进行量化分析以了解和应对不确定性，为什么每个人都对此感到惊讶？我们应该先问问量化工具是否合适以及在分析中是否有用，而不是先声讨直觉的错误。"理解随机性和所有数学的核心不是用直觉很快想到问题答案，而仅仅是运用工具来刻画我们的答案"［蒙洛迪诺（Mlodinow，2008，108）］。

这个讨论并不是小看直觉。直觉是很有用的，并不是所有问题都能用数学解决，格拉德威尔（Gladwell，2005）的畅销书《决断两秒间》对直觉大加赞赏。❶ 我的观点是，直觉在一定条件下失效，并不意味着它在概率分析中就起不到作用。

（9）随机数学三步曲

我不敢说理解和应用概率很容易。同样，我也不敢说风险管理是一门可以和物理学相提并论的科学，但在很多情况下它更加难，因为它研究的是人类行为中难以预测的那一部分。但我们也不应像一些人鼓吹的那样，在研究随机和风险管理时放弃分析和数学工具。风险管理和风险测度是很难的，会不断发生错误和产生无法完全解决的问题，甚至部分解决都做不到。但如果没有数学工具将问题系统化、组织化，这个目标更不可能完成。

吉仁泽（Gigerenzer，2002）借鉴了卡纳曼（Kahneman）和特韦尔斯基（Tversky）的重要方法，对不确定性问题提出了新的解决方法。他认为正确的统计思想可以通过训练以及合适的工具和技术来提升：

许多人认为正统的统计思想很难转化为"思维习惯"……我不赞同思维习惯的说法。这本书的核心要义是不要认为思考数字是很困难的一件事，因为这是可以克服的，这些困难并不只是思维上的缺陷。困难的解决方法通常存在于思维环境中，也就是说，数字信息可以通过这种方式来呈现。借助直观易懂的表述，统计思想可以变成一种思维习惯。

吉仁泽（Gigerenzer，2002，38）希望通过三步来克服统计知识的匮乏：

① 克服确定性幻觉（人类倾向于相信确定的结果或认为不存在不确定性）。

② 学习真正与风险相关的事件和行为。

③ 通过一种可以理解的方式表达风险。

这三步同样可以应用于风险管理。大部分风险管理工作着眼于第二步——学习了解风险，但第一步和第三步同样重要。思考不确定性有很大困难，但认识到事情会如何发展以及未来的不确定性是很重要的。一个公司面临的风险通常是很复杂的，需要用一种简单、有效的方式来分散。有效分散这些风险是一个艰巨的任务，需要比往常关注更多才行。

---

❶ 格拉德威尔（Gladwell）的书中给出了一个反例［阿德勒（Alder，2009）］，在这些反例中，第一印象都是错的，做出决策之前必须要对状况仔细分析。

2.4 概率论与数理统计

概率论是研究不确定性和随机过程的科学。给定某种形式的不确定性，会发生什么，我们如何看待？研究在系列赛中一支球队赢球的概率是个很好的例子。这类问题在任何基本的概率论教材中都会讨论，蒙洛迪诺（Mlodinow，2008）专门研究了这类问题。

考虑两个队伍进行三局两胜的比赛。如表 2.1 所示，每支队伍赢或输都有四种情况。如果两支队伍旗鼓相当，每个队伍都有 50% 的机会获胜，每局结果的概率都是 1/8（0.125＝0.5×0.5×0.5），从而加总起来就是 50% 的机会获胜。

表 2.1　旗鼓相当的两支队伍比赛情况

获胜的情况	概率	失败的情况	概率
胜胜负	0.125	负负胜	0.125
胜负胜	0.125	负胜负	0.125
负胜胜	0.125	胜负负	0.125
胜胜胜	0.125	负负负	0.125
	0.500		0.500

这个分析看起来很简单。❶ 但如果两个队伍不是旗鼓相当的，其中一个队伍每局赢的概率有 40% 而输的概率达到 60%，那么劣势的一方有多大概率最终获胜呢？我们可以像之前那样写下各种可能性，但结果会有不同，例如，劣势一方以胜胜负（WWL）获胜的概率只有 0.096（0.4×0.4×0.4）（表 2.2）。

表 2.2　不是旗鼓相当的两支队伍比赛情况

获胜的情况	概率	失败的情况	概率
胜胜负	0.096	负负胜	0.144
胜负胜	0.096	负胜负	0.144
负胜胜	0.096	胜负负	0.144
胜胜胜	0.064	负负负	0.216
	0.352		0.648

这说明劣势一方最终获胜概率为 35.2%，比每局比赛获胜的概率没有低多少。

当局数增加时，问题会变得更加有趣。世界棒球锦标赛采用 7 局 4 胜制。棒球大联盟中最好的球队大概能赢 60% 的比赛，而最差的大概能赢 40%，所以选出胜率 60% 和胜率 40% 的队伍比赛几乎相当于首尾之战了。那么劣势的队伍最终获胜概率有多少？我们还是写下各种可能性（但这时有 128 种情况而不是 8 种），然后计算每种情况的概

---

❶　胜胜负和胜胜胜可能有些奇怪，因为这样最后一局就不用进行了。但这些情况必须包括进去，因为有时需要进行第三局（如胜负胜）。既然有可能进行到第三局，那么我们就要把所有可能的情况都包括进去，包括胜胜负和胜胜胜。

率并加总，结果是 29%。

对我来说，劣势一方有 29% 的概率获胜是很惊讶的事。这也说明概率论可以指导我们的直觉。在解决这个问题之前，我认为这个概率要低得多。但分析结果迫使我相信要么直觉是错的，要么假设有问题。[1] 概率论和分析的结果使我重新评估了自己的直觉和假设，从而将它们调整得更符合实际。

输赢分析的结果很有价值并且能应用到许多问题中。它和抛硬币是一样的，有正面和反面（虽然未必是像硬币正反面均以均衡的 50% 的概率出现），可以应用到美盛基金的连胜纪录中。伯努利试验就是最终结果只有两个的过程，要么成功要么失败。当伯努利试验被重复了多次后，成功的次数服从二项分布。

（1）伯努利

伯努利试验是以雅各布·伯努利（Jakob Bernoulli，1654—1705）的名字命名的。他们家有很多小孩，所以没法将每个孩子都养大。在 1650 年到 1800 年之间，这个家族诞生了 8 个著名数学家，其中 3 个［伯努利本人（Jakob Bernoulli）、弟弟约翰（Johann）和侄子丹尼尔（Daniel）］是世界级的数学家。

伯努利在得出弱大数定理时，也推出了以自己名字命名的伯努利定理。在伯努利去世后，该定理于 1713 年被发表为"黄金定理"。随机的伯努利定理不能与动态的伯努利定理混淆，后者是他的侄子丹尼尔（Daniel，1700—1782）得到的。

伯努利试验和二项分布被广泛应用于金融和风险管理。我们知道一天内输掉超过 Y（比如 \$100000）的概率只有 1%，这是在险价值的精髓，我们将会在第 5 章中对此进行讨论。我们可以把一天的损失看成伯努利试验：99% 的概率获胜，1% 的概率失败（输掉超过十万美元）。100 天后，就是一个 100 次的伯努利试验，失败或成功的次数将会服从二项分布。

我们可以用概率论的方法来估计在一天或几天中发生较大损失的可能性，这个例子可以更好地告诉我们如何接受随机性，从而不再认为世界是确定的。损失超过十万美元的天数服从二项分布，一般而言，即使有 1% 的概率，我们也很难在 100 天中看到其中一天发生超过十万美元的损失。超过 100 天，也只有 37% 的可能性看到有某一天出现大的损失，还有 37% 的概率看到小于十万美元的损失，19% 的概率可以看到两天，8% 的概率可以看到三天甚至更多。[2]

这部分内容并没有深入涉及概率论，但解释了概率论是什么以及它是如何应用的。蒙洛迪诺（Mlodinow，2008）、吉仁泽（Gigerenzer，2002）、哈金（Hacking，2001）、

---

[1] 联盟中最差的球队可能单场比赛获胜的概率都不到 40%。但是，世界巡回赛是挑选全美联盟和国家联盟中最好的球队，这些队伍获胜的概率接近于 60%，失败的概率接近于 40%。但是，分析显示，强队有合理的概率（超过 30%）最终输掉比赛。

[2] 根据二项分布，$p=$ 成功概率，$q=1-p=$ 失败概率，则 n 次试验中失败 k 次的概率是 $\binom{n}{k} q^k (1-q)^{n-k}$，其中 $\binom{n}{k} = \dfrac{n!}{k!(n-k)!}$ 是二项式系数。对于 $q=0.01$，$n=100$，有 $P(k=0)=0.366$，$P(k=1)=0.370$，$P(k=3)=0.185$，$P(k \geqslant 3)=0.079$。

卡普兰（Kaplan，2006），特别是奥采尔（Aczel，2004），他们的书都非常有用。概率使我们系统地考虑不确定性和随机性，它告诉我们在一个确定或随机的模型中应该期望观察到什么——比如，一个队伍赢得比赛的可能性以及100天的交易中会有几天出现各类错误。构建概率上的直觉是很有价值的，甚至可以说它对于成功的风险管理而言是必不可少的。

（2）统计学

概率论起源于一个随机性的模型，关于我们可能观察到的事物的表述就是从该模型中发展出来的。粗略地说，统计学与其截然相反，利用我们在自然界中观察到的东西来阐释潜在的概率模型。举个例子，一个概率模型假设一天内有1%的概率输掉超过十万美元，然后告诉我们100天内真的看到这样的一天、两天或者三天的概率。统计学则是已知我们在100天观察到的损失，试图进行估计损失超过十万美元的概率是1%还是2%？统计学还能对我们得到的概率进行置信度的估计，比如我们是否可以相信概率是1%，或者说是否可以确定概率落在0.5%到1.5%的区间内。

对于风险测度的技术环节，统计学比概率论更为重要。但在实际进行风险管理时，概率论则更为重要。公司是否了解随机性对未来结果的作用机制十分重要，即使模型的估计会交给其他人完成。如果不评估随机性如何影响我们的世界，那么理解风险也变得不太可能。

（3）概率理论：频率和置信（客观与主观）

概率论的基础中存在几个隐含的哲学问题，这里有两个相反的理论，这些理论经常被称为客观概率与主观概率，或者是风险与不确定性，也有更好的名称［哈金（Hacking）2001年使用］，即频率形式的概率和置信形式的概率。幸运的是，在实际应用中，我们可以交替使用这两个概念。然而区别还是存在的，在讨论风险管理问题之前，我会先谈谈这个问题。

客观概率，或者说频率形式的概率是最容易理解的，并且与17世纪概率论的起源是一样的。概率论起源于赌博，而频率形式的概率在本书中被刻画得最好。考虑一个理想的硬币，正面和反面朝上各50%的概率，每一次抛硬币都是伯努利试验，并且我们知道正面朝上概率是50%。我们是如何知道的呢？这是一个客观事件——可以通过观察一枚硬币或者计数来计算在多次试验中硬币正面朝上或是朝下的频率。（客观和频率这两个词被应用于概率中是因为这种概率方法可以衡量客观事实，也可以通过观察多次抛硬币的频率得到。）

重复抛一枚硬币就是一个典型频率形式的概率系统。每一次扔硬币都是独立同分布，并且重复次数越多越好。❶ 频率形式的概率反映了"这个世界是什么样的"［按照哈金（Hacking）的表述］。它表述了对或错：一枚正常的硬币抛起来正面有一半概率朝上，一半概率朝下，它表述了这个世界究竟是什么样的。

---

❶ 死亡率是客观概率的又一普遍应用。理论上的死亡率是1/6。对于实际值，我们可以检视死亡率本身并验证其对称性，并且可以通过重复实验，测度实际的频率。

对于经典的概率论，大数定理和中心极限定理是基本的工具。大数定理告诉我们，当我们重复试验（抛硬币），硬币正面朝上的次数是由客观概率决定的，也就是1/2的概率。不仅如此，大数定理和中心极限定理还告诉我们频率会以怎样的速度和形式收敛于真实值。这些工具是非常有用的。例如，根据一般形式的中心极限定理，在一个100次抛硬币的试验中，我们观察到正面朝上次数在40到60次之间的概率是非常高的（而落在这个区间外的概率是非常低的）。❶

经典的概率论适用于重复试验，对金融行业中很多情况都适用。交易IBM的股票就像用今天的行情去展望明天，并不是说股价会完全重复前一天的表现，而是用来估计上涨或下跌的可能性及幅度有多大。可能会有关于IBM的新消息出现，但对这家公司而言，新消息已经是司空见惯，不过是股票交易的一个重复事件而已。IBM股票上涨或下跌实际上就像随机抛一枚硬币（尽管这枚硬币可能是不均匀的，因为股价总体上会随着时间的推移而上涨）。出于许多实际目的，今天抛掷的这枚硬币可以认为和昨天的那枚一样：我们并不知道明天IBM的股票是涨还是跌，但我们一般没有特别的理由认为明天股票上涨的幅度将超过过去一段时间的平均涨幅。

但在许多问题中，经典的概率论却不能发挥作用。试想下明天的天气，明天下雨的概率是30％意味着什么？这并不是一种关于世界是什么样的对或错的表述。相对于今天，明天只有一种可能，说概率是30％是指我们对于结果的信心，对我们判断明天下雨的证据的置信程度。我们不考虑频率因为明天的天气是无法重复的。一次小行星撞击导致恐龙灭绝的概率是多少？22世纪气温上升（气候变化）的概率是多少？这些都是无法重复的事件，我们不能用频率的概念以及大数定理。但我们通常可以将主观概率应用到这里。

对于这些一次性的、独特的、不能用频率表示的情况，我们要依靠主观概率。❷它和客观概率的法则是一样的，但来源不同。

一次性事件的概率，或者更精确地说，我们自己对于概率的估计，可以用意大利数学家布鲁诺·德·菲尼蒂（Bruno de Finetti，1906—1985）提出的一种简单的方法，他也是均值方差模型的合作者。❸他提出一个假想的试验，将彩票或赌博看作是从包里抽球。

假设我们考虑的事件是考试中是否能够获得满分：一个朋友参加了考试，并称自己100％会获得满分（并且她明天也会得满分）。❹我们肯定会质疑，因为本杰明·富兰

---

❶　正面朝上次数近似正态分布，N（$\mu=50$，$\sigma^2=25$），所以实际正面朝上次数落在区间$\mu\pm2\sigma$，或者50 ± 10的概率是95％。

❷　主观这个词并不合适，它暗示这种形式的概率没有客观概率好。而且，置信形式的概率说明了它以逻辑关系以及被贴上客观标签的证据为基础，其中一个例子就是明天下雨的天气预报是基于观测到西面风暴中心以及中高纬度的天气，认为其正由西向东运动。和哈金（Hacking，2001）一样，我通常不使用主观和客观概率而使用置信型概率和频率型概率。

❸　见马科维茨（Markowitz，2006）。见伯恩斯坦（Bernstein，2007，108）。

❹　这个例子是从奥采尔（Aczel，2004，21-24）的经典解释中改编的。

克林（Benjamin Franklin）有句名言："除了税收和死亡，世界上没有什么是确定的。"同样，考试分数也是很难预测的。

可以让这个朋友在两个没有损失的赌博之间选择：第一个是如果明天考满分，则得到 10 美元，另一个是如果从 100 个球中抽到红球，则得到 10 美元。包里有 99 个红球和 1 个黑球，因此我们的朋友有 99％的概率抽到红球。大部分人会选择抽球而不是等考试结果。通过抽球获得 10 美元几乎是一件确定的事情，而我们理性的朋友应该不会认为获得满分的概率比 99％还高。

假设我们的朋友选择从有 99 个红球的包里抽球，我们再给出两个没有损失的赌博：考试满分获得 10 美元或者从包里抽出红球获得 10 美元——此时包里有 80 个红球，20 个黑球。如果我们的朋友选择考试分数，则说明其主观概率在 80％到 99％之间。我们可以通过提类似的问题进一步缩小范围。比如有 90 个红球和 10 个黑球，根据最终答案，主观概率区间会在 80％到 90％或者 90％到 99％。

这样的方法可以发现我们自身的主观概率。即使在假想试验中使用这样的方法也是很有指导意义的。奥采尔（Aczel，2004，23）提出人们在玩上述游戏时经常会改变他们的概率，这迫使我们更加深入思考主观概率，并使其在其他事件中也有适用性。奥采尔（Aczel）还指出一个很有趣的现象，天气预报员倾向于不改变他们的判断，他们的专业迫使他们必须认真思考自己的主观概率。

注意，主观概率不仅仅包括人们的置信程度。逻辑问题（也就是对于概率的判断基于证据或逻辑关系）是另一种形式的主观概率。下面是一个逻辑概率的例子［哈金（Hacking，2001，142）］："有关最新铱矿床的证据，恐龙统治终结于超大行星撞击地球的概率是 90％。"这是对一些以证据为基础的事件的主观概率的表达。它倾向于表达一些假设（这里是恐龙的灭绝）和有关的证据（这里是行星上铱元素的出现以及在地球的分布）。在逻辑概率的理论中，任何对概率的陈述总是与证据有关的。

好消息是我们应用于经典概率论中的方法也可以用到主观概率的问题中。考虑独立事件、事件集合、条件概率等问题的法则都可以应用到主观和客观概率上。事实上，对于我们生活中和风险管理中大多数的实际例子，没必要在两者之间做明确的区分，我们只考虑概率就可以了。

（4）概率论的历史

对概率论基石的哲学争论由来已久。对主观和客观概率做出区分被认为从奈特（Knight，1921）开始，但勒罗伊和西格尔（LeRoy and Siegel，1987）认为应该是从凯恩斯（Keynes，1921）开始。勒罗伊和西格尔（LeRoy and Siegel）认为奈特（Knight）提出了许多种解释，在市场出现危机时，认为奈特（Knight）对各种阐释持开放态度，但由于道德风险和逆向选择情况的存在，他对可保风险和在市场不景气时由不可保所带来的不确定性这二者加以区别，而不是对客观风险和主观不确定性进行区别，也不是对概率论的适用性和不适性进行区分。他们认为凯恩斯（Keynes，1921）明确区分了两者的区别，而之前这一工作归功于奈特。

经典概率论。约翰·维恩（John venn，1834—1923）是维恩图的发明者，他第一个对狭义的经典概率论进行了陈述。澳大利亚人理查德·冯·迈泽斯（Richard von Mises，1883—1953）是数学家、哲学家，是哈佛大学教授，系统发展了这个理论。而A. N. 柯尔莫哥洛夫（A. N. Kolmogorov）在1993年发表了严格化的概率论公理，并发展了计算复杂度的基本理论。哲学家、伦敦政治经济学院教授卡尔·波珀（Karl Popper，1902—1994）提出了经典概率问题的一般解法。

主观概率论。约翰·梅纳德·凯恩斯（John Maynard Keynes，1883—1946）在1921年出版的《概率论》中，第一次系统地提出逻辑概率。弗兰克·普伦普顿·拉姆齐（Frank Plumpton Ramsey，1903—1930）和布鲁诺·德·菲尼蒂（Bruno de Finetti，1906—1985）各自创建了"个人概率论"，但这个理论的成功基本被归功于莱纳德·J.萨维奇（Leonard J. Savage，1917—1971），他清晰地提出了这个概念的重要性，它和贝叶斯公式一样重要。德·菲尼蒂（de Finetti）和萨维奇（Savage）认为只有主观概率才有意义，但兰姆塞（Ramsey）看到了经典概率的作用，尤其是在量化方法中。

关于概率论各种理论的争论存在且将一直持续下去。为了对这场辩论的潜在激烈程度略知一二，记住频率理论的早期发展人约翰·维恩（John Venn）对于在概率论的逻辑理论中概率总是与证据相关的这个事实的评论，他认为"一个事件的概率与其他事物的相关性不会比一个领域与其他事物的相关性更高"。［哈金曾引用（Haking，2001，143）］

哲学家伊恩·哈金（Ian Hacking，2001）直接而有效地阐述了现代概率论的基础。而哈金（Hacking，1990，2006）提供了一个很好的概率例子。

（5）贝叶斯定理和主观概率

经典概率论和主观概率论在方法上的重要区别就是前者是以大数定理为核心，后者是以贝叶斯定理为核心。大数定理告诉我们在重复试验中，相关的频率和其他观察到的性质是如何保持稳定的。它是理解和使用经典概率论的核心。

相反，贝叶斯定理（公式）是主观概率论的核心——事实上，主观概率论或统计学有时被称为贝叶斯概率论或贝叶斯统计学。贝叶斯定理的概念很简单，它告诉我们在给定一些新信息的情况下，概率是如何改变的。但贝叶斯公式也是错误的主观概率的重要来源，贝叶斯公式的问题是会产生一些违反直觉的结果。

贝叶斯公式的经典应用是测试疾病或者健康状况，如 HIV 或者乳腺癌，这是一个好的但不完美的测试。❶考虑乳腺癌，它在整个群体中概率是很低的（如 5‰）。因此，在没有给出任何症状和家族病史的情况下，一位妇女患乳腺癌的最初概率是 0.5%。现在假设一位妇女做了一次胸透，其准确度大约达到 95%（意思是得出错误结果的概率只有 5%）。如果检查结果不好，则这位妇女患乳腺癌的概率是多少呢？很多人可能会说 95%，因为检测的准确度就是 95%。但这个回答忽略了一个事实，就是最初患病的

---

❶ 奥采尔（Aczel，2004，第 16 章）、吉仁泽（Gigerenzer，2002，第 4 章）以及蒙洛迪诺（Mlodinow，2008，第 104 章）都进行了讨论，见哈金（Hacking，2001，第 7 章）。

概率是很低的，只有 0.5％。贝叶斯公式会告诉我们如何将最初的 0.5％ 和检测中 95％ 的准确度结合起来。

在构建贝叶斯公式之前，让我们从吉仁泽（Gigerenzer，2002）称为"自然频率"的概念中进行推导。考虑 1000 个接受测试者，大约 5 人患有乳腺癌，50 人会得到阳性的检测结果（5％ 的检测错误率）。这就意味着，大约有 55 个阳性的检测结果，但只有 5 个人是真的患有乳腺癌。这说明在给定阳性的检测结果情况下，真的患上乳腺癌的概率大约是 9％，而不是 95％。即使做了如此清晰的解释，这个结果还是让我们很吃惊。❶

贝叶斯公式的构建是从一个事件的相反方向（在这个例子中，就是在没有给定乳腺癌患病率或检测概率的情况下，得到阳性结果的条件概率）得到条件概率（这里就是给定检测结果的情况下，患乳腺癌的条件概率）。

现在我们有两个假设——HY（乳腺癌患者）和 HN（非乳腺癌患者）。每个假设有一个最初的（非条件）概率：

$$P(HY) = 0.005; P(HN) = 0.995$$

之后我们又有了新的信息——EY（检测结果为阳性），EN（检测结果为阴性）。这个检测并不完美，所以阴性结果且没有患病的概率是 95％，而阳性结果没有患病的结果是 5％：

$$P(EY|HN) = 0.05; P(EN|HN) = 0.95$$

下面将问题简化，假设检测是完美的，所有乳腺癌患者都被检测出来：

$$P(EY|HY) = 1.00; P(EN|HY) = 0.00$$

现在，就可以给出检测结果为阳性时，测试者患上乳腺癌的概率 $P(HY|EY)$。

贝叶斯公式为：

$$P(HY|EY) = \frac{P(EY|HY) \times P(HY)}{P(EY|HY) \times P(HY) + P(EY|HN) \times P(HN)} \tag{2.1}$$

这很容易从条件概率的公式推出［见哈金（Hacking）2001，第 7 章］，但我们很容易将它作为整合新信息（阳性的检测结果）来改变初始概率的方法，也就是如何使用 EY 将 $P(HY)$ 变为 $P(HY|EY)$。根据给定的概率我们得到：

$$P(HY|EY) = \frac{1.00 \times 0.005}{1.00 \times 0.005 + 0.05 \times 0.995}$$

$$= 0.0913$$

$$= 9.13\%$$

贝叶斯公式已经被用到生活中各个方面，包括风险管理。乳腺癌的例子说明了它在改变概率的过程中有重要的作用，$P(HY|EY) = 9.13\%$，而不是我们想当然地检

---

❶ 吉仁泽（Gigerenzer，2002）强调了贝叶斯公式和条件概率的重要性。他认为既然我们的色觉系统会被人造灯光所迷惑（如他的黄绿雷诺汽车在人造钠灯下变成了蓝色），当我们的直觉没有适应或训练过某种类型的问题时，我们的概率直觉就同样会被愚弄。吉仁泽（Gigerenzer）的方法用自然频率重新表述了这个问题，而不是埋怨人类直觉的不足。这个例子说明了如何将风险问题清晰地呈现出来。

测准确度，$1-P(EY/HN)=95\%$。当然错误应用贝叶斯公式的情况也很多，也会让医生和法官备受折磨。蒙洛迪诺（Mlodinow，2008）讲述了他的误诊结果：99.9%的概率患上了 HIV。事实上，根据贝叶斯公式，说明他的阳性结果只有 9.1% 的说服力。（他并没有感染 HIV。）❶ 在法律界，这被称为"检察官谬论"。蒙洛迪诺（Mlodinow，2008）讨论了萨莉·克拉克（Sally Clark）和辛普森（O. J. Simpson）的案例。吉仁泽（Gigerenzer）对这个领域进行了研究，也对这个案例进行了重点关注：第 8 章追踪了辛普森（Simpson）的案子，第 9 章关注了著名的加州案例，以及对柯林斯起诉的案例，等等。

贝叶斯公式是主观概率论的核心，因为它告诉我们如何不断利用新的信息来修正先验概率。贝叶斯概率论有时也会有错误或者夸大，就如同演讲者的所有愿景不可能全部都兑现。如果说先验概率是可笑的（比如，股票的风险溢价为负的概率是 1），那么之后的结果可能也一样可笑。贝叶斯公式提供了标准化的程序和公式，从而以逻辑一致的方式来使用新的信息，是非常有用的。但贝叶斯公式也不应成为我们不认真思考先验概率的借口。

（6）托马斯.贝叶斯（1702—1761）

托马斯·贝叶斯（Thomas Bayes）是锡恩山上的一位神甫，位于英国坦布里奇韦尔斯。他对于概率论的全部贡献就只有一篇没有发表的论文。贝叶斯将论文交给了下一任神甫理查德·普雷斯（Richard Press）（也是一位数学家，其被认为建立了精算科学）。1763 年 12 月 23 日，普雷斯（Press）将这篇论文交给了皇家社会科学杂志。这篇文章在当时没有引起很大反响，而所有的赞誉都给了皮埃尔·西蒙·拉普拉斯（Pierre Simon Laplace，1749—1827）。虽然这篇论文颇有争议，但它对概率统计的发展有着重要并且持续的影响。"很难想象一篇论文能够像贝叶斯的这篇一样，包括了如此重要而且是原创性的思想。他的定理可以和爱因斯坦的质能方程 $E=mc^2$ 相提并论了。"（新帕尔格雷夫经济学大辞典，第一卷，208 页，D. V. 林德利，1987。）

（7）经典概率和主观概率的应用

我已经花了一些笔墨解释区分经典概率论和主观概率论的理由。金融风险常常要结合经典概率论和主观概率论。举个例子，现实世界中未来永远不可能完全复制过去，不仅情况不同而且最终结果的分布可能也不同。总会有崭新和意外的事件出现，可能出现新的产品、新的竞争者以及新的制度，这些都会改变现状。

---

❶ 为了通过吉仁泽（Gigerenzer）自然频率的思想来应用贝叶斯公式，我们需要知道先验概率，比如蒙洛迪诺（Mlodinow）感染 HIV 的概率是万分之一，而检测错误率是千分之一（或者说精确度是 99.9%）。所以对于 10000 个受试者，11 个阳性者中会出现 1 个真正的阳性，和大约 10 个错误的阳性。换句话说，检测结果为阳性的患 HIV 概率是 1/11，大约 9.1%。使用贝叶斯公式，我们有 $P(HY)=0.0001$，$P(EY\mid HN)=0.001$，并假设 $P(EY\mid HY)=1.00$。然后 $P(HY\mid EY)=(1.00\times0.0001)/(1.00\times0.0001+0.001\times0.9999)=0.091=9.1\%$。根据记录，蒙洛迪诺（Mlodinow）的测试是假阳性，他没有感染。同时，也要注意到贝叶斯公式的应用与假设他患 HIV 的风险很低有关。对于一个高危人员（比如先验概率为 1% 而不是 0.01%），我们得到：$P(HY\mid EY)=(1.00\times0.01)/(1.00\times0.01+0.001\times0.99)=0.91=91\%$。贝叶斯公式告诉我们在看到新的证据时，如何改变先验概率，但它没有告诉我们先验概率是多少。

我们要考虑两者区别的另一个重要原因是：独立事件总是与主观概率有关。明天损失超过 5 万美元的概率是多少？这就是与独立事件有关的问题，并且与主观概率有关，而与频率无关。对独立事件的概率表达本来就应该是主观的，但主观概率可能是基于频率的分布。

哈金（Hacking，2001，137）曾讨论过频率分布定理，这条法则告诉我们何时用何种方式在两者之间进行转换。他讨论的是下面这个例子：抛一枚硬币，在我们看到结果前盖住，那么正面朝上的概率是多少？这是一个独立事件，我们无法重复这次特定的试验。但是，我们可以理性并且客观地说概率是 1/2。我们知道抛硬币时，正面朝上的频率分布形式的概率是 1/2，此外我们对这个独立试验一无所知，所以我们要使用频率分布形式的概率。这个定理也可以这样表述：当我们知道频率分布而对每次独立试验的结果一无所知时，就使用频率分布形式的概率。

频率准则始终存在，但这个世界不是能重复的游戏，无法看到法则是否适用，所以我们必须要用主观概率进行风险管理。奥采尔（Aczel，2004）很好地进行了总结（一开始强调的重点）：

当客观概率可以被确定的时候，我们就应该使用客观概率（举个例子，没有一个人愿意用主观概率去预测生死）。在其他情况下，我们要尽力去评估对一个事件结果的主观概率。

（8）贝叶斯定理、持续性以及基金的表现

我们可以利用贝叶斯定理更好地理解基金的表现及其连续性，比如之前提到过的美盛价值基金连续战胜市场的案例。回忆一下，到 2005 年，这支基金已经连续 15 年战胜标普 500 指数。再想一下，一支基金如果没有特别卓越的技能（即一年内战胜市场概率为 50%），则这个业绩记录实现的概率是很低的：$(1/2)^{15}$，或者说 0.0031%。但对于 1000 支基金，出现这样一支基金的概率是 3%。在 40 年当中，1000 支基金中出现这样一支或几支的概率是 32.8%。

现在将问题转向事件发生时的情形，看看当时的市场和这支基金带来了哪些信息。简单来说，我们早期的应用是概率性的，即使用概率论来得到一些有关我们观察到的信息。目前的应用偏统计，使用数据来对模型进行推断。

让我们从简单的假设或者模型入手，这个模型中有一些基金经理拥有出色的技巧。具体来说，让我们做出假设 HY：20 支基金中有一支基金在 60% 的时间当中战胜了指数。换句话说，"60% 技巧"的基金只有一小部分（5%），而"49.47% 技巧"的基金则有 19 支（95%）。这些基金平均有 50% 的机会战胜指数。当然，这个世界存在不确定性，假设卓越的技巧以 100% 的概率存在，即假设 $P(HY)=1.00$，是很愚蠢的。我们必须考虑另一个假设 HN，也就是没有特殊技巧，每支基金每年有 50% 的概率战胜市场。

在这个案例中，可以看到一些基金连续战胜市场（比如，在 1000 支基金池中），观察到 40 年中有连续 15 年战胜市场就是 EY，反之就是 EN。根据观察到的信息，可

以得到 HY（世界上有出色的基金经理）和 HN（没有经理有特别的技巧）的概率吗？

我们从计算部分基金拥有出色技巧且出现连胜的概率和基金中均没有出色技巧而出现连胜的概率开始：❶

$$
\begin{aligned}
P(EY|HY) &= P(\text{连续战胜市场的基金}|5\%\text{的基金有}60\%\text{技巧},95\%\text{的基金有} \\
& \quad 49.47\%\text{技巧}) \\
&= 1-(1-0.000588)^{1000} \\
&= 0.4447 \\
\Rightarrow P(EN|HY) \\
&= 1-0.4447 \\
&= 0.5553
\end{aligned}
$$

$$
\begin{aligned}
P(EY|HN) &= P(\text{连续战胜市场的基金}|\text{所有基金有}50\%\text{技巧}) \\
&= 1-(1-0.000397)^{1000} \\
&= 0.3277 \\
\Rightarrow P(EN|HN) \\
&= 1-0.3277 \\
&= 0.6723
\end{aligned}
$$

现在我们可以问，$P(HY|EY)$ 是多少？也就是说如果我们观察到有基金可以连续 15 年战胜市场，那么存在出色的基金经理的概率是多少？贝叶斯公式［式（2.1）］告诉我们

$$
\begin{aligned}
P(HY|EY) &= \frac{P(EY|HY)\times P(HY)}{P(EY|HY)\times P(HY)+P(EY|HN\times P(HN)} \\
&= \frac{0.4447\times P(HY)}{0.4447\times P(HY)+0.3277\times P(HN)}
\end{aligned}
$$

使用这个方程可以看到两个重要的内容。第一，贝叶斯公式本身并不能告诉我们先验概率（虽然最初那篇论文试图那么做）。我们可以先假设基金经理有出色技巧存在的概率很高［比如 $P(HY)=0.90$］或者受到怀疑［$P(HN)=0.10$］。我们把 $P(HY)$ 作为纯粹的主观概率：我们必须使用经验或判断，但它并不是基于很难的频率分布。第二，贝叶斯公式告诉我们如何将证据应用到主观概率上，从而修正我们的主观概率使之与观察到的证据一致。事实上，当有了足够的证据，我们会发现两者在先验概率上的差别［$P(HY)$ 和 $P(HN)$］会收敛到同一个后验概率［$P(HY|EY)$ 和 $P(HN|EY)$］。

我们可以看一下根据观察的情况概率会如何改变。比如我怀疑这个世界上确实存在超级基金经理；我们的先验主观概率是 HY，假设确实有几支基金实力超群（能够在

---

❶ 通过模拟，在 60% 的有技巧的基金中，产生一支在 40 年中有连续 15 年战胜市场的概率为 0.005143，而在 49.47% 有技巧的基金中，概率为 0.000348。因而，P（15 年连胜｜HY）$=0.05\times P$（15 年连胜｜60% 的基金经理有技巧）$+0.95\times P$（15 年连胜｜49.47% 的基金经理有技巧）$=0.05\times0.005143+0.95\times0.000348=0.000588$。

60%的时间跑赢大盘），那么

$$P(HY＝5\%的经理技巧超群同时战胜指数优于50/50)＝0.10$$

然后利用式（2.1）可以得到

$$P(HY|EY)＝P(5\%的经理具备至少连胜15年的技巧)＝0.13$$

换句话说，观察到的连胜证据可以改变我们最初的（较低的）概率，但改变得不多。

现在考虑另一种极端情况，我十分相信有基金经理实力超群，所以我的先验概率 $P(HY)＝0.90$。然后应用贝叶斯公式得到 $P(HY|EY)＝0.92$，我最初的估计又是只发生了小幅改变。总体而言，15年连续战胜市场的证据对于超级基金经理是否存在并不充分。它无法证明其存在（当然也不能证明其不存在）。

现在让我们问一个有点不同的问题：假设我们知道或者相信存在一些实力超群的基金经理（假设5%的基金经理出自60%的超级基金）。现在，一支基金连续15年战胜指数可以告诉我们关于这支基金的哪些信息？是否会改变对于判断是60%基金还是49.47%基金这个问题的评估呢？

在这个案例中，假设 HY 是60%的有技巧的基金中出现一支，而证据则是在40年中有连续15年战胜指数：

$$P(EY|HY)＝P(一支连胜基金|该基金是60\%的有技巧的基金中的一支)$$
$$＝0.005143$$
$$\Rightarrow(EN|HY)$$
$$＝1-0.005143$$
$$＝0.994857$$

$$P(EY|HN)＝P(一支连胜基金|该基金具备49.47\%技巧)$$
$$＝0.00035$$
$$\Rightarrow(EN|HY)$$
$$＝1-0.00035$$
$$＝0.99965$$

什么是 $P(HY|EY)$？也就是说，在一支基金连续15年战胜市场时，它出自于那60%的有技巧的基金的概率是多少？根据贝叶斯公式可得

$$P(HY|EY)＝\frac{P(EY|HY)\times P(HY)}{P(EY|HY)\times P(HY)+P(EY|HN)\times P(HN)}$$
$$＝\frac{0.005143\times0.05}{0.005143\times0.05+0.00035\times0.95}$$
$$＝0.436$$

换句话说，这个证据可以将该基金出自有技巧的基金的概率从 $P(HY)＝0.05$ 改变为 $P(HY|EY)＝0.436$。（这个结果的条件是在所有的基金中存在5%拥有出色技巧的基金经理。）我们应该将其视为一个大的改变（从5%变到43.6%）或者先行指标，即15年连胜只是一个很弱的证据，因为基金经理有出色技巧的概率仍低于50%。

美盛价值基金到 2005 年为止连续 15 年战胜市场，但接下来几年表现差强人意；之后四年中有三年落后于标普 500 指数。[1] 我们可以使用贝叶斯公式验证这个证据会如何改变 60% 基金有技巧的概率。假设 HY 仍然是基金 60% 的概率有一定技巧，但现在 $P(HY)=0.436$，并且，

$P(EY|HY)=P$（基金四年中有三年运作不佳|该基金是 60% 的有技巧的基金中的一支）

$=P$（二项变量在四次试验中出现三次失败|成功的概率 = 0.6）

$=0.1536$

$P(EY|HN)=P$（基金四年中有三年运作不佳|这支基金具有 49.47% 技巧）

P（二项变量在四次试验中出现三次失败|成功的概率 = 0.4947）

$=0.2553$

由贝叶斯定理计算

$$P(HY|EY)=\frac{P(EY|HY)\times P(HY)}{P(EY|HY)\times P(HY)+P(EY|HN)\times P(HN)}$$

$$=\frac{0.1536\times0.436}{0.1536\times0.436+0.2553\times0.564}$$

$$=0.137$$

这个结果降低了美盛基金是超级基金的概率，但改变没有估计得那么大。

总结起来，这个例子告诉我们如何使用概率论和贝叶斯定理来形成主观概率，并且将它们与证据和经验结合。它也向我们展示了系统化和组织好我们概率思维的重要性。连续 15 年战胜市场固然令人刮目相看，但经过仔细验证，我们发现它没有想象得那么偶然。[2]

（9）风险与不确定性（模糊性）

两种概率论的应用方式是相同的，我们可以在计算中交替使用，在很多情景下可以忽略两者的区别。

虽然我认为很多时候可以忽略主观概率和客观概率的区别，但很多学者并不赞同。这种区别被称为风险（对应客观概率）和不确定性或模糊性（无法识别，对应客观概率）的对比。洛温斯坦（Lowenstein，2000）关于该观点的表述为：

市场不像扔骰子，它不仅会遇到风险这种数学概念，还有更广义的影响整个未来的不确定性。不幸的是，不确定性与风险正好相反，是一个模糊的条件，也不遵守数学定理。

洛温斯坦（Lowenstein）是位很受欢迎的作家，但不是概率论或统计学方面的专家。他的观点与很多这些领域的专家一致。例如，下面是吉仁泽（Gigerenzer，2002）

---

[1] 如之前的注释一样，从 2006 年到 2009 年，这支基金在 2006 年、2007 年和 2008 年三年跑输标普 500 指数。

[2] 我不否认特别的技巧的存在，正如我支持某种重要的数据处理方法。但如果只关注美盛基金，我们会忽略市场上还有很多连续多年战胜市场的机构，只是表现没有那么抢眼。他们的存在（我认为是好的）提升了基金拥有超群实力的可能性，而不只是运气。但这不能改变通常我们所看到的，即"战胜市场"是非常困难的事情。

的表述：

在本书中，当不确定性被表述为一个数字，比如根据经验得到的概率或频率，那么我将不确定性称为风险，当没有经验性证据为各种可能的结果指派一个数字时，我将"风险"这个术语换成"不确定性"。

对于风险和不确定性之间的区别，奈特（Knight，1921）的研究成果最卓越，因此也常称为奈特不确定性。不确定性，或者说模糊性，与风险存在固有的区别，从某种意义上来说，人们在面对可以计算或已知的概率（风险）时，会表现得与在面对不确定性时有一些不同。也就是说，不确定性厌恶和风险厌恶是不同的。

为了支持不确定性和不确定性厌恶，人们提出的证据中出现了各种悖论，最著名的要数埃利斯伯格悖论［埃利斯伯格（Ellsberg，1961）］。我并不是非常相信这些悖论，我坚持主观概率和客观概率可以交替使用。

我的关于主观概率和客观概率可以并且应该交替使用的结论没有被轻视，但总的来说，我认为在风险管理和现实生活中，我们没有更好的选择。未来是不确定的，受随机性的影响，也不是简单的复制过程。但我们又不得不做决策，而概率论就是可以帮助我们的工具，交替使用主观概率和客观概率的效果比其他任何方法都有效。

但当我们使用主观概率的时候，必须特别小心。我们不能像在游戏中依赖客观概率那样依赖主观概率。必须承认很多时候，我们根本不知道概率是多少。德·菲尼蒂（de Finetti）博弈和贝叶斯公式可以使我们更加可靠，即在寻找自身的先验概率时更加现实，同时在发现新情况后及时修正自己的概率。通过仔细思考客观概率而提出的形式体系，在一开始可能会让人觉得不可思议，但仔细想想就会很有收获。

（10）埃利斯伯格悖论

丹尼·埃利斯伯格（Daniel Ellsberg，1931 年生）在政治领域的成就远比在概率论和对策论方面的成就更显著。1962，他获得了哈佛大学经济学博士学位。他在 1961 年发表了一篇论文，里面讨论的一个悖论足以挑战客观概率和期望效用理论的基石。20世纪 60 年代末期，埃利斯伯格（Ellsberg）在 RAND 公司工作，参与了一项高度机密的研究，该研究与越南战争有关，这些文献后来被称为"五角大楼文件"。他拷贝了这些文献，并在 1971 年由纽约时报首次披露。作为对于此次文件泄露事件的回应，尼克松当局成立了"白宫水管工小组"，他们的第一项任务就是潜入埃利斯伯格（Ellsberg）的神经实验室，来获得与他有关的犯罪信息，但这个小组最著名的任务是人尽皆知的水门事件。

埃利斯伯格（Ellsberg）在 1961 年发表的论文讨论了一系列假想的实验，在这些实验中，你会被要求在不同的盒子中抽球并押注。［虽然这是由埃利斯伯格（Ellsberg）推广，并以他的名字命名，但这个悖论最早出现在凯恩斯（Keynes）的文章，1921，315 条第 2 款。］

考虑有两个盒子，每个盒子装 100 个球。在盒子 1 中，有 100 个球，其中 50 个红球、50 个黑球。在盒子 2 中，有 100 个红球和黑球，但不知道具体比例。试验的第一步，从两个盒子中各抽出一个球，如果一黑一红，你可以获得 10 美元奖励。在抽球之前，你必须先决定偏好哪一种方案：

红色方案＝抽到红球获得 10 美元，抽到黑球没有奖励

黑色方案＝抽到黑球获得 10 美元，抽到红球没有奖励

在做决策时，两种方案对于多数人是无差异的。对于盒子 1，我们的机会是各 50％，所以两种方案都是 50％概率获得奖励。对于盒子 2，我们不知道确切的概率，同样也不知道红球和黑球哪个更多，所以大多数人似乎倾向于将主观概率设置为 50％对 50％（红黑相等）。

试验的第二步，抽一个球，如果是红色你会获得 10 美元，但你有权选择抽第一个盒子还是第二个盒子。多数人似乎偏好盒子 1，因为它确定是 50％的概率［注意这是一个假想的试验，所以说"多数人"时，我的意思是指埃利斯伯格（Ellsberg）以及他提到的同事，也可以是我和我提及的同事。但是，这个结论似乎有点武断了。因为假想的试验你只能在你和你的同事朋友身上尝试］。人们偏好盒子 1 说明人们判断盒子 1 中的红球个数很可能比盒子 2 要多。

现在可以看到悖论的核心：如果 10 美元报酬是押黑球才能获得，那么人们对于盒子 1 的偏好还是一样，这说明人们认为盒子 1 中的黑球个数很可能比盒子 2 多。换句话说，我们有以下的关系：

相较于盒子 2 的红球，更偏好盒子 1 中的红球→盒子 1 的红球偏多于盒子 2 的红球

相较于盒子 2 的黑球，更偏好盒子 1 中的黑球→盒子 1 的黑球偏多于盒子 2 的黑球

但这是矛盾的。盒子 2 中的红球和黑球不可能都比盒子 1 中少，因为这意味着总的概率小于 1（试想，对于给定的盒子 1 中黑球和红球的任意概率，以上关系意味着盒子 2 中两种球总的概率小于 1）。

埃利斯伯格（Ellsberg）将这种矛盾称为"不确定性"，或者说是"模糊性"，也就是说主观概率从根本上和客观概率是不同的。后来陆续有学者发展了概率论和期望效用理论，以解释这个悖论［详见爱泼斯坦（Epstein，1999）、施迈德勒（Schmeidler，1989）］。

当然，这个悖论也遭到了一些反驳。可能我们不想浪费脑力去思考这个问题，所以直接选择盒子 1。可能我们厌恶被欺骗，所以回避试验设计者可能操纵球数的事实，而结果可能是对我们不利的。但我认为这个悖论还有更深层次的意义，经过长时间认真思考后（我确信已经将整个问题解释清楚，并且保证自己作为试验设计者，不会有欺骗行为），我仍然偏好于盒子 1 中各 50％的概率。

悖论的最终答案取决于在更加一般化的试验中，如何看待埃利斯伯格（Ellsberg）的这个试验：

① 单独一次抽取概率为 X％［最初埃利斯伯格（Ellsberg）的试验］。

② 重复抽球的概率为 $1-X$％。

盒子 1 和盒子 2 之间确实存在着不同，除了埃利斯伯格（Ellsberg）单次抽球的试

验，其他例子中，盒子 1 的风险更小（从而人们更偏好）。很容易想到，从盒子 2 中反复抽球的风险比盒子 1 大，因为不知道盒子 2 中有多少红球和黑球，而盒子 1 中抽到红球和黑球概率都恰好是 50%。在盒子 2 中，我可能会选择红色方案，但运气不好的话，可能盒子里全是黑球。对于重复抽球，我坚持自己的第一选择。对于单次抽球，这就没什么关系了——因为事先不知道任何信息，事先也要选择黑球或红球，而这个盒子确实就是五五开的情况。[科尔曼（Coleman，2011b）深入讨论了这个问题，并给出了有多种分布的盒子 2 的风险是如何比盒子 1 大的。]

所以，在单次抽球情况下，两者概率是相等的。但重复进行时则不然，人们会偏好于盒子 1。对于一般化的情况，只有当 $X=100$ 时，两个盒子才是等价的；否则，$X<100$ 时，则会偏好盒子 1。即使概率再小，还是会偏好盒子 1。所以，理性的回答是怎样的呢？盒子 2，在单次抽球情况下和盒子 1 是相等的，但在重复抽球时，比盒子 1 要差，或者说没有额外成本的情况下，选择盒子 1。选择是显而易见的：只要这个试验是重复的，且没有零概率的情况（心理学上很难忽略这种情况），应该选择盒子 1。

现在可以这么说，这里其实没有悖论。从这个角度来说，对盒子 1 的偏好是理性的，并且完全符合期望效用理论。总结起来，我没有发现埃利斯伯格（Ellsberg）悖论可以支持模糊性或不确定性。模糊性厌恶对标准的期望效用理论中的风险厌恶没有多大作用。同样，我也认为不需要修改主观概率的概念。

2.5 过度自信的诅咒

本章大部分内容都在讨论人的直觉是否会被随机性和不确定性误导。对于一些随机性的变化，人们有时候会在直觉上认为它们不是随机的。但人类热衷于控制环境，所以我们经常产生确定性幻觉并试图控制随机事件。这些都过于容易且有诱惑力，以至于人们把运气当技巧，结果就是对自己能力的过度自信。在这方面要张弛有度，因为和生活中的其他方面一样，在金融领域中，对自己能力的自信是必要的，但过度自信会导致骄傲自满，而且会导致我们无法识别新情况并做出相应调整。

格拉德威尔（Galdwell，2009）写过一篇有趣的论文，讨论心理学的重要性，特别是金融业和投资银行中的自信和过度自信。他特别关注了 2008 年吉米·凯恩（Jimmy Cayne）和贝尔·斯特恩斯（Bear Stearns）的危机（还提到了加里波利战役）。凯恩的言行就是事后诸葛亮，完全暴露出其自傲的情绪。但格拉德威尔（Galdwell）认为，这种自信是经营投资银行所必需的，如果这些投资银行家没有自信和乐观的态度，客户或者其他竞争者又怎么会对银行有信心呢？当然，他的这种自信是不合时宜的。

格拉德威尔（Galdwell）和蒙洛迪诺（Mlodinow）都讨论了心理学家埃伦·兰格（Ellen Langer）的成果以及我们控制随机事件的欲望。兰格（Langer）的研究成果说明了我们需要控制这些随机事件。在其中一个试验中［兰格（Langer，1975）］，参与试验者进行对赌，对手要么思维很敏捷，要么就比较迟钝。面对比较迟钝的对手时，参与者赌得更激进一些，即使赌局纯粹是按概率来的，其他条件都没有变化。虽然概率都是一样的，但当面对更弱的对手时，参与者会觉得自己更能够掌控全局。

在另外一个试验中［兰格和罗思（Langer and Roth，1975）］，耶鲁大学的本科生被要求预测 30 次抛硬币的结果。问完之后，学生的回答就好像预测抛硬币是个有技术性的事情，可以通过练习来提高。即使所有接受试验者都面临同样的概率，在前几次结果被操纵的试验中，这些受试者（当然总体正确率还是在一半）评估得比其他受试者要好。

所有风险管理问题中，过度自信问题可能是最重要的，也是最困难的，因为自信对成功是必要的，但过度自信会引发灾难性后果。人类倾向于忘记过去的糟糕事件，这会使后果变得更糟。但这也可能是人类灵魂的一部分——如果失败者对伤痛念念不忘，那人类可能更难生存。

人们很难避免过度自信。格拉德威尔（Gladwell，2009）的论文最有深度的可能就是总结部分了，在总结当中，他对比了桥牌专家凯恩（Cayne）以及贝尔·斯特恩斯（Bear Stearns）公司信奉的"是福不是祸，是祸躲不过"的准则。这个讨论最后又回到主观概率和客观概率的区别。桥牌是一项与概率有关的游戏，而且是规则固定不变的重复博弈，可以使用大数定理。作为桥牌选手我们很容易变得过度自信，但重复的博弈回过头来会提醒我们，这里隐含着概率的奥秘。相反，现实世界不是重复博弈，真正意外的事情有时候会发生。糟糕的是，意外事件并不是频繁发生，在那之前，我们可能在很长时间里变得过度自信。

2.6　运气

运气是生活中无法简化的一种概率。运气不能被控制，但可以被管理。

我提出"运气与风险"的用意是什么呢？风险涉及未来结果的不确定性以及其导致的损益，风险可以研究和修正。运气是生活中不可减少的偶然性——即使尽可能了解了未来可能出现的结果、明白了当前的状况和风险敞口可能如何改变未来的结果、调整了当前的条件和行为来最好地控制成本和收益，偶然性依旧存在。有些事情是运气决定的，试图完全控制运气的行为是很愚蠢的。

哲学家雷舍尔（Rescher，2001）这样写道：

能够驯服运气是我们所期望的，但只有在很小的范围内才行。在这方面，17 世纪的哲学家过于乐观了。虽然概率论对于赌博是很好的指导，但在变幻无常的人生中，它的作用也是有限的。人生和赌博一样，有自身的局限性，因为我们不能用既定的规则去操控人生。因此，我们可以用测度和计算工具来驾驭运气的范围就大大缩小了。

雷舍尔的观点是运气可以被管理，但无法被控制。问题不在于是否应该承担风险——因为风险是无法避免的，它是人类生存环境的组成部分——但应该合理地管理运气，让机会站在自己这一边。

本章有两方面的结论：随机性和运气是世界的一部分，随机性很难识别和理解。资产管理、交易策略乃至一个公司的成功与失败依靠的是随机性和运气，我们需要识别并管理随机性和运气。

下一章将不再讨论概率论而是关注风险管理中的经营端。本章对于不确定性的观点和方法必须被应用于日常的风险管理当中去。

3 风险管理

在上一章，我讨论了不确定性、风险和概率理论。现在，我会将视线从生硬的自然科学领域转向有弹性的商业领域，因为风险管理就是对风险进行管理——包括管理人员、流程、数据和项目。它并不只是量化技术，更是一项日常工作，管理一个组织及其面对的风险。进行风险管理要求做出各种战略、战术决策，控制那些应该被控制的风险，寻找那些应该被发现的机会。对利润的管理不能和对损失，或者说对期望损失的管理分开。现代资产组合理论告诉我们投资决策是在收益和风险之间做出取舍，管理风险就是管理收益和利润。

风险管理工作对任何金融机构来说都是核心内容。有效管理风险的能力是金融机构长盛不衰的最重要原因。在成功的机构里，风险管理是直线经理的职责，上到董事会、CEO，下到单个的交易单元或资产管理人员。经理们知道自己的角色，而成功的经理会认真承担自己的职责。在过去的 10 到 20 年中，唯一有改变的是测度和量化风险时，更多成熟的分析工具被引进，对直线经理在技术上的要求更高了。好的管理人员会乐于接受这些技术，并利用它们更有效地管理风险、发现新的机会。然而，并不是所有的公司和管理人员都能对人力资源和制度进行投资，以便将新的量化工具转化为有效的管理。

不过，量化工具的价值也不应该被夸大。如果要对这个最新的风险管理方式指出一个重要的批评点，那就是这个行业过于注重量化，忽视了传统的商业风险管理。除了量化，风险管理还要求经验和直觉。量化工具对于将过程正规化和标准化很有帮助，否则就会被直觉和经验所左右。但是，它们不能代替经验的判断。风险管理不仅要学习课本知识，还要像学徒一样边学边做。此外，这项工作不仅涉及量化技术，还涉及对人员、流程和项目的管理。

3.1 人员管理

人员管理意味着对激励和报酬要进行仔细的思考。对于员工的激励方案是有效的，要进行风险管理并建立可以抵御资本冲击的机构，薪酬和激励计划是非常重要的。这项工作对于金融产品和金融机构来说总是很困难，引入代理制度后，所有权和管理权分离，这个问题又被复杂化了。

正如第 2 章中所谈到的，风险涉及结果的不确定性以及结果的效用两个方面。结果的分布是客观的，也就是说它可以被观察到并得到所有人的认同。相反，结果的效用依赖于个人偏好，因而是非常主观的。而最终所有人或受益人的偏好才是起作用的。当投资者做个人的风险决策时虽然很难，但从概念上来说是很简单的，因为个人是按照自己的偏好做决策的。尽管偏好很难定义，但在这个例子中，起作用的只是所有者（同时也是风险管理者）自己的偏好。

现在，我们考虑一个上市公司——比如一家投资银行。目前的最终受益人是股东。按照规则，股东不能参与管理。他们要雇佣职业经理人，并授权其进行风险管理。虽然股东的偏好此时和风险管理有关联，但做决策的却是经理，股东必须确保经理的决策反映了他们自己的偏好，但此时出现了两个困难。第一个困难，经理人不知道股东的偏好，这是很现实的问题，但不是核心问题。即使股东的偏好未知，还是会出现第二个困难：如果经理人的偏好和股东不同，那么双方的利益也就不再对等。所有者必须设计出一个合同或激励方案使得经理人行为符合他们的利益，同时对于不符合他们偏好的行为做出惩罚。

这个问题在经济学文献中称为代理人问题。[1] 这个问题的核心是当委托人雇佣代理人执行某些职能，而双方的利益（偏好）又不相同时，就产生了信息不对称，从而委托人就无法控制代理人的行为。其中最主要的是雇佣关系，而雇佣合同是应对这个问题的主要手段。

在任何雇佣关系中，都存在着利益分歧。委托人主要是通过完成某些任务或行为使利益最大化或达到相关目标。而通常对代理人而言，他有不同的利益，付出的努力都是成本。在完全信息化的环境下，没有不确定性，控制成本很低，代理问题会被简化。例如，双方签订合同，将工作内容细化——按照付出的劳动或者能观察到的结果，代理人收取报酬。在这样的环境下，双方的利益是完全一致的。

但当存在不确定性和信息不对称时，代理问题就会出现，而通过合同来平衡双方利益就会变得很困难。激励计划通常不是基于代理人的努力，因为这种努力只能由代

---

[1]　见施蒂格利茨、伊特维尔、米尔盖特和纽曼〔Stiglitz, Eatwell, Milgate and Newman, 1987, 新帕尔格雷夫经济学大辞典，卷 3, 966-971, 以及其他参考资料，包括罗斯（Ross），1973；米尔利斯（Mirrlees），1974，1976；施蒂格利茨（Stiglitz），1974，1975〕。当然这个问题的历史就更久远了，可以追溯到 J. E. C 芒罗（J. E. C Munro）的帕尔格雷夫经济学大辞典（1894-1899）。

理人（不对称信息）来观察，或者说进行监督的代价很高。以可观测到的结果为基础设计激励计划是有一定困难的。首先，高成本的监督和信息不对称使得如何有效度量结果存在很大困难；其次，由于不确定性，结果可能不能反映代理人的努力程度，按结果激励可能会奖励那些懒惰但运气好的代理人，而惩罚勤勉但运气不佳的代理人。这样，激励计划就不能激励代理人努力工作。另外，按个人的成果奖励个人，可能会抹杀团队的努力，也可能出现搭便车的现象。

风险管理常常关注的问题是风险测度以及由此产生的决策问题——将结果的不确定性和结果的效用整合，做出风险管理决策。在现实世界里，还存在更复杂的情况——要通过给予适当的激励或长期的监管和控制，以确保代理人进行正确的风险测度。

在实践中有许多的激励计划，包括固定的和浮动的（工资加奖金或者底薪加佣金），递延奖金，各类股东的保障和一定的养老金等。设计奖金和激励计划已经成为比较困难且备受争议的方法，而它也是风险管理最重要的方面之一。即使一些代理人兢兢业业地测度和控制风险，但除非知道股东的偏好并按此行事，否则他们的努力也是徒劳的。

奖金和激励计划很难设计，无论行情好坏。在经济高涨时期，人们很容易得到满足，因为有足够的财富来分配，但要设计分配方案却很困难。在衰退时期，人们就很难满足，此时财富往往短缺，要留住好的人才则更加困难。无论是经济高涨时期，企业利润高（会自满并忽视风险），还是经济衰退期，企业利润低（人员离职），设计奖金方案都是非常重要的。

正如这部分开头提到的，对于奖金和激励的难题，我没有答案，但这是值得思考的问题。很明显，控制和测度风险的工作不太可能被替代，但我们可以设计更合适的激励方案来管理和控制风险。如果公司经理们的利益可以合理分配，他们就可以和股东共同控制和管理风险。

我还想提的一点是在奖金和资本结构中嵌入期权。交易员和投资经理的薪酬中有一部分称为"交易员收入"，即如果标的价格上涨，他们可以获得奖金，如果标的价格下降，只会略有损失。在好的年份，交易员奖金颇丰，差的年份则无法得到奖金。

对于对冲基金，奖励费用通常被认为是高于高水位线利润的比例（高水位线指基金在过去曾经达到的最高净值）。直接按照收入的比例收费可能会鼓励加杠杆以及高风险行为——如科尔曼和西格尔（Coleman and Siegel，1999）所讨论的，可以通过对风险行为进行费用调整，从而抑制这种行为。高水位线的设计初衷是为了吸引投资者，但事实上，它变成了收入的看跌期权。经理们在行情好的时期收入很高，但出现损失时则失去了这笔收入。这时，支出就是不对称的，上涨时赚奖金，下跌时却没有惩罚（如果表现实在太差，经理们可以关闭这支基金，再开另一支最高水位线比较低的基金）。因此，这种设置对于投资者而言弊大于利。

上市公司的资本结构提供了最好的嵌入期权的例子。默顿（Merton，1974）的经典论文阐述了上市公司的资本，包括股本和债务与公司的看涨期权是等价的（有风险的债券包括了看跌期权）。看涨期权意味着股东从公司资产价格的波动率上升中收益（因为随波动率上升，看涨期权价格也会上升），同时损害债权人利益。当公司价值接近债务价值时，公司濒临违约，这种效应就变得异常重要。当公司濒临违约时，股东会比债权人，甚至会比员工更希望采取高风险的行动。

最后，认真思考偏好、激励、奖金和代理人问题有助于发现风险管理中的很多难题——作为专业人士，我们只能用务实的方式来表达这个问题。

3.2　基础管理——流程、技术和数据

经营流程和控制中的每一个步骤都是非常重要的。在管理中，这些方面也是容易被忽视的。许多金融危机——大到像 1995 年震惊世界的巴林银行倒闭，小到个人理财账户的亏损——都是由于操作不当，而不是因为风险管理过于复杂而失效。俗话说，这些流程和步骤并不是复杂的事，但是只要该领域的相关损失一旦造成，后果和其他领域相比有过之而无不及，因为它们容易扩散，且事件发生后会清晰地暴露在公众面前。下面是利奥（Lleo，2009）的一段话：

乔瑞（Jorion，2007）从金融危机中得到的最重要的教训是：单个的风险源虽然可以造成很大的损失，但通常没办法酿成危机。一旦这样的事件发生，总是会有几种不同的风险相互作用，其中控制缺失成为主要推手。虽然控制缺失不能直接引起损失，但会使金融机构承担额外的风险，也为损失的积累提供了足够的时间。

技术和数据。风险管理和风险测度项目既需要精妙的量化技术，也要和枯燥的数据以及信息技术（IT）这些基础性的东西打交道。毕竟，如果你不知道自己拥有什么，就很难出色地完成复杂的分析。在建立或执行一个风险管理项目时，80％的精力和投资用在了数据和 IT 的基础建设上，而只有 20％是用在量化上。

在储存和使用风险分析的数据时，我不会过分强调数据和 IT 的重要性。对于市场风险，甚至是信用风险，将头寸很好地记录下来是很重要的，而且这些数据要用适当的方式储存起来。一个利率互换必须以互换的形式储存和识别，而不是以远期合约的形式。在构建、维护数据和 IT 设施时，付出的成本和精力是不能被低估的，它们同样也会成为风险管理工作的阻碍。

在风险管理项目中投资 1 美元的最大回报取决于这些基础设施——数据、IT、操作、日常报告以及维护人员。这些基础设施在经营中没有产生很大的利润，但对于整家公司顺利运转有很大帮助。部分前台交易员和高级经理总认为，这些基础设施得到了很好的维护并运转顺利。事实上，和成熟的量化部门相比，后台、运营部门、中台和 IT 部门更需要资源。当然，恐怕要等到这些基础部门出现失误，造成连续多年的亏损，他们才会被重视。

3.3 经营活动

风险管理的一个重要原则是经理人必须懂得风险。他们必须了解经营中蕴含的风险，也要了解哪些金融产品会产生危机。这是一个很简明的原则，却经常有人违反：银行董事会的成员和 CEO 了解利率互换和信用违约互换吗？这些金融工具引发了许多金融机构的危机。当公司面对金融创新的冲击时，高级经理们是否经常无法理解这些风险呢？

中级和高级经理必须能基本了解和熟悉他们负责的产品。在许多情况下，这意味着经理人员专业素质的提升。许多金融产品（特别是衍生品）被认为过于复杂，以至于只有火箭专家在超级计算机上用复杂的模型才能完成。衍生品定价确实需要这些模型和计算机的帮助，但它们的表现却是很容易分析的，只需要简单的模型和手工计算。作为复杂模型的持有者，很多研究部和交易部人员从中获益，但也要共同努力将复杂的产品简化为简单的想法。我不希望暗示说简化是明智的，相反，经理人员的教育水平应该提高，同时专家应给出一些简单且易于理解的解释。

对风险进行通俗易懂的解释是很有价值的，甚至是不可或缺的。事实上，如果资产组合的风险得不到简单的解释，这是危险的信号——一些人对产品或风险认识不足，从而无法做出简单而清晰的解释。更糟糕的是，可能有的人了解风险，却故意隐瞒其他人。

（1）利率互换和信用违约互换

本书不是金融产品或衍生品的教科书，但在这部分内容，我会谈论两个简单的例子：利率互换（IRSs）和信用违约互换。目的有两个：第一，我想说明看似复杂的产品，它的基本原理其实很简单；第二，我想说明在理解金融市场时，这些简单的解释有哪些实际应用。❶

（2）利率互换和 LTCM

利率互换是传统的金融工具，而且现在已经很成熟了。即使如此，人们还是觉得它很复杂。事实上，这是一个简单的金融工具，在多数情况下，利率互换如同一份债券，它盈亏的敏感性和债券一样，但没有（更准确地说是更低）信用风险。

假设读者对利率互换的结构有基本的认识——双方约定在一定期限内，以固定利率交换浮动利率。❷ 比如，考虑一个 4 年期的互换，我们每年得到 5 美元，并支付浮动利率。❸ 现金流如图 3.1 中 A 所示。从现在起，一年后我们得到 5 美元，并支付浮动利率（由今天的市场利率决定）。两年后，我们再次得到 5 美元并支付浮动利率（在第 1

---

❶ 注意，该部分是题外话，可以独立阅读。

❷ 见科尔曼（1998b）中的完整讨论。

❸ 标准的美元互换中，固定收益是半年支付一次，而浮动收益是每季度支付一次，但我用一年支付一次进行简化。

年末决定）。在每一个支付日，我们只交换净现金流，所以如果浮动利率为 3.5%，我们第一年收到 1.5 美元。

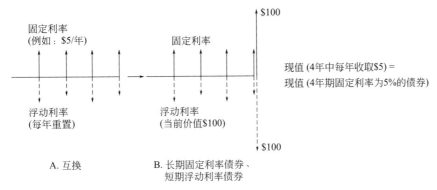

图 3.1 固定利率与浮动利率互换示意图

但从图 3.1A 中不能很清楚地了解互换的价值和风险（即它如何随市场波动而波动），但我们可以用简单的方法进行表达。因为每个付息日只交换净现金流，所以无论借入 100 美元还是借出 100 美元，对总的净值没有影响，但它可以改变我们对互换的看法。现在我们把它看做两个证券的组合，如图 3.1B 所示，一个 4 年期、利率为 5% 的固定利率债券多头，一个浮动利率债券空头。另外，浮动利率债券当前的价值总为 100 美元，那么我们得到的互换价值就是两种债券的价值之差：

$$PV（4 年期互换）＝PV（4 年期 5\% 的债券）－100$$

现在我们不仅知道了利率的价值，还知道了利率的风险：互换的风险和固定利率债券的风险是一样的（因为浮动利率债券始终等于面值，没有利率风险）。❶

因此，对于标准的利率互换，其表现就和票面利息、到期日、名义金额相同的债券的表现一样。在今天复杂的市场上，这个方法对于互换交易可能不够精确，但对于理解互换的结构和运作方式已经足够了。

实际上，我们可以用这种简单的方式来理解 1998 年长期资本管理基金❷（LTCM）事件。LTCM 是一支大型对冲基金，1998 年 8 月，俄罗斯债券违约引发了市场震荡，这支基金因此倒闭。在 1998 年初，它的资本达到了 40.67 亿美元，但在 9 月末损失了 45 亿美元而申请紧急救助，LTCM 几乎损失了所有资本。

LTCM 倒闭是一个耐人寻味的故事，之后还引发了一连串讨论，其中洛温斯坦（Lowenstein，2000）的观点引人注目。这支基金崩盘的解释多种多样，但多数人认为是互换的风险敞口。洛温斯坦（Lowenstein）回顾了 9 月 20 日美联储和财政部官员对 LTCM 的造访，期间他们得到了公司的风险报告，其中提到了公司的美元互换协议：

❶ 将互换与两种债券的净值做等价，只是为了在建立浮动债券之前举个例子，同时避免每个交易日的差异和其他技术上的细节。而且，由于对应敞口的存在，会有一些信用风险存在互换当中。这里忽略这些问题，因为它们对于理解风险的主要组成部分——价值随利率的变化没有影响。

❷ 一般是指资产管理公司的名字，长期资本资产管理公司。

互换基差（事先设定的波动标准）每变动 15 个基点，盈亏达 2.4 亿美元。

如前面所述，从利率的敏感性来说，在互换协议中得到固定收入相当于持有固定收益债券的多头。相关的利率是互换利率，而不是美国国库券或公司债券利率。❶ 虽然利率会不断变动，但美元的互换利率总是高于国债，而低于公司债。❷ 互换利差——即互换利率和国债利率之差——取决于对国债和美元互换的需求。在 1998 年俄罗斯金融危机期间，市场风险厌恶程度高，投资者都选择持有国债。这种寻求安全的投资行为推高了互换与国债的利差。

无论决定互换利差的因素是什么，考虑到利差因素，交易员倾向于持有多头头寸。做空利差（在利差收窄时获利）意味着持有互换的多头或者收到固定利息——等同于做多固定利率的债券而做空美国国债：

互换利差的空头＝互换中得到固定利息（互换多头）与国债的空头

如果国库券和互换的利率都上升，这样就不存在利率风险的净暴露，在互换上会有损失，但做空国债会获利。但如果互换利率下降而国债利率上升，互换利率就有了风险敞口，互换多头和国债空头都会获利。

LTCM 的头寸就是如此，所以以基差每收窄 15 个点，就获利 2.4 亿美元，也就是每个基点 1600 万美元。我们很容易计算出这些债券暴露的风险有多大。1998 年 9 月，10 年期互换的利率是 5.7%。因此，100 万美元 10 年期债券（等同于 10 年期互换的固定收入一方）的敏感性为每个基点 750 美元。❸ 这个分析说明，互换利差头寸相当于 21.3 亿美元的债券头寸，这是 LTCM 资本的一倍。而且，这 21.3 亿美元还只是美元互换利差的风险，它还有英镑互换利差以及其他互换市场上的风险因素。

我们也可以计算出，基差变动 45 个基点，可以产生 7.2 亿美元的利润或损失。LTCM 公司以 15 个基点的变动为单位标准差，认为三倍的标准差不太可能落在正态分布的区间内（0.1% 的概率），但金融变量有厚尾——因此，三倍标准差的可能性不能被忽略。事实上，从 4 月到 8 月，互换利差变动已经接近 50 个基点。当考虑到俄罗斯债券违约引发的小范围金融恐慌时，这种变动也不足为奇了："早上的纽约时报（1998年 8 月 27 日）谈到，'市场的混乱已经勾起了人们对金融危机的回忆'……每个人都想把钱赚回来。所有人都厌恶风险，即使是合理的风险。"❹ 每个人都在囤积比较安全的国债，将互换利差推高。

7.2 亿美元的损失已经占到 LTCM 年初资本的 15%，但注意，这里只是美元互换利差的风险，英镑互换利差风险会进一步扩大这个数字。更糟糕的是，由于持有量过大（美元互换头寸相当于 21.3 亿美元的债券）以至于无法快速变现，这就意味着

---

❶ 这里指美国财政部债券以其利率为基础。

❷ 在 2008 年之前，互换利率高于国债利率。但从 2008 年 11 月以后，30 年互换利率稳定在国债利率以下（利差在－40 个基点）。这被认为是回购市场混乱、投资者高度厌恶风险以及公司客户对固定收益需求旺盛综合的结果。这个情况使互换相对国债的利差不断下降。

❸ 见科尔曼（Coleman，1998）中对于债券和互换敏感性（DV01）的讨论。

❹ 洛温斯坦（Lowenstein，2000，153-154）。

LTCM 只能看着损失不断扩大而没有办法补救。最后，从 1998 年 1 月到申请紧急救助，LTCM 仅由于互换就遭受了 16 亿美元的损失。[1]

要找到能完全解释其破产的原因是不太可能的，但意识到其大量集中的交易导致的问题还是很有建设意义的。互换利差的头寸是直接在这个利差上押注——认为这个利差相比年初会收窄，然而它却在 8 月和 9 月戏剧性地扩大。LTCM 最后彻底输掉这个赌局。

互换利差只是大赌注之一，另一个则是长期的股票波动率。[2] 这两项损失达到了 29 亿美元，而总共的损失是 45 亿美元。正如洛温斯坦（Lowenstein）所说："这两项交易摧毁了这个公司。"当然它的破产还有很多原因，不只分析得这么简单，包括杠杆的作用，更为重要的是交易过程中的一些决策以及人性因素。这个例子说明了用简单的方式理解一个资产组合及其风险是多么有价值。

（3）信用违约互换和 AIG

20 世纪 90 年代中期，信用违约互换（CDS）市场突然兴起，它经常被认为是一个复杂、神秘甚至有害的工具，但其实它没比公司债券复杂多少。实际上，CDS 在多数情况下就像杠杆式的浮动利率公司债，将这两者等价是很有用的，因为任何熟悉公司债券的人——了解它们如何以及为什么可以在金融市场上发挥作用，如定价、风险的人——也同样能了解 CDS 的重要环节。实际上，和一般的债券相比，对 CDS 的定价并不是很难。

假设我们对 CDS 有基本的了解。[3] CDS 合同就是一方支付一笔固定费用，换取对方的承诺，内容是在某一债券违约时，购买方可以获得赔款。图 3.2 表示了 CDS 的现金流。对每期的保险金，双方事先就会达成协议，然后（假设我是卖方），我得到保险金直到合同到期或违约，这取决于哪一项先发生。如果发生违约，我必须补偿其债券的价值：必须支付 100 元以下的补偿（补偿债券的价值）。这种支付有很明显的风险，因为只要不违约，我就可以收到保险金。

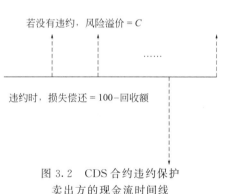

图 3.2　CDS 合约违约保护卖出方的现金流时间线

CDS 确实比债券和利率互换等其他证券更难理解一些，但前面提到 CDS 其实和公司债券是等价的，这就意味着我们可以更容易地把握 CDS 的表现。

---

❶　洛温斯坦（Lowenstein，2000，234）。

❷　按照洛温斯坦（Lowenstein，2000，126）的观点，LTCM 在美国和欧洲市场持有的头寸相当于每个波动基点大约 4000 万美元。（波动基点，例如内含波动率从 20 变到 21。内含波动率指数的一个例子是美国股票交易所波动率的 VIX 指数）。这些期权的内含波动率从 20％上升到 35％（1998 年初到当年 9 月），造成了大约 12 亿美元的损失。实际的互换损失是 16 亿美元，而由股票波动造成的损失大约有 13 亿美元（洛温斯坦（Lowenstein，2000，234））。

❸　完整讨论见科尔曼（Coleman，1998b）。

为什么说 CDS 如同一个浮动利率债券或票据（FRN）呢？假定我以固定价格卖出 CDS，并承诺在公司债券违约时，补偿买方的损失。也就是说，我作为卖出 CDS 的空头方，相当于买入了一份 FRN。图 3.2 说明了 CDS 的现金流：我收取保险金直到到期或违约，当出现违约时我需要支付补偿款项。

现在，我们使用一个基本方法——本质上和之前分析利率互换是一样的。对于任何互换协议，改变的只是净现金流量。因此，我们可以插入任意的现金流量，只要在同一个时点支出和收入相等，净现金流变动就为零。让我们用每个支付日的保险金加上和减去 LIBOR❶，到期面值仍为 100，当然前提是不违约。按 LIBOR 计算的款项也是有风险的，但由于净值为零，它们对 CDS 的风险没有影响。图 3.3A 表示原始的 CDS 里加上了净值为零的现金流，图 3.3B 用简单的方法重新排列了现金流。

① 一个合并的 FRN。

a. CDS 的保险金加上 LIBOR 变成一个有风险的浮动债券，只有在不违约时支付。

b. 风险补偿款中加 100，仅在没有违约时支付。

c. 当出现违约时（注意支付负数相当于收入），将负的补偿款项加到正的补偿款中。

② 一个合并的 LIBOR 浮动利率。

a. 一旦出现违约或者到期，则将负的 LIBOR 加入浮动利率债券。

b. 到期没有违约时，支付 100。

c. 违约时补偿 100。

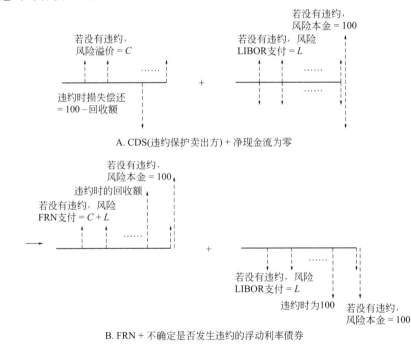

A. CDS(违约保护卖出方) + 净现金流为零

B. FRN + 不确定是否发生违约的浮动利率债券

图 3.3　CDS 付款＋抵消付款＝浮动利率债券（FRN）－LIBOR

---

❶　LIBOR 是伦敦银行间同业拆借利率，属于短期的基准利率。

在图 3.3B 中，FRN 是一个标准的浮动利率债券或票据（FRN）：如果没有发生违约，到期时收回本息，而如果发生违约，就要求补偿损失。在图 3.3B 中，LIBOR 的浮动看似奇怪但其实很简单：它今天的价值始终是 100。LIBOR 的浮动利率债券和到期或违约的 CDS 是等价的：无论违约与否，都要在违约或到期日支付 LIBOR＋100。支付的时间并不确定，但不影响价格，因为当 LIBOR 降低时（对 CDS 也是如此），任何支付 LIBOR＋100 的债券在不考虑到期价值时都是 100（也就是不管 100 是在何时支付的）。

现金流量的变换是非常有用的，因为它几乎告诉我们有关 CDS 的所有信息。❶ 卖掉 CDS 如同持有了一个债券（杠杆化的——也就是按债券初始价格借入资金）。和 FRN 一样，CDS 会对债券和公司的信用变化做出反应。这和传统上把 CDS 视为保险产品不同——即保险的卖方为债券违约担保。将 CDS 作为保险产品在技术上没有错，但这样就无法考虑其运作原理，从而无法为风险管理提供进一步的信息。事实上，一个公司债券也可以看作是嵌入了保险合同中。❷ 这和将 CDS 看成保险一样，技术上没有错误，但从资产管理角度看，我们通常无法获得更多信息，这就是为什么公司债券很少被当作保险产品的原因。

理解资产组合的风险及其表现时，将 CDS 简单看作 FRN 是非常有用的。实际上，我们可以用这种方法进一步理解，次贷危机中是什么使 AIG 金融产品部门倒下。根据公开报告，2008 年 AIG 金融产品部持有 CDS 高达 4500 亿到 5000 亿美元，其中 600 亿美元是次级贷款和银行票据。❸ 将 CDS 看作加了杠杆的 FRN 有两个结果：第一，进一步说明了 4500 亿美元的头寸有多么庞大。购买 4500 亿美元的债券，其风险集中于金融机构和次级贷款，这种情况本应引起 AIG 高级主管的注意（显然 CDS 并没有引起他们的重视）。不管出于什么原因，4500 亿美元的债券头寸都应该引起足够重视，哪怕提高一点检查风险的力度。

第二，可以计算 4500 亿美元 CDS 的风险，即一定的债券利差引起多少价值变动。我不是说可以计算 AIG 产品部门实际风险暴露有多少，但可以知道其数量级大概在多少，我们很容易在 CDS 和 FRN 之间应用这种等价方法。2008 年大部分的 CDS 是 5 年期，年利率 5.5％，一个年利率 5.5％ 的 5 年期债券（FRN）对债券利差，或者说

---

❶　当我们考虑实际在市场上交易的 FRN 时，这等价不是严格的。这个技术问题与违约时的应计利息有关 [见科尔曼（Coleman，2009）]。虽然在市场上这种等价不是严格的，但对于我们的研究目的而言，却是很方便的。

❷　见科尔曼（Coleman，2009）的讨论。在施蒂格利茨（Stiglitz，1987，新帕尔格雷夫经济学大辞典，卷 3，967）中也有提及。

❸　2008 年 6 月的《经济学家》（"AIG 的救助措施：规模问题"）提到，4410 亿美元的敞口中，有 580 亿美元是次级债券，3070 亿美元是"美国和欧洲银行持有，为保证银行资产质量而设计的工具。"彭博 [霍尔姆和波珀（Holm and Popper，2009）] 报道称 AIG 产品部"在 2007 年末，为超过 5000 亿美元的资产提供担保，包括 614 亿美元的次级贷款证券"。金融时报 [福斯特和格雷拉（Felsted and Guerrera，2008）] 报道称"按照 2007 年中报，AIG 有 4650 亿美元的信用违约互换"。

DV01 的敏感性大约为每个基点 435 美元（100 万面值）。❶ 因此，4500 亿美元的债券对利差敏感性大约为每个基点 2 亿美元。这里的分析再次强调这个头寸的规模相当巨大。

对于每个基点 2 亿美元的风险，利差扩大 10 个基点，损失就会达到 20 亿美元，50 个基点就是 100 亿美元的损失。按 2008 年之前的历史标准，AAA 级的公司利差变化 50 个基点是非常大的，但也不是闻所未闻。到 2008 年末，利差扩大到 400 个基点，按照之前计算的风险，损失已经达到了 700 亿美元。❷

2 亿美元的风险水平并不精确，而且总体利差的变动也不是和 AIG 产品部门的风险完全一致，但是，通过暴露的风险规模以及利差变动，不难了解 AIG 产品部门遭受了怎样的损失。它们在次贷、银行和其他债券上囤积了数量巨大、集中、直接的头寸，将风险直接暴露给了金融部门。AIG 产品部门认为（不管有意还是无意）利差不会扩大，公司能从 CDS 中获利，这个赌局以失败告终。正如 LTCM 一样，除利差上的头寸外，还有很多原因导致了危机（包括像 LTCM 的杠杆和人员），但如果意识到 AIG 巨大且直接的头寸规模是导致损失的罪魁祸首，也就不难理解这场危机了。这里没有完全解释这个事件，但提供了一个很好的分析视角。

3.4　组织结构

本节先提出一个重要的问题：在风险管理和风险测度中，什么样的组织结构最合理？这个问题类似于公司治理（或制度）问题，我只回顾这些问题，不做深究。这是一个重要且不能被掩饰的问题，但它已经超出了作者的专业领域，而且，现在有很多有关公司治理的好文献可供读者参考。

这里提供两篇很有价值的文章。格鲁希、加莱和马克（Crouhy，Galia and Mark，2001，第 3 章）讨论了很多关于银行风险管理的问题，从定义的重要性开始，到政策、测度方法、数据支持和基础结构，还讨论了如何定义风险管理的角色、职责、限制及其控制。格鲁希、加莱和马克（Crouhy，Galia and Mark，2006，第 4 章）更关注公司治理，定义了从董事会到整个组织的权责分配。

从一个大型上市公司的视角来讨论组织结构和公司治理的问题，董事会代表股东的利益。假设公司有一个高级管理委员会，负责制定主要的战略决策。接下来的讨论使用的方法也可以应用到一家更小的或私人的公司，这里用董事会代替股东，用高级

---

❶　一份 FRN 的利率风险几乎为零，因为债券是按照这个利率交换的。FRN 的信用利差风险几乎和固定利率债券是一样的（技术上而言，固定利率债券的付息日在浮动利率债券重定价日之前）。对于一个固定利率债券，利率风险和利差风险几乎是一样的。换句话说，为了找到 FRN 的利差风险，我们只要计算固定利率债券的利率风险，而它与平均浮动利率几乎是一样的，这样到期日相同，以面值发行的债券就会被固定下来。

❷　2010 年初利差跌回大约 250 个基点（彭博数据）。AIG 的头寸并不都是 5 年期的，而且也不都是金融性的，但这个分析对这段时间内利差波动造成损失的数量级进行了估计。

管理委员会代替 CEO。

根据格鲁希、加莱和马克（Crouhy，Galia and Mark，2006，第 4 章）的阐述，我将从董事会和高级经理的角色开始分析。如果承认风险管理是金融机构的核心功能，那么从高层开始分析就是合理的。格鲁希、加莱和马克（Crouhy，Galia and Mark，2006）将董事会职责具体分为了解和审批公司战略、监督公司管理，并对其负责。董事会不用直接参与经营，但需要制定公司的战略目标，并对实现目标过程中的管理活动负责。虽然这与某些认为"董事会不能成为风险管理者"的观点相悖［格雷拉和拉森（Guerrera and Larsen，2008）］，但事实上董事会必须像管理利润、审计和其他经营业务一样，参与风险管理——当然不是经营管理，而是了解、监督以及战略掌控。

作为战略执行和监督的角色，董事会必须将具体职责授权给委员会。金融机构具有两个重要的风险管理部门——风险管理委员会和审计委员会。虽然不是所用公司都设立了这两个委员会，但肯定设置了相关部门角色以及职能和其中之一相同。

风险管理委员会负责审批风险政策和流程，以及对这些政策和流程的执行进行有效的控制。如格鲁希、加莱和马克（Crouhy，Galia and Mark，2006）所述，这个委员会"负责独立审核信用、市场和流动性风险的评估、测度、监督和控制，包括政策指导方针和体系的完备性"（94 页）。我与他们的分歧（非本质的分歧）在于职责授权的程度。我认为就风险对于管理金融机构的重要性而言，董事会应该保留对风险的基本职责。作为专业知识和建议的讨论区，风险管理委员会是很有价值的，但董事会应对核心的战略风险决策负责。

然而，董事会执行监督职责和战略管理职责存在固有矛盾，这种矛盾也同样出现在选择独立非执行董事的时候。金融机构面对复杂风险时，要想深入理解这些风险就必须有金融行业的丰富经验。非执行独立董事来自行业以外，往往缺乏把握风险和负责执行的技巧和经验——也就是无法提出正确的问题，并给出相关答案。格鲁希、加莱和马克（Crouhy，Galia and Mark，2006，92）提出了一个有趣的解决方案：设立一个"风险咨询主管"，这个人可以是董事会中专门负责风险的（不一定有投票权），该角色要得到风险管理委员会和审计委员会的支持，将最好的风险管理政策、流程和方法告知董事会成员，并为公司业务中的风险提供咨询。

大部分金融机构都有审计委员会，负责确保公司财务报告的真实性、合法性、合规性以及符合其他相关重要规定。它的一个重要作用是"证明董事会言行一致"［格鲁希、加莱和马克（Crouhy，Galia and Mark，2006，91）］，这个角色与风险管理委员会之间有微妙的区别。审计委员会关注风险的流程和步骤，它更注重流程和步骤的质量与真实性，而风险管理委员会更关注风险本质。

格鲁希、加莱和马克（Crouhy，Galia and Mark，2006，95）将开展和批准执行公司战略计划的职能赋予高级经理，而风险决策经常被授权给风险管理委员会，因为获利机会不可避免地与承担风险联系在一起。风险管理委员会除风险总监（CRO）、首席财务官、财务主管和合规总监外，还必须有公司的 CEO 和高级主管。

考虑公司本身的组织结构之后，格鲁希、加莱和马克（Crouhy，Galia and Mark，2006）提出了标准的观点：CRO和"风险管理团队"的设立要独立于交易单元，高级风险管理委员会将风险政策、方法和基础信息授权给CRO，CRO负责独立的监管，将市场、信用和经营头寸的影响降到最小。

我的观点有所不同，风险管理行业中，知识是在不断变化的。我认为不仅需要独立的风险监管和风险测度单元，而且最终的风险决策权要留给负责交易的经理。风险是交易和资产管理的核心，它不能与获取利润相分离。所以，风险管理必须交给交易单元，赋予CEO和高级管理委员会的权力最终应授权给单个交易单元的经理。

减少头寸的权力应该被赋予那些执行交易的经理。在我看来，如果CRO有权力减少头寸，却没有最终交易权，这本身就是矛盾的。这样，CRO要么有权进行不独立交易，要么可以进行交易，却没有实际权力。

如果选择一个独立并且有交易权力的CRO，情况就有所转变。过去的观点在独立和权力之间嵌入了一项固有的矛盾，过去将权力从经理身上剥离是很危险的，因为当风险管理在机构别处进行时，经理们就会觉得风险管理不是他们的责任。

然而，风险监督和测度的独立性也是非常重要的。对于审计和财务在计算和监管利润时所扮演的角色，企业已经有了一套规章制度。没有人会建议让交易员或资产管理经理报告公司的盈亏，这些要由财务部门完成，并交给审计部门仔细核查。整个机构都依赖于公司的盈亏，并认识到独立、可靠的人员有多么重要。风险也是如此——公司重要的信息必须由独立的人员完成与校对。

对于风险管理团队的组织构架，我的观点可以总结为图3.4。其中，从核心到中层，展示了风险管理的基本职责。❶ 董事会和高级主管（CEO和高级管理委员会）管理盈亏和组织其他方面的权力，最终可以下放到单个交易部门和经营线上，而可以保留的核心权力如下。

① 财务部门：制定估值政策，确保盈亏真实性，就盈亏和财务问题向董事会和高级主管提出建议。

② 风险部门：制定风险政策，撰写风险报告，确保风险报告的真实性，就风险问题向董事会和高级主管提出建议。

③ 运营/中台部门：准备整个公司的盈亏和风险报告并上交。

在这个结构中，有决定权的经理负担起了基本的风险管理职责。同时，它也强调了风险部门在制定政策时所扮演的角色，包括对整个公司从上到下提出风险建议。而实际制作财务报告和风险报告的则是运营部门。风险报告和财务报告关系十分紧密，所以让运营部门负责而不是财务与风险管理两个部门负责也就合情合理了。

---

❶ 这种组织结构布局不同于完善风险政策、咨询等。例如，格鲁希、加莱和马克（Crouhy，Galia and Mark，2006）强调了董事会和高级管理人员在监督和执行风险准则中的作用，以及风险部门在保证风险报告完整性的支持作用。

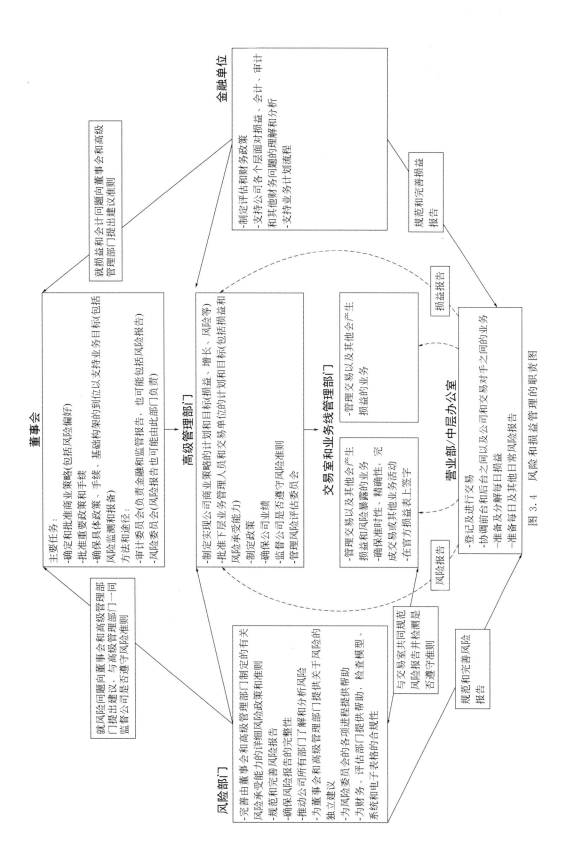

图 3.4　风险和损益管理的职责图

董事会和高级经理应该信任风险管理部门的建议和指导，但也必须了解和学习风险。同样重要的是，在遇到与风险相关的问题时，风险管理部门要为董事会和高级管理层提供咨询，负起向董事会和高级管理层提出预警的责任，就如同财务部门处理利润相关问题一样。

最后要讨论的问题是如何使用和贯彻各类约束。约束是多种多样的：对于市场风险，约束包括业务和交易品种的限制；在单个业务部门和整个资产组合或公司之间，在险价值存在约束；头寸种类和数量存在约束；集中度约束要求交易员不能把风险集中于一种工具或者一个市场上；止损约束则是在开始出现亏损时提供安全价值和早期预警。对于信用风险约束，当一项业务或者资产组合由于出现信用下降的情况而予以特别关注之前，须设定违约的数量。对于总体业务，可能有流动性风险方面的限制。

约束措施是将公司风险偏好，特别是高层的偏好，与交易部门或业务部门的战略和行为联系起来的重要方式。约束在计划阶段是非常重要的，因为它会强制要求管理人员仔细考虑一项新业务的规模和范围。约束对计划中的业务也很重要，原因有两方面：第一，它将业务活动与公司风险偏好联系起来，也和分散风险的方式联系起来。第二，它要求管理人员周期性地（如每天、每周或每月）比较实际承担的风险和预期的风险。

格鲁希、加莱和马克（Crouhy，Galia and Mark，2006）也对约束进行了讨论，马里森（Marrison，2002，第 11 章）则对各种不同约束和规则的设置进行了详细研究。

3.5　监管问题概述

监管的重要性不仅在于公司必须在既定的规则下运行，而且银行的监管已经成为许多机构创新的驱动力，同时也为风险管理过程所利用。然而有两个问题使得事情难以完全解决：第一，这超出了我的专业领域；第二，更为重要，即这个问题总是日新月异，刚写下的东西很快就会过时。2008 年到 2009 年的金融危机改变了监管环境，而且这种情况还会持续多年。本书只提供一些背景资料，为将来的研究做参考。

关于银行监管的材料有很多，虽然有些已经过时，但还是可以提供一些基础概念和银行监管的历史背景。格鲁希、加莱和马克（Crouhy，Galia and Mark，2006）在第 3 章讨论了银行监管和巴塞尔协议，在第 4 章讨论了 2000 年代后期，美国有关公司治理（2002 年的萨班斯法案）方面的法律要求。马里森（Marrison，2002，第 23 章）也谈到了银行的监管。

从全球来看，巴塞尔委员会（BCSC）是一个关于银行监管的多边组织，这个委员会是 1974 年由 10 国集团的央行行长组成的。虽然委员会本身没有监管权力，但成员是 28 国央行（2010 年）和银监机构（如英格兰银行和美联储）。BCSC 也常被称为"BIS 委员会"，因为委员会是在瑞士巴塞尔达成了协议，且办公地点也设在那里。严格来说，BIS 和巴塞尔委员会是分离的。1988 年原版的巴塞尔协议、历史沿革、珍贵的研究资料以及现在的信息都可以在 BIS 的网站上找到。

对银行最重要的监管要求就是自有资本。监管的要求就是资本能够补偿意外损失，当因为资不抵债或资产难以被快速清算而导致亏损时，它可以起到缓冲作用。由于担心不同法律制度下银行的资本数量和质量以及日本银行业因贷款证券化导致自有资本过低，从 20 世纪 80 年代起，全球监管迅速发展。日本银行业过低的资本被认为是不正当竞争。

虽然资本是最重要的监管要求，但在定义监管资本时，出现了两个困难。第一，多少的资本是充足的。第二，哪些可以真正被定义为资本。关于合适的资本水平，这个问题决定了在不利情况下银行可能会损失多少，反过来又取决于银行持有资产的类型和数量。这两个问题都不好解决，因为各国法律不同，要找出一套简单、适用的标准以及统一的会计准则是很困难的。

早期关于资产的国际标准非常简单，只要保留的资产有可能遭受损失，它就会被放入风险资产的目录中。一些资产按账面价值 100% 计入（比如，一家私人公司的贷款，可能被认为有全额损失的风险），另一些则按较低的风险权重计入（比如，现金的权重为零，因为现金没有信用风险随时可用，而住房则可能以 50% 计入）。所有资产加总（考虑了合理的风险加权），这就是银行的风险资产。银行要求按风险资产的一定比例持有资本。

如何定义资本是另一个难题，因为定义什么是资本，以及判断资本是否优良都是很难的。一般认为股权和储备是质量最好的资本，股权和储备——外部投入资本以及损失时可以补亏的留存收益——都提供了一个缓冲垫。其他资本来源——比如，非公开的利润——可能在同样条件下不能补亏，所以无法提供一个好的缓冲。

1980 年以来，国际上逐渐将监管集中在三个方面：第一，哪些资产可以作为风险加权资产；第二，合适的资本充足率是多少；第三，哪些可以作为资本。

起初，只考虑进去资产的信用风险，而没有考虑市场风险（由违约以外的因素导致的价格风险，如利率的波动）。1996 年颁布并于 1998 年实施的新标准则考虑了市场风险，但资产的风险加权规则仍然很粗糙。2004 年发布的巴塞尔 Ⅱ 更新了标准，通过更加灵活精确的方式来计算总的风险资产和资本。

2008 年到 2009 年的全球金融危机充分表现出国际监管框架的不足，于是监管者提出了巴塞尔 Ⅲ。这个过程从 2009 年发布的一个更大的框架开始，已经持续到了 2011 年。其焦点已经从银行业的监管（如设置银行的资本充足率要求）转向管理系统性风险，即宏观审慎监管。

3.6 意外状况管理

风险管理的最终目标是建立一个健全、灵活的组织以及一整套流程。我们应该意识到，量化风险工具有时无法捕捉到意外事件给公司带来的风险。风险管理的艺术性，就在于建立的文化和组织可以应对意外事件。

在重大危机或灾害发生时，管理风险需要考虑各种类型——市场风险、信用风险、经营风险、流动性风险等。通常，危机是各种偶发事件综合的结果，1995年巴林银行倒闭事件就是一个例子。

风险管理的内容包括建立一个健全、灵活的流程和组织。公司必须能灵活应对各种在过去不是那么重要的风险，同时能抵御各种意料之外的困境，更重要的是，它还必须具备利用新机会的能力。

在其他领域测试和管理风险，可以让我们深入了解风险测度和风险管理的区别，同时比较不同的风险管理方法。在高山滑雪和越野滑雪等活动中，会遇到受伤、塌方、冰雹和落石的风险，但最主要的风险还是雪崩，雪崩是一个无法预测的灾难性事件。

滑雪的风险和收益与金融领域类似。参与金融市场可以获得大量收益；而滑雪是一种享受，体验在野外爬坡和速降的激情。金融市场很难预测，它很容易暴露风险以至于突然出现毁灭性的损失；雪崩也很难预测，我们很容易迷失在雪崩地形上，并引发致命的滑坡。

应对雪崩与管理金融风险类似之处：

大致了解雪崩——在什么情况下会以怎样的方式发生？❶

类比金融市场，就要在进入一个新的市场、产品和行为之前做足功课。

了解某一天的具体情况，并基于这个信息做出决策——首先，这是不是雪崩多发的日子？其次，将信息与个人或团队的风险承受能力比较，决定是否出发。在金融风险管理中，这就类似于了解资产组合的特定风险后，决定是否继续持有、增持或继续某项行动。

建立损失控制策略——什么样的流程可以在出现灾难时，将后果减轻？例如，越野滑雪应团队行进，每人都带上一些团队的自救工具——无线电、探测器和铲子。雪崩无线电探测器是一个小型无线电接收器，全队任何人被埋都可以用它来定位，而铲子和探测器可以帮助将人挖出来。无线电探测器可以降低因雪崩被埋的伤害：能给被困者50%到80%的生还机会，而如果没有这个装置，获救概率几乎为零。如果真的发生，这些安全措施可以将雪崩的影响降到最低。这些控制策略是应对雪崩风险的最后一步。对于金融风险管理，这一步类似于建立一个健全、灵活的组织以有效应对意外冲击。

与户外运动时遭遇雪崩作对比，引出了几个可以应用到金融风险管理中的话题。

第一，量化测度知识的重要性。经验丰富的越野滑雪者会花大量时间和精力了解环境，并认真考虑量化的细节，如天气、雪场等（不做这些工作的人也成不了经验丰富的滑雪者）。金融行业中的管理人员，也应当花费时间精力学习量化技术，然后利用这些工具获取信息。

---

❶ 对于滑雪初学者来说，普遍的问题是容易忽视他们所承担的风险。某一天雪崩的风险可能很小，而另一天可能很大，但初学者这两天里都不知道自己所承担的风险。

第二，使用这些知识来做出决策的重要性，将量化知识与经验、判断和社交技巧相结合。在雪崩中，雪崩往往是受害者或者团队中某一成员引发的。雪崩往往是滑雪者做出明确或隐含决策的结果，这些决策要求滑雪者的技巧和判断，以及应对成员的各种情绪和行为。处理团队变化是越野滑雪中重要的决策内容，在金融行业也一样。量化测度非常有用，但必须应用到有根据的决策中。经理们必须把量化信息和知识与经验、判断和社交技巧结合。

第三，雪崩和金融危机都是意外事件——也就是说，它们很少发生，而且时间、规模和地点都很难准确预测，但引发这些事件的条件和事件的分布是很容易研究的（比如，两英尺❶降雪后，38度的斜率最容易引发雪崩；而对于金融事件，一亿美元标普500指数的风险比1000美元低风险国债更容易引发损失）。

第四，在处理雪崩和金融危机时，都存在一个明显的悖论：风险测度和管理工作做得越好，客观上暴露的风险就越可能会上升。随着应对雪崩的技巧和工具升级，滑雪者可能愿意承担更多客观上的风险。在金融领域中进行类比，一个公司风险测度和风险管理做得越好，可能越想承担更大的风险，进行交易和活动时会更多借助工具和技巧。

但是，如果再深入思考，就会发现这根本不是一个悖论。一个没有知识或者危机控制策略的滑雪者就不该承担大的风险，他只能在风险比较小的时候，在平坦的地方滑雪，这么做比较安全，但也少了乐趣，因为从陡坡速降是非常刺激的事情。而如果知道如何控制危险，他就可以承担更大的风险，可以在风险更大、坡度更陡的地方滑雪。虽然这意味着客观上有更大的风险，但只要具备知识、经验、救护工具以及合理的决策，滑雪者就可以降低雪崩或其他危险所带来的风险，也可以降低遇到危险时受到的损害。最重要的是，更陡峭的坡度和更好的滑雪条件意味着更出色的技巧，以及效用的提升。有了合理的风险管理，这些事情就可以在风险没有提高的情况下完成。

同样，一个金融机构如果可以更好地测度、控制和应对风险，它就可以在损失概率没有上升的情况下，承担更大的客观风险，并获取更多的潜在利润。

风险管理不是将风险最小化，而是在风险和收益之间做取舍。出色的风险管理一般有以下两种情况：收益相同，但风险更低；风险相同，但收益更高。

通常，好的结果是两者皆有——高收益和低风险。但在某些情况下，客观上敞口的风险会增加。对于一个金融机构，头寸增加，损失的概率也会上升，内部的敞口风险管理也会提高（更多的敞口会导致更大的风险）。这就要求通过更加及时的头寸和敞口报告，增加资产组合敞口信息的可靠性，带来更加出色的资产配置。其结果将是风险的降低，即损失的可能性降低或损失对公司的影响下降，但在更大的个人立场和更大的利润潜力的意义上，风险却增加了。

敞口上升总是伴随着风险管理水平的提高，风险管理与财务管理密切相关的部分含义就在这里。风险管理不是将风险最小化，而是在风险和收益之间做最优选择。

---

❶　1英尺＝0.3048米。

雪崩和金融风险又有两个重要的区别。第一，事件发生的频率。雪崩发生很频繁——一个季节里会有很多次——所以有经验的越野滑雪者（充分了解滑雪知识并渴望生存的）总是会得到雪崩的警告。相反，金融危机几年才出现一次，个人和集体的教训会因此淡化，导致自满和抗拒。

第二，收益的不对称性。对于雪崩中犯的错误，可能的代价是受伤甚至遇难；而金融市场中的惩罚仅仅是丢掉工作，但得到的回报却是很高的。所以，这种非对称性——丰厚的回报和温和的惩罚——产生了很大的诱惑。

通过比较，得到最重要的启示是"人性因素"的重要性：情绪的交汇、团队的变化、不确定性的决策以及人们时常面对的各种限制性因素。有关雪崩的著名文章"雪崩生还"［特伦佩尔（Tremper，2008）］的最后一章，也是最重要的一章，直接命名为"人性因素"。通过不断搜集证据，研究雪崩的专家发现了人类决策的重要性：受害人要么没有发现致命线索，要么如同多数时候那样，忽略了重要信号。

特伦佩尔（Tremper）的解释：

雪崩有两类。第一，有2/3的山难是由于大意造成的，而这个可以通过培训来克服。第二，就是这一章的主题——受害人知道危险来临，但处理不当。他们要么没意识到问题，要么像大多数情况那样，高估了自己的能力……他们聪明反被聪明误。（279页）。

对于金融危机也是同样的道理。缺乏相关的知识相对比较容易克服，量化风险测度以及本书剩下部分的主题，都是为了介绍更多的知识。不懂风险管理可能是因为缺乏教育和理解，也可能是缺乏数据和信息——无法测度公司发生的情况，风险测度的目标正是解决这些问题，它本身是很有价值的。2/3的雪崩灾难源于无知，这也可以应用到金融领域：许多金融危机（我们将在第4章中看到）是因为简单的错误、知识的缺乏、错误的信息或者数据——简单而言，对金融知识的缺乏是可以解决的问题。

但是，正如雪崩一样，还有另外一类金融危机——是由于人性因素导致的。不确定性条件下做决策是很困难的，思考不确定性同样如此。团队变化、自负以及外界压力都会影响决策。按照特伦佩尔（Tremper）的说法，我们应该根据事实做决策，并认真分析状况，如果我们具备了足够的信息，就能够做出正确的决策。但事实上，情况恰恰相反。信息、教育、数据——仅有这些是不够的，我们还要回到风险管理中来。风险管理是在管理人、过程和数据，它还包括对我们自己的管理——管理我们自负、骄傲、固执的情绪以及犯的错误，它不仅与奇妙的量化技术有关，还与不确定性、不完全信息和竞争性需求下做出的决策有关。

特伦佩尔（Tremper）关于人性的章节有一些很有趣的观点，许多都取自于其他领域的风险决策。其中提到了规律的精确反馈的重要性，它对雪崩来说相对容易，因为雪崩是有规律且公开地发生，对金融危机则更困难，因为它们发生频率少，且很隐秘。但是，反馈仍然很重要，它可以提醒我们哪些事可以做，哪些事做错了，金融危机的例子可以帮助我们对无法控制的事件保持谦逊的态度。

特伦佩尔（Tremper）关心的第二个领域是认知捷径或者说启发法，我们在做决策时经常使用它，当然也可能被引入歧途，这一点与本书第 2 章中讨论的关于启发法以及概率中的认知基础有关。

这些启发法在金融风险当中的应用，可以归纳为以下几点。

① 熟悉：人们总是偏好熟悉的产品，这使得我们即使在面对客观证据时，还是会做出有偏差的决策。当金融危机出现次数很少时，这种倾向就会出问题，因为我们会这么想：既然过去没有发生过那么糟糕的情况，以后也不会。特伦佩尔（Tremper）也指出，积雪在 95％的情况下是稳定的，如果经常在一个稳定的雪坡上滑雪，我们就会对其很熟悉，但出现不稳定的情况时，我们也就很难注意到，对陡坡熟悉不代表它的危险就下降了。

② 承诺：当我们承诺要达到一个目标时，就很难在新的条件下改变，实际上，有时根本就意识不到这是新的情况。在金融领域想要成功，就要保持奉献、坚韧、承诺并且乐观，但承诺也会使我们无视环境的变化。在坚持既定目标和应对环境变化之间，我们要做出平衡是很困难的。

③ 社会效应或羊群效应：为证明自己行为的合理性，我们倾向于从别人身上获得证据，并喜欢从众。这个现象可以从两个方面看待。第一，与之前谈到的对问题的熟悉性有关。我们经常从别人的经验来判断未知活动的安全性和营利性，当他人做了同样的事而没有遭遇不良结果时，我们就会认为这是安全的，甚至推翻自己的判断。第二，无法忽视的压力。当每个人都在赚钱，即使自己知识匮乏，还是很难抗拒参与其中。艾萨克·牛顿（Isaac Newton）是一个著名的例子：在南海泡沫中，他几乎疯狂地投资股市，亏损远远超过了最初的盈利。人们评论他"可以计算上帝的运动，对疯狂的人类却束手无策"。❶

④ 信念惰性：我们经常忽视一些与自己想法相悖的信息，在应对新变化时，我们的想法转变往往很慢。乔希·比林斯（Josh Billings）的话很好地诠释了这一点：陷入困境不是因为我们知道得太少，而是我们总认为事情不是这样的。

不幸的是，做决策总是非常困难的，无论雪崩、医学诊断还是风险管理都是如此。要做出正确的决定，事实、教育和认真的思考都是必要的，但仅有这些依然不够。

3.7　结论

本书讨论的量化风险管理，必须被当作标准商业活动的一个组成部分。对每一个想对公司做出贡献的人，风险管理都是其职责。风险工具、健全的流程、完善的基础设备，都可以为审慎的风险管理提供帮助。从这个角度来说，量化风险测度应该同财务部和市场研究部一样——都是公司经营中不可或缺的活动或工具。

---

❶　见金德尔伯格（Kindleberger，1989，38）。

我们应该认识到，风险管理和其他任何商业管理一样，都是很难的，这里没有简单的答案，但我愿意分享一个最新的想法。风险管理的任务是通过好的策略，使经营活动更加容易。好的风险管理策略可以简单归纳为：

① 总体上了解风险；了解商业活动和相关人员。

② 了解特定的敞口和风险；了解资产组合的细节。

③ 管理人员、流程、组织；关注团队的变化以及人的因素。

④ 在重大危机冲击时，执行止损策略，将影响降到最低。

当然，这个问题总结起来很容易，实际操作却是异常困难的。

4　金融风险大事记

讲述金融危机的故事总会包括一些不合时宜的有趣的事，甚至还会有些幸灾乐祸。但是，讲述和听取这些故事还是有实实在在好处的。

第一，定期反馈金融事件是很有价值的，包括其规模、影响和频率。这种反馈可以提醒我们情况在恶化；更重要的是，在市场行情比较好的时候，它可以提醒我们不要忘记过去的危机，要居安思危。这种效果可以保护投资者避免"危机短视症"，这个概念由英格兰银行负责金融稳定的安德鲁·霍尔丹（Andrew Haldane）提出：对于危机的记忆会随着时间而消退。❶ 特伦佩尔（Tremper）将"定期、精确的反馈"作为预防雪崩的必要手段。它也可以用来"鼓励他人"——对那些还没遭受过重大危机的人，鼓励他们做事要更加负责。

第二，这些好处是很实用的：学习危机是如何发生的，以及为什么会发生。我们通过犯错来学习，但犯错是要付出代价的。在金融行业，一个小小的错误可能导致丢掉工作或者破产；在滑雪和爬山时，一个错误可能会带来伤亡。正如雪崩预测专家玛丽·耶茨（Mary Yates）所说，"我们并不是完美的。即使懂得再多，即使能够控制自己95％的生活，你依然不是一个完美的人。有时这些不完美会带来严重的后果。"❷ 从错误中吸取教训，可以帮助你做出更加合理的决策，而分析他人的错误可以降低学习的成本。我想这就是滑雪网站上雪崩事故报告，还有北美登山协会每年关于阿尔卑斯俱乐部的事故报告如此受欢迎的原因。是的，这有点像窥视，但别人的错误是很有价值的教训。这比通过自己的错误来了解什么该做，什么不该做所付出的代价要小得多。

---

❶ 见瓦伦西亚（Valencia，2010）。

❷ 摘自特伦佩尔（Tremper，2008，279）。玛丽·耶茨（Mary Yates）的丈夫和其他三个人在攀登犹他州南部的拉索尔山时，遭遇雪崩而遇难。

4.1　系统性和非系统性风险

正如第 1 章所讨论的，系统性风险和非系统性风险存在一个重要的区别。非系统性风险是公司内部的，通常与公司的控制和管理有关。系统性风险是许多公司共同承担的，往往是政府的错误干预、不合时宜的经济政策或者不正确的宏观政策导向所致。

研究这种区别的重要性在于，在危机过后的讨论中人们往往将两者混淆，比如2007 年到 2009 年的金融危机。本书总体上侧重于非系统性风险，但本章中两者都会涉及。我们可以看到，无论在发达国家还是发展中国家，系统性风险已经成为银行乃至整个金融体系的标志。更重要的是，从最终的影响来看，系统性风险的代价比非系统性风险要高得多。从社会或宏观经济的视角来看，目前可能引发系统性风险的事件更为重要。

系统性危机和非系统性危机之间的区别也很重要，因为两者的来源和解决方法都是大不相同的。本书中的工具和方法都是直接面向测度、管理和降低非系统性风险，但是这些对系统性风险的作用不大。与量化金融相比，在宏观经济领域中识别和测度系统性风险更加重要。例如，对个人来说，学习游泳可以降低在池塘或海滩边溺水的风险。但对于在泰坦尼克号上的人来说，游泳的本领有用处但还不够。一个系统性的解决方案包括监控浮冰、在船上准备足够的救生衣和救生艇以及安排就近的船只救援（可惜泰坦尼克号错过了）。类似地，当宏观经济中成本、回报和刺激出现失衡时，单个公司的风险管理是无法解决宏观经济问题的。❶

4.2　非系统性的金融事件

金融或交易事故经常在"交易欺诈"的标题下进行讨论。就像很多神话故事一样，这个论题下包含了一些事实，但也只有部分是事实。通过审视一系列事件，我们会发现许多金融危机并不是交易欺诈那么简单。交易事故的原因是多种多样的，有时是因为交易员欺诈，如 1995 年巴林银行事件以及爱尔兰联合银行（AIB）的美国分公司Allfirst Financial 亏损事件，但也有许多是因为合法的交易行为出现问题，或者普通的商业行为或对冲操作造成过度投机。

---

❶　如果考虑系统性风险，高盛的故事是一个有用的警示。按照诺塞拉（Nocera，2009）的记录，在 2007 年高盛没有像其他公司那样，在抵押贷款证券上遭受损失。原因在于他们正确地感觉到（或者说运气好）抵押贷款市场风险很高，不适合介入。结果就是高盛减少了抵押贷款的敞口风险，并投资其他品种。但是，要注意虽然高盛没有像贝尔·斯特恩斯（Bear Stearns）、美林·林奇（Merrill Lynch）和雷曼兄弟（Lehman Brothers）那样，在金融危机中遭受损失，但它还是受到了冲击。具有讽刺意味的是，高盛之后还被国会指控做空抵押贷款，作为减少损失的手段。这种谨慎的非系统性风险管理政策应该受到推崇。

表 4.1 展示了这些年来金融行业的重大事件，这里主要关注市场上交易损失造成的后果。这里不包括欺诈案件，主要是交易相关的事件，所以没有马多夫欺诈案。按照我的经验来看，这是一个全面的清单，但并不完整。很明显这里没有包括未被报道的事件，而许多基金经理、家庭信托以及对冲基金都是很神秘的，而且不愿意披露损失。表 4.1 提供了我们想要的结果，它列示了损失的范围和来源。

表 4.1　交易损失事件

公司名称	名义原始货币汇率（十亿）	名义美元汇率（十亿）	2007 年损失（十亿）	按 2007 年 GDP 调整后的损失（十亿）	损失年份	金融工具
美国长期资本管理公司	USD 4.60	$4.60	$5.85	$7.36	1998	利率和股票衍生品
法国促进商业发展总公司	EUR 4.90	7.22	6.95	7.03	2008	欧元指数期货
阿玛兰斯咨询公司	USD 6.50	6.50	6.69	6.83	2006	天然气期货
住友集团	JPY 285.00	2.62	3.46	4.71	1996	期铜
橙县政府	USD 1.81	1.81	2.53	3.60	1994	利率衍生品
昭和壳牌石油公司	JPY 166.00	1.49	2.14	3.16	1993	外汇交易
鹿岛石油公司	JPY 153.00	1.50	2.09	2.98	1994	外汇交易
德国金属公司	USD 1.30	1.30	1.87	2.74	1993	石油期货
巴林银行	GBP 0.83	1.31	1.78	2.48	1995	日经指数期货
阿拉克鲁斯公司	BRL 4.62	2.52	2.43	2.46	2008	外汇投机
大和银行	USD 1.10	1.10	1.50	2.09	1995	债券
中信泰富	HKD 14.70	1.89	1.82	1.84	2008	外汇交易
巴伐克银行	EUR 1.40	1.29	1.56	1.83	2000	外汇交易
赫斯塔特银行	DEM 0.47	0.18	0.76	1.71	1974	外汇交易
瑞士联合银行	CHF 1.40	0.97	1.23	1.55	1998	股票衍生品
阿斯金资本管理公司	USD 0.60	0.60	0.84	1.19	1994	抵押贷款证券
摩根建富	GBP 0.40	0.66	0.85	1.11	1997	股票衍生品
法国松鼠储蓄银行	EUR 0.75	1.10	1.06	1.08	2008	衍生品
萨迪亚	BRL 2.00	1.09	1.05	1.06	2008	外汇投机
爱尔兰联合银行	USD 0.69	0.69	0.80	0.91	2002	外汇期权
西弗吉尼亚州	USD 0.28	0.28	0.51	0.83	1987	固定收益和利率衍生品
美林证券	USD 0.28	0.28	0.51	0.83	1987	抵押贷款（IO 和 PO[a]）交易
西德意志银行	EUR 0.60	0.82	0.82	0.82	2007	普通股和优先股
中国航油（新加坡）股份有限公司	USD 0.55	0.55	0.60	0.65	2004	石油期货和期权
蒙特利尔银行	CAD 0.68	0.64	0.64	0.64	2007	天然气衍生品
曼哈顿投资基金	USD 0.40	0.40	0.48	0.57	2000	互联网泡沫时期对 IT 股票的短期投资

公司名称	名义原始货币汇率（十亿）	名义美元汇率（十亿）	2007年损失（十亿）	按2007年GDP调整后的损失（十亿）	损失年份	金融工具
阿尔卑斯-亚德里亚银行	EUR 0.30	0.37	0.41	0.44	2004	外汇交易
智利国家铜业公司	USD 0.21	0.21	0.30	0.44	1993	期铜
德克夏银行	EUR 0.30	0.27	0.31	0.37	2001	公司债券
澳大利亚国家银行	AUD 0.36	0.31	0.34	0.36	2004	外汇交易
法国东方汇理银行	EUR 0.25	0.34	0.34	0.34	2007	信用衍生品
宝洁	USD 0.16	0.16	0.22	0.31	1994	利率衍生品
国民西敏寺银行	GBP 0.09	0.15	0.19	0.25	1997	利率期权
基德皮博迪公司	USD 0.08	0.08	0.10	0.15	1994	政府债券
MF 全球资本	USD 0.14	0.14	0.13	0.14	2008	小麦期货

注：这是维基百科上关于交易亏损事件的一张清单，经过了报告作者的计算、修改以及核对。"名义美元汇率"是指将初始货币转换为美元时，所使用的"亏损年份"的汇率，数据来自美联储统计报告的 G.5A，外汇利率（年度）。"2007 年损失"是指经"损失年份"的 CPI 调整后，得到的用美元表示的名义数量。"按 2007 年 GDP 调整后的损失"是指在转换时考虑了美国名义 GDP 的因素。这种调整既考虑了通货膨胀，又考虑了经济增长。注意，"损失年份"也是近似值，一些亏损都是多年累积的，所以转换成美元和 2007 年的等价值时，都只是近似的。2008 年到 2009 年与系统性金融危机有关的亏损都已经排除。AUD＝澳元，BRL＝巴西雷亚尔，CAD＝加元，CHF＝瑞士法郎，DEM＝德国马克（已被欧元替代），EUR＝欧元，GBP＝英镑，HKD＝港币，JPY＝日元，USD＝美元。

ªIO＝只有利息，PO＝只有本金。

数据来源：CFA 协会研究基金会的补充信息中按照公司分类的资料。

该表不包括 2008 年到 2009 年金融危机的一些条目，因此，它看上去有些过时了。事实上，缺少的都是一些国际事件，因为表 4.1 主要关注非系统性的交易失误，而不是系统性的或者宏观层面上的金融风险。近期金融危机造成的全球性系统风险已经带来了很大的损失，但这些通常都与系统性金融危机有关，而不是纯粹的非系统性风险。为了更好地考察特异性的事件，表 4.1 没有将最近的事件纳入。在本章的最后，我会考察系统性危机的代价。

在回到这张表之前，对引用的损失数据进行说明很有必要。这些是亏损公司在危机后留下的估计数据，事后很难复原交易行为，并且有时会有很多解释。即使是简单的交易工具，分析起来也异常困难，而金融危机经常涉及复杂的柜台交易（OTC）工具，这些工具很难定价，往往存在欺诈，并有隐藏价格和交易数据的目的。由于不同市场之间会计和法律准则都不同，所以不同的事件可能要应用不同的准则。有时候关于亏损的公告会包括对之前不正确利润披露的重述，而不是简单地呈现交易中出现了多少亏损。❶ 最后，亏损的公司及其管理人员都有动机夸大或低估损失。夸大的目的是

---

❶ 一个例子是 1994 年，基德尔·皮博迪（Kidder Peabody）公司因交易美国国债而遭受的损失。报告中显示，损失达到了 3.5 亿美元。这个数字出自其母公司通用电气，它反映了交易损失和之前报告中重溯的数字，除了虚构利润。按照美国证监会的资料，因为交易造成的实际损失为 7500 万美元。

将责任推给前任，并对未来报以乐观的态度，而低估的目的则是将现任管理层的责任以及对公司的损害最小化。

最后，我们要声明的是，表4.1中1974损失的1美元肯定超过现在的1美元。很明显，通货膨胀是其中一个因素；1974年，1美元可以购买的商品或服务比现在要多。这里还有一个更巧妙的效应：市场和经济体一直在随时间增长，所以即使经过了通胀（物价指数）的调整，1974年的1美元还是可以代表更大份额。表4.1经过了通胀调整（美国的CPI）和经济规模调整（美国名义GDP）。调整后的数据虽然是估算的，但比起只做通胀调整，这种方法对于不同年份损失程度大小给出了更好的计算方法。❶

因此，表4.1所列的事件中，原始数据（损失年份的固定利率）按照2007年美国名义GDP（既有通胀调整，又有经济规模调整）进行了调整。这些事件按照与2007年名义GDP相比的损失排序。

（1）损失的归类及讨论

表4.1本身是很有意思的，它强调了这些年金融危机的重要性。例如，赫斯塔特已经成了套汇风险的代名词——因为外汇的时间错配引起的。❷

除了得到表4.1中的亏损数据，我们还需要做更多的工作。我们可以通过这些事件，进一步了解金融危机的来源和环境。我在表4.2中提供了这些事件的额外信息，主要包括：

① 这些事件是否涉及诈骗。

② 如果属于诈骗，是否是交易诈骗——也就说，有意对监管者或会计隐瞒交易，伪造交易记录等。我认为这与简单的违规交易不同，违规交易只是持有头寸超过权限，而不是有意隐瞒事实。

③ 如果涉及诈骗，是否还隐瞒了损失。例如，智利国家铜业公司曾隐瞒了交易中3亿美元的损失，随后的欺诈交易似乎是试图挽回最初的损失。

④ 这些公司与商业行为是否与银行、金融或投资行为有关。

⑤ 这些事件是否属于合法的交易、对冲或商业行为，还是只是操作出现了错误。阿玛兰斯基金在天然气远期合约上的交易损失就是一个例子，虽然有人认为它持有那么多的头寸是相当愚蠢的，但它的商业行为都是合法的。另一个例子是巴西纸浆公司阿拉克鲁斯，它在外汇投机中遭到重大损失。此次投机始于一个正常的商业策略，只是将出口的外汇收入进行对冲，但最终演变成了杠杆投机。

⑥ 损失逐渐累积的年份。

⑦ 不同职能是否有效分离（特别是交易和后台部门）。

⑧ 交易监管是否存在疏漏，以及是否存在管理或控制问题。

---

❶ 例如，1974年，赫斯塔特的损失是1.8亿美元。按照美国CPI的通胀率（从1974年到2007年为320.6%）调整后，数字在2007年应为7.6亿美元。按照美国名义GDP（按照通胀和经济增长都调整后，为838.8%）调整后，损失相当于2007年的17.1亿美元。

❷ 注意，这里的赫斯塔特风险是指，赫斯塔特银行倒闭的环境，而不是导致其崩溃的交易损失。

从某种程度来说，表 4.2 的信息是比较主观的。这些数据来源于对一些事件的公开报告，而且反应的是自己的判断。如果报告中损失的背景不明确，我会在表中进行注释。我按照自己的想法将这些事件归成不同类别；事件的起因在网上的补充信息中有说明，所以读者可以自己做出评估。

表 4.2　包含其他特征的交易损失事件

公司	相对于2007年名义GDP的损失（十亿）	欺诈	欺诈交易	欺诈是否为了掩盖问题	正常交易、对冲或商业活动出错	交易超过限额	主要涉及金融或投资活动	损失累积的年数	是否未能隔离职能	是否存在交易监管松懈或管理方面的问题	注释
A. 涉及欺诈 欺诈＝是,欺诈交易＝是											
法国促进商业发展总公司	$7.03	是	是	特殊	否	是	是	2	未知	是	欺诈行为似乎是为了掩饰超额利润
住友集团	4.71	是	是	是	否	是	否	13	未知	是	欺诈行为最初产自黑市交易，然后尝试来弥补损失——显然不是为了获得私利（除了为保住工作）
巴林银行	2.48	是	是	否	否	是	是	3	是	是	欺诈行为是为了获得私利（高额奖金）
大和银行	2.09	是	是	是	否	是	是	11	是	是	欺诈行为从小损失（S200000）开始，然后尝试掩盖或弥补损失
爱尔兰联合银行/弗斯特金融公司	0.91	是	是	否	否	是	是	5	是	是	欺诈行为是为了获得私利（高额奖金）
蒙特利尔银行	0.64	是	是	否	否	未知	是	2	否	可能否	欺诈行为是为了获得私利（高额奖金）
智利国家铜业公司	0.44	是	是	是	否	是	否	<1	未知	是	错误的买卖导致3千万美元的损失，交易者尝试弥补损失然而损失扩大
澳大利亚国家银行	0.36	是	是	是	未知	是	是	1至2	未知	未知	欺诈行为最初为了掩饰5百万澳元的损失，然后损失扩大
基德皮博迪公司	0.15	是	是	否	否	否	是	3	否	未知	利用会计制度的缺陷产生欺诈性利润
欺诈＝是,欺诈交易＝否											
昭和壳牌石油公司	3.16	是	否	是	是	未知	否	许多	否	否	损失被掩饰了很多年，显然是为了避免尴尬

公司	相对于2007年名义GDP的损失（十亿）	欺诈	欺诈交易	欺诈是否为了掩盖问题	正常交易、对冲或商业活动出错	交易超过限额	主要涉及金融或投资活动	损失累积的年数	是否未能隔离职能	是否存在交易监管松懈或管理方面的问题	注释
鹿岛石油公司	2.98	是	否	是	是	未知	否	6	否	否	损失被掩饰了很多年，显然是为了避免尴尬
中信泰富	1.84	是	否	是	是	是	否	1	否	是	明显的欺诈行为来掩饰一次失败的对冲交易
巴伐克银行	1.83	是	否	是	可能是	是	2至8	未知	可能		于2000年至2006年期间掩饰损失
摩根建富	1.11	是	否	否	是	是	是	2	未知	未知	欺诈行为是为了规避限制一家公司集中持仓量的监管规则（并不是为了掩饰交易或获得私利）
西弗吉尼亚州	0.83	是	否	是	是	否	是	<1	未知	未知	掩饰因一段时期内的不当投资策略而造成的损失
中国航油（新加坡）股份有限公司	0.65	是	否	是	可能	未知	否	1至2	未知	可能否	欺诈以掩盖投资者在石油期货和期权投机上的损失
曼哈顿投资基金	0.57	是	否	是	是	否	是	3	未知	否	欺诈行为是为了掩盖在科技股泡沫期间通过其他合法手段做空科技股产生的损失
阿尔卑斯-亚德里亚银行	0.44	是	否	是	可能	未知	是	2	未知	未知	欺诈行为是为了掩饰在某次现金流交换中的损失
国民西敏寺银行	0.25	是	否	是	是	可能否	是	2	一部分	是	首先是利率期权合约出错，然后进行欺诈交易掩盖损失

欺诈＝其他，欺诈交易＝空缺

公司	相对于2007年名义GDP的损失（十亿）	欺诈	欺诈交易	欺诈是否为了掩盖问题	正常交易、对冲或商业活动出错	交易超过限额	主要涉及金融或投资活动	损失累积的年数	是否未能隔离职能	是否存在交易监管松懈或管理方面的问题	注释
全球曼氏金融	0.14	可能	NA	NA	是	是	是	<1	否	是	交易规模超出授权限额
德克夏银行	0.37	未知	NA	NA	是	未知	是	1至2	未知	未知	债券交易时忽视了内部控制程序并进行风险性投资

公司	相对于2007年名义GDP的损失（十亿）	欺诈	欺诈交易	欺诈是否为了掩盖问题	正常交易、对冲或商业活动出错	交易超过限额	主要涉及金融或投资活动	损失累积的年数	是否未能隔离职能	是否存在交易监管松懈或管理方面的问题	注释
B. 不涉及欺诈行为											
美国长期资本管理公司	$7.36	否	NA	NA	是	否	是	<1	否	否	在掉期交易、收益率曲线套利、股票资产等交易中持有巨大头寸
阿玛兰斯咨询公司	6.83	否	NA	NA	是	否	是	<1	否	否	持有天然气期货巨大头寸
橙县政府	3.60	否	NA	NA	是	否	是	1	否	否	1994年利率升高时，县政府的投资池以及持有的杠杆严重恶化
德国金属公司	2.74	否	NA	NA	是	否	是	1	否	否	对冲策略出错
阿拉克鲁斯公司	2.46	否	NA	NA	是	未知	否	1	否	未知	在对冲交易中进行外汇投机
赫斯塔特银行	1.71	否	NA	NA	是	可能是	是	1至2	未知	是	外汇投机，可能超出规模
瑞士联合银行	1.55	否	NA	NA	是	否	是	1至3	否	是	在日本银行股下跌时由于错误定价嵌入式期权而导致损失
阿斯金资本管理公司	1.19	否	NA	NA	是	否	是	1	否	否	投资于抵押贷款相关产品
法国松鼠储蓄银行	1.08	否	NA	NA	是	是	是	<1	否	可能	持有股票期货巨大头寸，据说超出限额
萨迪亚	1.06	否	NA	NA	是	未知	否	1	否	否	在对冲交易中进行外汇投机
美林证券	0.83	否	NA	NA	是	是	是	1	否	是	交易一般性抵押贷款债券及高风险抵押贷款债券，有一部分超出了限额，当利率飙升时产生损失
西德意志银行	0.82	否	NA	NA	是	可能否	是	1	否	可能	进行普通股和优先股自营交易
法国东方汇理银行	0.34	否	NA	NA	是	是	是	<1	否	可能	持有巨大的CDs头寸，据说超出授权限额
宝洁	0.31	否	NA	NA	可能	是	否	<1	否	未知	投机高杠杆的利率、外汇互换

注：见表4.1注释。交易损失事件的其他特征建立在公开报告（信息来源请见 www.cfapubs.org 网站中 CFA 研究机构一栏的补充信息）以及作者判断的基础上。

表 4.3 按损失大小（经过 2007 年 GDP 调整）列示了一些事件，每个事件都进行了更详细的描述。

表 4.3 各交易损失事件简要说明

公司	相对于 2007 年名义 GDP 的损失（十亿）	工具	损失年份	简要说明
美国长期资本管理公司	$7.36	利率和股票衍生品	1998	美国长期资本管理公司在很多市场都持有高杠杆的头寸（互换价差、股市波动、收益率曲线套利、公债等）。单独来看，这些投资工具在较小的规模或不同的时间里没有一个是不良的，但当它们组合在一起时，就形成了巨大风险。1998 年俄罗斯债务违约之后，市场的剧烈波动造成了长期资本管理公司巨大的损失。此外，由于很多投资工具交易规模巨大并且流动性不佳，长期资本管理公司陷入了流动性危机
法国促进商业发展总公司	7.03	欧洲股指期货	2008	科维尔（Kerviel）是一名股票期现套利交易员，他于 2006 年起开始进行违规越权交易，数额最后高达 499 亿欧元。2007 年末，科维尔（Kerviel）赚取了 14 亿欧元，并利用虚假交易来掩盖盈利。但 2008 年起，合约开始出现大量的亏损，银行发现之后对头寸进行了紧急平仓。银行管理者们被指控事先知晓这些巨大规模的头寸，且由于前期盈利而故意忽视风险，但这些指控是有争议的
阿玛兰斯咨询公司	6.83	天然气期货	2006	阿玛兰斯最初是一支主要从事可转债套利的对冲基金，它的能源部门由一名交易员负责，进行天然气期货交易，买入 NYMEX 天然气期货 0703 合约并卖出 0704 合约（供热需求导致 0703 合约价格上涨，天气转暖及需求下降导致 0704 合约价格下跌），此前类似的交易都获利颇丰。然而，由于一些意外事件，NYMEX 天然气期货价格从历史高位"快速"且"大幅度"回落。天然气期货 0703 合约的跌幅大于 0704 的跌幅、朝着不利于阿玛兰斯的方向发展。由于合约规模如此之大，以至于影响到了整个市场，并超出了其承受能力，这支大型对冲基金最终宣告破产
住友集团	4.71	铜期货	1996	几年里，一名交易员在铜期货上的交易额远远超过了授权限额，并利用虚假报告掩饰交易。这名交易员显然从 1985 年起就开始进行不登记入账的交易，并且一直进行欺诈性交易企图来弥补损失
橙县政府	3.60	利率衍生品	1994	Robert Citron 是加利福尼亚州橙县的一名财务官，掌控着该县 75 亿美元的投资资金，他利用逆回购方式进行杠杆交易又额外管理着 125 亿美元。除政府债券外，他还买入反向浮动利率债券等其他衍生产品，主要就是借入短期资金投资于长期金融产品。当 1994 年短期利率出人意料地上涨（曲线反转）时，橙县出现巨额亏损并宣布破产
昭和壳牌石油公司	3.16	外汇交易	1993	由于缺乏逐日盯市制度和明确的会计准则，远期外汇投机导致了多年累积的亏损。可能的情况是，一开始这是一种商业上的策略，以对冲外汇交易的收入或负债，然后发展成为彻底的投机

公司	相对于 2007 年名义 GDP 的损失（十亿）	工具	损失年份	简要说明
鹿岛石油公司	2.98	外汇交易	1994	由于缺乏逐日盯市制度和明确的会计准则，远期外汇投机导致了多年累积的亏损。可能的情况是，一开始这是一种商业上的策略，以对冲外汇交易的收入或负债，然后发展成为彻底的投机
德国金属公司	2.74	石油期货	1993	用买入短期石油期货和在店头市场做合同的方式（实质上就是买入一堆即将到期的期货合约）来对冲其签订的长期以固定价格供应石油合同的策略，虽然存在一定的问题，但该策略并没有致命的缺陷，而且能提供部分对冲。该策略存在着基差风险（短期石油期货和长期固定价格供应合同的差价变动）；流动性风险（若短期石油期货价格下跌，产生的亏损只能随着长期供应合同的履行才能弥补）；交易对手信用风险（若未来的长期油价下跌，交易对手可以选择不履约，从而产生信用损失）。德国金属公司显然主要面临着流动性风险，且还受到了基差风险的影响。美国和德国之间关于对冲交易损益的不同会计处理也有一定的影响
巴林银行	2.48	日经指数期货	1995	尼克·利森（Nick Leeson）是一名负责在大阪和新加坡期货市场进行套利交易的交易员兼管理者，他兼有交易责任和操作责任。从 1992 年起，他多次利用"88888"账户进行违规交易并欺诈性地掩盖损失。由于将损失都转入了"88888"账户，其 1994 年报告的盈利数额非常大。然而在 1995 年头两个月，随着头寸的累积，其损失和随之而来的追加保证金变得如此之大，在日本神户大地震之后终于无法再维持下去，Leeson 也于 1995 年 2 月 23 日潜逃。随后巴林银行因巨大损失而倒闭
阿拉克鲁斯公司	2.46	外汇投机	2008	原本在商业上是为了对冲外汇交易收入的策略演变成了大型的投机活动，只要巴西雷亚尔不大幅贬值，该投机就是可行的，但当雷亚尔在 2008 年末大幅贬值时，交易就产生了巨大的损失
大和银行	2.09	债券	1995	一名债券交易员在大和银行纽约分行负责交易和后台工作。在 11 年的时间里，他积累了 11 亿美元的损失（不是为了个人利益），这些损失他是通过欺骗性地出售银行和客户保管的证券来掩盖的。该交易员于 1995 年 7 月 13 日认罪。分支机构的管理层非常差，高级经理在招供前误导银行检查人员和监管者，在招供后更是如此。银行的美国执照被吊销，大和被驱逐出美国
中信泰富	1.84	外汇交易	2008	这家总部位于香港的公司似乎试图对冲一笔 16 亿澳元的潜在收购，但出于我无法确定的原因，该对冲基金被杠杆化到了 90 亿澳元。有人声称这次交易没有授权，并且监管存在松懈
巴伐克银行	1.83	外汇交易	2000	巴伐克是一家奥地利银行，据称投资对冲基金（与高级银行官员有联系）。以便在金融市场进行投机（特别是外汇）。这支对冲基金在日元外汇交易中蒙受了重大损失，该银行合谋将损失隐藏了大约 6 年。巴伐克在 2005 年雷弗欺诈案中混为一谈，这使得早先的交易损失很轻，但雷弗丑闻似乎与这些外汇损失无关

公司	相对于 2007 年名义 GDP 的损失（十亿）	工具	损失年份	简要说明
赫斯塔特银行	1.71	外汇交易	1974	赫斯塔特银行在外汇交易中做空，造成大量损失。赫斯塔特银行关闭后，他的名字现在被用于一种结算风险。德国当局于 1974 年 6 月 26 日提前关闭了这家银行（纽约时间）。交易对手银行已将其资金转移至赫斯塔特，以解决外汇交易的问题，但赫斯塔特转移支付美元之前被当局关闭，而交易对手方面临亏损，这几乎导致了支付系统的崩溃。自那以来，结算程序已被修改，以消除外汇交易结算当天的延迟
瑞士联合银行	1.55	股权衍生品	1998	股票衍生品交易部门持有大量日本银行可转换优先股。其没有对嵌入式看跌期权进行适当地对冲或估值，当日本银行股票急剧下跌时（在 1997 年 11 月山口证券公司破产之后），便损失了大量的股票。据信，这一事件促成了 1998 年瑞银集团（UBS）与瑞士联合银行（SBC）的合并。亏损通常被报为 6.25 亿瑞士法郎，这是瑞银在合并前注销的金额，但也应包括合并后 7.6 亿瑞士法郎的冲销。股票衍生品部门显然没有像公司其他部门那样进行风险管理控制
阿斯金资本管理公司	1.19	抵押贷款担保证券	1994	阿斯金资本管理公司投资了 CMOs（抵押贷款担保证券）的本金证券。在利率上升的情况下，本金证券的价格非常敏感，本金的偿还速度变慢，而本金证券的价值却下降了。1994 年，利率大幅上升，预付款下降，本金证券贬值，阿斯金陷入流动性危机，不得不清算所有资金。这导致了阿斯金的对冲基金——花岗岩合作伙伴、花岗岩公司和石英对冲基金的关闭，并损失了几乎所有的资产
摩根建富	1.11	股票	1997	公司购买投机性强的股票；一些欺诈行为涉及规避限制基金在一家公司集中持股的规定
法国松鼠储蓄银行	1.08	金融衍生品	2008	该事件涉及一小群股票衍生品交易员在储蓄基金会（松鼠储蓄银行的控股公司）的一个自营交易部门进行的交易。损失最终报告为 7.5 亿美元，据说交易员的交易超出了限制
萨迪亚	1.06	外汇投机	2008	一个商业合理的对冲外汇收入的策略变成了一项大规模的投机活动。这在巴西雷亚尔没有实际贬值的情况下是有效的，但是当它在 2008 年末贬值时，贸易产生了巨大的损失
爱尔兰联合银行/弗斯特金融公司	0.91	外汇交易	2002	John Rusnak 是联合金融公司（爱尔兰联合银行的子公司）的一名外汇交易员，他累积了 6900 万美元的损失。他声称自己通过在现金市场上进行对冲操作来赚钱。1997 年，他开始在直接的日元远期交易中赔钱，并创建了假的期权来掩盖这些损失。他设法把假选项输入后台系统。Rusnak 操纵了数据以规避头寸价值限制。欺诈行为直到 2002 年才被发现
西弗吉尼亚州	0.83	固定收益和利率衍生品	1987	地方政府将其投资的短期债券集中起来形成一个资产池，纳入一个综合基金，而该基金却使用大量的杠杆投资长期债券。当长期利率在 1987 年 4 月大幅上升时，这一策略导致了大量损失（30 年期美国国债利率从 3 月初的 7.46% 升至 4 月底的 8.45%）。损失被欺骗性地隐藏起来，并最终在 1988 年 12 月披露

公司	相对于 2007 年名义 GDP 的损失（十亿）	工具	损失年份	简要说明
美林证券	0.83	抵押贷款 IOs（利息证券）和 POs（本金证券）交易	1987	一名从事抵押贷款 IO/PO 业务的交易员超出了交易授权范围并创立了一个巨大的 IOs 和 Pos 组合池。美林证券出售了 IOs，但显然 POs 固定价过高而只能自持。（在 4 月 8 日，美林证券承销了 9.25 亿美元的本息分离债券，但只卖出了 IOs。交易员 Howard A. Rubin 又创立另外 8 亿美元超出授权额的组合池并再次只卖出了 IOs。而利率则在 4 月 10 日左右上升。）当利率飙升时，POs 的价格崩溃了。美林证券最终以 2.75 亿美元的亏损退出了交易
西德意志银行	0.82	普通股和优先股	2007	西德意志银行是一家德国国营银行。自营交易中的损失主要来自普通股和优先股之间的差价。（从债券和货币交易中获得的收益部分抵消了股票损失。）可以看到，在接下来的几年里，由于系统性金融危机，西德意志银行面临着大量有关投资和贷款账簿的问题
中国航油（新加坡）股份有限公司	0.65	石油期货和期权	2004	中国航空石油是一家总部位于新加坡的公司，垄断了中国的航空燃油市场。该公司的管理人员对石油价格进行了投机，试图对投资者隐瞒损失
蒙特利尔银行	0.64	天然气衍生品	2007	David Lee 高估了 BMO 的天然气期权，因为价格不高。他与外部经纪人勾结，让他们把这些错误的定价提供给银行的风险管理小组
曼哈顿投资基金	0.57	互联网泡沫期间卖空 IT 股	2000	Michael Berger 是一位奥地利投资经理（在美国经营）。1996 年创立了对冲基金曼哈顿投资基金。当时的策略是操纵科技股。对 Berger 来说，不幸的是，他在基本层面上是正确的，但在时机上却是错误的。到 1999 年，交易损失累积超过 3 亿美元（根据美国证交会的数据）。在 1996 年至 2000 年期间，Berger 伪造文件和欺骗性地向投资者报告收益。2000 年，Berger 承认犯有欺诈罪，但后来潜逃到美国
阿尔卑斯-亚德里亚银行	0.44	外汇交易	2004	2004 年有一笔货币涉及 3 亿英镑的损失，随后发生欺诈以弥补亏损。然而，相对于 2008—2009 年金融危机（2009 年税后亏损：160 万英镑）的损失，2004 年的交易损失较小。该银行于 2009 年 12 月被国有化以避免崩溃。截至 2012 年初，问题仍在继续
智利国家铜业公司	0.44	铜期货	1993	智利国家铜业公司的交易员在电脑系统中错误地实行了买入期货的指令，而不是卖出，导致 3000 万美元的损失。随后，该交易员在铜、白银和黄金期货等大宗商品交易中也建立了大量头寸，损失增至 2.1 亿美元
德克夏银行	0.37	公司债券	2001	关于这一事件的信息很少，但债券交易员显然"忽略了内部控制程序并进行风险投资。"无论如何，这与 2008—2009 年金融危机中与市政和债券保险相关的损失相形见绌。当 2008 年损失达到 33 亿英镑时，银行向比利时、法国和卢森堡等国家请求援助

公司	相对于 2007 年名义 GDP 的损失（十亿）	工具	损失年份	简要说明
澳大利亚国家银行	0.36	外汇交易	2004	外汇交易员在 2003 年损失了 500 万澳元，为了掩盖损失，其宣称产生了 3700 万澳元的利润。2004 年，掩饰的损失共计 3.6 亿澳元
法国东方汇理银行	0.34	信用衍生品	2007	东方汇理银行是法国农业信贷集团旗下的一家投资银行。损失似乎来自于以指数为基础的信用违约互换（CDSs）。该交易被认为超出了该部门的授权范围。涉及的交易员和五位上级被解雇
宝洁	0.31	利率衍生品	1994	这一事件涉及与利率和外汇有关的高杠杆掉期交易的投机行为
国民西敏寺银行	0.25	利率期权	1997	最初，由于错误的会计核算，交易所对其交易的 DEM 期权进行了错误的波动率微笑曲线测算，显然这是失误而不是欺诈行为。后来，交易员欺骗性地操纵掉期交易中的记录以隐藏原始损失。该银行职能分离工作做得很不到位，因为交易员至少露出过几次修改波动率的迹象
基德皮博迪公司	0.15	政府债券	1994	基德皮博迪公司债券交易员 Joseph Jett 用会计系统的缺陷。赚取了欺诈性利润。会计系统忽略了现货价格和远期价格之间的差异，交易员可以利用这一漏洞，通过卖出远期美国国债本息分离债券并买入现券（重组债券）来获得虚假利润。损失通常被认为是 3.5 亿美元或 2.5 亿美元，但这是基德皮博迪和母公司 CE 之前的账面损失，用来调整先前报告的虚假利润。根据美国证券交易委员会的数据，真正的损失应该是 7500 万美元
全球曼氏金融	0.14	小麦期货	2008	一名交易员建立的小麦合约仓位超过了授权额。交易准入系统本应阻止这项交易却没有这么做

注：见表 4.1 注释。对事件的陈述基于公开报告（具体信息参见 CFA 协会研究基金会的补充信息），以及作者的个人判断。

（2）欺诈。表 4.1 中所列事件的一个重要点就是欺诈。在总共 35 个事件中，有 19 个（54％）以这样或那样的方式涉及欺诈。有一些重大损失是欺诈造成的（法国促进商业发展总公司、巴林银行、住友集团、昭和壳牌石油公司），同样也有一些不是因为欺诈造成的（美国长期资本管理公司、阿玛兰斯咨询公司、橙县政府）。表 4.2 的 A 部分是涉及欺诈的事件，而 B 部分中欺诈则没有起到那么重要的作用。

我们通常认为欺诈是由个人对财富的欲望推动的——如著名的魔鬼交易员。❶ 巴林银行可能是最著名的例子了，尼克·利森（Nick Leeson）在报告中隐瞒了巨额的交易亏损，夸大团队的交易利润，并获得了巨额的个人奖金。除了巴林银行，爱尔兰联合银行、基德皮博迪公司以及蒙特利尔银行似乎都涉及因为个人利益而引发的诈骗行为。

---

❶ 出于个人的提升和财富增长的目的。这里的提升是指直接的晋升以及保住工作和基本的工资；财富，例如得到一大笔奖金，而如果不进行欺诈，这笔奖金就拿不到手。

虽然一提到诈骗，就会想到个人利益驱使，但它似乎不是诈骗最普遍的来源。当审视表 4.2 的 A 部分中的事件时，我发现应该考虑以下几种典型的诈骗行为：

① 涉及交易中诈骗的，可以分为以下几类：

a. 个人对财富的追求而造成的欺诈。

b. 因其他原因而造成的欺诈，如挽回损失，或其他某种原因。

② 不是由于交易中的欺诈，而是由于交易外的原因造成的欺诈。

在仔细考察这些具体案例之前，我们应该注意到，这些不同欺诈行为中重要的哲学含义。一方面，从法律的角度来看，由于都对股东、投资者、团队成员造成了影响且损失规模很大，这些诈骗的动机似乎没有什么差别。澳大利亚国家银行的判决简洁地表面了这一点，"你和你的团队将自己视为……你的辩护理由是你最初的动机是为银行赚钱（而不是自己）。很明显这不是借口。"❶ 欺诈就是欺诈，没有借口。

另一方面，为了防止欺诈行为，我们需要采取更多巧妙的方法。要理解欺诈的最初动机，就要了解欺诈的形式，通过设计组织、流程和步骤来防止欺诈。例如，我们看到大部分欺诈会掩盖问题，那么减少欺诈事件的一个策略就是减少可能会引起欺诈案件的错误。

个人对财富的追求而造成的交易欺诈。在一些案例中。欺诈的初始动机似乎是个人利益的驱使。这些案例通常符合我们对魔鬼交易员的印象：隐瞒交易、伪造交易记录等，从而获得晋升、大笔奖金或者其他直接奖励。巴林银行、爱尔兰联合银行、基德皮博迪公司以及蒙特利尔银行都是这种情况。有趣的是，这一类似乎不是主流的欺诈案例，甚至不是主流的交易欺诈案例。

因其他原因而造成的交易欺诈。其他一些涉及交易欺诈的案例，其动机通常是掩盖一些（相对）较小的损失。大和银行、智利国家铜业公司、住友集团以及澳大利亚国家银行都可以归为此类。智利国家铜业公司是个很好的例子。一位铜期货交易员在交易时（正常工作范围），在系统中将卖单写成了买单，这次交易失误造成了 3000 万美元的亏损。为了弥补损失，交易员违规操作了铜、白银和黄金的交易，损失扩大到了 2.1 亿美元。图 4.2 中 A 组（以及我个人的经验和作为非当事人对这个事件的总结）说明这种情况是很普遍的：一个无意的错误带来的损失会导致隐瞒损失，通常还会扩大损失。

大和银行是另一个例子——这是最糟糕的案例之一。这场骗局是从纽约债券交易员早期隐瞒 20 万美元的亏损开始，接着为保护名誉进行了欺诈。很明显，这主要不是为个人利益，而是为了银行的声誉。这场骗局持续了 11 年。这个分支机构监督不力，在交易员坦白之前，高级管理人员一直误导银行的监管者，坦白之后则变本加厉。大和银行在美国的经营执照被吊销，并被驱逐出美国。

当然，我们要看到当事人说自己不是有意为自己的利益而进行欺诈，但在大和银

---

❶ 见米莱提克（Miletic，2005）。

行的案例，以及其他案例中，嫌疑人虽不是直接为了自己的利益，但很明显也是为了保住工作以及基本的薪水。❶

法国促进商业发展总公司是一个特殊的例子。它既是一个为个人利益而进行欺诈的案子，也是一个为了隐瞒交易而引发的案子。公开的报告中指出，交易员科维尔一开始隐瞒和伪造交易记录是为了隐瞒利润而不是损失。

因交易外的原因造成的欺诈行为。表 4.2 中 A 组有 10 个案例是不涉及交易的欺诈，至少单个交易员没有通过隐藏或者欺诈交易而损害雇主的利益，如：昭和壳牌石油公司、鹿岛石油公司、中信泰富、巴伐克银行、摩根建富、西弗吉尼亚州、中国航油（新加坡）股份有限公司、曼哈顿投资基金、阿尔卑斯-亚德里亚银行以及国民西敏寺银行。除摩根建富之外，与欺诈相关的损失都是因为其他原因造成的，通常是为了避免损失被股东或监管者知晓。几乎所有损失都是在正常的商业行为中产生的。❷

摩根建富是例外：这里通过皮包公司绕开监管，从而避开持有某个公司大量头寸的监管限制。除非监管层对持股比例有限制，投资一个公司的股份多少并不违法或者涉嫌欺诈。尽管事后倒查时发现，当初的投资是基于错误的决策。

欺诈的动机。表 4.2 中 A 所示的大部分欺诈案例都是为了掩盖问题而不是个人利益驱使。其中 5 个案例（巴林银行、爱尔兰联合银行、蒙特利尔银行、基德皮博迪公司，可能还要加上法国促进商业发展总公司）是个人利益驱动的。还有 13 个案例都主要是为了掩盖问题或交易损失。

无论动机是什么，我们都需要各种政策和行动来防止欺诈：❸ 前台与后台职能分离（交易过程和财务报告）。财务报告要及时，按照逐日盯市进行会计记录，并且按照管理层等级传阅。有效的风险测度和报告制度。强有力的流程监督。负责交易的高级管理层了解公司情况。

这些政策和行动能确保欺诈很难实施（例如，前台和后台分离就很难伪造交易记录），并且交易失误和非正常的盈亏可以提早识别（按照不同市场进行会计记录，就可以保证问题能被识别）。高质量的信息和透明度是防范欺诈的第一道防线，但仅有可用的信息还是不够的：管理人员必须了解和能够使用信息。

但是，正如之前所提到的，要制定反欺诈策略，就需要了解诈骗的动机。对于一些个人欲望导致的诈骗，有一些非常有效的策略：保证激励制度不会带来额外的风险。无论成功还是不成功的交易员，都要监督和审视（尤其对成功的交易员）。保证交易员有固定的假期。（当一个人不在办公室时，也就很难进行欺诈了。）从董事会和高级管

---

❶ 参见井口俊英案和大和银行债券交易亏损的案例，以及美国检察官的话（1995 年 9 月 27 日纽约时报：www. nytimes. com/1995/09/27/an-unusual-path-to-big-time-trading. html）。在国民西敏寺银行因为互换波动率误判而损失的案例中，监管人员（证券和期货当局）之后的结论是这个事件总体上不是因为个人而引发的。

❷ 巴伐克银行可能是例外。它投资了一支对冲基金，其投资行为不受巴伐克的控制，虽然巴伐克的高管似乎直接在操纵这支基金。

❸ 参见威尔默（Wilmer）、卡特勒（Culter）、皮克林（Pickering）、黑尔（Hale）和多尔（Dorr）在 2008 年针对从交易损失事件中吸取教训的一场讨论。

理人员开始建立愿意服从指挥和承担风险的文化。

虽然这些策略和行动被广泛接受，但是还有一些其他不经常被强调的方法，这些方法对于避免试图隐藏其他来源亏损的欺诈行为尤为重要。

① 设计一套系统和流程，使得交易员和后台人员更容易做正确的事，却难以完成错误的决定。

② 在人力资源和基础设施上进行投资，使得整个经营过程更加高效和实现自动化，从而减少操作失误。

③ 企业文化上要鼓励员工坦白自己的错误。

金融市场复杂多变，时常令人迷失方向。自动化技术、备忘录以及合理的系统和流程可以使前台和后台工作更加顺利，从而减少出错。例如，一个期权报价系统中，如果接受价格为 101 16/32 的国债报价时显示"101.16"，人们就会混淆，到底是 101.16 美元还是 101.50 美元（十进制）；在期权深度虚值时，这只是一个小错误，但对于平值期权而言，问题就很严重了。

表 4.4 总结了表 4.1～表 4.3 中事件的数量，按是否涉及欺诈，以及是否属于合法行为进行了分类。按照是否涉嫌欺诈分类刚才已经做了讨论；下面讨论那些行为合法只是操作出现失误的例子。

表 4.4　事件总结，按照是否欺诈和是否属于合法的商业活动分类

出现欺诈	数量	合法的商业行为	数量
属于欺诈	19	起因是交易/商业行为	23
交易欺诈	9	交易	18
个人目的	4	非欺诈	11
其他原因	5	欺诈	5
非交易欺诈	10	不确定	2
掩盖问题的欺诈	13	商业行为导致的投机或欺诈	5
不属于欺诈	14	不是交易或商业行为引发	8
不确定的欺诈行为	2	不确定的原因	4
总和	35	总和	35

注：这些数据是对表 4.2 中所示数据汇总而得。

（3）正常的商业行为出现失误

正常的商业行为导致金融危机，这听起来有些不可思议，但很多案例确实是这样的。表 4.2 的左边部分告诉我们，哪些事件中欺诈不是其主要原因。总共 35 起事件中，这类事件有 14 起（加上 2 起我还不能确认是不是属于欺诈的案例）。当我们考虑那些确实涉及欺诈的案例时，会发现大部分都是源于合法的交易、对冲或商业行为。由于合法的行为出现失误导致的案例有 23 起。

"正常的交易、对冲或商业行为出现失误"的含义需要做出一些解释。它可以被归为 3 类：

① 合法的交易或对冲出现了误判，没有欺诈。

  风险量化管理：金融风险指导手册

② 交易或对冲行为本身是合法的，但有欺骗或隐瞒。

③ 由合法的商业行为衍生出来的投机行为。

对于这样分类的意义，只要仔细分析每一类下面的案例，就会豁然开朗了。

（4）合法的交易或对冲出现了误判，没有欺诈（11个案例）

这个目录下包括了美国长期资本管理公司、阿玛兰斯咨询公司、橙县政府、法国松鼠储蓄银行、阿斯金资本管理公司、西德意志银行、赫斯塔特银行、美林证券、法国东方汇理银行、瑞士联合银行以及德国金属公司。这些金融或投资公司都是从事与其业务有关的活动，而且至少在这个领域是有一些经验的。（德国金属公司虽然不是金融机构，但也被加入进来，因为它的对冲业务是商业战略的重要组成部分，而不仅仅是辅助活动。）看到这些，有人就会说它们持有头寸规模太大、不合理，甚至有些不负责任，但在这之前却不好这么说。比如美国长期资本管理公司，这家对冲基金持有了许多市场的头寸，特别是在互换利差和股票波动率上。这家基金高杠杆运行，并损失了几乎全部资本，但却没有不法或不道德的行为。在一些案例中，虽然没有我认为的欺诈行为，但确实有一些交易超越了限制（法国松鼠储蓄银行、美林证券、法国东方汇理银行，以及赫斯塔特银行）。德国金属公司是商业公司对冲自身业务风险的例子。

（5）交易或对冲行为本身是合法的，但有欺骗或隐瞒（5个案例）

这一类案例中，金融或投资公司都参与合法的商业活动，但存在为了掩盖损失或其他问题而实施的欺诈。也就是说，欺诈不是造成损失的核心原因。这里包括了巴伐克银行、西弗吉尼亚州、曼哈顿投资基金、国民西敏寺银行以及摩根建富。西弗吉尼亚州是一个很好的例子，其亏损主要源于将短期基金（其资产池主要为当地政府的短期资产）用高杠杆投资长期债券。（这种状况与橙县政府类似，本质区别在于橙县政府在亏损后没有继续隐瞒。）曼哈顿投资基金是著名的诈骗案，但其亏损是因为在互联网泡沫时期，做空科技股（这个策略最终被证明是正确的，但在这个案例中，却为时尚早）。

（6）由合法的商业行为衍生出来的投机行为（5个案例）

这是个重要而有趣的部分——非金融机构进行投机或其他交易，最终导致巨额亏损。这一类公司包括阿克拉鲁斯公司、萨迪亚、昭和壳牌石油公司、鹿岛石油公司以及中信泰富。前两家公司都是由于对外汇收入进行合法对冲，最后演变成高杠杆的投机，稍后将进行详细的讨论。昭和壳牌石油公司和鹿岛石油公司是两家日本公司，它们在与石油相关的外汇上进行了投机活动。这两个案例特别重要，因为它突出反映了逐日盯市并提早发现损失的重要性。公开报告中指出，鹿岛石油公司的损失是在6年的时间积累的（昭和壳牌石油公司的时间不是很准确，但和鹿岛石油公司差不多）。在当时日本的会计准则下，损失可以有效地向股东隐瞒。中信泰富的损失表面上看是外汇投机的结果，但由于种种原因，这种投机是高杠杆操作的。这里有一些案例涉及欺诈（昭和壳牌石油公司、鹿岛石油公司、中信泰富），也有一些没有涉及（阿拉克鲁斯公司、萨迪亚）。

当研究金融机构的风险管理时，第一个目录下的合法交易特别重要。11个案例中有 10 个（德国金属公司除外）是正常金融或投资活动。这些事件为风险管理提出了几个基本问题。欺诈很容易分为违反法律和违反道德（即使本身很难识别），而且毫无疑问欺诈行为应该是被禁止的。但恰恰相反，对合法的金融活动，目前没有很好的方法去区别哪一些是好的，可以带来利润；哪一些是不好的，会带来亏损。

用一句话来说，就是没有绝对的好，也没有绝对的不好。一些投资或交易策略比其他的要好，但这是有风险的，要持有一些不确定的头寸，这使风险管理工作变得困难，有一定挑战性，比如需要管理一项业务的其他各个方面。

注意表 4.2 中，由合法的交易行为衍生出的欺诈事件（住友集团、大和银行、澳大利亚国家银行以及智利国家铜业公司），但我没有将其归为正常的商业活动，因为欺诈在这些事件中起到了核心作用。

表 4.2 中"未分离职能"和"交易监管不严或管理漏洞"两列说明了非欺诈的损失对于"金融机构"来说，不是经营或监管问题的主要后果。（这个发现与交易欺诈的案例相反，交易欺诈中，职能未有效分离和监管漏洞是非常明显的。）在这 10 个案例中（德国金属公司除外），其他没有案例涉及前后台未有效分离的问题。在其中 4 个案例中（美国长期资本管理公司、阿玛兰斯咨询公司、橙县政府以及阿斯金资本管理公司），并没有出现监管不严或者管理上的漏洞。对于赫斯塔特银行和瑞士联合银行，其交易行为（赫斯塔特银行是外汇交易、瑞士联合银行是与日本银行相关的股票衍生品交易）不像其他银行那样，受到了直接、全面的监督。对于美林证券的抵押贷款交易，据报道是交易员越权进行操作。其他 3 个案例（法国松鼠储蓄银行、西德意志银行和法国东方汇理银行）可能涉及交易监管失职或其他管理问题。

当转向非金融机构时（不是主要从事金融或投资业务的机构），我们也会发现由正常商业行为引发的金融危机。阿拉克鲁斯公司和萨迪亚在外汇市场上进行了投机，并带来大量亏损，但一位熟悉巴西市场的银行人士认为，这种交易属于标准的商业行为，还是非常普遍的。这两家公司都有大量出口业务，因此有许多美元收入，而成本都是用巴西雷亚尔计算的。一般的做法都是通过卖出远期美元来对冲外汇风险。许多年来，这种交易成了一种套利策略，因为巴西雷亚尔和美元之间存在利差。巴西的高利率和美国的低利率意味着外汇市场对巴西雷亚尔长期看空，但事实上，雷亚尔长期以来币值都保持稳定。这种情况使得许多公司从套期保值转向杠杆投机。❶ 2008 年 8 月，雷亚尔突然开始贬值，造成了大规模亏损。虽然贬值没有持续多久，但损失已经足以使一些公司倒闭。

在非金融机构中，甚至有一些涉及欺诈的事件也是源于正常的商业活动。昭和壳牌石油公司和鹿岛石油公司的案例很可能都是对进出口收入进行套期保值的结果，中信泰富是由于对冲规模出现失误。

---

❶ 还有另外一种具备相同经济影响的策略是，对于一家巴西公司而言，可以以低利率借入美元，再用未来的收益以雷亚尔来偿还债务。只要雷亚尔不贬值，这个策略就有效；一旦雷亚尔贬值，会使得借入方产生大量的债务，并且在外汇交易中损失。

（7）其他特点的案例

除了欺诈和正常的商业活动，还有两类案例需要讨论。

① 持续多年的欺诈案例。与欺诈有关的事件往往涉及多年积累的亏损，这是因为欺诈的目的就是隐瞒损失，并尽可能拖延。我们可能也会认为，时间越久，亏损也就越大，因为亏损会随着时间积累。但表 4.2 所示的大规模亏损事件（美国长期资本管理公司、法国促进商业发展总公司和阿玛兰斯咨询公司），实际上都是短期内的亏损。这就出现了相互矛盾的影响：时间越久意味着损失积累，但亏损越大就容易被曝光，因为这威胁到了机构的生存。事实上，在这三个最大的亏损事件中，有两家最终倒闭了（美国长期资本管理公司和阿玛兰斯咨询公司）。

② 职能混淆和监管漏洞。"未分离职能"是指没有将交易和后台部门或者记录部门分离，一个著名的例子就是尼克·利森在巴林银行既负责交易，也负责后台。虽然这种漏洞已经被多次曝光，但它不是多数事件中的核心因素——22 个案例中只有 3 个（有 13 个很难确认）。其中一个原因可能是职能的分离已经在规章制度中被强调，并且有了很好的执行规则。最近几年，公司已经学会补上这个漏洞。

"交易监管不严或管理问题"是指管理人员不能很好地监督交易员，并且不能有效控制。这个问题在许多案例中都出现了（21 个案例中有 12 个存在此问题）。在这个标题下，我放入了很多问题，从特殊的大和银行管理层的行为（最终导致其被逐出美国市场）到普遍的管理人员无法理解和评估下面产品和业务的风险（1987 年美林证券和瑞士联合银行事件中的核心原因正是这样）。

（8）总结

欺诈是许多金融丑闻的一部分，但常常是亏损后为了掩盖问题而做的，而不是在损失一开始就发生的。非欺诈事件和欺诈事件一样常见，许多事件都是由正常的商业活动引发的。实际上，很多大的损失都是由于错误的判断或不好的运气，而不是因为欺诈或越权操作引发。美国长期资本管理公司、阿玛兰斯咨询公司、瑞士联合银行以及阿斯金资本管理公司似乎都属于这类。

交易监管不严或其他管理问题也引发了许多案件。但交易和后台部门职能不分的问题已经不像过去那么普遍了，可能因为现在大家都认识到这个问题。

（9）经验教训

回顾这些金融丑闻的收获，就是学习如何更好管理公司。（更重要的是认识到，导致金融危机的往往不是具体的风险问题，而是一般的管理问题。）论文"魔鬼交易员：谎言、损失和教训"［威尔默·黑尔（Willmer Hale, 2008）］对这个问题做了很好的总结，并回顾了本文的一些案例。讨论主要关注这些魔鬼交易员（涉及欺诈的越权交易——大和银行、巴林银行、爱尔兰联合银行、基德皮博迪公司以及法国促进商业发展总公司），但适用性却很广。

① 高层要定下正确的基调：高级管理人员和董事会必须鼓励服从命令、承担风险的文化。

② 高级管理人员必须了解公司交易产品的复杂性。

③ 强大的运营部门和中台以及基础设施——减少错误、控制可能发生的错误以及预判意外事件。

④ 强有力的监督也是很重要的。

⑤ 成功的交易员需要更多监督。

⑥ 管理制度必须确保奖励体系不会带来额外的风险。

⑦ 假期是个好的选择。（迫使其他人管理头寸，使不良行为浮出水面。）

⑧ 鼓励风险管理人员对交易员的定价提出挑战。

⑨ 运营、风险管理和报告的流程要和业务流程分离。

⑩ 矩阵式报告必须要清晰。

⑪ 强有力的后台控制和前台控制一样重要。

⑫ 有效的风险管理结构非常重要。

4.3　系统性的金融事件

当从非系统性的金融事件转向系统性的金融事件时，我们也就从一些小事件转向了真正的货币损失。虽然个体的损失可能会达到数亿美元，但系统性的损失可能就是几千亿美元的概念了。

系统性的金融事件有多种形式：恶性通胀、货币危机、政府债务违约或重构、银行危机。这一部分只讨论表面的内容。有许多文献都讨论过这个问题：麦凯（Mackay，1932）在1841年发表的文章中，对英格兰的南海泡沫、法国的密西西比计划以及荷兰的郁金香热提出了一些看法。金德尔伯格（Kindleberger，1989）对资产泡沫以及泡沫破裂进行了出色分析，莱因哈特和罗格夫（Reinhart and Rogoff，2009）对800年来60多个国家的金融危机做了全面有指导性的总结。

表4.5是被莱因哈特（Reinhart）和罗格夫（Rogoff）称之为第二次世界大战后到20世纪末期（也就是2008年到2009年金融危机之前）发达国家的"五大"危机。他们简单讨论了在危机中进行紧急援助的成本。并指出这种估计的变动很大，更重要的是，实际的支出远远超出减税或者财政刺激政策的成本。但无论如何，这个数量都是非常大的。表4.5展示了1984年到1991年间，美国储蓄和贷款危机的成本，大概占到GDP的2.4%到3.2%。就2007年的GDP而言（为了与表4.1中的损失进行比较），大概有3400亿到4500亿美元。与这些数字相比，单个公司的损失就很小了。

表4.5　（2009年之前）发达国家的部分系统性银行危机

国家	紧急援助估算		注释
	最高	最低	
西班牙， 1977—1985	16.8%	5.6%	显然是一次持久的经济衰退，20世纪70年代中期OPEC抬高油价的后续影响以及向民主社会的过渡导致了金融危机——"占据20%银行系统存款的52家银行（总共110家）面临着偿付能力问题"

国家	紧急援助估算		注释
	最高	最低	
美国（储蓄和贷款危机），1984—1991	3.2	2.4	放松金融管制和 Q 条例的后续影响导致储蓄和贷款的过度扩张。"超过 1400 家储蓄协会和 1300 家银行倒闭"
挪威，1987—1993	4.0	2.0	"1984—1987 年间的放松金融管制引发了信贷繁荣，与此同时伴随着住宅和非住宅不动产的繁荣。"一些小型银行 1988 年起开始出现问题。"当第二大银行和第四大银行损失了相当大一部分资产时，这些动荡于1991 年 10 月对整个金融系统产生影响"
瑞典，1991—1994	6.4	3.6	20 世纪 80 年代出现了金融泡沫和不动产泡沫，一系列因素（由 90 年代全球经济放缓引起）导致泡沫破裂。"总体来看，前六大银行中的五家银行（拥有超过 70％的银行系统资产）面临困难"
日本，1992—1997	24.0	8.0	1990 年股市泡沫和不动产泡沫破裂，银行承受股价和房价的剧烈下跌

注：这里是莱因哈特和罗格夫（Reinhart and Rogoff，2009，164）当中提到的，从第二次世界大战到 20 世纪末期发达国家的五次重大危机。"紧急救助估算"一栏是其成本在 GDP 中的占比。"注释"一栏的数据来源于莱因哈特和罗格夫（Reinhart and Rogoff，2009）、莱文和瓦伦西亚（Laeven and Valencia，2008）的论述。

如果我们看 2008 年到 2009 年的经济大衰退，会发现成本同样巨大。2008 年末，由于次贷危机爆发，美国政府在房利美和房地美上花了巨额成本。房利美 2007 年四季度到 2010 年一季度报告损失 1368 亿美元。到 2010 年 5 月，美国政府已经为两者提供了 1450 亿美元的援助，[1] 国会预算办公室预计总成本会达到 3890 亿美元。[2] 这还只是美国金融危机的一部分，而美国金融危机只是全球金融危机的一部分。

"两房"还是非常重要，因为他们是考察系统性危机的起因、成本和政策的绝佳例子。他们遭受了非常大的亏损，既是因为遵守了美国国会的授权——为美国住房市场提供补贴，扩大贷款渠道和支付能力——也因为做出具体的管理或风险的误判。几十年来，投资者都认为美国政府是"两房"证券的后台（现在已经公开），所以可以得到更好的回报。这种情况改变了抵押贷款市场的成本和动机，造成投资者大量持有"两房"的证券，从而造成很大的损失，也造成了房地产市场泡沫。这些扭曲的动机构成了政府的政策，并且引发了系统性的危机，这种危机的成本远远超过了个别公司的危机。

表 4.1 列出了许多公司在 2008 年到 2009 年金融危机期间的事件。这些损失中，来自系统性问题的损失是来自偶然事件损失的数倍。

例如，表 4.1 中的阿尔卑斯-亚德里亚银行由于货币互换（一系列为了隐瞒亏损数量而进行欺诈的行为）在 2004 年损失 3 亿欧元。这个数字在它最近的信贷损失面前就是小巫见大巫了。2009 年 12 月，这家银行被奥地利政府接管并进行救助。2009 年税后亏损 16 亿欧元，而这个问题在 2010 年上半年还在持续。另一个例子是德克夏银行，

---

❶ 截至 2010 年 5 月，数据来自纽约时报［艾普尔鲍姆（Applebaum，2010）以及彭博（2010 年 5 月 10 日）］。

❷ 2010 年 6 月的数据。

它在 2001 年由于自身原因遭受了 3 亿欧元的损失，但在 2008 年其损失是 33 亿欧元，并得到了比利时、法国和卢森堡的政府援助。

4.4 结论

这些金融丑闻提醒我们危机、欺诈和坏运气都会发生。通过合理地使用和分析这些事件，可以让我们在管理金融机构时知道，什么该做，什么不该做。许多危机都是由简单而明显的错误突然引发的，我们应该从中吸取教训，防止类似的错误再次发生，而不是对某家机构的困境幸灾乐祸。

本书的重点是非系统性风险，而本章也重点关注了非系统性风险引发的事件——即起因是公司内部的问题。这与系统性或宏观经济层面风险引发的危机不同，这些事件会对整个经济体，乃至全球造成影响。系统性风险引发的事件破坏力更强，因为它们可以卷入更多不同的资产和市场，造成重大的紊乱。而且，预防非系统性风险的措施在系统性风险面前，往往是没有作用的。

5 风险技术应用

在之前的讨论中我们已经阐述了处理风险和不确定性的一般性方法，现在要转向金融风险特殊性的测度和管理。我们将在本章中介绍一些量化风险管理的工具以及在实践中的运用，首先介绍一些概念和工具，并演示如何使用这些工具，同时也要尽量避免数学和技巧上的繁杂。有关数学背景和公式的一些细节是十分重要的，这些细节会在后面的章节进一步阐述。

本章的目标人群分为两组，他们通常讲不同的语言并处在不同的环境中，但是需要为了高效的风险管理而合作。

第一组是负责管理公司、交易中心或投资组合的经理们。这些经理们做具体的决策，但往往没有受到过强化的专业训练。他们是风险测度服务的顾客而不是风险测度服务的提供者。

第二组是专门提供风险报告和其他服务的风险专家或者量化分析者。他们一般有很强的专业性和数学背景，但常常在业务管理、用非技术性语言表达观点以及人际交往等软技能方面缺少经验。

我的目标是教会他们如何理解和使用波动率和 VaR 等量化工具。每一组人会在理解和使用风险工具时面对不同领域的挑战，但这些挑战来自于一个事物的两个对立面。

经理人小组了解业务是如何运作的，并知道风险如何在直觉上影响决策，但他们很少能够挖掘风险工具背后的数学奥秘，技术方面的细节常常使他们对这些工具无所适从。风险工具的重点思想并不复杂，如果进行适当解释，这些工具会褪去专业术语的外壳。本章试图使经理人了解业务决策的制定是如何通过正确地理解风险工具而得到加强和优化的。

风险专业小组对风险测度的数学和技术细节掌握得很详细，但是面对当前正在运作的业务以及如何将风险纳入管理决策则显得经验不足。本章将试图使风险专业人员了解风险工具如何用于业务决策。

本章的目标是使这两组人在达成共识的基础上，利用损益分布来管理业务。经理们需要风险管理工具，并且要知道如何去运用损益分布。风险专业人员需要为整个组织提供工具、建议和训练，以使他们更好地运用损益分布进行风险管理。然而，所谓的共识，并不包括估计损益分布的无数细节。管理人员需要使用分布，并且要相信分布是一个合理的估计值，但他们通常不关心它被估计出来的一些技术细节。风险专业人员需要提供分布，并需要向外部用户保证评估是合理的，但并不需要传达全部的细节。

当两组人（经理和风险专业人士）一起工作时风险管理才是有效的。通常来讲，不同背景的人拥有不同的技能——即运用损益分布方面的管理技能和计算损益分布方面的专业技能。一个有效的组织应该需要两组人合作解决问题。管理者必须尝试使用陌生的风险管理工具并了解生涩的风险语言，而风险专业人士必须以一种简单、直接的方式为客户呈现复杂的概念和数据。

5.1　简洁、近似答案的价值

本章的主题之一是追求简洁、近似的答案。现在拥有风险的大致轮廓会比一年后拥有一份细致而详尽的报告更加有效（在业务已经发展起来后）。物理系的学生要学会估测物理问题的数量级，我们的主题就与这种令人愉悦的"物理数量级"［桑乔伊、芬纳和戈德莱希（Sanjoy，Phinner and Goldreich，2006）］相关。

大多数技术型的教育强调确切的答案。如果你是一位物理学家，解决氢原子的能量水平要精确到六位小数。如果你是一位化学家，测量反应堆速度和浓度要达到两位或三位小数。在这本书中，你将会学习互补技术。你会发现一个大致的答案不仅有好处，有时甚至比确切的答案更加有用。当你在解决一个陌生的问题时，首先要了解主要思路和重要原则，因为这些思路和原则构成了你对该问题的理解。改善这种理解可比一下子得到精确的分析容易多了。

因此，在理解金融风险时，应当追求简洁、近似的答案。我们总会遇到新的风险，拥有理解风险的主要思路和大致轮廓的工具、技术是非常重要的。当公司把具备技术的管理才干人员聚集到一起，就能进行有效的风险管理。

5.2　波动率和 VaR

在讨论波动率及 VaR 之前，我们需要思考金融风险测度究竟是什么。从某种程度上来说，金融风险是很简单的，因为它全都与金钱相关——即损失和盈利，以及分布的变化性。滑雪过程中会遇到雪崩，飞机可能遇到发动机熄火或大雾掩盖降落跑道。在许多领域，风险来源是多方面的。对于一家金融公司，主要的焦点是明天或明年是否会出现盈利或亏损。当然，其他事情也会产生影响，但对于一家金融公司来说，所谓的其他事情也是由利润和损失——即损益分布来主导的。产生损益分布的原因是多方面的，但分布本身是非常具体、简单的。大多数人都认同钱是可以测量的，并且钱多比钱少好，利润是好的而亏损是坏的。

从这一点来看，当讨论金融风险时，损益分布是很重要的。让我们以一个非常简单的金融业务为例，如对抛硬币的结果进行赌博。如果是正面，我们赚 10 美元，如果是反面，我们损失 10 美元。我们可以在图 5.1 的图 A 绘出以 1/2 的概率损失 10 美元和以 1/2 的概率获得 10 美元的损益分布。这种分布基于我们对于金融风险的思考，它向我们展示了可能的结果（横轴表示可能的损失和收益），以及它们各自的可能性（沿垂直方向的概率）。

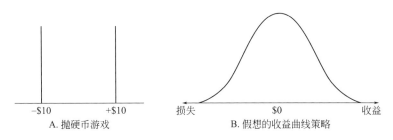

图 5.1　抛硬币游戏及假想的收益曲线策略损益分布图

对于风险管理，我们希望从损益分布图中获得对损益变化的理解。这个例子非常简单，是 −10 美元或者 10 美元。在实践中它更加复杂，比如在正常的交易日中，我们可能收益或者损失；如果情况变复杂，我们又会有多少收益和损失。

在抛硬币时，我们非常确信每一种可能结果的概率是 1/2；在现实商业中，我们不可能确保明天的概率正好就是我们所想的那样，这又回到了客观概率和主观概率。但是，在面对金融风险时，我们除了运用主观概率别无选择。我们需要小心谨慎，保持谦逊的心态，并做好我们的估计是错误的准备。

图 5.1 中的图 B 展示了一个更加真实的损益分布。可能的损失和收益在横轴上，但是对比图 A，结果是任何一个可能的范围。最有可能的结果是零附近，但也存在巨大收益和损失的可能。

金融风险度量基本上指的就是图 5.1 中的损益分布。当知道了损益分布、收益与损失的概率、分布是如何产生、导致收益和损失的原因时，我们就几乎了解了金融风险的一切。

我们不知道明天会发生什么，因为对未来没有确切的把握，但可以有一些概率上的范围，图 5.1 中的分布就表明了可能性。我们不得不放弃确定性，选择不确定性。我们不得不摆脱"明天的损益是 50000 美元"这样的思维，而持有"损益将有可能在 −50000 至 50000 美元之间，但是其中有 5％的可能会损失 150000 美元，甚至更多"这样的观点。这个转变是不容易的，也是我们自然倾向的艰难转变，但它的本质是对风险的一种成熟认识。

从这个意义上来说，金融风险是非常简单的，我们只需要理解损益分布就可以了。当然，在实践中，金融风险从来都不简单。困难来自于两方面，第一个方面是纯粹的概念：把生活看作一种分布，而不是唯一的结果（每 3 个交易日就有 2 个交易日的损益会在－50000 至 50000 美元之间，但每年的损失将会超过 15 万美元）。第二个方面是我们无法确切知道损益分布，甚至有时想获得一个合理的估计都很难。所以我们需要努力去想象未来可能出现的结果，了解世界是怎样的以及它可能会变成怎样。还有即使损益分布具有不确定性，我们也不得不接受它，并慎重对待所有数字。

（1）估计损益分布

在本章中，我没有过多阐述各种细节，而是讨论所有与估计损益分布有关的问题。在后续的章节中会解决这些，但是现在，先假设我们有一个合理的估计。

最简单的方法是通过实际例子来了解如何使用损益分布。图 5.2 是对价值 2000 万美元美国国库券一天中损益分布（10 年期债券，以 3.75％的利率从 2009 年 1 月 1 日至 2019 年 11 月 15 日）的估计。通过图 5.2，在讨论数字之前我们可以先提出一些观点：

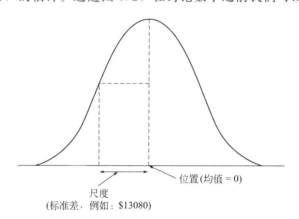

图 5.2　显示波动率（标准差）的美国政府长期债券损益分布图

注：图 5.2 来自《风险管理的实践指南》，CFA，2011。

① 价格将以大致平等的机会上涨或下跌。

② 多数情况下，无法通过任何方式看到变化，甚至很小的变化。

③ 大变化比小变化发生的可能性更低。

④ 大的变化确实会出现。

（2）总结措施——波动率和 VaR

把数字摆在上面确实有实际意义，这些数字使我们的思维更加系统化。但数字毕竟只是帮助了解世界的工具，这意味着我们必须清楚以下两点。第一，必须理解工具和数字意味着什么。不理解数字比无用的数字本身更加可怕，因为这会误导、混淆或提供一种虚假的安全感。

第二，要意识到是我们在使用这些数字，而不是数字在驱使我们。我们可以更好地利用数字来了解世界，但是不能依赖它们，变成数字的奴隶。数字有助于让我们变得诚实，并且在交流过程中提供帮助，但它们不应该混淆视听。经理们不应该接受不简洁的数字；风险专业人士应该尽量清楚地传达意思，并提供有效的数字，但必须保证这些数字传递了真实世界的信息。"关键并不在于数字本身，而在于你利用它们做了什么事情。"

所以，我们要在损益分布上标注一些数字。分布最重要的方面（从风险管理的角度来看）是其变化性，也就是分布的离散程度。我们需要一个表示分布离散程度的数字，但实际中却没有"最好"的方法来找到这个数字。事实上，"分布的离散程度"是相当模糊的概念，就像学习在不确定性下生活一样，我们必须学会用一些含糊不清或模棱两可的方式来描述损益表的可变性或分散性。

对于风险专家而言，从测度风险过渡到进一步理解风险管理过程中，这种含糊不清或模棱两可是最难把控的事之一。经理们通过个人的偏好和经验来处理事情，因而对模糊性往往有一种更高的容忍。

保持模糊性和精确度之间的平衡是困难的。理解并使用量化工具需要在过度的模糊（我们可能得不到任何有用的东西）和错误的精度（我们可以算出非常精确但是脱离现实世界的事情）之间做到谨慎平衡。

总结离散或波动性有两种常见的措施，即波动率（也被人们认为是标准差）和VaR。

就个人而言，我更多地使用波动率，虽然这在风险专业人士当中可能是少数。如果使用得当，波动率和VaR度量都是有用的，它们将告诉我们同样的信息，虽然有时候它们可能提供关于分布的不同观点。

（3）债券的波动率

我们可以通过观察损益分布曲线图以最简单的方式理解波动率和VaR。波动率和VaR是以不同的方式计算的，但是他们都描述了分布的离散性。

图5.2显示了波动率，即标准差。对于2000万美元的债券头寸，波动率是130800美元。波动率衡量的是围绕中心值的分布（在均值附近），是以距离中心值的差平方的均值来计算的。因此，对于每一个可能的利润，都可以通过计算该值和均值之差的平方，然后对平方值取平均，最终取平方根，得到波动率：

$$波动率 = \sqrt{(利润-均值)^2 \text{ 的平均值}}$$

重要的是要理解波动率是一个总变化而不是净变化的平均值。当考虑随时间的变化时，我们很自然地认为上升和下降相抵消，留下了净变化（通常接近零）。但是波动率是最基本的统计概念——方差的平方根，方差是差平方的均值，因而正的差值与负的差值不会被抵消。我们运用波动率（方差的平方根）而不是方差，是因为波动率与损益和价格拥有相同的单位，更加直观。

运用波动率（或者VaR）时最重要的是要理解它告诉了我们什么，以及如何运用这些信息。图5.2能够帮助我们理解怎样使用波动率。波动率展示了分布的离散程度，对于大多数的正常分布，大约有 30％的结果会比波动率更好或者更坏。对于例子中的债券来说，价值波动的幅度是 130800 美元，所以我们预测，30％的时间或者大概在三天中的某一天，损失将比－130800 美元大或者收益比 130800 美元多。

如何使用它呢？我们需要考量对收益和损失的内部忍受程度，或者是公司资本所能够承担的损失。比如，我们可以在损失 130800 美元的情况下生存吗？这样的损失给我们带来的影响有多大？它给我们造成了巨大的影响吗？或者说损失真的只有这么一点？130800 美元设置了一种"标准交易条件"，并且告诉我们损益每三天中有两天会处在－130800 美元至 130800 美元之间。但是，第三天有时就会变得非常糟糕，很有可能损失会超过 130800 美元或收益远远优于 130800 美元。会有多糟糕？我们将在之后更详细地讨论这个情况。这些问题表明价值 2000 万美元的债券头寸有多大规模的风险。

在许多情况下，例如在管理投资组合过程中，有一个很好的方法来构成对风险的直觉，那就是以资产的百分比来计算波动率。随后，我们可以将波动率与其他的投资项目进行比较。

假设我是一个管理 5 亿美元资产的基金经理，在这种情况下，一笔 130800 美元的亏损就显得微不足道，只占整个投资组合价值的 0.03％，转化为年化波动率大概是 0.045。（我们通过将日度数据乘以一年天数的平方根以获得年度数据——一年大约有 255 个交易日，我们之后会进一步讨论这个问题。）相较于股市的波动率来说（按年化 20％计算），这个数字似乎非常小，这样的比较有助于帮助我们了解债券头寸。

（4）对正态分布的扩展

虽然对于正态分布利弊的争论很多，但是由于正态分布在风险度量中经常用到，所以我们还是需要对其进行讨论。

损益分布通常看起来就像图 5.2 中所示——是一条钟形的曲线，大部分概率都集中在中间，产生巨大收益或巨大损失的概率非常低。正态分布就是典型的钟形分布，数学家已经研究了几个世纪，它使用起来非常简便。图 5.3 就是正态分布的一个例子，68％的概率是在均值的－1σ 至 1σ 之间（所以大约 32％是在－1σ 至 1σ 之外的区域，比－1σ 小的概率大约 16％，比 1σ 大的概率大约 16％左右）❶。

我们最感兴趣的概率是观测值与均值的偏离程度有多大，如±1σ 或±2σ。观测值在±2σ 内的概率是 95％，低于－2σ 的概率是 2.5％。如果损益分布服从正态分布，则我们可以说损益低于－2σ 的概率是 2.5％，它低于－1σ 的概率大约是 16％。

在使用正态分布时我们一定要保持谨慎。正态分布在理解风险测度方法方面能够提供有价值的帮助，但它并不是对现实世界风险的完美描述。有时候，损益分布看起来更像图 5.4，在这种情况下损失会比正态分布中的大。在其他一些情况下，损益也会比正态分布有更大的变动（包括正面的和负面的）。所以在风险管理的许多方面，我

<hr />

❶ 有 32％概率落在 1 个标准差之外的规则严格地适用于正态分布。对于我们在金融领域遇到的最合理的损益分布，这个概率将会在 20％到 30％之间。换句话说，在标准交易条件下，在 3、4 或 5 个交易日内，大约有 1 天损益会超出 1 个标准差的范围。

们必须小心使用这些工具。

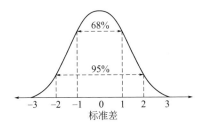

图 5.3　正态分布

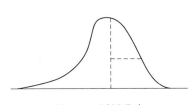

图 5.4　厚尾分布

对于正态分布，我们能够知道中间部分相对于尾部的概率是多少，右侧尾部相对于左侧尾部的概率是多少。标准差代表离散程度，一旦知道正态分布的标准差是130800 美元，我们可以计算损失至少为 256000 美元（2.5％概率）或至少为 304000 美元（1％概率）的精确概率。在正态分布中，波动率几乎告诉了我们所有信息。

即使分布不是正态的，我们还是可以使用波动率。我们可以运用任何数据和分布来计算波动率，对于非正态分布，标准差只是刻画离散性的指标之一，但它却在我们对于离散性的第一印象中起到了很大作用。它不会告诉我们所有信息（由于这不是一个正态分布），但是我们仍然可以使用它。

（5）债券的 VaR

图 5.5 和图 5.2 拥有相同的损益分布，但是图 5.5 的 A 中显示了波动率（标准差），B 中显示了 5％/95％ 的 VaR。VaR 代表了损失程度，这个损失程度变得更坏的概率是 5％，变得更好的概率为 95％。VaR 是总结债券走势和离散度的方法。

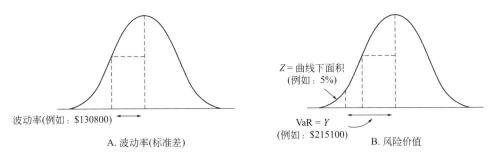

图 5.5　美国国债的损益分布——展示波动率和 VaR

波动率是表示离散程度的数字，用方差的均值来计算。5％/95％ 的 VaR 数值是另一个表示离散程度的数字，通过设定更差的可能性是 5％ 这一指标来实现。（对于正态分布来说，损失超过一个标准差的概率大概是 16％，这表明当损益是正态分布的时候，波动率可以被看作是 16％/84％的 VaR 值。）

真正重要的是损益分布，而波动率和 VaR 只是表示分布离散程度的两种方法。有的时候其中一种方法会比较有用，有的时候则会是另一种有用。个人而言，我更多地运用波动率，但是许多人习惯先看 VaR。

对于正态分布，波动率和 VaR 之间没有差别，知道了其中一个，总能计算出另一个。在正态分布中两者是同样有用的，优先使用哪一个纯粹是个人的偏好问题。对于正态分布，5％/95％的 VaR 是波动率的 1.645 倍，1％/99％的 VaR 是波动率的 2.326 倍，0.1％/99.9％的 VaR 是波动率的 3.09 倍。大部分损益分布不是正态的，波动率和 VaR 之间会有一些差别，它们提供了分布的不同信息。

如何使用 VaR？VaR 和波动率以非常相似的方式帮助我们决定是否存在太小或太大的风险。以我们的债券为例，5％/95％的 VaR 大约为 215000 美元，因此我们应该预计大约有 5％的概率，或者说 20 天内有 1 天，会有更糟糕的损失。我们可以承受这种损失吗？同样，我们可以问问自己是否可以承受在一个月内发生一次这样的损失，或者在一年中发生两次或三次更大的损失。如果觉得这样的损失太多，风险可能就过高了。如果投资组合规模很大以至于我们不会注意到这样的损失，那么这样的头寸规模可能就太小了。

（6）波动率和 VaR 的两个运用实例——普通交易和极端事件

在金融领域，波动率和 VaR 都被广泛地使用。这里有两个相关但又有所不同的用途，强调这两种用途可以更好地说明我们如何以及为何使用它们。波动率和 VaR 被用于以下一个或两个目的：

① 为了在正常交易条件下，规范、汇总、分析不同资产（或者证券、贸易、投资组合）的风险。

② 为了测量尾部风险或极端事件。

风险测度往往集中于后者，即尾部风险，但专注于标准或一般交易条件下的风险也同样重要。规范并分析不同资产和大型投资组合的风险，为在不同交易条件下理解和管理风险提供了必要的信息。此外，在正常交易条件下，对风险的分析可以为更极端条件下的风险特征提供有价值的思路。

在常规状况下考虑风险，波动率往往比 VaR 更有效。波动率适合用于专门测量分布函数中间部分的偏离，这正是需要经常关注的重点。近 30％的时间内损益将会偏离到一个标准差以外，70％时间在一个标准差范围内，所以标准差是交易中分析风险很好的工具。

VaR 更常用于第二种目的，即测度极端情况下，或者是处于正态分布尾部的事件。在这方面，VaR 有时指的是统计原理下的最大损失，但这是一个可怕且具有误导性的想法。VaR 应该看作是周期性发生的事件，我们应该把 VaR 看作对可能的最大损失提供了一个衡量，而不是最大的损失或最坏的情况。在现实的市场中，无论最坏的情况是什么，总会有一些更糟糕的情况发生。

在通常情况下，尾部事件是罕见的，因此度量尾部事件本质上是困难的，存在着很大的误差和不确定性。所以，当用在第二种目的时，VaR 必须谨慎使用，在结论的处理上也要小心。在后面，我会更加详细地介绍尾部事件的测度。

波动率和 VaR 的这两种用途永远不能被精确地分离，但概念上的不同说明了它们的一些用途、优势和局限性。在正常的交易条件下，标准的统计和定量的技术可以很好地运作，然后给出相对直接的解释。当考虑到损益分布的中间部分时，假设组合的损益服从正态性或线性往往是可以接受的，这意味着可以使用简单且高效的计算技术。

相反，测度尾部事件是困难的，相应的统计和量化技术往往是复杂的。在尾部，正态性假设一般是不合适的，需要更复杂的统计假设、定量、数值和计算机技术。尾部事件特有的变化性一般高于分布的中间部分，其估计误差和模型错误的不确定性也更大。因此，用 VaR 或其他方法进行尾部事件估计本来就是很困难的，结论的使用和解释也是有问题的。

（7）时间刻度

图 5.2 显示的是某些特别时段的损益分布。我们举的例子是某一天的损益，对于别的例子，可能是 10 天的损益，但是都是某些时段的损益。我们经常会想知道交替时间段的损益变化，为了得到正确的答案，完整的分析必不可少。

我们应该记住追求简洁、近似答案的原则。其实有一个简单的方法，可以近似地将一个时间区间转换到另一个。大多数金融资产的波动率和 VaR 以 $\sqrt{t}$ 的速率增长，换句话说，10 天的波动率会是 $\sqrt{10} \approx 3.16 \times$ 单日的波动率。

在最简单的情况下，变化量的平方会随着时间的推移而增加，所以方差随着时间的推移呈线性增长。换言之，方差线性地增长。在数学和统计方面，方差是基本的概念，但在实际应用中，我们使用波动率（标准差），因为它更加直观。我们关心的是损益和价格的变化，波动率的单位和损益以及价格的单位相同，所以讨论波动率是十分有意义的。由于方差呈线性地增长，而波动率是方差的平方根，那么波动率就以平方根的速率增长。

让我们来考虑美国债券的例子。一天的波动是 130800 美元，所以 10 日的波动大约是 $130800 \times 3.16 = 413328$ 美元。一年的波动大约是 $130800 \times \sqrt{255} \approx 2088708$ 美元。

5.3 极端事件

最困难和令人头痛的问题是在风险量化过程中试图量化尾部或极端事件。尾部事件是很重要的，因为大的损失会变得尤为显著，并在真正极端特殊的情况下能摧毁公司。

尾部事件的测量因为一些基本的原因而显得十分困难。首先，尾部或极端事件一般是很罕见的，因此很难衡量。根据定义，我们无法见到许多罕见事件，所以可靠地衡量并且形成对它们的判断是比较困难的。其次，由于缺少证据，我们不得不对分布的尾部（极端事件）进行理论性假设。不幸的是，简单且普通的假设经常不适用于尾部。而且，正态性的假设在较长的尾部经常不是特别好。

尽管极端事件是罕见的，但它们确实会发生，针对不同时期、市场和证券的测度方法，在许多情况下，极端事件比损益服从尾部正态分布时发生得更加频繁。这并不意味着在观察分布的中间部分时正态分布是一个不佳的选择，但确实意味着检验极端事件时，它是一个较弱的方法。

从广义上讲，处理尾部事件时可以采取三种方法：

① 简单的经验法则。

② 假设其服从一个另类且易于分析的分布。

③ 极值理论，注重尾端事件的渐近。

我们仍旧只讨论简单的经验法则，剩余部分将在后续章节中讲述。

使用简单的经验法则听起来不成熟，实际上这是明智的策略。利特曼（Litterman，1996）谈到高盛集团时表示，"在分析了大量非正常的日收益率之后，我们发现，在金融市场上，四标准差的事件大约每年发生一次，这个假设被作为经验法则。"我们可以从三个不同的角度解释这句话：

① 如果日回报率是正态的，一年发生一次事件的标准差约为2.7。利特曼（Litterman）的经验法则是假设实际每年发生一次的标准差是4.0，或者说是正态分布时的1.5倍（是4.0σ而不是2.7σ）。从这一点上看，经验法则似乎是一个有意义且不极端的假设。

② 如果每天的回报是正态的，一个四标准差事件的概率约为0.0032%，也就是大约每125年发生一次（$1/0.000032 = 31250$天，或者约125年），而利特曼（Litterman）的经验法则认为它是一年一次的事件，这与125年发生一次的四标准差事件相比，经验法则似乎是更为激进的假设。

③ 如果我们假设四标准差事件每年发生一次，四标准差事件的概率约为0.39%（1/255）而不是0.003%（这和第二个观点相同，但是这里是以概率的形式展现出来，而不是以多少年一次的形式）。

关于第一种观点，经验法则有直观的吸引力——幅度较大的价格变动比损益分布为正态时的变动大1.5倍。实际上，有充分的证据表明回报和损益分布在金融市场中不是正态的，有比正态分布更厚的尾部（更大的移动）。1.5倍的影响其实并不是很大。对于美国国债而言，二点七标准差（假设预测正常）将会是353000美元，而四标准差（经验法则）是523000美元。523000美元的损失明显比353000美元要差，但差距也不是很大。要知道，金融市场往往比正态分布预计的产生更大的损失，用523000美元替代353000美元也是合理的。

只是从后面两种概率角度的观点来看，该假设会有极端性。第一种观点，测度损失相比正态预测下高出多少的方法更受到青睐。在后面的章节中，当我们运用另类的数学假设来分析尾部事件时，事件的可能性将变得更加合理。当用于分析损失的水平（"每一年一次的损失是正态情况下的1.5倍"）时，我们的直觉似乎显得合理；但当用于分析概率和正态性假设（"每一年一次事件的概率为0.003%，而不是0.39%"）时，我们的直觉似乎表现较差。

事实上，这可能是因为我们的直觉已经很好地适应了对损失程度进行思考。在金融市场上，任何一个有经验的人都知道收益和损失存在长尾现象。当极端事件用损失的程度来描述时，我们在直觉上可以更好地接受，但用概率来描述时，直觉上却很难接受。这并不是在贬低规范概率分析的价值，规范概率分析为得出简洁、近似答案提供了判断基础。这表明简单的近似性是有价值的，其在风险管理中占有一席之地。

经验法则是简单而强大的东西，它容易理解、容易沟通而且容易使用。虽然它并不是完美的，我们不能精确地说它如何可靠，但作为简单的近似，它达到了目的——确保我们认识到可能出现的损失，它往往比简单的理论更能促使我们思考。

经验法则的简单性本身就是巨大的优势。其主要关注点仍然是衡量投资组合的波动率，或在标准交易条件下的行为。收集投资组合头寸相关信息，对个人头寸的波动率作出合理判断，了解各种头寸之间的相互影响以及对整体投资组合波动率的影响——所有这些都是非常艰巨的任务，由于缺乏尾部观测，简单的经验法则，如"每年发生的四标准差事件"，是对更复杂方法的有效补充。

这条简单的经验法则经常被应用于实际中，用来估测损益分布的波动性，并假定由于某一固定因素，VaR会变得更大。这个固定因素往往由损益分布是正态的假设决定（对于每一年一次的事件，它是 2.7），但在这里它被假设放大到特殊的量级（4.0 而不是 2.7）。

从概念上讲，这种方法将问题分成两部分：首先估算分布的规模（通常使用标准差或波动率），其后重点分析尾部效应。这种策略是富有成效的，因为分布的规模和尾部效应往往可以单独进行分析。❶

5.4　计算波动率和 VaR

迄今为止，我们已经讨论了波动率、VaR 和损益分布，不过这都是建立在已经知道了分布的前提下。事实并非如此，我们必须要估计它们，这绝不是一件容易的事。

我在第 8 章和第 9 章中将进行详细的讨论。了解某些术语还是重要的。有三种估计波动率和 VaR 的方法：参数法（也叫作线性法、Delta 正态法、方差-协方差法）、历史模拟法和蒙特卡洛模拟法。它们之间有很大的不同，我们会在第 8 章中讨论它们的优点和缺点，并在第 9 章通过举例来解释。现在，我们需要了解的是它们之间的共同点。

无论我们采取什么方法，损益分布都是最基本的。我们可以谈论波动率和 VaR，但是这只是简单地总结了分布本身。同样，我们应该认识到这些工具的不足之处。如果想知道明天的损益分布是怎样的，那只是妄想；我们只能估计它过去是怎样的，再去假设或期望未来它还会重复过去的表现。尽管如此，理解投资组合过去的表现还是非常有用的，并且这是我们预测未来的第一步。

---

❶　拥有 100 万美元，而不是 1 亿美元的美国国债，分布的规模会大不相同，但分布的形状不会改变。例如，VaR 和波动性的比值是一样的，因为它是由市场风险因素（比如收益率）和分布的形状决定的，而不是由持有的规模大小决定的。

所有估计损益分布方法的目标都是根据历史条件估计目前投资组合在各种条件下将如何表现。换句话说，我们需要在各种市场条件下，估计目前投资组合的损益。

通常情况下，可以认为投资组合损益分布是由以下两个因素导致的：

① 外部市场的风险因素。

② 头寸——由公司资产和证券特性决定的风险因素的敏感性。

将风险因素的分布和公司对这些风险因素的暴露相结合，就得到损益的分布。❶

与其用不同的方法进行详细讨论，不如通过例子来计算近似的波动率。现在，我们已经认识到风险测度集中在估计损益分布。但是，为什么我们只估计波动率呢？

如果假设损益分布是正态的（这并不是一个完美的假设，但通常是很好的出发点），我们接下来只需要计算波动率。一个正态分布完全可以用波动率进行描述（或者平均值，但是平均值往往会非常接近 0，我们几乎可以忽略它）。因此，当知道波动率时，我们将知道整个分布的特征。❷

我们从之前提到的 2000 万美元美国国债开始。债券波动率是债券对市场风险因素的暴露与市场风险因素的波动率相结合的结果。对于债券，一个简单而有用的测度暴露的方法是 DV01——债券对于一个基点（bp）的敏感性移动［见科尔曼（Coleman，2011b）］。10 年期国债的 DV01 大约是对于名义上 100 万美元而言，每 bp915 美元，当收益率上升 1 个基准点（例如，从 2.53％到 2.54％）时，债券价值将下降大约 915 美元。对于 2000 万美元名义货币，DV01 大约是 18300 美元。当收益率变化幅度较小时，价格变化大致和收益率变化成比例：

$$\Delta P \approx -\mathrm{DV01} \times \Delta Y$$

所以价格的波动率约为收益率波动率的 DV01 倍：

$$\mathrm{Vol}(\Delta P) \approx -\mathrm{DV01} \times \mathrm{Vol}(\Delta Y)$$

2009 年 1 月（这里举的所有例子均为该日期），收益率变化的波动率大约为每天 7.15bp。我们可以通过观察彭博或雅虎财经或美国联邦储备委员会，对过去 30 天、100 天或 500 天的历史数据进行估计，得到这个结果。单靠观察历史不会有精确的估计，但它给我们提供了大致的概念，它恰巧是这里所关心的。在任何情况下，使用 7.15 基点/天这个结果，债券的波动性大约是：

$$债券波动性 \approx 18300 \times 7.15 \approx 130800 \ 美元$$

正如我们前面提到的，这提供了有价值的信息。这样的头寸每三天就可能会造成超过 130800 美元的收益或损失。这钱很多吗？要视情况而定。对于总资产 500000 美元的个人投资者来说，这占据了资产的 26％。而对于价值 5 亿美元的投资组合而言，这只占投资组合的 0.03％。

我们可以将这个结果与其他证券进行比较，如 CAC 股指期货。此时这种粗略的波

---

❶ 乔瑞（Jorion，2007，247）很好地表达了这一点："潜在的损失是由于风险因素的暴露，以及这些风险因素的分布造成的。"

❷ 这里假设损益分布是正态分布，在第 8 章和第 9 章中会更详细讨论估计波动率的参数方法。

动率估计会变得很有用。

考虑将 CAC40 指数中一个 700 万欧元的期货多头头寸添加到 2000 万美元债券头寸中（当 $：€＝1：1.30 时，700 万欧元对应 910 万美元），这就是第 1 章中所考虑的头寸，但是它们存在很大区别：第一个是直接购买以美元计值的简单债券，第二个是以欧元计价的无预先投资的股票指数的衍生品头寸；一个是传统证券，另一个则是衍生证券；一种是固定收益，另一种是权益。哪个更有风险？

怎样才能比较并合计这两笔完全不同交易的风险呢？我们不能光看投资面值的总额，因为债券是一笔 2000 万美元的投资，而期货头寸几乎为零投资。它们用不同的货币衡量，又是不同类别的资产。此外，对其中一种有丰富经验的交易员，对另外一种可能不太了解，所以依靠经验和常识可能会出错。

然而，这两笔交易有一个共同点：那就是损益。钱就是钱，利润就是利润，损失在两者之间是直接可比的。（当然，必须要用同一种货币进行计价，无论是美元或欧元）。我们已经对债券波动率进行了粗略的估计，对 CAC 股指期货也可以做相同的工作，这甚至比债券更容易。通过分析彭博或雅虎财经的历史数据，我们估计 2009 年 1月 CAC 股指期货的波动率大约是 40％，转化为每日的波动率约为 2.536％。换句话说，持有 910 万美元，日波动率将为 2.536％，约 230800 美元。

为了强调损益分布的重要性，图 5.6 显示了这两笔交易的损益分布，并假设损益分布分别服从日波动率为 130800 美元和 230800 美元的正态分布。损益不是完全正态的，但在标准交易条件下，我们可以用它来进行粗略比较。

图 A 中美国债券的分布比图 B 中 CAC 指数的分布更窄。债券的日波动率为130800 美元，CAC 股指期货的日波动率为 230800 美元，我们可以通过这些数字对两者进行简单和直接比较。图 C 显示了两个分布的组合，我们可以认为，CAC 期货头寸具有更高的风险，因为分布更加分散（两者都集中在零附近）。

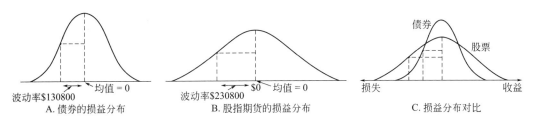

图 5.6　债券和股指期货损益分布的比较

整体投资。在对资产进行比较之外，我们通常还需要做一些其他的事情。当将资产加入投资组合中时，我们会问，"什么是整体投资组合的波动率？"把不同资产的分布和波动率结合起来会变得复杂，通常还需要数据、计算机和编程，我们将在后面的章节中详细谈论这个。总之就是有一种方法以合理的方式合并分布，在合并分布之后，我们可以与先前一样，在直觉上对是否能够承受这样的风险进行判断。

在上面这个例子中，合并后的波动率大约是 291000 美元，这算大还是小呢？"当每三天的损失比－291000 美元多或收益比＋291000 美元多时，我们是否可以承受？"

或者［利特曼（Litterman）的经验法则告诉我们，一年中大概有 4-σ 天会出现这样的情况。］"当每年有一次损失为 116 万美元时，我们是否可以承受?"总之，我们要像之前单独对待债券一样来对待整体投资组合。

5.5　波动率和 VaR 的总结

波动率和 VaR 都用于测量损益分布的离散程度。正是因为有损益分布，我们才能知道损失与收益的可能性。我们运用波动率和 VaR 来总结分布的离散程度，并建立对风险的直觉，但实际上真正重要的是分布，正如图 5.2 中显示的。

对于风险，分布最重要的特性是离散程度，波动率和 VaR 仅仅是两个总结离散程度的不同数字（在正态分布中，它们是可以互换的；对于非正态分布，它们之间略有区别）。当真正了解波动率和 VaR 的含义时，你会觉得它们非常简单。

数字的重要性体现在我们如何使用它们，"关键不在于数字本身，而在于你运用它们做了什么。"我们如何利用它们来做决定呢? 又如何利用它们来获得一种对风险的本能感觉呢?

表 5.1 提供了波动率和 VaR 的总结。我们需要理解波动率和 VaR 的含义，从而更好地使用它们。

表 5.1　使用波动率和 VaR 的建议

测量方法	概率	直观的结果
波动率，σ	更好或更坏，30%	大约有 30% 的可能性会使利润大于 $+\sigma$ 或损失大于 $-\sigma$，所以我们需要预计 3 天中的某一天会有较大的损益。若波动率是 100000 美元，3 天内的某一天里损益会比 -100000 美元更差或比 100000 美元更多
波动率，σ	更坏：15%	大约有 15% 的可能性会使得损失大于 $-\sigma$，所以我们需要预计在 7 天内的某一天里损失会大于 $-\sigma$
5%/95% VaR	更坏：5%	大约有 5% 的可能性会使得损失大于 $-\sigma$，所以我们需要预计在 20 天内的某一天里损失会大于 $-\sigma$。但是要略微注意——尾部时间很难被测量
1%/95% VaR	更坏：1%	大约有 1% 的可能性会使得损失大于 $-\sigma$，所以我们需要预计在 100 天内的某一天里损失会大于 $-\sigma$。但是要更加小心注意——尾部时间很难被测量。事实上，概率越小，越需要小心谨慎，要越少相信数据，只当作粗略的引导即可
极端事件	每年出现一次 4σ	由利特曼（Litterman）提出的经验法则假设四标准差时间大约一年发生一次
时间刻度	$\sqrt{d}$	从每日波动率到 d 日波动率，需要乘以 $\sqrt{d}$。所以从每日波动率到 10 日波动率，需要乘以 $\sqrt{10}$ 即 3.16
波动率比较	—	与其他我们熟知的资产进行比较，把波动率以某个资产的百分比形式来表示是十分有用的——所以，对于一个 $\sigma=130800$ 美元、价值 2000 万美元的债券来说，日波动率约为 0.654%。每年的规模为：$0.654\% \times \sqrt{255} = 0.654\% \times 15.97 = 10.4\%$。将这个和 20% 到 25% 的波动率进行比较，都是较为稳定的

5.6 资产组合工具

波动率和 VaR 作为标准的量化风险度量工具，能够帮助我们了解风险的大小，但它们不会告诉我们风险从哪里来，或者我们该如何改变风险。就解释风险规模的意义而言，它们是浅显易懂的，但却没有包含任何有关风险组成的信息。我们需要能够了解风险组成的工具——风险从哪里来，该如何改变它。

在了解风险时有两个基本问题：

① 风险常常以一种非线性、非直观的方式结合，而不只是单纯叠加。有时两个风险互相叠加，有时互相抵消。如果不采取措施，就无法弄清楚不同风险抵消和叠加的方式。

② 对于两种以上的风险，如果没有量化工具辅助，我们几乎不可能理解。大型投资组合太过复杂了，因此我们需要简单、直接的工具来帮助理解风险，并为如何管理风险指明方向。我们需要工具来深入揭示风险的来源。

利特曼（Litterman，1996）做出了很好的解释：

波动率和 VaR 以不同的方式显示了损益分布的离散程度，这对于监测风险是很有用的，但是，它们不提供相应的风险管理指导。为了管理风险，你必须明白投资组合风险的来源是什么，哪些交易将提供有效的方法来降低风险。因此，风险管理需要额外分析，特别是要有对风险进行分解、发现潜在的对冲、把复杂头寸简单化的能力。

三个主要的工具对于理解风险来源非常有帮助：风险贡献、最佳对冲、复制投资组合。

这些工具可以为投资组合提供一个完整的视角。今天知道投资组合的风险轮廓要远远好于明年（在业务开始繁荣之后）了解风险的具体细节。一种简单的方法可以在它所适用的地方提供强大的洞察力，大多数投资组合都是局部线性的，并且适用于这个技术。同样，利特曼（Litterman，1996，53）很好地总结了这个情况：

许多风险管理者如今似乎忘记了简单方法的好处，例如传统投资组合分析中隐含的线性近似，它可以在它有效的地方提供强大的洞察力。

除极少数例子之外，对于投资组合局部的线性风险敞口，利用投资组合风险分析工具可以得到有用的信息。

（1）边际贡献

风险是不能叠加的。不同资产的波动率和 VaR 有时会相加，有时会相抵。由于不可叠加，了解风险的来源将很困难。我们希望根据不同的风险因子、资产或子组合，把总体波动率进行分解（同样也可以适用于 VaR）。比如：整体投资组合的波动率是291300 美元，30％来自于债券，70％来自于股指期货。

我们不能使用单项资产的波动率，因为它们根本就不能进行简单相加。在之前债券和期货的例子中，债券的波动率是 130800 美元，股指期货的波动率是 230800 美元，两者之和是 361600 美元，而不是 291300 美元的投资组合波动率。对于复杂的投资组合，更不能简单地相加。

但是，事实证明，整体波动率确实可以分解成可叠加的部分，但这些组成部分并不是资产波动；相反，我们称之为边际贡献或者波动率的贡献。我们会在后面的章节中介绍一些详细的公式，但在这里只讨论根据单个资产或风险因素，将整体波动率分解成可叠加部分的方法。

要注意一点，仅仅因为我们能把波动率分解成各个部分，并不意味着这些组成部分一定能告诉我们一些有用的东西。例如，我们可以使用某种方法，根据所有的资产或风险因素，对整体波动率进行任意分割：对于 10 个风险因素，每个风险因素分配 1/10 的波动率。这么做很容易，但并没有什么用处。

边际贡献的美妙之处在于它能将投资组合的波动率分解成各个有意义的组成部分。它告诉我们真正有用的东西是：在单一风险因素或资产中，较小的变化怎样对整体投资组合的波动率变化产生影响。我们可以说，"整体投资组合的波动率是 291300 美元，当所有的头寸变化 1% 时，整体波动率也将改变 1%，或 2913 美元。其中 30% 或 836 美元来自于债券，70% 或 2077 美元来自于股指期货。"边际贡献将波动率分解成各个部分，这些组成部分是可叠加的，并且告诉我们整体波动率如何对头寸的较小改变做出反应。

边际贡献对于庞大而复杂的投资组合特别有用，这样的组合是特别难理解的，它们通常随着单一头寸相对较小的变化而逐步改变。

我们可以用美国国债和 CAC 股指期货的例子来检验波动率的边际贡献。表 5.2 展示了个人资产波动率以及对总波动率的边际贡献。总波动率大约 30% 源于债券，70% 源于股指期货。这是一个非常有用的分解，因为它告诉我们，虽然债券的名义金额更大，但 CAC 期货贡献了大部分的风险，并且 CAC 期货头寸比债券头寸对投资组合的改变影响更大。

表 5.2　简单投资组合的波动率对风险的贡献

项目	头寸波动率	边际贡献	
		占比 $[\omega_i^2\sigma_i^2+\rho\omega_i\sigma_i\omega_j\sigma_j]/\sigma_p^2$	价值 $[\omega_i^2\sigma_i^2+\rho\omega_i\sigma_i\omega_j\sigma_j]/\sigma_p$
2000 万 10 年期 美国国债	130800 美元	28.70%	83600 美元
700 万 CAC 期货	230800 美元	71.30%	207700 美元
资产组合	291300 美元	100.00	291300 美元

注：表格中展示了持有 2000 美元的 10 年期美国国债和 700 万欧元的 CAC 股指期货的投资组合中，不同头寸各自的波动率、组合整体的波动率以及不同资产对组合波动率的贡献（边际贡献）。该表数据是以 CFA 协会研究基金会 2011 年出版的《风险管理使用指南》中表 5.4 的数据为基础的。

（2）全有或全无的贡献

边际贡献只是告诉我们头寸的边际变化对投资组合波动率的贡献。但是，整个头寸会对波动率产生什么影响？如果我们完全抹掉一个特定的头寸，波动率又会发生怎样的改变？从概念上讲，这是非常简单的，因为抹掉特定头寸，意味着重新计算投资组合的波动率。（我们在后面的章节中会讨论更有效的方法来计算它。）

当头寸变为 0 时，波动率会改变多少，这就是"全有或全无的贡献"。在职业生涯中，我发现这种测度方法并不是很有用。边际贡献只是对于较小并且可以叠加的变化而言的，所以它对波动率进行了有效的分解，而对于较大幅度的头寸变化，接下来讨论的最佳对冲头寸和最佳复制资产组合将会提供更多信息。总之，这些工具的重点也是要建立某种直觉以了解投资组合的风险。不同的人对风险有不同的偏好，适用的风险测度方法也各有不同。

（3）术语

在结束"边际贡献"和"全有或全无的贡献"这个话题之前，我们必须正视术语的不一致性这个问题。虽然看起来微不足道，但它实际上是理解和使用这些工具的严重障碍，尤其是"边际贡献"。一些作者像我一样使用"边际贡献"这个术语，但有些人还有别的称呼，甚至有人用"边际贡献"来代表"全有或全无的贡献"。当我们提到"边际贡献"的时候，必须要小心它是什么意思，缺乏统一术语可能会导致混淆和误解。

表 5.3 提供了不同书籍的术语使用指南。大部分文献使用了相反的术语，而且遗憾的是，很少有文献对公式和概念进行清楚的解释。

表 5.3　风险贡献的术语

来源	极小的变化	全有或全无的贡献
本书	边际贡献或 对风险的贡献	全有或全无的风险贡献
利特曼（Litterman，1996） （格鲁希、加莱和马克（Crouhy，Galai and Mark，2001）	对风险的贡献 Delta VaR	增量 VaR
马里森（Marrison，2002） 米娜和肖（Mina and Xiao）/ 风险计量模型	VaR 贡献和 增量 VaR	边际 VaR
乔瑞（Jorion，2007）	边际 VaR 和 成分 VaR	增量 VaR

注：摘自 CFA 协会研究基金会 2011 年出版的《风险管理使用指南》中的附录 5.2。

（4）最佳对冲头寸和复制投资组合

最后我们来介绍一下最佳对冲头寸和复制投资组合。首先，考虑投资组合中的单个资产，我们可以问，"单独考虑这项资产时，对冲整个投资组合，或者复制该投资组合的最佳头寸是多少？"对于资产 A，最佳对冲头寸应该是，当与现有投资组合结合时，尽可能地降低投资组合的波动率。对于该头寸的反向持有操作就是复制投资组合的最优方法。

用一个例子更容易说明这个问题。继续来看这个由 2000 万美国国债和 700 万欧元

CAC 股指期货组成的简单投资组合，表 5.4 是表 5.2 的延续。对于 CAC 期货，"最佳对冲头寸"95 万欧元，这就是说，如果我们要选一定数量的 CAC 期货来给投资组合的其余部分提供最佳对冲（在这个例子中，"投资组合的其余部分"只剩下债券，但是它一般会是一整套的头寸），我们需要对 95 万欧元进行做空。

这里的术语可能会有点混乱。我们必须明确最佳对冲头寸是净额（扣除原来投资组合里的头寸）还是总额（新头寸必须被添加到现有投资组合中）。在表 5.4 中，95 万欧元的净额是最佳对冲。但是在很多地方，用 795 万欧元的头寸总额——也就是添加的新头寸来表述，会显得更加直接，即用 795 万欧元的空头对冲现有投资组合的新对冲头寸。相反地，持有 795 万欧元 CAC 期货多头是最佳复制投资组合，或者说，只考虑 CAC 期货时，795 万欧元的 CAC 期货是整个投资组合的最好代表。

表 5.4　最佳头寸和最佳复制投资组合

项目	头寸波动率	全有或全无的贡献	最佳对冲头寸	复制投资组合	最佳对冲头寸下的波动率	波动率减少的百分比
2000 万 10 年期美国债券	130800	60490	−8.47	28.5	224100	23.1
700 万欧元 CAC 股指	230800	160600	−0.95	7.95	126900	56.4
组合波动率	291300					

注：该表显示了头寸波动率（独立波动率）、对投资组合波动率全有或全无的贡献以及对整个投资组合的最佳复制头寸。表格中展示了持有 2000 万美元的 10 年期美国国债和 700 万欧元的 CAC 股指期货的投资组合中，头寸波动率（独立波动率）对投资组合波动率全有或全无的贡献，以及对整个投资组合的最佳复制头寸。

当计算出最佳对冲时，我们同样想知道该对冲会对投资组合的波动率产生多大影响，表 5.4 显示了最佳对冲头寸下的波动率，它表示在我们加入了一个空头 795 万欧元的 CAC 期货空头头寸之后，投资组合的波动率会变成什么样。然后我们就可以计算出波动率减少的百分比，如表 5.4 最后一列所示。

对于投资组合中的任何一种证券，我们都可以计算出"最佳对冲头寸"。在表 5.4 中，我们分别计算了债券和 CAC 期货的情况。最佳对冲头寸是有价值的，因为它通过将投资组合与只包含单个资产的投资相比较，帮助我们了解投资组合的表现。

我们也可以进一步问："在单一资产的多个最佳对冲中，哪一种又是最好的？"我们的目标是在所有可能的选择中看哪个单一资产头寸会是最佳对冲资产。在上面这个例子中，我们只有两个可能的选择，但对于其他情况下会有更多选择。表 5.4 表明最佳的对冲头寸是 CAC 股指期货。

我们可以利用这些信息，以两种方法建立直觉。首先，我们可以说 795 万欧元 CAC 期货空头将对现有投资组合提供最佳对冲。在紧急情况下，如果我们需要尽快降

低风险，但只能在有限流动性证券市场进行交易，这个信息会很有用。❶

另外，我们也可以说，现有投资组合的表现与 795 万 CAC 期货多头的表现最接近，这为我们提供了描述投资组合表现的简单方式。用简单的方式进行总结有助于建立对投资组合的直觉，这个想法也可以被扩展到多个资产，对于多个资产的投资组合，复制组合的思想更加有用。

在讨论最佳对冲这个话题之前，我们需要了解最佳对冲头寸是否告诉我们任何与边际贡献不同的信息。在表 5.4 所示的简单组合中，可以看到最佳对冲没有真正告诉我们任何边际贡献以外的信息——即 CAC 期货的最大边际贡献，就是最佳对冲。

然而，对于大而复杂的投资组合，边际贡献和最佳对冲会告诉我们不同的信息。为了区分边际贡献与最佳对冲的区别，我们往投资组合中加入 4000 万美元的 5 年期美国国债。可以看到，CAC 期货仍然对波动率产生了最大的影响，大致是其他债券的两倍。表 5.5 和表 5.6 显示了边际贡献。

表 5.5　更复杂投资组合的波动率和边际贡献

项目	头寸波动率	边际贡献比例	边际贡献值
4000 万美元 5 年期美国国债	131100	0.273	105100
2000 万美元 10 年期美国国债	130800	0.267	102800
700 万欧元 CAC 股指期货	230800	0.461	177800
投资组合波动率	385700	1	385700

注：上表显示了 4000 万美元 5 年期美国国债，2000 万美元 10 年期美国国债，700 万欧元 CAC 股指期货的头寸波动率，投资组合波动率和对波动率的贡献（边际贡献）。

CAC 期货的边际贡献如此之大，这是因为 CAC 期货波动率比 10 年期或 5 年期债券的波动率更大。对于 10 年期或 5 年期债券中的任何一个，头寸发生微小变化（两者中的任一个）的贡献小于 CAC 期货中头寸的微小变化。但 CAC 期货不再是最佳对冲，最佳对冲现在是两种债券中的一个（见表 5.6）。这也是情理之中，这两种债券经常一起变动，所以模糊地看，它们表现得像是同一种证券。由于该投资组合中债券的比重比表 5.4 投资组合中更大，投资组合的表现更像是债券组合。最佳复制组合是债券而不是股票，实际上，5 年期的债券是最好的（10 年期也几乎一样好）。

表 5.6　具有全有或全无贡献和复制头寸的更复杂投资组合的波动率

项目	头寸波动率	全有或全无的贡献	最佳对冲头寸	复制头寸	最佳对冲头寸下的波动率	波动率减少的百分比（%）
4000 万美元 5 年期美国国债	131100	94430	−54.4	94.4	230400	40.3

❶　然而，我们必须非常谨慎地使用单一资产来对冲整个投资组合。单一资产通常不会提供良好的对冲，我们需要仔细观察单一资产的对冲能减少多少波动率。我们还必须认识到，在极端情况下，风险降低的潜力可能与正常时期不同。我们必须谨慎地使用表 5.4 中的数字。

项目	头寸波动率	全有或全无的贡献	最佳对冲头寸	复制头寸	最佳对冲头寸下的波动率	波动率减少的百分比（%）
2000 万美元 10 年期美国国债	130800	91520	−26.4	46.4	238300	38.2
700 万欧元 CAC 股指期货	230800	130900	−2.01	9.01	246100	36.2
投资组合波动率	385700					

注：上表显示了 4000 万美元 5 年期美国国债，2000 万美元 10 年期美国国债，700 万欧元 CAC 股指期货的头寸波动率，对投资组合波动率的全有或全无的贡献，资产组合的复制头寸。

（5）多种资产的复制组合

我们可以轻易地将这个想法拓展到多种资产的复制组合中。我们可能会问，"只用 5 种资产，哪 5 种资产将是现有投资组合的最好复制？"当然，这个复制组合一定是能最大限度减少波动率的对冲组合。

复制组合是一个实用的工具，因为它利用少量的资产为投资组合提供了简单的总结。这样的总结，既能够帮助管理者了解投资组合的表现，又能够帮助他们在不需要公开基本投资组合构成的情况下与外部的人沟通投资组合的组成。

我们举的两种资产投资组合的例子过于简单了，远远不能够解释多资产的复制组合。复制组合的思想主要适用于庞大而复杂的投资组合，我们将在第 10 章中重新回到复制投资组合，并分析一个更复杂的投资组合。

5.7　结论

本章旨在解释一些风险量化的基本工具——波动率及 VaR，它们衡量了风险的大小、边际贡献和最佳对冲，以使我们了解风险的构成。这些工具很重要，但并不是唯一的工具，我们的重点一直在如何使用和理解这些工具上，在如何估算或计算上没有过多介绍。

后面的章节将涉及细节，公式和计算等。第 8 章着重公式和波动率及 VaR 的计算，第 9 章将这些概念运用到一个简单的投资组合中，使得概念和计算更具体化。第 10 章转向投资组合工具的边际贡献、最佳对冲等。

6　量化技术的用途和局限性

现在，我们终于完成了对风险管理的介绍：包括我们应该如何对待风险，在风险管理过程中管理者如何充当正确的角色，以及如何对数字背后的一些直觉进行考虑。在下面的章节中，我们将转向量化风险测度，将解决数学和技术的细节。波动率和 VaR 的定义是什么，波动率的贡献是什么，该如何处理长尾问题？我们需要明确这些细节。这并不是说，我们总是需要完美的答案，今天能告诉我们 90% 信息的大致答案远好于那些太晚得到的完美答案。但我们的确需要小心，要对技术细节有足够的理解，以此来区分不同概念，同时将合理的判断和常识应用到这些技术细节上。

希望接下来的章节对大部分读者群体而言是有价值的。当然，主要针对的是那些从事理解和计算数字工作的量化用户。但是，我也希望非专业的读者能够仔细阅读某些章节。我尝试在提供公式的同时阐述数学背后的直观感觉，用例子对量化工具进行解释，特别是在第 9 章和第 10 章，这些内容应该是所有读者都可以接受的。

然而，在转向技术性的章节之前，回顾一下量化技术的限制是有意义的。这种回顾基本上在本章的第一部分，属于风险管理而不是风险测度，因为管理人员不仅需要领会量化技术的力量，而且需要知道量化技术的局限性。量化技术在那些既了解技术又能敏锐地意识到其局限性的人手中运作得很好。对于这些限制的深层认知，能适时给予用户信赖这些技术的信心，也能在必要时给予用户转向其他方向的正确判断力。像其他工具一样，如果使用得当，这些技术会运行得很好。了解局限性的目的是避免滥用。一个组织真正面临的风险是未预料到的或意外的事件，这正是量化测度需要捕捉的关键。

像任何技术或工具一样，风险测度有局限性。这并不是大问题，世界就是这样。就好比锤子作为一种实用工具，也存在着局限性：它在钉钉子的时候很好用，而在锯木板的时候就不行了。了解风险测度的局限性能使我们知道量化工具在何时何地是有用的（或者无用的）。然而，未能意识到风险测度的局限性才是真正的问题，滥用技术会导致错误、误解和误差。

（1）风险测度模型不会包含所有头寸和所有风险

用来衡量波动率和VaR或任何其他因素的模型绝不会包括所有的头寸和风险。头寸可能由于各种原因而被遗漏。也许是由于一些传统计算机系统不支持主要的风险类型，或一些新的系统尚未形成。也许是一个新产品的建模可能还没完成，或者有些人可能只是忽略了及时进行交易。一个优秀且稳健的风险系统会包含一些过程和步骤，它们能检查所有被捕捉的头寸和没被展示出来的头寸。然而，总是存在某种可能性使得头寸被遗漏。

同样，模型中头寸的风险可能没有被恰当地反映出来。一个复杂的衍生证券可能无法正确地建模。有些产品可能有意想不到的敏感性，这种敏感性难以被风险管理系统捕捉。

遗漏的头寸和风险意味着风险测度报告将不完全代表实际风险。在现实中，预测的风险数字不是绝对准确时，没有人会觉得奇怪。这是一个估计值，就像任何估计量一样，很容易受到误差的影响——一个可能出现的误差是，头寸或风险并没有很好地模拟真实的世界。风险系统应该被视为以简明扼要的方式总结和汇集大量信息的工具。它不会是完美的，并且用户在使用结果时应该认识到这一点。

（2）VaR和波动率等风险衡量指标都是对历史表现的测度

量化风险技术可以告诉我们头寸和投资组合在过去的条件下是怎样表现的——这些条件源自过去的经验。这不是批判，并且与一些评论家的言论相反，（基于历史经验）这一特点并不是风险测度技术的一种缺陷。世界就是这么运转的：我们可以试图了解过去，但不可能知道未来。了解过去是非常重要的，因为管理未来的第一步应该是了解当前的风险以及它们的历史表现。正如乔治·桑塔亚纳（George Santayana）说的："记不住过去经验教训的人注定要重蹈覆辙"。

这里可能会出现的错误是，认为这些基于历史表现的风险测度工具可以直接衡量未来。经理们需要运用自身判断力来解释过去的信息，并将其整合到当前的决策，从而得到对未来的预测。认识到这些工具是对历史进行测度这一本质，提醒我们其中存在的局限性以及使用像VaR和波动率等工具时需要谨慎。

（3）VaR并不测度最坏的情况

尽管波动率、VaR、预期损失和其他统计方法提供了盈亏分布离散程度的概括性信息，但它们绝不会告诉我们最坏的情况。VaR经常被讨论，并被认为是统计意义上的最大损失，但这种想法是具有误导性的。无论选择的VaR水平是多少，现实仍可能更糟糕，实际上，现实情况肯定会在某些方面比预想更糟糕。预期损失相对于VaR是有用的，因为它包含的有关损失的信息比VaR更多，但预期损失也只是一个简单的概括性统计量，它提供有关分布的信息，而不是个别没有发生过的事件信息。

利特曼（Litterman，1996，注1）提出了怎么考虑 VaR 比较好："别把 VaR 看成最糟糕的情况，而看作一种我们能从容应对的定期发生事件"（第74页）。把 VaR 视作一种最坏的情况，不仅是思维上的懒惰，同时也是危险的。之所以说这是思维上的懒惰，是因为这么做会减少我们思考更差结果和相应应对方法的责任感。这是危险的，因为可以肯定的是，结果将在某些时候更糟糕。

VaR、波动率和其他的风险措施应被视为一组能告诉我们可能的损失程度（"我们能从容应对的定期发生事件"）的测量工具。如果从这个角度看，它们能推动我们思考：当更糟糕的情况发生时要怎么做，事情为何会变糟以及会变得有多糟。它们不光推动我们思考这些可能性，还提供"可能有多糟"的量化信息。

（4）量化技术非常复杂，需要专业知识和经验才能确保使用得当

一方面，量化技术在现代风险计量中的应用确实是复杂的。另一方面，风险管理专家，像其他专家一样，似乎使一切事情变得复杂了。平衡需要被打破，一般管理人员和董事会成员有责任了解复杂的企业交易。不仅仅只是风险的测度，所有金融业务都是复杂的，并且会随着时间的推移变得越来越复杂。金融企业的管理人员应该慎重负起责任，学习包括风险测度在内的商业知识，这样才能有效地利用可行的工具。在这个时代，缺乏技术方面的专业知识并不能作为不使用或不了解风险测度信息的借口。

然而，风险管理人员担负着用简洁透明的方式向非专业人员解释技术、结果的责任。尽管风险测度过程中必要的细节和得到的结果是复杂的，但大多数风险测度背后的想法很简单。简单的想法、清晰的陈述、简洁的描述，是任何从事风险测量的人的目标。

（5）风险量化措施不适合极端事件

风险量化措施不能捕捉极端事件，经验也不起作用。即使能够尝试想象极端事件，最终也会失败。极端事件是罕见且很难预测的，生活就是如此。我们需要认识到它的局限性，但是风险技术基本不会失败。因不能很好地描述极端事件就对风险测度领域进行批判是愚蠢的，就像因为天空是蓝色的而批判它一样荒谬。任何不喜欢极端事件的人都不应该留在金融市场上。运势，包括好的和坏的，都是世界的一部分。我们可以使用量化工具来尝试估计一些极端事件，但我们要学习在不确定性下生存，特别是当它涉及极端事件的时候。

没有认识到风险量化措施的局限性是一个严重的错误。不论是对于数字和量化技术的过度自信，还是对描述极端事件能力的过度自信，都应该受到严厉的批评，因为这可能使我们获得虚假的安全感。然而，对局限性的认识，并不意味着丢弃工具，即使它们有局限性，我们也能对这些估计极端事件的方法加以利用。

第 2 篇
度量风险

7 量化风险测度简介

本书的第 1 篇集中讨论了风险和风险管理，第 2 篇侧重于如何计算风险。

第 1 篇的重点是了解风险，掌握风险管理工具以及知道这些工具能告诉我们什么。我们略去了波动率和 VaR 的技术细节，因为风险管理不仅仅是一种量化测度，更是要管理人员、项目和机构。风险管理并不在于数字本身，而是你用它们做了什么。

但是，数字也是重要的，实际上，它们是非常重要的。没有数字，我们能做得很少，没有风险测度，我们就不能管理风险。肯德尔（Kendall）和斯图尔特（Stuart）的以下言论是很正确的：“重要的不是数字本身，而是我们如何处理它们”。但他们的观点只有当数字产生之后才有用。无论怎样，我们必须用某种方法计算出数字，来总结、量化和测量风险。这就是我们现在要开始讨论的测量风险的任务。

硬性的数字和软性的管理之间的平衡从来都不容易保持。数学家们需要严密、一致、完整和复杂的模型来解释每一个细节；管理者们需要一个最新得出的答案来进行决策。

本书的第 2 篇集中于数学上的量化平衡。我们的目标是运用特定的量化技术提出切实可行的解决方案。这些章节是为了延续第 5 章中所讨论的想法，并提出背后的数学和理论。要将这些章节作为风险专业人士的参考，就需要计算预期损失的公式，也需要假设盈亏分布是一种正态分布的混合物。

对于那些没有技术培训的经理来说，这些章节也可以作为一种指导，但是仍然需要具备参数估计波动率或 VaR（Delta 正态）和蒙特卡洛模拟之间的利弊关系的背景知识。风险测度和管理的目标是，紧密结合计算相关数字所需的专业技术和常识、判断、经验来做一些合理的事情。

最后，风险测度是一种应用领域，它更注重今天得到一个不错的答案，而不是等待明年完美的答案。我们的目标是拥有一个足够好的观点，一个理论上完美的方法来了解什么时候、为什么、哪种快捷的方式会有效，以及哪些捷径是无效的。然而，确定理论上的完美解决方案是非常重要的，因为它提出了哪些目标可以执行。建立和实施一个风险管理系统永远不会结束，我们需要认识到这个系统和程序的哪些部分还能提高，然后实施这些改进工作。

7.1 项目实施

风险测度是一门应用科学，正因为如此，我们需要掌握理论观点，并进行实际运用。要让它们和复杂凌乱的数据一起在电脑系统中运行，并能让不同程度和学历的人使用。

风险项目涉及很多枯燥的数据和 IT 基础设施，还涉及复杂的量化技术。在建设或实施风险管理项目的时候，大约 80% 的努力和投资是花在复杂的数据和 IT 基础设施上，而只有 20% 是花在复杂的量化风险技术上。对于数据，以及用于储存、处理数据的 IT 基础结构的重要性，强调再多也不为过。如果你不知道投资组合中有什么，对投资组合任何复杂的分析都将是困难的。对于市场风险，特别是信贷风险，对头寸和对手进行详细记录是非常重要的，而且这些数据必须以一种可用的形式保存。

（1）数据

数据始终是一个大问题，获取和使用数据往往比预期更具挑战性。优质和及时的数据，形成了任何风险项目的基石。

数据大致可分为外部数据和内部数据。外部数据就是类似市场风险因素的历史表现、安全特征等。我们需要收集、清理、仓储、更新和分发这些数据。

内部数据有时比外部数据更难收集和使用。有人可能会认为收集和使用内部数据会更容易些，因为这些数据在该公司的控制之下。其实不然。头寸和证券细节都贮存在不能互相交流的系统中，新产品和新证券都在试算表中开始。对于一笔、两笔或三笔交易，这是合理的。但是，如果一项新的业务成功，它变为 100、200、300 笔交易时，情况就开始变糟。由产品带来的风险突然变得重要起来，数据开始变得难以获取且往往是不可靠的，并且直到某件事爆发才会有相应的预算和人员来建立一个适当的评估系统和数据仓库。

（2）IT 系统

所有的数据都需要清洗、存储和操作。本书中提出的思想需要被转换成计算机代码。尽管我们可能非常喜欢，但是我们没办法在一台 HP 12-C 上完成所有转换任务（话虽如此，使用这些工具的能力对于让复杂的系统正常运作至关重要）。花在获取和维护 IT 基础设施上的成本和精力不应该被低估，但也不应该成为实施风险项目的显著障碍。建立数据和 IT 基础设施不是特别复杂的事，IT 工具是不断改进的。几年前需要很多人花很长时间建立的系统，现在只需要在很短的时间内就可以由一个小团队建立。

尽管如此，编程和系统的发展需要将良好的系统技术和坚实的数学、统计、概率知识相结合。

（3）每日的产出

准确、可靠、及时的数字需要每天计算并且向合适的人交付。在日常生产过程中需要进行恰当的管理和实施。做这些事的能力和建立系统所需的技能是不同的。它既需要注重细节，同时也需要耐心每天管理相同的过程。

（4）总结

我想强调数据、系统和日常生产的问题，但没有提供模板或者指南，最终，这些问题会变得和后面章节涉及的理论和技术同样重要，甚至比它们更重要。一个成功的风险项目依赖数据、系统和日常生产的正确运转。这些事情往往会占据大部分资源。

7.2　金融机构的风险类型

在详细介绍风险测度之前，先概括地归纳一下金融机构所面临的各类风险。

我们把风险定义为：真实盈亏和预期盈亏之间的偏差；风险表示的是不确定性或者随机性，由未来的盈亏分布进行测度。在这个意义上说，它们之间是没有区别的，例如，市场风险和操作风险都存在和期望盈亏产生偏差的可能性。然而，产生于不同金融业务板块的资源、环境和风险的结果是大不相同的，因此区分金融机构中的不同风险有相当大的好处。❶

我讨论了五大类风险：①市场风险。②信用风险。③流动性风险。④运营风险。⑤其他（法律和法规、业务、战略、声誉）。

这些问题会在后面的章节中进一步讨论。我把重点放在市场风险和信用风险上，因为它们最适合进行数学分析，也是大家研究最为频繁的。然而，流动性、运营和其他风险领域，也不应该因为较难用复杂的数学工具分析而被低估。正如我们在第 4 章中所看到的，许多严重的金融灾难可以追溯到运营问题。

（1）市场风险

提到金融机构想到的第一件事——价格风险与市场交易的证券、资产及金融工具的联系。金融机构的业务是交易或管理金融资产，市场风险是由交易资产的价格与预期价格有所不同的可能性所带来的。❷ 马里森（Marrison，2002，4）用股票市场的损失作为市场风险的例子，道琼斯指数在 1987 年 10 月下跌了 31％，在 10 月 19 日的"黑色星期一"下跌了 23％。

在不同的情况下市场风险可能会有不同的名称。例如，在管理投资组合时，它可

---

❶ 格鲁希、加莱和马克（Crouhy，Galai and Mark，2006，第一章的附录）提出了一个较好的风险分类方法。马里森（Marrison，2002，4）提出了银行面对的不同风险。

❷ 虽然市场风险经常注重交易的证券或资产，但是它还可以包括当价格可以被模拟或者推断时，未交易的或较少交易的证券风险。

能是相对于基准市场的跟踪误差。在一笔交易中，它可能是基差风险，指的是两个紧密联系但不完全相同的资产之间的价格。在一个期权交易中，它可能是波动率风险。这些都是与市场价格相关的风险，不同的只是在特定情况下才会发生。

市场风险可以根据特定因素分类为［见格鲁希、加莱和马克（Crouhy，Galai and Mark，2006）］：

① 股票价格风险。该风险和股票价格的变化或变异相关联，通常分为系统性风险（和整体市场水平或市场指数相关联）和非系统性风险，非系统性风险是某一公司的特定风险。

② 利率风险。该风险和利率及固定收入（固定利率）证券相关联。利率风险可能单独出现，例如，美国国债这种纯粹的利率工具，只存在利率风险；利率风险也可能与其他风险相结合，例如，公司债券结合了利率风险和信用风险。利率风险往往会在曲线不同部分上，被分解成不同的风险。此外，相似且不完全相同的金融工具之间的差异可能会被视为基差风险或价差风险。基差风险不仅限于利率，但常以利率的形式出现。

③ 外汇风险。指以不同货币计价的资产或工具（包括现金）产生的风险，该风险不会出现在以本国货币计价的投资组合中。

④ 商品价格风险。无论是金融交易市场还是有形市场，都会发生商品价格变动的风险。商品价格在概念上不同于其他资产的价格。但是，正如格鲁希、加莱和马克（Crouhy，Galai and Mark，2006）指出的一样，在特定情况下，商品价格的变化程度可以是不同的。诸如，少数供应商的集中供应，缓解商品本身的存储成本、易腐性（比如小麦）与耐用性（比如黄金）等，这些都会对商品价格产生不同的影响。

（2）信用风险

信用风险是指由于发行人或交易伙伴意想不到的信用质量变化，导致风险投资组合的价值变化。这包括违约和信用质量变化（如交易对手在内部或外部评级系统降级）造成的损失［麦克尼尔、弗雷和恩布雷希特（McNeil，Frey and Embrechts，2005，327）］。

信用最终来源于违约，即无法偿还之前承诺的数量。在之前的讨论中，信用风险属于市场风险下的一个因素，但我们在这里也给出了它自己的分类；市场与非市场信用风险的区别是模糊的。一个区别可能是，在违约之前，把它作为市场风险来分析比较合适；而当违约实际发生时，才被认为是信用风险。另一个区别可能是，当在市场上定价和交易（如公司债券或信用违约互换）时，它是市场风险；而当它不上市交易（如贸易协议）时，则是非市场风险。然而，还有另一种分法：当特定的公司发生变化，如降级和违约时，就是信用风险；而在整体市场情绪出现变化时，如一个行业内信贷息差的变化，就是市场风险。❶ 最后，差别是难以界定的，信用风险以多种多样的形式出现，它本身就很值得考量。

---

❶ 见马里森（Marrison，2002，226-227）。

即使市场风险和信用风险之间的界线是模糊的，信用风险也是值得我们关注的，因为它在一些重要方面与市场风险不同。首先，市场风险集中于内部实体的金融机构，例如交易柜台或投资组合。市场风险的测度和管理，例如设限，就是通过交易柜台或投资组合完成的。相反地，信用风险专注于外部发行人或对手，比如由对手所施加的限制。其次，信用风险一般是比较长的（以年记），而市场风险一般是较短的（以天记）。这就需要在建模时采用不同的方法。最后，也是最重要的，信用风险的建模往往和市场风险不同，市场风险依赖于观察到的市场价格，而信用风险必须在违约及其他信贷损失的过程上进行构建。

对于信用风险的分析可追溯至商业银行及其贷款组合。贷款的主要风险是当事人的违约，这就是信用风险。但是，信用风险远远不限于简单的贷款，它遍布整个金融行业。

信用风险出现的一些形式：

① 单一发行人的信用风险，例如贷款和债券。发行人的违约意味着贷款或债券的本金和承诺的利息无法偿付。

② 多发行人的信用风险，例如证券化的抵押债券。这种债券的发行由银行或投资银行进行，但标的资产是许多个人或公司大量贷款或其他债务的集合。一个或更多标的贷款违约会造成信用损失。

③ 交易对手风险从合同的当事人之间产生，往往是场外（OTC）衍生品合约。OTC交易，例如利率互换，是双方之间的合同，如果一方违约，这可能会大大影响另一方的回报。其他合约，例如信用证、保险和金融担保，如果一方在违约时存在损失的可能，那么也将带来信用风险。

结算风险往往伴随着交易的交收和结算，这可能是因为一方在结算交易后但不履行义务而发生。❶

信用风险的测度在最近几年变得更加复杂和重要。2008—2009年的金融危机就是由信用问题引发的，特别是与美国的次级贷款有关。此外，在过去的几年里，新的金融工具有了巨大的增长，特别是依赖信用的工具，例如信用违约互换（CDS）。

信用风险通常是不对称的。它的不对称性包含两种意义。一是，由于存在很大概率的损失却不一定有相近概率的收益，信用投资组合的盈亏分布会有很大的偏斜或不对称性。二是，通常仅在头寸有正的价值或为资产时，暴露的信用风险才会显现出来。当一个头寸有利好趋势并且对手违约时，该公司（银行）遭到损失，损失最多可以达到该头寸的价值。然而，当一个头寸未来可能下跌并且交易对手违约时，银行又有义务不能弃之不顾。

（3）流动性风险

流动性风险很重要，却是最难定义和测度的风险之一。流动性风险实际上包含两

---

❶ 在Bankhaus Herstatt事件后也被叫作Herstatt风险，Bankhaus Herstatt是一个小型德国银行，其于1974年在纽约证券交易所某个交易日倒闭，当时其在外汇交易时收到了汇款，却无力向对方进行支付。

个不同的概念——资金流动性和资产流动性，两者是互相作用的，虽然都归于流动性风险，但是有必要在概念上进行区分。

资金流动性风险，也称为现金流风险，是指提高或保留债务的融资杠杆头寸，满足保证金或抵押品的要求，或达到基金赎回的要求。这个问题对于使用短期债务的杠杆投资组合（如回购协议）来说尤其重要，这些投资组合受限于追加保证金条款。

资产流动性风险是指按现行市场价格以必要的数额执行交易的能力。资产流动性有时会随着金融工具、市场条件和时间的不同而发生显著变化。有些资产市场，例如G-7政府债券或货币，是如此的深入和发达，以至于交易对市场价格的影响微乎其微。其他市场，例如，对于复杂的衍生工具或以本币计价的新兴市场债券来说，在正常情况下中等规模交易可能是活跃的，但当市场混乱时可能就没那么有效了。

资金和资产流动性风险可以相互影响。不利的价格走势，甚至市场情绪的转向，都有可能诱发追缴保证金、贷款减免、资金流动性加压等情况发生。如果投资组合没有足够的现金或新的资金来源，则需要出售资产。如果头寸相比正常的市场交易更大或者集中于非流动性证券，那么流动性差的资产可能只能以非常不利的价格出售。价格下跌可能会引发进一步追加保证金的要求，紧接着是进一步的资产变卖，从而进入死亡螺旋。

乔瑞（Jorion，2007，333）总结得非常好：

当金融体系不能维持债权人或投资者的要求时，资金流动性风险就会发生，结果就需要出售资产来获得现金。当强制性资产清算产生不利的价格变动时，资产流动性风险会发生。因此，流动性问题应结合金融机构的资产和负债来考虑。

……

在系统性风险发生时……流动性蒸发……流动性风险可能是市场风险管理系统中最薄弱的部分。

（4）运营风险

运营风险至关重要，但是很难衡量。事实上，我认为，重点应该尽可能放在管理而不是测度运营风险。我们可能无法非常好地测度它，但它是如此重要，不容忽视，所以必须加强管理。

甚至仅仅是定义运营风险都很有难度，因其不断发生变化。一般业内人士所共识[采纳巴塞尔银行监管委员会（BCBS）的指导]的定义是"运营风险是由不完善或失败的进程、人、系统或外部事件引起损失的风险"[乔瑞（Jorion，2007，495）]。这是狭义的定义（风险来自运营或交易过程）和广义的定义（所有除市场或信用风险以外的风险）之间的平衡。

对"不完善或失败的进程、人、系统"的量化测度和统计分析是困难的。然而，严格的方法可能带来丰厚的回报，即使它比市场风险或信用风险更注重定性。BCBS（2003）概述了一个看起来特别有用的测度运营风险的框架。

运营风险是非常重要的，因为运营失误经常是众多金融灾难的主因。利奥（Lleo，

2008），引用乔瑞（Jorion，2007）很好地总结了情况："乔瑞（Jorion，2007）从金融灾难中得出以下重要教训：单一来源的风险可能会造成大的损失，但一般不足以导致实际灾难。实际灾难的发生通常需要几种类型风险相互作用。最重要的是，缺乏适当的运营控制会起到决定性作用：尽管不适当的控制不会导致实际的财务损失，但会导致组织承受比实际更大的风险，并给积累极端损失提供足够的时间"。

在控制运营风险时，可以通过改进进程和程序，以减少错误频率和严重程度，降低成本，提高生产效率。乔瑞（Jorion，2007，505）指出，"控制运营风险的关键在于控制系统和经理人。BCBS（2003）提出了常识性的建议。"其中一个目标是制定相应的制度，例如让人们更容易做正确的事，更难做错误的事。此外，改进方法和程序，既可以控制运营风险，也可以通过降低成本增加利润，例如，使得交易数量对成本不敏感。这与麦克尼尔、弗雷和恩布雷希特（McNeil，Frey and Embrechts，2005，464）的观点不同，他们认为"一方面，运营风险和市场风险、信用风险之间有本质的区别，另一方面，运营风险对于银行没有任何好处"。

（5）其他风险

我们把剩下的其他风险放在一组里。其他风险包括法律和合规风险、一般商业风险、战略风险、声誉风险。它们显然也很重要，但在此不进行详细讨论。

7.3 总结

现在我们来考量风险测度的细节。第 8 章重点介绍形成量化风险测度基础的工具：波动率和 VaR。第 9 章将这些工具应用到一个特别简单的投资组合，即在第 1 章中介绍过的美国国债和 CAC 指数期货。第 9 章的目标是通过一个具体的例子将观点运用到实际中。虽然第 8 章和第 9 章重点关注市场风险，但几乎所有关于如何概念化盈亏分布以及总结和估计分布的观点，也同样适用于信用风险和其他风险。

第 10 章专注风险的报告和投资组合分析工具。这些工具可以帮助我们从静态的风险监控（波动率和 VaR）转变到动态的风险管理。波动率和 VaR 帮助我们测定潜在损失的规模，告诉我们盈亏分布的离散程度。但是，管理风险要求我们理解风险的来源，理解投资组合中的何种变化会改变我们对损失的估计。因此，第 10 章可能是本书中最重要最有用的章节。

第 11 章讨论信用风险，即由实际或潜在的违约（破产）或不履行合同所引发的风险。在许多方面，信用风险和市场风险的量化分析没有什么不同——我们关心的是盈亏分布，并且可以使用波动率或 VaR 来描述分布。然而，信用风险的特征要求我们区别对待。第一个原因是，信用风险往往需要详细的信用模型，所以我们需要获得盈亏分布。对于市场风险，其因素一般是可以知道和观察到的，我们的任务是针对公司财产和证券的特定情况，诠释或描绘市场风险因素的分布。相反，对于信用风险，对于我们持有的特定贷款或债券，并没有历史违约数据——如果贷款已经违约，我们就不再拥有它了。我们往往要基于很复杂的模型从零开始建立盈亏分布。

要区别对待信用风险的第二个原因是，要强调盈亏分布经常出现的偏度特征。市场风险相对来说往往都是对称的，是类似正态分布的钟形曲线。信用风险往往是高度倾斜的长左尾分布，伴随着巨大的损失和较少的收益。人们通常认为这是由于信用损失往往由许多小的收益和几个大的损失组成的。但我认为不对，事实上，偏斜的信用盈亏分布多是因为信用损失会有移动到一起的趋势。当信用状况恶化时，它们将一起变差，例如，贷款对总体经济状况很敏感，当经济进入衰退时，所有的贷款质量都会变差。不管是什么原因，我们都需要特别注意信用的相关性和联动性。不幸的是，信用的联动性可能是测度信用风险中最困难的部分。

第 12 章着重讨论流动性风险和运营风险。在数学上，这些领域还没有像市场风险和信用风险那样特别完善。然而，在这些方面人们还是做了相当多的工作。

虽然这本书的第 2 篇侧重量化技术和工具，但是所有的数学方法都是为了实际的风险管理，必须把重点放在如何将这些工具和技术加入到稳健的经营中。从这个意义上说，量化风险测度应被视为类似会计或市场研究——作为管理业务所必需的活动和系列工具来使用。

8 风险及其度量：波动率和 VaR

在前面的章节中，我们已经介绍过风险度量是对损益（P&L）分布的衡量。本章将介绍分析损益分布的标准定量技术。此处，"标准"的含义是，相关文献中广泛讨论并且业界普遍使用的方法。在实践中，具体来说就是波动率和 VaR。需要注意的是，风险度量只是风险管理的第一步，除了波动率和 VaR，还有很多其他度量风险的方法。

VaR 是使用最广泛并且被引述最多的定量风险度量方法。本章的重点就是介绍 VaR 以及它在现实中的应用。VaR 只是帮助我们量化风险并且理解风险众多方法之一。无论我们采用何种方法，最重要的目标都是了解损益分布以及其潜在的波动性。

很多探讨 VaR 以及风险量化方法的著作堪称经典。格鲁希、加莱和马克（Crouhy，Galai and Mark，2005）第 7 章以及格鲁希、加莱和马克（Crouhy，Galai and Mark，2001）第 5 章运用的技术手段最少，从而也最直观易懂。马里森（2002）在第 5 章的末尾对 VaR 做了简单的介绍，并且在第 6 章说明了 VaR 的估计方法。乔瑞（Jorion，2007）对 VaR 的分析广泛而详细，该书第 5 章介绍了基本知识，其余章节则介绍了 VaR 的估计和应用。麦克尼尔、弗雷和恩布雷希特（McNeil、Frey and Embrechts，2005）的作品是该领域最先进的著作，涵盖了非常详细的技术问题。

8.1 风险及其度量

风险是指损失和收益与预期不同的可能性，强调了结果的变化性、不确定性与随机性。由于分布函数或密度函数可以描述随机变量，因此，损益分布函数是风险度量的核心内容。

图 8.1 给出了一个假设的债券组合的损益分布函数（更准确地说是密度函数❶），描绘了各种可能的投资结果。横轴表示的是损失或收益，左边为损失，右边为收益。纵轴表示得到任何特定损益的概率。这种两边扁平，中间隆起，损失和收益几乎对称分布，且获得极端损失或收益的概率较小的损益分布函数，是金融市场中经常出现的。

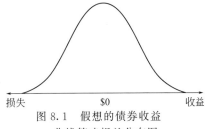

图 8.1 假想的债券收益
曲线策略损益分布图

注：由 CFA 协会研究基金会 2011 年出版的《风险管理使用指南》中图 5.1 为基础假设的债券组合损益分布图。

如果知道了任何特定投资组合的完整损益分布，那么我们就知道了该投资组合的几乎所有性质。但是我们很少需要用到完整的损益分布，通常情况下，只需要掌握损益分布的几个描述性统计量即可。一方面是因为完整分布的性质太复杂，我们很难掌握；另一方面是因为用描述性统计量来描述损益分布的性质更方便。

使用分布函数或密度函数的概况性统计是常见的统计方法。对于任何分布而言，我们关心的最重要的两个性质就是分布的中心值以及离散程度。中心值量化了分布的中央倾向或者典型值，而离散程度则刻画了数据偏离中心值的程度。在风险管理中，离散程度通常比中心值更重要，因为损益分布的离散程度通常很大，即偏离中心值的概率很高。❷

用来度量风险的描述性统计量通常是总结了分布重要特征的统计量。然而，尽管概况性统计非常有用，但它们在一定程度上也是任意的，在某些情形下可能会很有用，在其他情形下则不然。风险本身没有确切的概念，并且取决于投资者的偏好；不同投资者对于同一项投资的风险可能持有不同的观点。因此，我们要度量的性质（风险）本身在某种程度上就是模糊的，而相应的描述性统计量也就必然存在任意性。统计学家克拉默（Cramér）关于风险中心值和离散程度的言论很精辟："每种度量方法都有优势和劣势，在一种情况下表现非常优秀的度量方法，如果被放在其他情况下，可能或多或少会变得没用。"[克拉默（Cramér，1974，181-182）]。正确使用这些定量方法需要常识、经验以及判断能力。

（1）波动率和 VaR 的概念

用于度量中心值和离散程度的统计量中，最常用的是平均值和标准差（标准差又被叫作波动率，用 σ 表示）。图 8.2 描绘了两个假设的投资策略的损益分布图，并给出了相应的平均值和标准差。其中 A 图对应较低的离散程度（较集中），B 图对应较高的离散程度（较分散）。两者的平均值都是 0，但是 B 图的标准差更大。

波动率（或标准差）是总体各数据与其平均值离差平方和的算术平均数的平方根。

---

❶ 分布函数是：$F(Y)=\text{Prob}[P\&L \leqslant Y]$，若其导数存在，则密度函数是它的导数：$f(Y)=\text{Prob}[P\&L=Y]$。

❷ 根据伊博森协会提供的 1926—2007 年的数据，计算得出标准普尔 500 指数每天变动的标准差大约为 1.2%，而平均日收益率只有 0.03%；根据每月资本增值回报计算出的年平均值和标准差分别为 7.41% 和 19.15%。

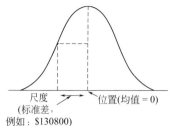 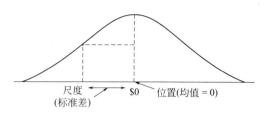

尺度 位置(均值 = 0)
(标准差,
例如: $130800)
A. 较低的分散度(较小的标准差)

尺度 $0 位置(均值 = 0)
(标准差)
B. 较高的分散度(较大的标准差)

图 8.2　标明位置（均值）和尺度（标准差）的假想收益曲线策略损益分布图

注：假设投资策略的损益分布及其均值与标准差，来自 CFA 协会研究基金会 2011 年版的《风险管理使用指南》的图 5.2。

假设分布函数或密度函数如图 8.2 所示，损益的值为 P，代表单位时间内损失或收益的值（时间单位可为每日、每周或每月）。P 由横轴表示，它是一个随机变量，可以在负 P（代表损失）到正 P（代表收益）之间取值。图 8.2 所示的曲线为密度函数，用 $g(P)\mathrm{d}p$ 表示，它给出了 P 在 P 和 $P + \mathrm{d}p$ 之间取值的概率。波动率的方程为：

$$波动率 = \sqrt{\int (P - \overline{P})^2 g(P)\mathrm{d}p}$$

$$均值 = \overline{P} = \int P g(P)\mathrm{d}p$$

如果分布函数或密度函数并非像图 8.2 所示是连续的，而是离散的，假设损益的观察值为 P_i，则波动率的方程为：

$$波动率 = \sqrt{\frac{1}{n-1}\sum_{i=1,n}(P_i - \overline{P})^2}$$

$$均值 = \overline{P} = \frac{1}{n}\sum_{i=1,n} P_i$$

波动率实际上是各数据偏离平均值距离的平均数。偏离均值的离散程度越大，则波动率越大。

波动率在很多情况下，都是一个理想的风险度量方法，尤其是当损益为对称分布，且我们观察的重点是分布的中央部分时，此时尾部的极端值要么表现良好，要么不是我们关心的重点。如果分布是非对称的（倾斜的），或者我们关心的重点在分布的尾部，那么使用波动率就不大合适了。例如，如图 8.3 所示，如果分布是非对称的并且左尾较厚，则波动率（标准差）不能很好反映左尾也就是遭受较大损失的风险。

标准差（波动率）是风险度量的一种方法。标准差在统计学中被广泛使用，但它并不是唯一的风险度量指标。VaR 是另一种较为常用的风险度量指标。

如图 8.4 所示，VaR 是损益分布的分位数。分位数有两个重要的数字特征：第一，置信水平 Z，是人为规定的；第二，相应的损益水平 Y。VaR_Z 是指这样的

图 8.3　波动率作为综合测量工具时不太适用的损益分布图

注：来自 CFA 协会研究基金会 2011 年出版的《风险管理使用指南》的图 5.5。

损益水平 Y：投资所获得的损益比 Y 小（位于 Y 左侧，即结果更糟）的可能性为 Z，损益比 Y 大（位于 Y 右侧，即结果更好）的可能性为 $1-Z$。损益水平是在固定时间跨度内度量的，例如，以天为单位。图 8.4 中，$\mathrm{VaR}_{5\%}$ 表示横轴上的点 Y，满足条件：Y 左侧曲线下的面积，即损益值小于 Y 的可能性为 5%。VaR 背后的思想很简单：对于给定的损失值，更坏的情况（更大的损失）以预先给定的概率发生。❶

VaR 的精髓是：对于给定的损失值，更坏的情况以预先给定的概率发生。图 8.4 中，我们选择的置信水平 Z 为 5%，因此要求相应的损益水平 Y 左侧的面积（更大损失的概率）为 5%。对这个特定例子来说，损益水平 Y 为 $-\$215000$，因此 $\mathrm{VaR}5\%=-\$215000$。$-\$215000$ 左边曲线下的面积为 0.05，因此我们将损失为 $\$215000$ 或者更大的概率固定在了 5%。

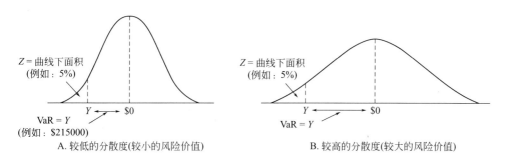

图 8.4　5%置信度水平下的假设投资策略的损益分布图

注：来自 CFA 协会研究基金会 2011 年出版的《风险管理使用指南》的图 5.3。

VaR 用数学公式可以表示为：

$$Z\%\mathrm{VaR}=Y_{\mathrm{s.t.}}\ P[\mathrm{P\&L}\leqslant Y]=Z \tag{8.1}$$

这就是损益分布的 Z 分位数。❷

如果知道真实的损益分布，那么对于任意的置信水平 Z，我们都能运用式（8.1）很容易地计算出 VaR。在实践中，我们并不知道真实的损益分布，但是让我们"假装"

---

❶　在相关文献中，置信水平既可以是损益比 Y 小的概率（本文中的 Z），也可以是损益比 Y 大的概率（本文中的 $1-Z$）。例如，乔瑞（Jorion，2007）就使用了 $1-Z$。为清楚起见，我将使用形式"5%/95% 的 VaR"来同时表示 Z 和 $1-Z$。

❷　正如在前面提到的，我将用 Z 来表示损益值比 Y 小的概率，因此 Z 的取值可能为 1% 或 5%。如果损益分布的方程为 $F(y)$，则 VaR_Z 或者 Z 分位数则为 $F^{-1}(Z)$，其中 F^{-1} 为分布函数的逆函数。如果分布函数不是连续的，我将忽略一些技术性问题［参见麦克尼尔、弗雷和恩布雷希特（McNeil，Frey and Embrechts，2005，39）］。此外，有些文献改变了损益分布的符号并且只讨论分布的右尾（定义 $\mathrm{VaR}_Z=Y$，其中 $P[\mathrm{P\&L}\geqslant Y]=Z$）例如，麦克尼尔、弗雷和恩布雷希特（McNeil，Frey and Embrechts，2005），还有些文献只关注左尾，通过改变 Y 的符号使得 VaR 为正值，例如，乔瑞（Jorion，2007）。

知道，并且认为它服从正态分布。❶ 此时，计算很简单：

$$Z=P[P\&L\leqslant Y]=P[标准正态变量\leqslant(Y-\mu)/\sigma]$$

其中，μ 为正态分布的平均值；σ 为正态分布的标准差（波动率）。

利用图 8.2 和图 8.4 中 A 图所示的损益分布，其平均值为 0（$\mu=0$），波动率为 \$130800。正态分布中，P [标准正态变量$\leqslant-1.64$]$=0.05$，因此

$$-1.645=(Y-\mu)/\sigma=(215000-0)/130800$$

波动率（标准差）和 VaR 以各自的方式刻画了损益分布的离散程度。对于像图 8.2 和图 8.4 中那样对称而表现良好的分布来说，它们几乎可以互换使用。在图 8.2 中，我们可以考察损益值小于标准差的概率是多少，例如，损益值小于 -1σ 的概率是多少？对于正态（高斯）分布来说，这个概率为 15.9%。换句话说，波动率为 15.9%/84.1% VaR。我们还注意到在正态（高斯）分布中，损益位于 -1.64σ 左侧的概率为 5%，因此 -1.64σ 为 5%/95% VaR。由此，在正态分布中，波动率和 VaR 可以直接相互转换，如果知道波动率，就能轻易地计算出 VaR，反之亦然。❷

波动率和 VaR 仅仅是度量风险的手段，它们有各自适用的情况。我们有时候可能会觉得它们很神奇，实际上并非如此。它们只是用不同的方式刻画了分布的性质——波动率描述的是离差平均值，VaR 指的是分布尾部的一个点。实际上，对于表现良好的对称分布来说，它们几乎可以互换使用，而在正态（高斯）分布中，我们可以轻易地利用其中一个求出另外一个。

（2）波动率和 VaR 的关系

波动率和 VaR 是两种最常用的风险度量标准，而在衡量特定投资组合的风险时，它们有各自的优缺点。在某些情况下，它们可以互换使用，因此了解它们之间的联系十分重要。在很多实际应用中，通常先计算波动率，然后由波动率推导出 VaR。

Z% 的 VaR 的定义 [见式（8.1）] 为满足以下条件的损益水平 Y：

$$Y_{s.t.}\ P[P\&L\leqslant Y]=Z$$

为了求出 VaR，首先选择置信水平 Z，然后求出相应的 Y（随着特定的损益分布而变化）。我们常用的置信水平 Z 为 1% 或 5%，但理论上任何值都是行得通的。

计算波动率时，损益分布的 Y 值是由特定的损益分布决定的，标准差的定义为：

$$Y=波动率=标准差=\sigma$$

对一个特定分布来说，波动率和 VaR 之间存在以下关系：当 $Y=\sigma$ 时，我们总能

---

❶ 我故意使用假装这个词，而不使用假设这个词。因为金融市场的回报通常在各时期是相互独立的并且近似服从正态分布。近似正态分布对于分布的中心值附近拟合程度较好，但对于分布的双尾部分则拟合得不是很理想。实践表明对于大的收益和大的损失，其实际发生的概率要大于正态分布给出的概率。这种现象通常叫做厚尾问题，意味着我们观察到的回报或者说损益分布的尾部比正态分布的尾部要更厚（相对于中心值附近来说，尾部发生的可能性更大）。厚尾问题在 VaR 的计算中是相当重要的，因为 VaR 就是对分布尾部可能性的衡量。目前，为了方便说明 VaR 的概念，我们仅考虑特殊的简单分布。对于厚尾问题，我们将在之后的章节中进一步考虑。

❷ 我在这里简要介绍一下第三个风险度量指标：预期损失（ES）。在大多数情况下，ES 是比 VaR 损益值更低的所有情况的平均损失。ES$=E$[损失 | 损失$<Y$]。在图 8.3 中，VaR 是点 Y，ES 则是损失 Y 或者更差情况的平均值。换句话说，ES 不仅考虑了 Y 点，还考虑了更糟糕的损失情况。

计算出相应的置信水平 Z，即运用波动率可以求出特殊的置信水平（Z_σ）。Z_σ 的实际大小取决于特定的损益分布，正态分布中，$Z_\sigma=15.9\%$；在金融学常见的分布中，Z_σ 一般不会与 15% 差距太大（例如，对于我们今后将讨论的 t 分布，当 $n=6$ 时，$Z_\sigma=12.2\%$；对于 99% 的 σ 和 1% 的 5σ 所构成的混合正态分布，$Z_\sigma=13.5\%$）。基于此，我们可以认为，波动率是置信水平较高时（通常在 12% 到 15% 之间）的 VaR。也正是由于这个原因，在接下来的讨论中，我们有时会默认波动率和 VaR 是可以互换的。

在实际应用中，VaR 通常是由波动率计算得到的。如同我们刚才讨论的，对每一个特定的分布来说，波动率和 VaR 是存在联系的。这意味着如果知道了波动率（以及损益分布），那么对于任意的置信水平 Z，我们都可以计算 VaR：只要选择合适的 Z 计算 Y 即可。一个实际问题是，这意味着对于特定分布而言，VaR 将会是波动率的倍数。正态分布中，一些常用置信水平的倍增因子列在表 8.1 中（表中包括图 8.2 和图 8.4 中损益分布的 VaR 值）。

表 8.1　正态分布概率和损益的各种组合

Z	Y（风险价值）	$(Y-\mu)/\sigma$	$P[$标准正态变量$\leqslant(Y-\mu)/\sigma]$
15.9%	−130800	−1.000	0.159
5%	−215100	−1.645	0.050
2.5%	−256300	−1.960	0.025
1%	−304200	−2.326	0.010
0.39%	−348000	−2.661	0.0039
0.1%	−404100	−3.090	0.001

当损益分布对称或者封闭时，波动率和 VaR 之间的关系非常有用，而在如图 8.3 所示的非对称分布中，几乎没什么用处。

（3）次可加性——波动率 VaR 和 ES

虽然 VaR 是一种常用的风险度量方法，但是和其他方法一样，它也有自身的优缺点。值得强调的是，分散风险是风险管理的一个关键概念，因此，风险度量方法应该能够体现出分散风险的好处：投资组合的总风险应该小于或等于组成部分的风险。换句话说，如果对于投资组合 A，我们有某种风险度量方法，记作风险（投资组合 A），那么该度量方法应该满足：

风险(投资组合 A＋投资组合 B)≤风险(投资组合 A)＋风险(投资组合 B)

这种性质在技术上叫作次可加性。有趣的是，VaR 并不总是满足这个条件。❶

麦克尼尔、弗雷和恩布雷希特（McNeil、Frey and Embrechts，2005）给出了 VaR 不满足次可加性的一个简单例子。考虑一组可能违约的公司债券，每种债券的成

---

❶　从技术上讲，当风险因子服从椭圆分布，且投资组合可以表示为风险因子的线性组合时，VaR 具有次可加性。正常的 t 分布和两点混合正态分布就是椭圆分布的，这涵盖了很多种情况。次可加性来源于更广义的一致性风险度量的概念，最早是由阿茨纳等（Artzner et al.，1997，1999）提出的。参见麦克尼尔、弗雷和恩布雷希特（McNeil，Frey and Embrechts，2005，6.1 节和定理 6.8）。

本为＄100，一年以后可能会有两种投资结果：

① 不违约，收益为＄5（原始的＄100加上利息＄5），概率为98％。

② 违约，损失为＄100（债券完全注销），概率为2％。

投资组合 A 是购买总价值为＄10000的同一种债券。这个投资组合有98％的概率获得收益＄500，2％的概率损失＄10000。

$$组合 A 的损益＝\begin{cases} \$500, & P＝0.98 \\ -\$10000, & P＝0.02 \end{cases}$$

投资组合 B 包括100种不同的债券，每种债券价值＄100，损益分布与其他债券相互独立。该投资组合在初期的价值也是＄10000，但是收益和损失服从二项分布：

$$组合 B 的损益＝\$500-105×二项分布[100,0.02]$$

投资组合 B 的风险显然比投资组合 A 要小。投资组合 A 投资单一的债券，一旦该债券违约，就会损失所有资金。而投资组合 B 在100支相互独立的债券中进行投资从而分散了风险，直观看来，投资组合 B 的风险更小。

两种投资组合的密度函数如图8.5所示。❶ 对于投资组合 A 来说，只有两种可能的投资结果，分别为－＄10000和＋＄500（注意单一债券的密度函数具有相似的形状，只不过两种可能的投资结果分别为－＄100和＋＄5）。对于投资组合 B 来说，有一系列可能的投资结果，损益分布的中心值为＄290。

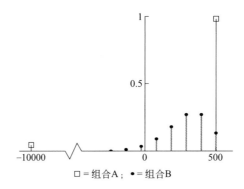

□＝组合A；●＝组合B

图8.5　两个可违约债券组合损益的密度函数图

注：该图表示的是违约数量的密度。投资组合 A 是价值为＄10000的单一债券，违约概率0.02，违约时损失＄10000，无违约时获益＄500。投资组合 B 由100份债券组成，每一份价值＄100，独立的违约概率为0.02，违约时损失＄100，无违约时获益＄5。投资组合 B 的密度服从二项分布。

图8.5支持投资组合 B 风险较小的说法。投资组合 B 的收益分布十分分散，但是几乎不可能得到较坏的结果。投资组合 A 损失＄10000的可能性为2％，而投资组合 B 损失＄10000的可能性几乎为零；100种债券全部违约的可能性为：

$$P[投资组合 B 中100种债券全部违约]＝P\{二项分布[100,0.02]＝100\}$$

---

❶　我考察的是收益，因此图形显示的是收益的密度函数。麦克尼尔、弗雷和恩布雷希特（McNeil、Frey and Embrechts）考察的是损失，即负收益。

$$=\binom{n}{k}q^k(1-q)^{n-k}=\binom{100}{100}\cdot 0.02^{100}\cdot 0.98^0=1.3\times 10^{-170}$$

投资组合 A 实际上是 100 份相同的债券，而投资组合 B 是由 100 种特征相同但是各自违约与否相互独立的债券组成的，因此就分散了风险。投资组合 B 的风险应该较小。次可加性的意思是说，多种债券投资组合的风险至少应当比多种债券的风险总和要小。因此每种投资组合（A 和 B）的风险应当比单一债券风险的 100 倍要小。

现在我们来计算单一债券以及投资组合 5％/95％的 VaR。对单一债券来说，$5 的收益实际上就是 5％/95％的 VaR。为了弄清楚这一点，我们回忆一下，5％/95％ VaR 的定义是损益水平 Y，而损益水平低于 Y 的概率为 5％。对单一债券来说，收益小于 $4.99 的概率为 2％，而小于 $5.01 的概率为 100％；因此 VaR 一定是位于 $4.99 和 $5.01 之间的值，实际上这个值正好为 $5。同理，投资组合 A 的 VaR 为 $500。

投资组合 B 的密度函数更分散，存在 n 种或者更多种债券违约的概率以及相应的损益列于表 8.2 中。该表反映的是图 8.5 中所示的密度函数所对应的分布函数。有 6 种及 6 种以上债券违约的概率为 1.5％，有 5 种及 5 种以上债券违约的概率为 5.1％。因此，5％/95％的 VaR 是 5 种债券违约，即损失为 $25。

表 8.2 可违约债券投资组合 B 的违约数及收益

违约数量（n）	收益（$）	违约数量 $\geqslant n$ 的概率
6	-130	0.015
5	-25	0.051
4	80	0.141
3	185	0.323

投资组合 A 的 VaR 是单一债券 VaR 的 100 倍（500 美元是 5 美元的 100 倍）。然而，投资组合 B 的 VaR 却为 -$25（$25 的损失）。次可加性意味着投资组合 B 的 VaR 应当不比 $500 差，结果却糟糕得多，为 -$25。

现在情况看起来很奇怪，投资组合 A 的 VaR 为 $500，而投资组合 B 的 VaR 为 -$25。这很不合理，由于投资组合 B 更多样化，很明显风险更小，因此不应该有较小的 VaR。问题就在于 VaR 不具有次可加性：投资组合 B 的 VaR（-$25）小于单一债券 VaR 的 100 倍（100×$5 或 +$500）。

与 VaR 不同，波动率具有次可加性。另外一种风险度量方法，与 VaR 紧密联系的预期损失或者叫 ES，也是次可加的。ES（在大多数情况下）是损益值小于 VaR 的所有损益的期望值，也叫作条件 VaR：

$$ES_z=E[损益 \mid 损益 \leqslant VaR_Z][1]$$

---

[1] 预期损失只是针对连续分布的条件期望——见麦克尼尔、弗雷和恩布雷希特（McNeil, Frey and Embrechts，2005，44）。对于一般的损益分布来说，$ES_z=\dfrac{1}{z}\displaystyle\int_{-\infty}^{z}F^{-1}(p)\mathrm{d}p=\dfrac{1}{z}\int_{-\infty}^{z}VaR_p\mathrm{d}p$

为了便于比较，我们可以计算出投资组合 A 和 B 以及单一债券的 VaR、波动率和 ES。

① 投资组合 A：VaR ＄500，波动率＄1470，ES－＄3700。

② 投资组合 B：VaR －＄25，波动率＄147，ES－＄68.50。

③ 单一债券：VaR ＄5，波动率＄14.70，ES－＄37。

我们发现 VaR 的结果并不是直观的。对投资组合 A 来说，VaR、波动率和 ES 的值都是单一债券相应值的 100 倍，这看起来很合理。对投资组合 B 来说，波动率和 ES 都比单一债券相应值的 100 倍要好，说明投资组合 B 的风险更小，多样化的投资分散了风险，这也很合理。而投资组合 B 的 VaR 却明显小于单一债券 VaR 的 100 倍，问题就在于 VaR 不是次可加的。在这种情况下，VaR 不具有次可加性的原因是损益分布太偏斜了，而多样化投资组合的分布则不那么偏斜。

实际上，ES 考虑了损失比 VaR 大的情况，而 VaR 则只考虑了这一点的损益水平，并不依赖于该点左侧的损益分布情况。这就意味着 ES 能够区分两个 VaR 相同、但尾部厚薄程度不同的分布，如图 8.6 所示。

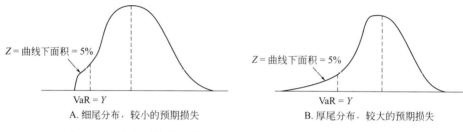

图 8.6　具有相同在险价值、不同预期损失的细尾分布和厚尾分布

（4）时间缩放

到目前为止，我们是在固定的时间跨度（例如一天）内研究损益分布的，所计算的波动率和 VaR 也只适用于特定的时间跨度。我们经常想要度量在更长（或者更短）时间内的损益分布。如果有一个简单的规则，可以将短期分布转化为长期分布，那将是非常有用的。

问题是，怎么将一天（或者短期）分布转化为长期分布呢？这就叫作时间缩放问题。特别的，风险度量指标如波动率和 VaR 怎么随着时间缩放？

这个问题很简单，因为多天的损益分布就是每天损益分布的简单加总：

$$损益_{每周}＝损益_{周一}＋损益_{周二}＋损益_{周三}＋损益_{周四}＋损益_{周五}$$

如果每天的损益分布服从正态分布，那么它们的加总也将服从正态分布。这就简化了时间缩放，因为当时间跨度延长时，分布的形式没有改变。如果进一步假设每天分布的方差都一样，并且每天的损益分布是相互独立的，那么缩放规则就是著名的时间平方根规则。

$$H \text{ 天的波动率或 } VaR＝一天的波动率或 } VaR \times \sqrt{h}$$

这是由于相互独立变量和的方差是独立变量方差的和：

$$X_i \sim N(0, \Sigma) \Rightarrow \sum_{i=1}^{h} X_i \sim N(0, h\Sigma)$$

因此波动率的倍数是时间的平方根。

这个简单的规则被广泛使用并且非常有用，但是它依赖的假设并不总是合理的。独立的假设在金融时间序列中是合理的。❶ 去掉正态分布的假设也不会造成很大的影响，因为其他分布，例如 t 分布和简单混合正态分布，也以同样的方式缩放。❷ 但是每天方差都相等的假设却很不容易成立，目前还没有简单的方法能够改进这个假设〔参见乔瑞（Jorion，2007，133）〕。

目前为止的讨论假设时间缩放是在相对较短的时间内进行的，例如一周或者一个月，在短期内损益分布平均值的增长和贴现问题可以忽略。在较长时间，例如一年内的时间，缩放问题将在随后的章节"经济资本"中讨论，同时将考虑权益资产水平以及破产等问题。

8.2 关于定量风险度量方法的评价

我想强调的是，在定量风险测度的标准处理中有些问题阐述得不够充分，尤其是关于 VaR 的某些问题，而读者也经常陷入理解误区。我并非批评或者反对 VaR，关于 VaR 有很多批评意见，但很多批评是没有道理的。一些评论家说它根本没有用，甚至是错误的。以我的经验来看，观点通常走入以下两个极端。

① VaR 的支持者：它是回答所有风险计量问题的灵丹妙药。

② VaR 的反对者：它充其量是没用的，更多时候是彻底误导性的。

就像通常情况一样，事实是两种观点的结合：VaR 确实可以提供有用的信息，但是也存在局限性。如果理解正确并且应用得当，VaR 可以提供有用的信息和观点，但是如果被错误理解或者应用不当，它就可能具有误导性。

（1）标准交易条件与极端事件

风险测度方法，例如 VaR 和波动率，有两种相互联系但又有所区别的应用。

① 在标准或一般交易条件下，标准化、汇总和分析不同种类资产（证券、交易、投资组合）的风险。

② 测量尾部风险或极端事件。

风险测度理论和相关文献通常重点研究极端事件和 VaR，然而实践中的风险度量却比较注重标准交易条件和风险的概况性统计。关注标准交易条件下的风险非常重要，

---

❶ 乔瑞（Jorion，2007，4.5.2 节）讨论了当存在序列相关时的时间缩放问题。

❷ 对于所谓的椭圆分布，包括正态分布、t 分布、简单混合正态分布，以及许多其他分布来说，它们的加总或卷积，也同样服从椭圆分布（随机变量必须相互独立并且具有相同的方差）。参见麦克尼尔、弗雷和恩布雷希特（McNeil，Frey and Embrechts，2005，95）。新的椭圆分布可能与原来分布的形式有所不同。正态分布是个特例。独立正态随机变量的和仍然符合正态分布，联合正态随机变量（独立或非独立）的和也服从正态分布。

主要是出于以下两个原因：第一，比较和分析不同种类资产和复杂投资组合的风险可以帮助我们了解和管理标准交易条件下的交易结果（根据定义，这是大部分时间的作用），也可以在极端条件下提供有价值的意见。第二，如果只运用 VaR 来度量尾部风险和极端事件可能极具误导性。度量极端事件的风险很困难，因此不能盲目依赖单一的统计方法。

在第一种应用（标准交易条件下的风险度量）中，风险度量指标可以帮助我们理解和比较不同的资产、交易或投资组合：即使用户对于特定的证券或市场不是非常熟悉，也可以向用户提供关于投资可能结果的重要和有用信息。重点是正常或一般的交易条件。在本书中，波动率的使用频率并不低于 VaR（分布的分位数）。这种方法相对来说更简单、更稳健，一般也没有争议性。我认为在风险测度中，波动率是作用广泛被低估的一种工具。

比较不同产品风险大小的需要显然是当初摩根大通发展 VaR 的驱动力——主席丹尼斯·韦瑟斯通（Dennis Weatherstone）需要了解银行不同部门和产品的风险水平。[1]韦瑟斯通（Weatherstone）原先是做外汇交易的，他对风险的直觉把握得非常好，但是并不十分熟悉风险，因此需要一种快速而简单的方法来比较风险。VaR 和波动率都是进行这种比较的良好工具，并且可以将不同的风险进行加总。但是 VaR 和波动率不能替代对风险的真正理解。再一次考虑摩根大通的例子："韦瑟斯通（Weatherstone）曾经做过外汇交易员，他既知道 VaR 的限制性，也知道它的价值。VaR 告诉了韦瑟斯通（Weatherstone）以前不知道的事情。他可以借助 VaR 来做判断"［诺塞拉（Nocera，2009）］。VaR 是比较不同产品的有价值的工具，但是 VaR 并不代表对风险的真正理解和正确判断。

第二种应用是度量尾部或极端事件的风险，VaR 有时被称作"统计上最坏情况下的损失"。这是一个可怕的误导性想法，因为无论我们怎样选择 VaR，几乎可以肯定更糟糕的事情最终还是会发生。就其性质而言，极端事件是罕见的，因此测量尾部事件实际上相当困难，存在较大的误差和不确定性。因此，在第二种应用中，我们必须谨慎使用 VaR，任何结论都要小心处理。

风险度量的这两种应用永远不可能被精确地分离，但是概念上的差别区分了它们的一些用途、优点和局限性。在一般或者正常的交易条件下，统计和定量技术相当标准，对结果的解释也很直接。例如，如果假设投资组合为正态或线性分布，那么使用波动率来度量分布中心位置的风险，结果可能很令人满意，这意味着简单并且计算简便的方法往往是恰当的。相反，度量极端事件就微妙得多，合适的统计和定量技术通常也会很复杂。正态性假设通常不合适，它需要更复杂的统计假设和更复杂的定量、数值和计算技术。极端事件的固有变异性一般比中心值附近更高，估计误差和模型误差的不确定性更大。因此，要估计极端事件的 VaR 或者风险的其他描述性统计量本质

---

[1]　根据纽约时报 2009 年 1 月 4 日乔·诺塞拉（Joe Nocera）写的《风险管理》一文。

上更加困难，对结果的使用和解释也存在更多问题。

（2）关于 VaR 的其他评价

我们要强调的第一点是 VaR 有时被称作"最坏情况下的损失"或"统计上最坏情况下的损失"。正如我们在前面所说的，这是一个可怕的误导性想法。根据定义，损失比 VaR 大的可能性是存在的。此外，不管选择怎样的"统计上最坏情况下的损失"，更糟糕的事情还是会发生。❶ 实际上，VaR 虽然不会经常发生，但仍然是合理的并且不是最坏情况的事件。我所见过的最合理的说法来自于利特曼（Litterman，1996）的优秀论文，"我们并不把它（以每天、每年或 $Z = 1/250$ 计算得出的 VaR）看作最坏的情况，而是一种经常出现的，并没有过分背离我们预期的事件"。

实际上，在说道 VaR 时，使用"最坏的"这个词，是对可能性的一种深刻误解。我甚至可以告诉你们，"统计上最好情况下的损失"反而是一个更合适的词，因为 VaR 更接近最好的，而不是最坏的情况。为了证明我的观点，我们来看一个例子。考虑 \$2000 万债券的 1%/99%VaR，VaR 大约为 $-$ \$304200。我们可以认为大约每 100 天中，会有 1 天获得这样的损失。但实际上在 100 天中我们看到最坏的情况是怎样的呢？这 1 天的实际损失会有多大？虽然不能给出肯定的答案，但是我们可以计算出分布；本章最后的附录给出了公式（附录 8.1，"极端分布"）。如果我们假设损益分布是正态分布，那么每一天的损益值小于 $-$ \$304200 的可能性为 63%，大于 $-$ \$304200 的可能性为 37%。换句话说，$-$ \$304200 距离最好的情况比距离最坏的情况要更近。VaR 告诉了我们很多信息，但是它并没有告诉我们什么是最坏的情况。❷

第二点要知道的是，VaR 只是损益分布众多风险度量指标中的一个，和其他的度量指标一样，可能没有反映分布的很多性质，其中一个典型的例子就是分布的对称性以及厚尾等特征，之后我们会对这些问题做进一步讨论。VaR 是离散程度众多度量指标中的一个，它的有用性根据情况而定。和其他离散程度度量方法一样，VaR 的选择在某种程度上来说是随机的，应当根据它的效率来使用和评价。有时候，可能会有除 VaR 以外的其他离散程度度量指标，或者其他总结损益分布特征的方法，使用这些方法要比盲目使用 VaR 更有用一些。

第三点，VaR 通常用来衡量分布的尾部特征。由于尾部事件可能存在很大的变化性和不确定性，所以当使用 VaR 来度量尾部事件时，要特别小心。必然的结果就是，估计出的 VaR 很可能会不准确，因为它是一个尾部度量指标。Z 的取值越小（例如，从 5%/95%变化到 1%/99%），VaR 的估计就越难。极端事件在本质上是罕见的并且

---

❶ 实际上，"统计上最坏情况下的损失"应当是指对世界具有破坏性的事件，可能是一颗巨大的小行星，或者核灾难，再或者其他完全不可预见的事物。不幸的是，"最坏的"这个词被普遍用于 VaR。格鲁希、加莱和马克（Crouhy，Galai and Mark，2001，187）写道："VaR 可以被定义为持有一种证券或投资组合预期会得到的最大损失……在一个指定的概率水平下。"乔瑞（Jorion，2007，106）写道："VaR 是目标水平下最坏情况的损失，实际损失比 VaR 更大的可能性是一个预先给定的小概率。"我不是在批评这些文章（它们提供了很好的处理方法），只是强调用"最坏的"这个词来形容 VaR 是极具误导性的。

❷ 附录 8.1 中的图 8.13 给出了 100 天中最坏情况的损益分布图。

风险是很难衡量的。

第四点，任何对 VaR 的估计都是基于特定的历史条件，投资组合会如何表现。参数法 VaR 根据参数分布拟合历史；历史模拟法 VaR 直接使用历史上观察到的风险因素分布；蒙特卡洛法则使用假设的风险因素分布，也以某种方式基于历史。通过这些方法可以看出投资组合过去的表现，但可能无法预测投资组合在将来会如何表现。尽管 VaR 经常被批评说是只看过去不看未来，但是了解投资组合过去的表现可以提供有价值的信息和意见。要想知道将来会发生什么，了解过去是第一步。

第五点要强调的是，使用 VaR 或者其他方法计算出一个数字来衡量风险并没有减少投资组合的潜在变化性，只是忽略了变化性。然而，通过给风险冠以一个数字，我们经常陷入"确定性的幻觉"[借用吉仁泽（Gigerenzer，2002，38）所用的词汇]：一种人类行为倾向，相信结果的确定性，低估或者错估概率的重要性。对 VaR 赋予一个数字时，我们的直觉可能不能完全预期变化性的程度。在使用 1%/99% VaR 时，我们期待 100 天之中有 1 天的损益值要比 VaR 低。但世界是充满可能性的，不一定正好有 1 天的损益值低于 VaR，即使正好有 1 天，那天的损益值也不一定接近 1% 的 VaR。如果考察 100 个交易日，很有可能我们会发现没有 1 天的损益值低于 VaR（37% 的概率），或者有 2 天的损益值低于 VaR（26% 的概率），当然也可能会有损益值显著低于 VaR。因为真实世界并不会配合 VaR，呈现出准确的预期损益分布。世界是充满可能性的，我们要记住本杰明·富兰克林（Benjamin Franklin）的格言："在这个世界上，除了死亡和税赋，没有什么是确定的"。[1789 年写给琼·巴普蒂斯特·勒罗伊（Jean Baptiste Leroy）的信]。

8.3 估计损益分布的方法

截至目前，我们在讨论损益分布时，好像已经知道了准确的分布，似乎有人告诉我们。实际情况当然不是这样的，我们必须要估计损益分布，并且这很不简单。过程通常很复杂，依赖特定的情况，而且根据实际投资组合的细节而变化。然而，基本思想是简单的：要想估计出完整的或者部分的损益分布，来计算出合适的风险衡量指标，我们通常使用波动率或 VaR。

估计投资组合的损益分布，我们可能首先想到参考投资组合的历史价格。如果投资组合只是一种单一的资产，例如假设是第 1 章中介绍的 10 年期美国国库券，并且我们很长时间都没有改变过投资组合，那么这可能是可行的。然而，现实世界的投资组合包括多个随着时间推移而变化的交易和工具，过去投资组合的历史价格并不能代表现在投资组合会怎么表现。过去并没在投资组合中出现的许多工具的表现和相互作用，需要被考虑进来。

一般来说，将损益看作是由两个部分组成的。

① 外在的市场风险因素。

② 持仓情况：也就是公司持有投资组合的具体情况，决定了它对风险因素是否敏感。

将风险因素分布及风险暴露结合起来可以得到损益分布。

将损益分割为市场风险因素和投资组合持仓情况是很有用的，主要有两个原因。第一，多个投资组合通常依赖单一的风险因素（或者少数几个风险因素），这减少了问题的维度。损益将依赖于较少的风险因素而不是较多的投资组合头寸。

远期外汇合约是一个很好的例子。投资组合可能包含一周、一个月和两个月期的美元兑欧元外汇合约（都来源于原来交易的三个月远期合约）。这些远期合约都取决于美元兑欧元的即期汇率。❶ 即期汇率就是决定这三者以及其他美元兑欧元外汇合约价格的风险因素。❷

将损益分割为市场风险因素和投资组合持仓情况的第二个原因是投资组合的持仓情况和对应的披露信息经常随着时间变化，有时候还很剧烈。市场风险因素对于企业来说是外部的并且在概念上和投资组合的持仓情况有所不同。投资组合的持仓情况和对应的风险暴露通常在公司掌握之中，可能经常变化。而市场风险因素一般独立于公司行为，并且这些因素的分布在短期内一般不会剧烈变化（例如几天或者几周之内）。❸

估计波动率和VaR有三种最常见的方法，参数法（也叫作线性、Delta正态方法，或者方差-协方差法）、历史模拟法以及蒙特卡洛法。这三种方法关于市场风险因素分布的假设和估计以及风险因素暴露如何处理都有所不同，但是它们有很多相同的特点和限制。最重要的是，它们在概念上对于市场风险因素和投资组合持仓情况都有着严格的区分。

对于其他方法优缺点的讨论还有很多，但是要记住我们只能估计损益分布；我们永远得不到波动率、VaR或其他统计量的真实值。其他方法只是采用了其他的估计策略，应当根据它们的有用性而加以判断。在不同的情况以及不同的投资组合下，一种方法可能比另一种要好，但是没有唯一的正确答案。

估计损益分布的步骤如下。

正如前面指出的，估计损益分布和应用定量风险度量技术一般很复杂。然而，估计过程通常遵循以下四个步骤。这些步骤在图8.7中形象地表示了出来［同乔瑞（Jorion，2007，107）］。

① 资产/风险因素映射：找出每种资产对应的风险因素。

---

❶ 例如，售价为100万美元，远期汇率为1.42的一个月远期外汇合约的美元现值（单位为美元）为
$$-100 \cdot [1/(1+ru \cdot dc)-(X/F)/(1+re \cdot dc)]$$
式中，F 为远期汇率（美元兑欧元，此处为1.42）；X 为即期汇率（美元兑欧元，例如1.40）；re，ru 为一个月欧元和美元利率（日算调整之前，例如0.43％和0.26％）。

现值（PV）的变化受即期汇率 X 的影响最大，接近一比一的变化，受利率的影响较小。（本例中的PV为－$145美元。）

❷ 远期外汇合约实际上也取决于两种货币的利率或利率差，所以完整的风险分析不仅需要考虑即期汇率，而且应该考虑〔即期汇率，货币1的收益曲线，货币2的收益曲线〕这一集合。然而，利率风险相对于即期汇率风险来说是可以忽略的。

❸ 之所以说"一般"，是因为有时候市场也会在一夜之间发生翻天覆地的变化。

② 风险因素分布：估计可能结果的范围以及市场风险因素的变化。

③ 产生损益分布：计算风险因素损益，然后加总产生投资组合的损益分布。

④ 计算风险的描述性统计量：估计 VaR、波动率或者损益分布的其他特征。

接下来将详细阐述这些步骤，并在合适的地方比较三种方法（参数法、历史模拟法和蒙特卡洛法）。在下一章，我们会假定一个简单的投资组合，然后用这三种方法来估计损益分布。

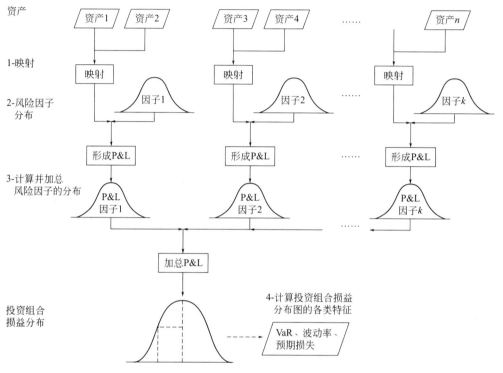

图 8.7　估算 VaR 或损益分布其他特征的方法概要

第一步：资产/风险因素映射。

资产/风险因素映射是指找出投资组合中具体资产所对应的风险因素。这种映射使得我们可以计算出市场变动函数的损益值。正如前面所说，风险因素是最根本的变量，因为多种投资组合和证券通常取决于单一的风险因素或者较少的几种风险因素。

概念上最直接的映射方法是建立投资工具或证券的完整估值模型，作为市场风险因素的函数。这有时候会很复杂，但是可以帮助我们理解为什么以及怎样映射。它实际上也提供了一种黄金标准，使得我们可以比较不同的方法。

当然，我们有时候不能使用估值模型的方法。将资产映射到风险因素的不同方法，按照从最准确到最不准确排序如下。

■ 估值模型：使用定价模型以获取风险因素函数的资产价格。估值模型映射可以使用敏感度（Delta 或线性近似）或者全面重估。敏感度对于损益分布接近于线性的资产来说表现很好，如大多数债券和股票，可使用参数估计法。对于高度非线性的产品，例如期权，全面重估是必要的，经常使用历史模拟法或蒙特卡洛法。

■ 统计数据或实证因素映射：使用资产和指数之间的经验关系，类似于使用股票的 bata 系数。

■ 其他映射或分仓：将每一个实际资产映射到一些标准化的资产组。

■ 代理：使用代理更换资产。

① 估值模型。我们用定价函数 f（）来代表定价模型（为简单起见，假设只有单一的风险因素）。

$$PV_{资产i} = f_i(rf), 资产 i = \{1, 2, \cdots, n\}$$

依赖相同风险因素的不同资产可能有不同的定价函数。例如，债券和债券期权都取决于收益率和远期利率曲线，但是定价模型的函数形式会有很大的不同。

为了理解估值模型方法，让我们重温一下前面提到的美元兑欧元远期外汇合约。假设投资组合以美元计价，但是我们有€100000000 欧元的现金，同时有一个月、两个月和三个月期卖出＄100000000 美元的远期合约（可能在以美元计价的投资组合中对冲以欧元计价的债券）。在这种情况下，欧元现金余额价值以及远期合约现值（PV）的变化就构成了风险。所有这些市场风险因素都是美元兑欧元的即期汇率，X。

欧元现金余额的美元价值为：

$$100 \cdot X$$

对于售价为＄100000000 的远期合约 i 的 PV（单位为百万美元）为：

$$f(rf) = PV(X, ru_i, re_i)$$
$$= -100 \cdot [1/(1 + ru_i \cdot dc_i) - (X/F_i)/(1 + re_i \cdot dc_i)]$$

其中，F_i 为合约 i 的远期汇率（美元/欧元，例如 1.42）；X 为目前的即期利率（美元/欧元，例如 1.40）；re_i，ru_i 分别为一个月期欧元和美元利率（日算调整前，是 0.43% 和 0.26%）；dc_i 为日算分数（例如，30 天的外汇合约为 30/360）。

这个公式告诉我们美元的市场价值将如何随着即期汇率 X 的变化而变化。

利用这个映射或者变换，我们完成了两件事。第一，将现金余额和三种合约映射到了单一的市场风险因素：即期汇率 X。此处忽略了由美元和欧元利率变化所引起的小风险，我们稍后将回到这个问题。任何其他的美元兑欧元远期合约，不论到期时间如何，都将同样映射到即期汇率风险。对于大的投资组合，映射到较少数量的市场风险因素是很重要的。

第二，阐明了不同投资组合持仓风险之间的相互依赖性。欧元现金余额和远期合约具有相同的风险，因为它们映射到了相同的市场风险系数 X。

这个例子也揭示了全面估值模型的另一个特点。远期外汇合约取决于美元和欧元利率，债券、互换或者利率期货也取决于美元和欧元利率。估值模型方法如果应用得当，可以确保不同资产的相似风险（本例中为远期外汇合约、债券或互换的利率风险）

可以合理且自动地被捕获。[1]

估值模型效果很好的另一个例子是用收益率曲线对债券或互换估值。收益率曲线建立在相对较少的债券基础上（例如，1 年、5 年、10 年和 30 年期债券）。所有类似的固定收益工具都可以用收益率曲线来估值，并且以 1 年、5 年、10 年和 30 年期债券收益率作为市场风险因素。不管债券到期时间如何，我们都能使用这些收益率作为所有债券的风险因素。[2]

10 年期国库券只取决于 10 年期收益率，因此收益率曲线模型有效简化为标准的到期日收益率公式。10 年期收益率是市场风险因素，收益价格函数是估值模型。

参数估计将使用线性近似的估值模型——敏感度或 Delta。损益分布由塔勒布（Taleb）展开近似，风险因素变化的线性函数为：

$$(fr+n) \text{的 PV}_{资产 i} = f_i(rf+h) \approx f_i(rf) + h \cdot 敏感度_{资产 i}$$

$$损益 \approx h \cdot 敏感度_{资产 i}$$

敏感度是定价函数的导数：

$$敏感度_{资产 i} = \partial f_i(rf)/\partial rf, \quad 资产\ i = \{1,2,\cdots,n\}$$

使用估值函数的一阶导数来近似损益的变化，因此损益变化为风险因素变化的函数。在外汇远期合约的例子中，即期汇率的敏感度为：

$$\partial PV(X, ru_i, re_i)/\partial X = 100 \cdot (1/F_i)/(1+re_i \cdot dc_i)$$

在这种情况下，测度汇率变化一个百分点的敏感度就较为容易了，如下式所示。

$$X \cdot \partial PV(X, ru_i, re_i)/\partial X = 100 \cdot (X/F_i)/(1+re_i \cdot dc_i)$$

对于 30 天的 \$100000000 美元外汇合约，如果 $F=1.42$，$X=1.40$，$ru=0.43\%$，$re=0.26\%$，那么即期外汇的敏感度约为汇率每降低 1%（从 1.393 变化到 1.407），即期汇率变化 \$985700。

历史模拟法和蒙特卡洛法既能使用线性（敏感度）方法，也能使用全面估值，但一般使用后者。进行全面重估时，函数 $f_i(rf)$ 将被使用，并且 $f_i(rf)$ 对每一个需要估值的风险因素 rf 都将被重估。[3]

常见的资产，风险因素和定价模型列于表 8.3 中。

这里描述的定价模型在一定意义上是决定损益或敏感度最准确的方法，因为它采用的是盯市模型。它一般也是和风险管理单位在微观层面上进行估值分析结合最紧密的方法。

---

[1] 此例中，外汇风险占主导地位。对于 30 天的 \$100000000 美元外汇合约，如果 $F=1.42$，$X=1.40$，$ru=0.43\%$，$re=0.26\%$，PV 将为 \$1390000 美元。即期外汇的敏感度约为，汇率每降低 1%（从 1.393 变化到 1.407），即期汇率变化 \$985700。外汇汇率的日波动率约为 0.79，所以该投资组合的日波动率（由于外汇汇率的变化）将为 \$780000。美元利率 ru 的敏感度约为 \$833/bp，利率的日波动约为 2.5bp，因此利率的日波动率约为 \$2000。

[2] 参见科尔曼（Coleman，1998a）和科尔曼（Coleman，2011a）关于建立收益率曲线以及利用它计算 DV01s 的讨论。

[3] 当我们考察风险因素变化，尤其是使用历史模拟法时，全面估值存在一个微妙的问题。我们使用历史市场风险因素时，好像默认它们可以应用于今天的资产。在第 9 章的例子中，我们将更充分地讨论这个问题。

表 8.3 常见资产的风险因子及定价模型

资产	风险因子	定价模型
政府债券	即期利率和远期利率	远期曲线的现值
利率互换	即期利率和远期利率	远期曲线的现值
远期外汇合约	即期汇率和利率水平、利差	转换成基础货币的远期货币数额的现值
期权	标的资产（可能是利率、股票、商品、汇率）和贴现利率	布莱克-舒尔斯等期权定价模型
信用违约互换	信用利差或违约率、贴现利率	将违约行为看作随机过程，把不确定的现金流贴现到今天
公司债券	信用利差或违约率、贴现利率	将违约行为看作随机过程，把不确定的现金流贴现到今天

② 统计数据或实证因素映射。在很多情况下正式的定价模型并不存在，但是资产和风险因素的关系在实证或统计分析中已经明确得到了，主要的例子是单支股票。通过大量的学术研究（资本资产定价模型或 CAPM），我们认为，股权的百分比或对数收益率是由市场风险和非系统性风险两部分组成的。

$$r_i = \beta_i \cdot r_m + \varepsilon$$

市场通常取自大的市场指数，例如在美国为标普 500 指数、罗素指数或威尔希尔 5000 指数。残差是非系统性风险，与市场无关，并且假设与其他股票也无关。一组股票的损益为：

$$\sum_i \omega_i r_i = (\sum_i \omega_i \beta_i) r_m + \sum_i \omega_i \varepsilon_i$$

常见的做法是用 r_m 表示风险因素，敏感度为 $\sum_i \omega_i \beta_i$。非系统性部分为 $\sum_i \omega_i \varepsilon_i$，如果假设非系统性风险是联合独立正态分布的，那么这就是独立正态分布的和，我们可以通过 β_i 和单支股票的方差来计算它的方差。或者对于大的投资组合来说，假设它可以忽略。或者可以根据历史来估计方差，估计它与除 r_m 以外的其他风险因素的相关性，并把该相关性作为一个风险因素。

这个股票的例子假设了单一的风险因素：r_m。我们可以进一步分析，根据套利定价理论，纳入多种市场因素，可以是观察到的因素，例如产业回报率，也可以是利用主成分分析等方法在统计上得出的因素。资产 i 的回报为：

$$r_i = \beta_i^1 \cdot rf_1 + \beta_i^2 \cdot rf_2 + \cdots + \varepsilon$$

一组资产的损益为：

$$\sum_i \omega_i r_i = (\sum_i \omega_i \beta_i^1) rf_1 + (\sum_i \omega_i \beta_i^2) rf_2 + \cdots + \sum_i \omega_i \varepsilon_i$$

统计因素映射最常用于股票，但也可以应用于信用价差（风险因素可能包括排名和产业）。

③ 其他映射或分仓。许多文章［例如，马里森（Marrison，2002，131）、乔瑞（Jorion，2007，283）、米娜和肖（Mina and Xiao，2001，43）］讨论了固定收益资产的现金流映射或分仓。这种思想和术语主要来自于 RiskMetrics 方法论。

在 RiskMetrics 中，固定现金流工具的定价方法是，用线性插值零利率为假设的收益率曲线模型来对现金流进行贴现。实际计算时，一组有限的收益率（例如，1个月、3个月、6个月、1年、2年、3年、4年、5年、7年、9年、10年、15年、20年、30年）被用作风险因素。到目前为止，这与之前所说的"定价模型"方法是相似的，因为每个工具用它的现金流来建模，并且每个现金流都通过收益率曲线贴现来定价。

然而，RiskMetrics中参数VaR的计算，只使用了一组有限现金流（对应于收益率曲线上点）的定价模型。因此，给收益率曲线上的任意现金流定价，或计算收益率曲线上点的敏感度是不可行的。相反，任意的现金流被映射到了两个相邻的点。早期的RiskMetrics做法是将现金流分仓，要求原始的和分仓后的现金流PV相等，并且原始现金流的波动率是最近两点的线性插值。近期的做法是要求原始的和分仓后的现金流PV相等，并且在最近顶点上到最近零利率的敏感度相等。（为了确保PV相等，还需使用第三种零期限的现金流，也就是对利率敏感度为零的现金流。）

这里所说的分仓的做法来自于RiskMetrics，但更普遍的是，分仓可能是一种评估新工具或者不常见工具有用而快捷的方法。在这种情况下，新工具是现有工具的组合。PV的变化是最重要的，因为波动率或VaR（以及损益分布）通常根据当前市场价值的变化来计算。因此，用现有工具的组合来代表一个新工具的重要标准是确保风险因素的敏感度相同或尽可能接近。PV相等，如在RiskMetrics中要求的，则是第二个重要条件。

④ 代理。在某些情况下，将资产映射为风险因素或者风险因素本身（更常见）是不可取的。新兴市场国家第一次在全球市场发行债券就是很好的例子，因为没有历史上相关风险因素（该国家的债券收益率）的分布信息。在这种情况下，我们必须猜测资产和风险因素的关系，并判断什么风险因素可以作为真正风险因素的合理替代。基于此，必须使用某些代理风险因素。

第二步：风险因素分布。

我们的目光现在从投资组合的持仓情况（将资产映射到风险因素）转移到市场风险因素。目标是估计市场风险因素的可能范围和变化情况。我们需要跟踪市场风险因素的分布，描绘出如本章开头图8.1那样的曲线。

在这里不同估计方法（参数法、历史模拟法、蒙特卡洛法）的区别开始变得更加明显。

① 参数法（Delta正态法或方差-协方差）。参数法中，假设市场风险因素服从联合正态分布，这大大简化了市场风险的估计过程。对单一的风险因素而言，唯一的参数就是平均值（为了进行风险测度，经常假定为0）和波动率或者说标准差。分布的形状是钟形的曲线，如图8.1或图5.3所示。确切的离散程度由波动率而定。

如果考虑多种资产，需要计算资产的协方差或者相关性，相对来说这些参数的估计较简单。如果不进行正态性假设，估计联合分布的过程则要困难得多。

平均值、方差（波动率）和协方差是统计学中研究最多的问题之一，因此有很多相关文献资料。在这个简单例子中，波动率由样本历史变化的标准差来估计：

$$\text{波动率} = \sqrt{\frac{1}{n-1}\sum_{i=1,n}(\Delta rf_i - \overline{\Delta rf})^2}, \quad \text{均值} = \overline{\Delta rf} = \frac{1}{n}\sum_{i=1,n}\Delta rf_i$$

其中，Δrf_i 为期间 i 的风险因素变化（例如，从昨天到今天或从上周到本周）。

风险因素 rf_1 和 rf_2 之间的协方差为：

$$协方差 = \frac{1}{n} \sum_{i=1,n} (\Delta rf_{1,i} - \overline{\Delta rf_1})(\Delta rf_{2,i} - \overline{\Delta rf_2})$$

换句话说，只要假设风险因素变化服从正态分布，那么我们通过计算相对较少的统计量，就能估计出完整的分布。当然，缺点就是，风险因素变化可能不服从，实际上经常不服从正态分布：尾部比正态分布要厚。如果只研究分布的中心部位，那么正态性假定是一种较合理的近似。

② 历史模拟法。刚才讨论的参数法估计了风险因素分布的参数，而不是单一风险因素的度量。（给定假设的分布函数，就能产生观测值。）相比之下，历史模拟法使用历史观测值作为风险因素分布的有限样本。参数法假设了特定的分布函数，因此可以得出完整的分布（当然依赖于假设的函数形式）。历史模拟法使用自然产生的历史观测值。

总的来说，历史模拟法的思想很简单：使用风险因素变化的历史观测值作为分布，回到过去，使用真实的观测值。在下一节中，我们将讨论损益分布的产生，将看到历史模拟法只是蒙特卡洛法的一种特殊形式，只不过市场风险因素的分布是实证分布而不是拟合的或选定的分布。

历史模拟法在概念上非常简单。一些关于使用历史风险因素进行重估的细节我们将在第 9 章中再次讨论。此外，还有一点要强调的是历史模拟法虽然被经常使用，但是并不会产生非常可靠的估计。一个典型的应用可能使用一年或两年的历史数据（300个到 600 个顺序观测值）。对于蒙特卡洛法来说，这个样本量太小了，很不合理。但是在历史模拟法中我们确实是这么做的。当使用由相对较少历史观测值而得到的历史模拟法估计结果时，我们应当记住这个估计结果的不确定性是非常大的。

③ 蒙特卡洛法。和历史模拟法一样，蒙特卡洛法也使用风险因素分布的有限样本实现值。历史模拟法和蒙特卡洛法的区别在于这组有限观测值是如何产生的。历史模拟法中，我们采用了历史观测值。而蒙特卡洛法是由一些数值算法（伪随机数生成器）产生合成或模拟的观测值。随机数是根据给定的分布产生的。

"蒙特卡洛"指的是有限的风险因素观测值是如何产生的，而不是指潜在分布是如何选择的。潜在的市场风险因素分布可能（实际上经常）被假设为正态的。如此，分布的参数估计和参数法就是一模一样的了。不管在选择潜在联合分布时使用了什么方法，蒙特卡洛法的精髓都是市场风险因素有限的观测值是通过计算机算法产生的。

④ 关于日相关性的评价：收盘时间问题。现实中的投资组合包括多种资产。资产之间的协方差、相关性或联动关系是投资组合整体风险最重要的决定因素，估计相关性时应十分谨慎。

我们一般使用收盘价格以及一个收盘日到另一个收盘日价格的变化来度量风险因素的变化。计算日变化时，我们计算昨天收盘价到今日收盘价的变化。计算周变化时，我们计算上周收盘价到这周收盘价的变化。

当考察在不同时区交易的资产时，重要的问题产生了：收盘时间不同。以纽约时间来度量，伦敦股市的收盘时间为 11am，而纽约为 4pm。因此，任何在 11am 和 4pm 之间发生的新闻或事件都将在今天纽约的收盘价中反映，而对伦敦来说，则会在明天的收盘价中才能得到反映。

不同收盘时间会造成两个地区的价格变化产生伪相关性。伦敦股票和纽约股票同日的相关性会降低，而明天伦敦股票和今天纽约股票的滞后相关性将会提高。这两种效应都是虚假的。

这种效应可能会很大。假设有两支股票，一支在伦敦交易，一支在纽约交易，它们真实的同日价格相关性为 0.95，滞后相关性为 0。换句话说，这两支股票以高度的确定性一起移动，但是不存在序列相关。如果使用收盘价的每日变化来度量相关性，那么我们得到的同日相关性为 0.75，滞后相关性为 0.20。如果股票分别在日本和纽约交易，那么同日相关性将降为 0.44，滞后相关性将为 0.51。这是相当具有误导性的结果。❶

不管是使用参数法还是历史模拟法，这种效应都是一样的。参数法中，从计算出的风险因素相关性中我们可以直接看到效应。历史模拟法中，它隐含在风险因素的相关性之间，但仍是真实存在的。

一个简单的权宜之计就是避免使用日收盘价变化，而是使用周收盘价变化，如果有需要，再根据时间缩放来计算日变化。相对于日数据来说，周数据的收盘时间问题显著降低了。当伦敦股票和纽约股票的真实相关性为 0.95 时，计算出的同日相关性将为 0.92（之前为 0.75），滞后相关性为 0.03（之前为 0.20）。

第三步：产生损益分布。

在这里，三种方法的差异变得非常显著。使用参数法产生损益分布快速又简单，而历史模拟法和蒙特卡洛法通常需要大量的计算机资源，它们的结果可以更好地反映现实。

和任何建模工作一样，我们必须注意两件事。第一，我们需要考虑得到更接近现实的结果与得到这种结果需要付出的时间、精力以及模型复杂性之间的平衡关系。有时候一个简单但是快速的结果反而要更好。第二，我们应该认真评估模型的输入。一种特定的方法具有更好反映真实世界的潜力，并不代表它就真的会更好。这取决于输入的质量：完美模型搭配垃圾输入，最后得到的只能是垃圾输出。

① 参数法。参数法有时也叫作 Delta 或线性法、Delta-VaR、Delta-normal，或方差-协方差法。我们使用线性敏感度（一阶导）。❷

例如，债券的持仓情况可以用收益率曲线上点的敏感度来表示；我们之前提到的 ＄20000000 的 10 年期美国国库券的敏感度为 ＄18，300/bp。

对于风险因素变化的分布，我们假设为一个特定的含有若干参数的函数形式。通常都假设为正态分布（多变量联合正态分布），因为正态分布便于进行数学处理。

单一风险因素的损益为风险因素变化的线性函数：

---

❶ 收盘时间问题卡西亚（Kahya，1998）和科尔曼（Coleman，2007）有所讨论，此外还讨论了一些估计策略问题。

❷ 乔瑞（Jorion，2007，247）把它叫作局部估值法，意思是敏感度是使用局部导数计算的。

损益（风险因素1）＝敏感度$_1$×风险因素1的变化

当风险因素服从正态分布时，风险因素的损益也服从正态分布，因为正态分布的线性函数仍为正态分布。

投资组合总体的损益是单一风险因素损益的加总：

$$损益（风险因素1）＝敏感度_1×风险因素1的变化$$

$$损益（风险因素2）＝敏感度_2×风险因素2的变化$$

$$……$$

$$总损益＝损益（风险因素1）＋损益（风险因素2）＋……＋损益（风险因素k）$$

单一风险因素损益是正态分布的。那么，投资组合的损益，也即单一风险因素损益的和也是正态分布，因为正态分布的和仍服从正态分布。

联合正态分布的参数为平均值和方差-协方差矩阵。投资组合的线性持仓情况和市场风险因素的联合正态性决定了总损益是正态分布的，那就意味着分布完全可以由平均值（通常设为0）和方差-协方差矩阵来决定。

如果用下面的列向量来表示风险因素敏感度：

$$\Delta = \begin{bmatrix} \delta_1 \\ \vdots \\ \delta_k \end{bmatrix}$$

下面为方差-协方差矩阵：

$$\Sigma = \begin{bmatrix} \sigma_{11} & \cdots & \sigma_{1k} \\ \vdots & \ddots & \vdots \\ \sigma_{k1} & \cdots & \sigma_{kk} \end{bmatrix}$$

那么投资组合的方差可以很容易计算出：

$$投资组合方差＝\sigma_p^2 = \sum_{ij} \delta_i \delta_j \sigma_{ij} = \Delta' \Sigma \Delta$$

参数 VaR 很容易计算。这个方法有优点也有缺点［参考马里森（Marrison，2002，104 ff）］。

a.优点：比蒙特卡洛法和历史模拟法更快捷；可以计算在第10章中将提到的边际 VaR 或风险贡献。

b.缺点：对于非线性资产（例如期权）的风险处理不好；参数假设经常不合适（尤其是正态性假设），例如，在度量尾部风险时（参考"其他分布假设"中的讨论）。

② 历史模拟法和蒙特卡洛法。刚才介绍的参数法估计了投资组合损益分布的参数，而不是单一资产的统计量或损益观测值。不需要估计分布的具体点，因为当假设分布是正态的，估计出波动率（标准差、方差）就能告诉我们一切。对于波动率为 σ_p 的正态分布（平均值为0或者为估计值），我们可以计算出想要的任何统计量：任何置信水平下的 VaR、预期损失（ES）等。

历史模拟法和蒙特卡洛法与参数法有很大不同：我们得到的是一组有限观测值所代表的风险因素分布。（重申一下，历史模拟法和蒙特卡洛法的区别在于风险因素的有限观测值是如何产生的。）我们将使用风险因素的有限观测值来产生有限的损益观测值。这组有限的损益观测值是由损益分布的有限样本实现。

风险因素的有限观测值代表了若干天（或周、月，以及任何其他合适的时间段）的数据。历史模拟法中，是真实的日数据。蒙特卡洛法中，是合成或模拟的日数据。不论是哪种情况，每天都有完整的风险因素观测值，据此我们可以计算每个风险因素的损益。

我们使用第一步中的映射或分仓的方法，计算出每种工具每天的损益。我们可以使用敏感度（线性近似）或全面重估（使用完整估值模型）。如果我们使用敏感度，那么风险因素 1 在特定日期的损益为：

$$损益(风险因素 1) = 敏感度_1 \times 风险因素 1 的变化$$

如果我们使用全面重估，那么

$$损益(风险因素 1) = PV(风险因素 1 的基值 + 风险因素 1 的变化)$$
$$- PV(风险因素 1 的基值)$$

关于风险因素的变化有一个细节需要注意："风险因素 1 的基值"指的是今天的价值。我们同时还使用了"风险因素 1 的变化"。对于纯蒙特卡洛模拟来说，一切都很直观。对历史模拟法来说，可能会引起混淆，因为我们要计算的是从过去到今天的基值变化。如果我们要分析 2009 年 1 月 27 日的损益，历史日期之一可能会是 2007 年 4 月 5－6 日的变化。一般我们并不是想计算：

$$损益(风险因素 1) = PV(4 月 6 日的风险因素 1) - PV(4 月 5 日的风险因素 1)$$

4 月 5 日的 PV 可能与今天 PV 差距很大。我们想要估计的是变化对于今天投资组合的效果。我们将通过第 9 章中的一个具体例子回到这个问题。

一旦知道了所有风险因素和工具在特定日期的损益，我们就可以将损益加总，估计出投资组合整体在那一天的损益。

然后我们对每一天重复整个过程，得到有限样本投资组合损益的模拟观测值。这组观测值是损益分布的有限样本估计。

第四步：计算风险的描述性统计量。

一旦我们得到了损益分布，就可以计算波动率或 VaR 了。我们可以通过多种方法计算参数估计得到参数分布，历史模拟法和蒙特卡洛法则得到有限样本。

① 参数。损益分布如果为正态分布，我们使用众所周知的统计结果来描述分布。我们在第三步中估计了波动率，所以对它有所了解。例如，如果波动率为 $130800（资产为第 1 章中介绍的 $20000000 美国国库券），不同置信水平 Z 下的 VaR 列于表 8.1 中（此处再次贴出）。

我们可以利用损益分布做更多的事，在稍后的章节中会有所讨论。

表 8.1　（重复）正态分布概率和损益的各种组合

Z	Y(风险价值)	$(Y-\mu)/\sigma$	P[标准正态变量 $\leq (Y-\mu)/\sigma$]
15.9%	-130800	-1.000	0.159

Z	Y（风险价值）	$(Y-\mu)/\sigma$	$P[$标准正态变量 $\leqslant(Y-\mu)/\sigma]$
5%	−215100	−1.645	0.050
2.5%	−256300	−1.960	0.025
1%	−304200	−2.326	0.010
0.39%	−348000	−2.661	0.0039
0.1%	−404100	−3.090	0.001

② 历史模拟法或蒙特卡洛法。这里的损益分布是有限的损益观测值，我们可以将结果绘制为直方图。我们经常需要计算波动率或 VaR，波动率的计算公式为常见形式：

$$\text{波动率} = \sqrt{\frac{1}{n-1}\sum_{i=1,n}(P_i-\overline{P})^2}\,,\quad \text{均值} = \overline{P} = \frac{1}{n}\sum_{i=1,n}P_i$$

VaR 为经验分位数，损益样本为按照升序排列的 n 个观测值 $\{x_i\}$，$\{x_1\leqslant x_2\leqslant\cdots\leqslant x_n\}$。置信水平为 Z 的 VaR 是 Z 分位数。如果 $n\times Z$ 不是整数，那么就有一个确定的分位数，等于观测值 x_{u+1}，其中 u 是比 $n\times Z$ 小的最大整数。如果 $n\times Z$ 是整数，那么分位数就是 x_{nz} 和 x_{nz+1} 之间不确定的值。例如，当 $Z=0.01$，$n=101$，$n\times Z=1.01$ 时，1% 的分位数就是第一个观测值。当 $n=100$，$n\times Z=1$ 时，1% 的分位数是第一个和第二个观测值之间不确定的值。

③ 总结。不同方法有不同的优缺点，表8.4 总结了各种方法的优缺点。

表8.4　参数法、历史模拟法和蒙特卡洛方法的比较

项目	参数法	历史模拟法	蒙特卡洛法
市场风险因子	参数分布（几乎都为正态分布）；由历史数据估算方差-协方差（波动率）	由历史数据得出的经验分布	参数分布（经常但不局限于正态分布）；估计的参数通常都来自历史数据；对市场风险因子进行蒙特卡洛仿真
证券的敏感性/重新定价	线性敏感性	通常利用风险因子的历史价值对证券进行完全重新定价	通常利用风险因子的模拟价值对证券进行完全重新定价
计算的速度	快	一般	慢
对非线性分布的刻画能力	差	好	好
对非正态分布的刻画能力	差	好	一般
优点	简单、快速、相对易懂	能够刻画出历史风险因子分布的非正态性；能够刻画出非线性的证券敏感性	能够很好地刻画出非线性的证券敏感性

项目	参数法	历史模拟法	蒙特卡洛法
缺点	假设市场风险因子服从正态分布；假设证券的敏感性为线性，现实中有些情形不符合这些假设	计算比参数法更加复杂；与参数法和蒙特卡洛法相比，结果可能在一定程度上会受到历史数据的干扰；可能有较大的抽样变异性	计算复杂；通常无法刻画非正态分布

8.4 极端事件的技术手段和工具

定量风险度量中最困难也最让人头疼的问题就是尾部或极端事件的量化。极端事件很重要，因为巨额损失尤其显著，VaR 经常被用于量化巨额损失的可能性。置信水平 Z 通常很小，比如为 1% 或 0.1%，因此，损益值小于 VaR 的概率就很小。图 8.8 展示了低水平下的 Z 值与 VaR 衡量的分布左尾概率之间的对应情况。用这种方式使用 VaR 要求我们关注分布的尾部。

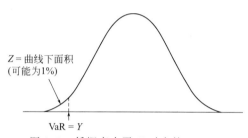

Z = 曲线下面积（可能为1%）

VaR = Y

图 8.8 低概率水平 Z 对应的 VaR

乔瑞（Jorion，2007）在 8.3 节中讨论了 copulas 理论，在 4.2.6 节中讨论了其他参数分布，又在 5.4 节中介绍了极端价值理论；马里森（Marrison，2002，157）介绍了几种度量尾部事件的方法；贝兰特、舒滕斯和西格斯（Beirlant，Schoutens and Segers，2005）讨论了极端价值理论；麦克尼尔（McNeil，1999）介绍了风险管理中的极端价值理论；恩布雷希特、克鲁佩尔贝格和米科施（Embrechts，Kluppelberg and Mikosch，2003）写了一篇关于极端价值理论的文章。麦克尼尔、弗雷和恩布雷希特（McNeil，Frey and Embrechts，2005）介绍了很多定量技术，包括替代分布、copulas 函数理论和极值理论。

度量极端事件很困难，主要原因有两点。第一，极端事件本质上是罕见的，因此很难度量。根据定义，极端事件并不常见，因此很难对它们进行可靠的度量并做出判断。第二，我们经常对尾部极端事件的分布进行数学或统计假设，但是简单而常见的假设经常是不合适的。最重要的是，正态分布假设对尾部分布通常不合适。尽管极端事件是罕见的，但它们确实有可能发生，对于不同时间段、不同市场以及不同证券的实际度量表明，在很多情况下，极端事件发生的可能性比正态分布假设下的可能性要大得多。这并不意味着当考察分布的中心部位时，正态分布的选择不好，但是在度量尾部事件时，正态分布确实是一个糟糕的近似。

贝兰特、舒滕斯和西格斯（Beirlant，Schoutens and Segers，2005）给出了极端事件非正态分布的例子。他们考察 1954—2004 年道琼斯工业指数的大额负回报，对数收

益率在 −5.82% 以下的有 10 天（总样本为 50 年，大约 12500 天），这些事件在表 8.5 中列出。我们假设对数收益率的年化波动率（标准差）为 25%，即日波动率约为 1.58%。[1] 使用波动率的该估计值，我们可以计算每个观察值偏离了平均值几倍的标准差，即表 8.5 中最后一列 "Z 得分"。

表 8.5 1954—2004 年道琼斯工业指数最大的十次下跌

日期	收盘	对数收益率	Z 分数
1987-10-19	1738.74	−25.63%	−16.22
1987-10-26	1793.93	−8.38	−5.30
1997-10-27	7161.15	−7.45	−4.72
2001-9-17	8920.70	−7.40	−4.68
1989-10-13	2569.26	−7.16	−4.53
1988-1-8	1911.31	−7.10	−4.49
1955-9-26	455.56	−6.77	−4.28
1998-8-31	7539.07	−6.58	−4.16
1962-5-28	576.93	−5.88	−3.72
2000-4-14	10305.77	−5.82	−3.68

当年化波动率为 25% 时，−5.82% 的回报值就偏离了平均值 3.68σ。根据表 8.5，在 50 年中，观察值比 -3.68σ 小的有 10 天。现在我们可以计算，如果分布是正态的，在 50 年中发生这种情况的概率是多大。即使波动率的估计值为 25%，略微偏高，单个观察值偏离平均值 -3.68σ 或者更多的概率也是极小的：只有 0.0117%。但是我们总共有大约 12500 天，因此在这样长的时间段内观察到一次或若干次这种情况的概率就会大大提高。观察到一次及以上这种情况的概率为 77%，两次及以上的概率为 43%，但是 10 次及以上的概率就非常小了：为 0.0003%。[2] 我们可以接着计算：例如，出现 5 次及以上观测值小于 -4.53σ 的概率，约为 0.000006%。在任何情况下，表 8.5 中观测值的概率都是相当小的。

然而，和表 8.5 中所列的观察值相比，正态分布得出的尾部概率确实减小得太快了。观察到 10 次回报值小于 -3.68σ 的概率为 0.0003%，这个值相当小。但是损失水平的减小并没有那么快。如果损失减少 20%，为 -2.944σ，仍然假设正态分布，我们几乎肯定能观察到 10 次回报值小于 -2.944σ 的情况。正态分布假定下，观察到 10 次或以上观察值小于 -2.944σ 的概率为 0.996，小于 -3.68σ 的概率则为 0.000003%，这个结果看起来似乎很不正常，但它确实是真实的。正态性假定下，当损失水平降低时，概率迅速降低，损失水平的微小变化就能造成概率的巨大变化。

损失水平的较小变化会造成概率的巨大变化（正态性假设下）这一事实和我们在第 5 章中介绍的利特曼（Litterman）的经验法则是一致的。该法则假设实际损失水平

---

[1] 贝兰特、舒滕斯和西格斯（Beirlant，Schoutens and Segers，2005）研究发现，以 3 年期数据估计出的日波动率通常比 25% 要低，因此 25% 是一个略高但并非离谱的估计值。

[2] 本例实际上为第 2 章中讨论的伯努利试验，我们有 12500 次（天）伯努利试验，成功（回报比 -3.68σ 小）的概率为 0.0117%。多次成功的概率服从二项分布，具体概率如正文所述。

在某种程度上比正态分布预测的要大一些。我们在这里再一次看到损失水平的较小变化会造成概率的巨大变化（正态性假设下）。

图8.9从不同的角度揭示了正态假设的尾部问题。实线连接的点代表正态性假设下，在12500天中，极端事件的预期发生频率（不包括1987年的股灾），离散的点代表实际发生的频率。我们可以看到，正态分布预测的极端事件概率太低。

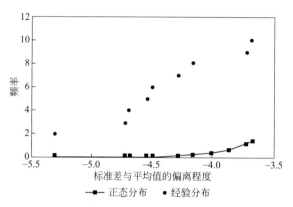

图8.9　1954—2004道琼斯工业指数变化的尾部正态分布与经验分布
注：频率是指（12500）天中计算或观测到的最大跌幅天数，经验分布的观测值来自表8.5。

收集50年的日数据对于大多数应用来说都是不现实的，但是表8.5和图8.9说明，如果想研究极端事件，我们必须考虑分布的厚尾问题。尾部的正态性假设会导致预期极端事件的发生概率比实际发生概率要小得多。（如果交易员说"每天的变化可以达到十个标准差"就会引起哄堂大笑，他应该说"事件并不呈正态分布，极端事件数量比正态分布预期的要多。"）

接下来我们讨论一些可以在实践中应用，并经常在文献中出现的替代方法。第一，我将简单介绍经验法则的价值，并回顾第5章中介绍的经验法则。第二，我考虑两个简单的替代分布。它们很简单，但是可以对尾部进行有效建模。第三，我将简要回顾极端价值理论——最大值的渐近理论：标准渐近理论的尾部类推和分布平均值的中心极限定理。第四，我将回顾copulas方法，当分布呈非正态时，copulas方法可以描述多维随机变量之间的关系。

在介绍正式的数学和统计方法之前，我想重申经验法则的作用。在第5章中，我们讨论了利特曼（Litterman, 1996）的格言"经验法则是：在金融市场中，4倍标准差事件约为每年发生一次"（第54页）。也就是说，经验法则认为每年发生一次事件的概率为4倍标准差，而不是正态分布预测的2.7倍标准差。

利特曼（Litterman）的经验法则也可以表述为："每年发生一次极端事件的概率是正态分布假定下预期概率的1.5倍"。这个经验法则相当简单而且具有吸引力，因为它既容易使用，又容易解释。正如我们在第5章中所说，该法则可以翻译为概率的语言。我们还可以将它扩展为"每十年发生一次极端事件的概率是正态分布预期概率的两倍。"经验法则用概率说话，它比此处讨论的道琼斯工业指数观察值要强大得多。

（1）其他分布假设

在这里我将介绍另外两种简单的损益分布假设，这两种假设的共同点是尾部都比正态分布厚。[❶] 它们虽然简单，但是很有用，因为它们抓住了观察数据的厚尾特征。在之后的章节中，我们将讨论一些更复杂的技术。

第一种分布是 t 分布［参见乔瑞（Jorion，2007，87-88）、克拉默（Cramér，1974，18.2）］。t 分布有一个参数，即形状参数 n 或者 v（在统计应用中，也叫作自由度）。该分布是对称的，均值为 0，方差为 $n/(n-2)$。[❷] 当 $n>2$ 时，方差是有限的，当 n 的取值很大时，t 分布近似为正态分布。当 n 取值为 3~6 时，t 分布和金融数据尾部的吻合程度最好（乔瑞 2007，130）。标准 t 分布乘以常数 c_t 之后，方差为 $c_t^2 n/(n-2)$，标准差为 $c_t\sqrt{n/(n-2)}$。这个随机变量偏离平均值 ξ 倍标准差（比平均值小 $-\xi$ 倍标准差）的概率为：

$$P\left[c_t t < -\xi c_t \sqrt{n/(n-2)}\right] = P\left[t < -\xi\sqrt{n/(n-2)}\right]$$

t 分布很常用，也很容易处理，但它相对于正态分布来说有不足之处，因为 t 分布的和通常不服从 t 分布。在介绍参数法时我们已经看到，正态分布的和同样服从正态分布使得计算大大简化。如果我们假设单一市场风险因素是正态分布的（并且对风险暴露使用线性敏感度），那么投资组合总体的损益分布也是正态的。在正态假设下，投资组合分布的计算问题就大大简化了。相反，如果假设单一市场风险因素是 t 分布的，这个好处就不存在了。

第二种分布是两点混合正态分布。不像 t 分布，这个分布和简单正态分布有很多相同的计算优势。混合正态分布的分布函数是两个正态分布函数的和：第一个的概率为 $(1-\alpha)$，标准差为 σ_{mix}；第二个的概率为 α，标准差为 $\beta\sigma_{mix}$，（均值都为 μ）。[❸] 这个随机变量的方差为 $\sigma_{mix}^2[(1-\alpha)+\alpha\beta^2]$。当 $\alpha=0.0125$，$\beta=2.5$ 时产生的分布与正态分布的中心位置相似，但是尾部更厚。这个随机变量偏离平均值 ξ 倍标准差（比平均值小 $-\xi$ 倍标准差 $\sigma_{mix}\sqrt{[(1-\alpha)+\alpha\beta^2]}$）的概率为：

$$P\left[X-\mu \leqslant -\xi\sigma_{mix}\sqrt{[(1-\alpha)+\alpha\beta^2]}\right]$$
$$= (1-\alpha) \cdot P\left[\text{标准正态} \leqslant -\xi\sqrt{[(1-\alpha)+\alpha\beta^2]}\right]$$
$$+ \alpha \cdot P\left[\text{标准正态} \leqslant -\xi\sqrt{[(1-\alpha)+\alpha\beta^2]}/\beta\right]$$

混合正态分布很具有吸引力，因为它既简单，又能体现出厚尾特征。假设每天的损益分布都是正态的，但是会定期出现波动率较大的一天，这是一个很有吸引力的假

[❶] 参见麦克尼尔、弗雷和恩布雷希特（McNeil，Frey and Embrechts，2005），第 3 章中有对其他分布的详细技术讨论。

[❷] 容易混淆的是，有些统计书籍，例如克门特（Kmenta，1971，143）用 n 表示观测值的个数，用 $v=n-1$ 表示自由度或 t 分布的形状参数，用 $(n-1)/(n-3)=v/(v-2)$ 表示方差。

[❸] 这是混合正态分布的一个简单例子。参见麦克尼尔、弗雷和恩布雷希特（McNeil，Frey and Embrechts，2005）的 3.2 节。多变量 t 分布是混合正态变量，金融学中许多其他分布可以由混合正态分布产生。

设，因为它看起来和实际市场交易相似：大多数交易日是相对静止的，中间穿插着一些波动率较大的交易日。如果知道任何一天的波动率是高还是低，这个条件分布就是正态分布。相反，如果不知道任何一天的波动率是高还是低，这个非条件分布就不是正态分布，且会呈现出厚尾特征。两点混合正态分布给出了这种情况的粗略估计。[1]

使用两点混合正态分布的最大好处是正态分布的计算简便性可以分别应用于两个正态分布，然后再结合得到最终结果。例如，混合正态分布在参数 VaR 的估计中可以纠正正态分布（通常和参数 VaR 一起假设）处理极端事件不好的问题。

不管使用这两种方法中的哪一种，VaR 的计算都要稍微复杂一些，但基本思想还是一致的。两种分布（参数选择合适的情况下）都比正态分布的尾部要厚。如果有波动率的观察值，并且知道损益分布是正态分布，或者 t 分布，或者混合正态分布，我们就可以使用下式来计算任何显著水平下的 VaR：

$$Z\%\mathrm{VaR}=Y_{s.t.}\, P[\mathrm{P\&L}\leqslant Y]=Z$$

图 8.10 描绘了我们假设的债券交易的三种分布[2]。视觉上，三种密度函数的差别并不大，总体形状是一样的，只有当考察较远处的尾部分布时，三种分布的差别才变得明显。

对于正态分布、t 分布以及两点混合正态分布，VaR 和预期损失（ES）的计算公式如表 8.6 所示。[3]

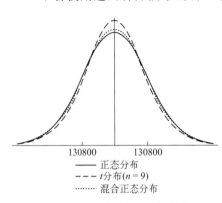

130800 130800
—— 正态分布
- - - t 分布（$n=9$）
……… 混合正态分布

图 8.10　正态分布、t 分布和混合正态分布的密度函数图
注：t 分布的自由度 $\nu=9$，混合正态分布的 $\alpha=1.25\%$，$\beta=2.5$。

表 8.6　VaR 和 ES 的计算公式

项目	VaR_z	ES_z
正态分布	$\mu+\sigma\cdot\Phi^{-1}(z)$	$\mu+\sigma\cdot\{\phi[\Phi^{-1}(z)]\}/z$
t 分布	$\mu+\sigma\sqrt{\dfrac{\nu-2}{\nu}}t_\nu^{-1}(z)$	$\mu+\sigma\sqrt{\dfrac{\nu-2}{\nu}}\dfrac{g_\nu(t_\nu^{-1}(z))}{z}\left\{\dfrac{\nu+[t_\nu^{-1}(z)]^2}{\nu-1}\right\}$
混合正态分布	$\mu+\sigma\cdot y'$ 这里，y' 的计算公式为 $(1-\alpha)\Phi\left\{y'\sqrt{[(1-\alpha)+\alpha\beta^2]}\right\}+\alpha\Phi\left\{y'\sqrt{[(1-\alpha)+\alpha\beta^2]}/\beta\right\}=Z$	$\mu+\sigma\sqrt{1-\alpha+\alpha\beta^{2*}}\left[\dfrac{(1-\alpha)(y'\sqrt{1-\alpha+\alpha\beta^2})}{Z}+\dfrac{\alpha\beta(y'\sqrt{1-\alpha+\alpha\beta^2}/\beta)}{Z}\right]$

[1]　稳健而简单的粗略估计很有价值：掌握在手的 90% 的正确答案比尚未得到的 99% 的正确答案更有用。

[2]　t 分布的自由度 $\nu=9$，混合正态分布的 $\alpha=1.25\%$，$\beta=2.5$。当考察 1954—2004 年道琼斯工业指数时，我们会简短讨论这些参数如何选择。

[3]　参见麦克尼尔、弗雷和恩布雷希特（McNeil、Frey and Embrechts，2005，39-40，45-46）对正态分布和 t 分布的讨论。本书许多公式和该书有轻微的差别：第一，因为自由度为 ν 的标准 t 分布的方差为 $(\nu-2)/\nu$，所以标准差为 $\sqrt{(\nu-2)/\nu}$，而标准正态分布的方差为 1。在本书中，σ 表示正态分布和 t 分布的波动率。而 σ 在该书公式（2.20）中，并不表示损益分布的标准差，而是一个尺度参数。第二，本书中的 Z 是损失比 VaR 大的概率（例如 1% 或 5%），而该书中 α 是损失比 VaR 小的概率（例如 99% 或 95%）。

表 8.7 列出了标准正态分布和 t 分布（自由度为 6，波动率为 1.0）的 VaR 及 ES。

表 8.7 正态分布、t 分布、混合正态分布的 VaR 和 ES

项目	5%	1%	0.39%	0.1%
正态分布的 VaR	−1.645	−2.326	−2.661	−3.090
正态分布的 ES	−2.063	−2.665	−2.970	−3.367
t 分布的 VaR	−1.587	−2.566	−3.201	−4.252
t 分布的 ES	−2.213	−3.293	−4.017	−5.238
混合正态分布的 VaR	−1.506	−2.209	−2.727	−5.754
混合正态分布的 ES	−2.576	−4.104	−5.856	−9.771

注：t 分布的自由度 $\nu=6$，混合正态分布的 $\alpha=1\%$，$\beta=5$。

注意，当置信水平 Z 变小时（例如，从 5%/95% VaR 变化为 1%/99% VaR），相对于正态分布来说，t 分布和混合正态分布的 ES 增加更快，因为尾部更厚。我们可以使用这两种分布来考察之前讨论过的 1954—2004 年道琼斯工业指数。图 8.11 建立在图 8.9 的基础上，它描绘了正态分布、混合正态分布以及 t 分布（标准差均设为 25%）极端事件（不包括 1987 股灾）的期望频率与实际发生频率。正如我们在图 8.9 中所见，正态分布预测的极端事件数量太少。混合正态分布和 t 分布与现实情况的吻合程度要高得多。

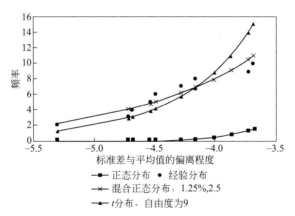

图 8.11 1954—2004 年道琼斯工业指数变化的尾部正态分布与经验分布

注：频率是指 12500 天里计算或观测到的最大跌幅天数。经验分布的观测值来自于表 8.5。这些经验观测值出自表格 8.5，来源于贝兰特、舒滕斯和西格斯（2005，表 1），但不包括 1987 年 10 月的观测值（数据处于最左边 −16σ 处）。这里所说的"正态"是指以标准差为 1 的标准正态分布。"混合正态分布"是指以 $\alpha=1.25$，$\beta=2.5$ 的比例进行混合的两个正态分布。（具体是指标准差为 2.5×0.9687 的标准正态分布占比为 1.25%，标准差为 0.9687 的标准正态分布占比为 98.75%，两者构成一个整体标准差为 1 的分布。）0.9687 是通过 $1/\sqrt{(0.9875+0.0125\times2.5^2)}$ 计算得到。这里的 t 分布是指自由度为 9 的标准 t 分布乘以 $1/\sqrt{[9/(9-2)]}$，得到标准差为 1 的分布。图 8.11 来自 CFA 协会研究基金会 2011 年出版的《风险管理使用指南》的图 5.1。

不管是使用混合正态分布还是 t 分布，我们都有信心对道琼斯工业指数极端变化的估计不会太偏离现实。

图 8.11 中 t 分布的自由度为 $\nu=9$。❶ 混合正态分布的 $\alpha=1.25\%$（发生高波动率的概率），$\beta=2.5$（高波动率与低波动率的比值）。我们可以使用这些分布来考察道琼斯工业指数观察值的一些概率描述。

① 道琼斯工业指数观察值描述。

a. 观测值偏离平均值 4.53σ 的概率为多大？（表 8.5 表明，该事件在 50 年中发生了 5 次，因此大约每 10 年发生一次，或者概率约为 0.039%。）

b. 正态分布下，概率为 0.0003%。

c. t 分布下，概率为 0.031%。

d. 混合正态分布下，概率为 0.039%。

换句话说，正态假设估计的极端事件概率太低，与我们在图 8.9 和图 8.11 中看到的情况一样。

e. 正态分布下，观测值为多大的概率与 t 分布（0.031%）或混合正态分布（0.039%）相同？

f. 正态分布偏离平均值 3.42σ 的概率为 0.031%，与 t 分布偏离平均值 4.53σ 的概率相同。换句话说，概率相等的条件下，t 分布是正态分布观测值的 1.32 倍。

g. 正态分布偏离平均值 3.36σ 的概率为 0.039%，与混合正态分布偏离平均值 4.53σ 的概率相同。因此，概率相等的条件下，混合正态分布是正态分布观测值的 1.35 倍。

② 经验法则。

将上述结果与之前提到的经验法则相比较。利特曼（Litterman）法则说的是每年发生一次事件的概率是正态假设预期概率的 1.5 倍。我的法则［利特曼（Litterman）法则的拓展］是每十年发生一次事件的概率是正态假设预期概率的 2 倍。1954—2004 年道琼斯工业指数表明这些经验法则非常有力。道琼斯工业指数观察值表明，每十年发生一次事件，其概率大约为正态假设预期概率的 1.4 倍。

a. 在正态分布、t 分布和混合正态分布下，有 5 次观察值偏离平均值 4.53σ 的概率分别为多少？

b. 正态分布下，概率小于 0.0001%。

c. t 分布下，概率为 35%。

d. 混合正态分布下，概率为 54%。

我们要谨慎分析这个结果，因为是根据尾部相当少的观察值（12500 中的 10 个）选择了参数（混合正态分布中，$\alpha=1.25$，$\beta=2.5$；t 分布中，自由度 $=9$），而且忽略了 1987 年的股灾。观测到一次这种巨大变化（偏离平均值 16.22σ）的概率非常低，即

❶ 在这个特定的例子中，我们使用 ν（自由度）$=9$，更一般的情况是，较低的 ν 值与实际金融数据尾部的吻合情况更好［参见乔瑞（Jorion，2007，130）］。

  风险量化管理：金融风险指导手册

使在 t 分布和混合正态分布的假设下也非常低。❶

然而，简单的经验法则和替代分布仍然是非常有价值的。它们虽然不能解决所有问题（傻子才会认为存在能够完美代表复杂真实世界的数学模型），但是可以帮助我们仔细而有效地研究问题。

（2）极端价值理论❷

极端价值理论（EVT）是关于极端事件渐近性的研究。大数定律和中心极限定理对大家来说都很熟悉。当观测值数量非常大时，利用它们可以研究随机变量序列的总和与平均值。本质上，大数定律和中心极限定理提供了简单的均值特征，即不论原始变量的分布如何（在一定限度内），当观察值增加时，随机变量的平均值最终都会趋同于总体均值。不管潜在随机变量的分布如何，只要随机变量的值异常大的可能性不是很大，即均值和方差是有限的，就都是成立的。❸

正式的尾部分布研究叫做极端价值理论或 EVT。中心极限定理研究的是序列的平均值，而 EVT 研究的是序列的最大值（或相关特征），也就是分布的尾部。因此，EVT 提供的方法和技术尤其适用于分析 VaR 和极端事件。笼统地说，有两种研究尾部的方法：第一种是考察随机变量序列的最大值，这是广义极值分布（GEV）；第二种是考虑阈值过量情况，也就是超过特定值的所有观测值，这是广义帕累托分布（GPD）。阈值过量法遵循广义极值法，但是 GPD 分布通常被认为在实践中更有用，因为它更有效地使用了有限的极端数据。

EVT 的美妙之处在于它描述了尾部的简单特征，与中心极限定理对均值的做法相似，不论原始随机变量的分布如何都成立（在一定限度内）。

对于随机变量的最大值 $M_n = \max(X_1, X_2, \cdots, X_n)$，与中心极限定理利用平均值和标准差进行正态化相似，唯一可能的有限分布（除了常数情况）就是广义极值分布（GEV）[麦克尼尔、弗雷和恩布雷希特（McNeil, Frey and Embrechts, 2005, 265）]。

标准 GEV 分布为：

$$H_\xi(x) = \begin{cases} \exp(-(1+\xi x)^{-1/\xi}), & \xi \neq 0 \\ \exp(-e^{-x}), & \xi = 0 \end{cases}$$

---

❶　当然，我们可以将混合正态分布扩展到三点混合正态分布。本例中可以选取 $\alpha_1 = 1.25\%$，$\beta_1 = 2.5$，$\alpha_2 = 0.02\%$，$\beta_2 = 30$。尽管相对于第 12 章中考虑的流动性风险和流动性危机行为来说，这种参数选择非常特殊，但该方法仍可能是有效的。

❷　此处的讨论基于麦克尼尔、弗雷和恩布雷希特（McNeil, Frey and Embrechts, 2005, 第 7 章），也可参考恩布雷希特、克鲁佩尔贝格和米科施（Embrechts, Klüppelberg and Mikosch, 2003）。遵循麦克尼尔、弗雷和恩布雷希特（McNeil, Frey and Embrechts）的做法，此处讨论分布的上尾。

❸　大数定律指的是当观测值增加时，观测值的平均值会越来越接近总体均值。中心极限定理指的是大量随机变量近似服从正态分布。对于一组独立随机变量 $\{X_n\}$，如果 $E[X_n] = m$，$\mathrm{VaR}[X_n] = \sigma$，均为有限值，那么：

$$\text{强大数定律：} \lim_{n \to \infty} P\{n^{-1} \sum_{k=1}^{n} X_k = m\} = 1$$

$$\text{中心极限定理：} S_n = X_1 + X_2 + \cdots X_n, \text{则} \frac{S_n - nm}{\sigma \sqrt{n}} = \frac{\sqrt{n}(n^{-1} \sum X_k - m)}{\sigma} \Rightarrow N(0,1)$$

参见比林斯利（Billingsley, 1979）定理 22.4 和定理 27.1。条件可以放宽。

$$其中，1+\xi x>0$$

引入中心位置和尺度参数得到一般的 GEV 公式：$H_{\xi,\mu,\sigma}(x)=H_{\xi}[(x-\mu)/\sigma]$。$\xi$ 为形状参数，决定了三种分布类型（图 8.12），每种类型有各自的名称。

① $\xi>0$：弗雷歇（Frechet）分布（Ⅱ型最大极值分布）。

a. 这是 EVT 中研究最多的分布，因为它的尾部较厚，所以在金融学中尤其受到关注。

b. 弗雷歇（Frechet）分布包括弗雷歇（Frechet）分布本身、反 gamma 分布、t 分布和 F 分布［麦克尼尔、弗雷和埃布瑞茨（McNeil，Frey and Embrechts），2005，269］。

c. 当 $k\leqslant1/\xi$ 时，k 阶矩是有限的［技术上，对于一个服从弗雷歇（Frechet）分布的非负随机变量；当 $k>1/\xi$ 时，$E(X^k)=\infty$，参见麦克尼尔、弗雷和埃布瑞茨（McNeil，Frey and Embrechts，2005，268）］。

有一点容易引起混淆，该分布有不同的参数化形式。沃尔弗拉姆（Wolfram）Mathematica 软件在参数化时使用了形状参数 $\alpha=1/\xi$，尺度参数 $\beta=\sigma$，以及 $y=1+\xi x$：
$$CDF=\exp[-(y/\beta)^{-\alpha}]$$

② $\xi=0$：冈贝尔（Gumbel）分布（Ⅰ型最大极值分布）。

a. 尾部比弗雷歇（Frechet）分布衰减更快。实质上，该分布的尾部呈指数衰减。

b. 该分布的矩是有限的（技术上，对于一个服从冈贝尔（Gumbel）分布的非负随机变量，对于所有 $k>0$，$E(X^k)<\infty$，参见麦克尼尔、弗雷和恩布雷希特（McNeil，Frey and Embrechts，2005，269）。

c. 该分布的尾部变化很大。麦克尼尔、弗雷和埃布瑞茨（McNeil，Frey and Embrechts，2005，269）指出，薄尾的正态分布和厚尾的对数正态分布都属于冈贝尔（Gumbel）分布，因此很难用经验区分弗雷歇（Frechet）分布和对数正态分布的尾部行为。[1]

d. 冈贝尔（Gumbel）分布包括正态分布、对数正态分布、双曲线、广义双曲线、混合正态分布（但是不包括 t 分布，这是一个边界情况）、gamma 分布、卡方分布、标准韦布尔（Weibull）分布［区别于 GEV 的韦布尔（Weibull）情况］。

③ $\xi<0$：韦布尔（Weibull）分布。

在此处不重要，因为尾部很短并且端点有限。

ξ 的估计值在 0.2 到 0.4 之间时符合股票市场数据。

GEV 分布为我们可能使用的任何损益分布提供了简单的最大值渐近特性，这很强大。但是在实际应用中，如果只分析最大值，那是数据的浪费。阈值过量是更实际的解决方法。

---

[1] "在金融建模中，人们经常错误地认为，研究金融回报时唯一有用的模型是尾部较厚的弗雷歇（Frechet）分布。［$\xi>0$ 的 GEV 分布，尾部衰减较慢］。冈贝尔（Gumbel）分布［$\xi=0$ 的 GEV，尾部呈指数衰减］也很有用，因为它包括很多尾部比正态分布厚得多的分布。"［麦克尼尔、弗雷和恩布雷希特（McNeil，Frey and Embrechts，2005，269）］。

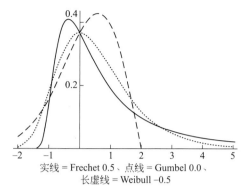

实线 = Frechet 0.5、点线 = Gumbel 0.0、
长虚线 = Weibull −0.5

图 8.12　广义极值分布

注：实线表示的是弗雷歇（Frechet）分布（第二类极大值分布），
$\xi=+0.5$；点线表示的是冈贝尔（Gumbel）分布（第一类极大值分
布），$\xi=0.0$；长虚线表示的是韦布尔（Weibull）分布，$\xi=-0.5$。

阈值过量指的是超过一个特定的高水平值。过量的值是极值，因为它们在一组观
测值中是相对较大的。关键函数是过量分布和均值过量分布。过量分布函数给出了随
机变量超过给定水平 u 的概率。

用 X 代表损益值这一随机变量。我们考察过量值 $X-u$，即 X 超过水平 u 的大小，
以及一定的过量水平 y（非负值）。过量值 $X-u$ 小于 y 的概率（X 超过 u 的情况下）
就是过量分布：

$$F_u(y)=P[X-u\leqslant y\,|\,X>u]=[F(y+u)-F(u)]/[1-F(u)]$$

均值过量函数是超过阈值 u 的过量值的平均值（随机变量 X 的平均值为有限值）：

$$e(u)=E[X-u\,|\,X>u]$$

对于适当比例的最大值，任何分布都渐近服从 GEV 分布，并且尾部行为可以根据
形状参数 ξ 决定。根据 ξ 决定的特征对于阈值过量也适用：如果一个参数为 ξ 的分布函
数 F 趋近于 GEV 分布，那么当阈值 u 增加时，过量函数 F_u 趋近于参数为 ξ 的广义帕
累托分布（GPD）[参见麦克尼尔、弗雷和恩布雷希特（McNeil，Frey and Embrechts，
2005，277）]。GPD 的公式为：

$$G_{\xi,\beta}(y)=\begin{cases}1-(1+\xi y/\beta)^{-1/\xi}, & \xi\neq 0\\1-\exp(-y/\beta), & \xi=0\end{cases}$$

其中，$\xi\geqslant 0$ 时，$\beta>0$，$y\geqslant 0$；$\xi<0$ 时，$0\leqslant y\leqslant-\beta/\xi$。

同样的，ξ 为是形状参数，β 为尺度参数。

在实际应用中，GPD 适用于过量分布和均值过量分布的建模，因为这两种函数都
很简单。GPD 的过量分布还是 GPD 分布：

$$G_{\xi,\beta}(y)=G_{\xi,\beta(u)}(y),\beta(u)=\beta+\xi u$$

GPD 的均值过量函数为：

$$e(u)=\beta(u)/[1-\xi]=[\beta+\xi u]/[1-\xi]$$

$0\leqslant\xi<1$ 时，$0\leqslant u<\infty$（记住 $\xi\geqslant 1$ 时，均值不是有限的）；$\xi<0$ 时，$0\leqslant u<-\beta/\xi$。

假设我们选择了一个较高但是有限的阈值 u，那么观察到的过量分布函数实际上为 GPD 分布。我们根据观察到的过量值来确定 β 和 ξ，然后得到 GPD 函数并据此计算 VaR 或 ES。任何损益分布的过量分布函数都渐近服从 GPD 分布，因此，在使用有限样本损益的 GPD 分布时，这个灵活的函数模型能够代表任何类型的尾部行为，同时也建立在实际尾部分布的基础之上。

（3）Copulas

Copulas 提供了解释多元背景下随机变量之间相互关系的工具，尤其是非正态的多变量分布。Copulas 并不直接处理极端事件，而是帮助我们走出多变量正态分布的限制。厚尾性使得正态分布不再适用，而 Copulas 就是使用非正态多元分布的工具。麦克尼尔、弗雷和恩布雷希特（McNeil，Frey and Embrechts，2005）在第 5 章中介绍了 Copulas，并说明了它的用法。本节只是简单地介绍。

对损益和风险因素建模可以使用很多分布，这些分布的尾部都比正态分布厚。t 分布是常见的选择，但是也有其他分布。[1] 在单变量情况下，我们只处理单一的变量，数据方法和直觉感受会稍微复杂一些，但是没有显著的困难。

然而，当考察多变量时，我们需要考虑风险因素之间的联动和依赖关系。在多变量正态分布下，依赖性完全可以用相关性或协方差矩阵来表示。我们的直觉一般是建立在多变量正态分布的基础上，但是直觉感受及背后的数学处理并不能扩展到非正态分布上去。

当分布为非正态时，对依赖性进行度量和建模显得很具有挑战性。我们熟悉的度量相关性的方法——线性相关性，在一般多变量背景下是不适用的。麦克尼尔、弗雷和恩布雷希特（McNeil，Frey and Embrechts，2005，第 5 章，尤其是 5.2 节）对这个问题作了很好的阐述。结果表明，在非正态分布下，Copulas 为多变量分布的相关性解释提供了有用的方法和工具。

一种理解 Copulas 的途径是把它当作另一种写出多变量分布的方法。考虑一个 d 维的随机变量，分布函数为 $F(x_1, x_2, \cdots, x_d)$，边缘分布函数为 $[F_1(x_1),$ $F_1(x_2), \cdots, F_d(x_d)]$，这个多元分布可以用以下两种方式写出：

■ 通常的多变量分布：$F(x_1, x_2, \cdots, x_d)$

■ 用边缘分布函数和 Copulas 表示：$C[F_1(x_1), F_1(x_2), \cdots, F_d(x_d)]$。

函数 $C[F_1(x_1), F_1(x_2), \cdots, F_d(x_d)]$ 总是存在的，这个函数就叫作 Copulas，它本身是 $[0,1]^d$ 上的 d 维分布函数，具有标准单位边缘分布。[2]

这就是说，任何一个多元分布都既可以看成一个多元分布，也可以看成边缘分布和 Copulas 的组合。后者的好处是通过将边缘分布函数分离，可以将 Copulas 中变量的

---

❶　麦克尼尔、弗雷和恩布雷希特（McNeil，Frey and Embrechts，2005，第 3 章）讨论了其他分布函数，既包括单变量分布，也包括多变量分布。

❷　参见麦克尼尔、弗雷和恩布雷希特（McNeil，Frey and Embrechts，2005，5.1 节）。Copulas 对连续分布最适用。

依赖性隔离。［这在某种程度上和线性情况（正态分布）相似，线性情况通过将方差分离，运用相关性矩阵可以将依赖结构隔离。］

Copulas 方法的好处是它分离了边缘分布和变量之间的依赖结构，使用 Copulas 使得我们可以将依赖结构与边缘分布分开考虑。多元分布是边缘分布和 Copulas 的组合。

我最后要介绍的是尾部独立性。麦克尼尔、弗雷和埃布瑞茨（McNeil，Frey and Embrechts，2005，第 5.2 节）对这个问题进行过说明，基本思想是度量两个变量极端观测值之间的依赖情况。这对风险管理来说尤其重要，因为所有变量同时移动会造成巨额损失。此外，这种同时移动并不是罕见的，因为极端值倾向于同时发生，资产倾向于同时保持相对静止状态或者多变状态。在第 1 章中介绍过的简单债券和股票投资组合中，我们关心的是债券和股票同时向同一方向发生巨大变化的概率。

正态分布尾部较薄，因此对金融市场极端情况的建模效果不好，而更令人惊讶的是联合正态分布中各变量同时大幅变化的行为。如果我们考虑足够远的极端值，两个联合正态分布不论相关性如何（只要不是 ±1），尾部行为都是相互独立的。这一点很麻烦，因为它意味着即使我们可以使用厚尾的边缘分布，联合正态分布的依赖结构也不能代表不同资产同时发生巨大变化的情况。

有了 Copulas，实际上我们可以将边缘分布和 Copulas 组合，建立一个含有特定边缘分布（例如用 t 分布对厚尾建模）和 Copulas 的联合分布来代表依赖结构。乔瑞（Jorion，2007，209）以及麦克尼尔、弗雷和恩布雷希特（McNeil，Frey and Embrechts，2005，195，213）组合了边缘分布和 Copulas，对所谓的 meta 分布进行了模拟。乔瑞考察了双变量分布三种可能的选择：

① 正态边缘分布和正态 Copulas 产生通常的双变量正态分布。

② t 边缘分布和正态 Copulas 产生 Hybrid 分布。

③ t 边缘分布和 t Copulas 分布产生通常的双变量 t 分布。

在第 9 章中，通过使用蒙特卡洛法和这三种以及另外两种分布来估计一个简单的投资组合，我们将明确看到正态分布的尾部行为。对于大的联合变化，债券和股票的行为开始变得相互独立。

8.5 估计风险因素分布

本书的重点在于认识风险以及度量风险，换句话说，就是认识以及度量损益分布。我们之前的注意力主要集中在风险度量的特殊问题，例如如何将证券映射到风险因素，VaR 的定义等。但是，为了使用损益分布，我们必须首先估计它，这就意味着要估计市场风险因素分布（8.3 节中讨论的第二步）。这涉及统计学以及时间序列计量经济学。

我并不准备深入讨论计量经济学，因为这方面有很多优秀书籍，但是我会做简要的概述。[1]

我们将主要考虑用参数法估计损益分布，这意味着要假设市场风险因素是正态分布的。[2] 正态分布完全由标准差或方差-协方差矩阵（以及均值）决定。因此，最简单的做法是，根据风险因素变化 $\{\Delta rf_1, \Delta rf_2, \cdots, \Delta rf_n\}$，使用标准公式（稍后给出）来估计风险因素分布的均值和标准差（波动率）。

到目前为止这看起来很简单，但是在看似简单的方法背后，隐藏着很多问题：

① 风险因素变化 $\{\Delta rf_1, \Delta rf_2, \cdots, \Delta rf_n\}$ 是什么？美元变化？收益率变化？还是百分比或对数变化？

② 我们应该使用多少观测值？

③ 一个相似但不相同的问题：使用怎样的历史期间？

④ 数据频率如何：是小时数据、日数据、周数据还是月数据？

⑤ 波动率会变化吗？平时的观察（由大量研究证实）表明，市场波动率随着时间变化。我们怎么处理变化的波动率？

在回答这些问题之前，我们先来看看关于市场和风险因素分布的一些典型事实。

（1）金融时间序列的典型事实

金融时间序列（市场风险因素）有一些观察可以很好地支持"典型事实"这个词——即人们普遍承认的事实。［参见麦克尼尔、弗雷和恩布雷希特（McNeil，Frey and Embrechts，2005，117）。］

（2）随时间变化的波动率和极端值聚类

变化的波动率和极端值聚类意味着如果风险因素发生一个大的变化（例如，今天的收益率飙升），那么明天发生大变化的概率也很大。不过，明天的变化可能是上行或下行。大幅增加意味着大的变化可能会跟随而至，但是变化的方向不确定。不论是大的还是小的极端值，都有聚类倾向。

这种大变化聚类以及小变化聚类的现象说明波动率不是恒定的，它随着时间变化。更重要的是，它意味着波动率是持续性的。如果波动率在某一天很高，在接下来的几天内，通常也很高，变化是逐渐进行的而不是一蹴而就的。

另一个结果是如果考察变化的平方（Δrf_t^2），我们将发现序列相关性。一个大的平方变化通常会跟随一个大的平方变化（Δrf_t^2 和 Δrf_{t+1}^2 之间存在相关性）。此外，我们可以预测这些平方变化：如果观察到一个大的 Δrf_t^2，我们可以预期 Δrf_{t+1}^2 也会大于平均值。

这些都是对单一风险因素序列而言。多风险因素序列也存在波动聚类现象，但是，

---

❶ 麦克尼尔、弗雷和恩布雷希特（McNeil，Frey and Embrechts，2005，第 4 章）讨论的是金融时间序列；博克斯和詹金斯（Box and Jenkins，1970）所著为时间序列分析的经典教材；亚历山大（Alexander，2001）所著是关于金融时间序列更先进的著作。

❷ 对于非正态分布，问题会更复杂，但是存在很多相同的问题。

我们观察到多种风险因素的波动聚类同时发生。市场作为一个整体，有平静的时期，也有波动剧烈的时期。如果 IBM 股价变化很大，波动率很高，那么 GM 也同样如此；它们的波动率都很高因为整个市场的波动率较高。一个粗略但有用的想法认为，所有或者许多资产作为一个整体，即整个市场处在一个低或者高波动率的情况下。（当使用简单混合正态分布作为多变量厚尾分布的近似时，思想相同。）

（3）变化是独立的并且不能预测

对于单一风险因素序列，如果考察变化而不是变化的平方（Δrf_t 而不是 Δrf_t^2），我们观察不到序列相关。此外，根据今日的变化或者过去的历史来预测明天的变化非常困难（实际上不可能）。严格地说，变化不是独立的，它们只是不相关并且很难预测。❶

在具体分布中描述这个事实，有助于理清思路。今天市场风险因素巨大的变化表明，分布的离散程度很大或者波动率很高（如图 8.2 中图 B，而不是图 A 所示）。由于波动率的变化是随时间的变化，逐渐进行而不是一蹴而就的，今天的高波动率表示明天的分布也将有高波动率。但是今天发生的大变化并没有告诉我们明天的分布会如何，没有告诉我们任何关于明天具体数值的信息。我们可以用今天发生的大变化预测明天也会有大的变化（因此变化在概率上并不是独立的），但是我们不能用今天的变化预测明天实际变化的方向（在这个意义上，变化是不相关的）。

当考虑多变量序列时，我们没有看到序列相关性。也就是说，我们没有看到 Δrfa_t 和 Δrfb_{t+1} 之间存在相关性。❷ 我们将看到同一期的序列（Δrfa_t 和 Δrfb_t）存在相关性，这个相关性在不同的序列中显然是不同的。例如，5 年期和 10 年期国库券的相关性将很高，但是 10 年期国库券和 IBM 股价之间的相关性就会小得多。

（4）相关性随时间变化

当考察序列之间的相关性时，我们发现相关性随时间变化。与其他典型事实不同，这更难确定以及度量。我们的第一感觉可能是简单计算一些不重叠时间区间的相关性，例如月区间，然后比较得到的相关性。这种方法告诉我们的信息并不多，因为当考察较短期间时，我们所度量的相关性可能会发生巨大变化，因为变化是随机的。这再一次提醒我们要注意世界的随机本质。

我们来看一个特殊的例子：2008 年 1 月到 2009 年 1 月之间，10 年期美国国库券和收益率与 IBM 股价的百分比变化之间的日相关性为 0.457。现在来计算月度相关性（每月约有 21 个交易日），12 个相关性数据在 0.05 到 0.69 之间，变化范围很大，这是相关性会变化的充分证据。但是纯粹的随机变化会得到什么？事实证明，我们期待这个变化量纯粹是由于随机抽样可变性造成的。

---

❶ 独立性要求变化的平方以及变化都是不相关的。技术上，独立性要求 $P[\Delta rf_t \& \Delta rf_{t+1}] = P[\Delta rf_t] * P[\Delta rf_{t+1}]$，也就是说，任何关于 Δrf_t 和 Δrf_{t+1} 的联合概率都等于它们单独概率的乘积。但是由于波动聚类现象的存在，这并不正确。但对多数实际目的而言，Δrf_t 和 Δrf_{t+1} 是不相关的。

❷ 这里假设不存在 8.3 节中提到的收盘时间问题。

相关性系数的分布是复杂而偏斜的，但是我们都知道应用菲舍尔（Fisher）变换[哈尔德（Hald，1953，608ff）]：

$$z = \frac{1}{2}\ln\frac{1+\rho}{1-\rho}$$

产生的变量 Z 近似服从正态分布：

$$均值 = \mu \approx \frac{1}{2}\ln\frac{1+\rho}{1-\rho} + 2\frac{\rho}{2(n-1)}$$

$$方差 \approx \frac{1}{n-3}$$

也就是说，

$$u = (z-\mu)\sqrt{n-3}$$

近似是均值为 0，方差为 1 的正态分布。

在关于美国国库券和 IBM 的例子中，我们假设真实的相关系数为：

$$\rho = 0.457 \Rightarrow z = 0.4935$$

对于月度样本，$n = 21$，因此

$$\mu \approx 0.5049$$

上 4.2% 和下 4.2% 分位数如下。

Z：下 4.2% 分位数 -0.0971，上 4.2% 分位数 $= 0.913$。

ρ：下 4.2% 分位数 $= 0.097$，上 4.2% 分位数 $= 0.722$。

为什么选择 4.2% 分位数？因为这样数据将有 8.4% 或者大约 1/12 的概率落在此区域外。对于 12 个月度相关性数据，我们期待大约会有 11 个落在此区间内，1 个落在区间外。实际上，计算出的相关性数据中有 11 个在区间内，只有最小值 0.05 落在了区间外不远处。

在这个简单的例子中，从 0.05 到 0.69 变化的 12 个月度相关性数据正是我们希望看到的。这样的观察结果并没有证明 10 年期美国国库券和 IBM 股价之间的相关性不是 0.457，或者是随时间变化的。

这提醒我们需要考虑随机性和不确定性的另一个例子。尽管相关性毫无疑问确实变化，但我们必须用怀疑的眼光看待相关证据。实际上，我们在某种程度上低估了度量相关性的问题。正如麦克尼尔、弗雷和恩布雷希特（McNeil，Frey and Embrechts，2005，98）所说，厚尾分布的相关性度量更困难。由于金融时间序列通常是厚尾的，这是一个实际的考虑。

检验和度量相关性变化最可靠的方法是设定关于相关性变化的正式统计模型，然后进行检验。

相关性变化毫无疑问是重要的，但是前面提到的联合极端事件聚类以及在前面部分和 9.4 节中提到的 Copulas 方法下的尾部行为也同样重要。"当市场有压力时，相关性都为 1"的说法在联合分布存在尾部独立性时可以证明。通常的多变量 t 分布显示了这种尾部独立性，简单混合正态分布也相似。

（5）厚尾

最后一个典型事实是金融时间序列有厚尾。由于我们已经在不同的地方讨论过这个问题，此处不再赘述。

（6）波动率的计算

我们现在来看波动率的计算，然后回答本节开头提出的一些问题。

（7）使用变化量

首先，最重要的一点是要考虑变化量。正如我们之前所说，变化量是不相关的（很不严格地说，它们是独立的）。这意味着：

$$明天的值＝今天的值＋变化量$$

用技术术语表达，上式为自回归模型。我们希望把重点放在独立变化量上，不需要考察每日价值的波动率或相关性。

通常的经验法则是考察百分比变化或对数变化（在大部分用途中，两者相同）。对大多数价格，远期汇率、股票指数等，绝对变化值并不重要，百分比变化才重要。今天的标普 500 指数大约为 1000 点，10 点的变化意味着 1% 的财富变化。在 1929 年，标普 500 指数约为 20 点，那么 10 点的变化就意味着 50% 的财富变化。为了比较标普 500 指数历史上的变化，我们必须考察百分比变化或对数变化。

例外的是收益率的变化，它的绝对值变化可能是有意义的，收益率的变化用基本百分点表示。关于究竟应该使用收益率的对数变化还是绝对变化存在很多争议，没有达成共识。

（8）最简单的方法：固定期间

最简单的方法是使用固定期间，然后计算波动率和协方差。此期间既要足够长，使得估计出的波动率有一定的稳定性，也要足够短，使其能够捕捉到波动率的变化。

正如我们前面提过的，同时也是统计学著作中经常出现的，波动率公式为：

$$波动率 = \sqrt{\frac{1}{n-1} \sum_{i=1,n} \left(\Delta rf_i - \overline{\Delta rf}\right)^2}, \quad 均值 = \overline{\Delta rf} = \frac{1}{n} \sum_{i=1,n} \Delta rf_i$$

方差-协方差矩阵的元素为：

$$协方差 = \frac{1}{n} \sum_{i=1,n} \left(\Delta rf_{1,i} - \overline{\Delta rf_1}\right)\left(\Delta rf_{2,i} - \overline{\Delta rf_2}\right)$$

$\{\Delta rf_1, \Delta rf_2, \cdots, \Delta rf_n\}$ 是 n 个风险因素变化的观察值。（相关性矩阵由方差-协方差矩阵除以波动率得到。）

问题是，观测值 n 如何选择？30 个太少，可能最少需要 125 个（大约半年）。如果只有 30 个观测值，将存在很大的随机抽样变化性。假设某些风险因素（例如 CAC 股指）的真实年波动率是 20%。使用附录 8.1 给出的小样本方差变化性的公式，观测值为 30 时，2.5% 的置信区间为 15% 和 25%。也就是说，我们计算出的波动率有 5% 的概率会低于 15% 或高于 25%。而当观测值的数量为 125 时，2.5% 的置信区间为17.5% 和 22.5%。仍然很宽，但是相比之前要窄很多。

（9）更复杂的方法：指数加权

更复杂的方法是使用指数加权，赋予较近的历史数据更高权重，这是 RiskMetrics［米娜和肖（Mina and Xiao，2001）使用的方法，公式为（同时给出权数相等时对应的计算公式）：

指数加权：

$$\sigma = \sqrt{\omega \sum_{i=1,n} \lambda^{i-1} (\Delta rf_i - \overline{\Delta rf})^2}$$

$$\sigma_{1,2}^2 = \omega \sum_{i=1,n} \lambda^{i-1} (\Delta rf_{1,i} - \overline{\Delta rf_1})(\Delta rf_{2,i} - \overline{\Delta rf_2})$$

$$\omega = \frac{1}{\sum_{i=1,n} \lambda^{i=1}} = \frac{1-\lambda}{1-\lambda^n} \text{for} \mid \lambda \mid < 1$$

同等权数：

$$\sigma = \sqrt{\frac{1}{n-1} \sum_{i=1,n} (\Delta rf_i - \overline{\Delta rf})^2}$$

$$\sigma_{1,2}^2 = \frac{1}{n} \sum_{i=1,n} (\Delta rf_{1,i} - \overline{\Delta rf_1})(\Delta rf_{2,i} - \overline{\Delta rf_2})$$

为了度量衰减的速度，我们可以度量半衰期，也就是权数达到 1/2 之前所需区间的数量：

$$n_{1/2 s.t.} \lambda^n = 0.5 \Rightarrow n_{1/2} = \ln 0.5 / \ln \lambda$$

例如，$\lambda = 0.9$ 时，$n_{1/2} = 6.6$ 或大约 6 个观测值。这个值太小，意味着 $\lambda = 0.9$ 的衰减速度太快。$\lambda = 0.99$ 时，$n_{1/2} = 69$，更合理一些。

对于给定的半衰期，我们也可以计算衰减速度：

$$\lambda_{s.t.} \lambda^n = 0.5 \Rightarrow \lambda = \exp(\ln 0.5 / n)$$

同时可以计算前面 $n*$ 期总体权重的比例相对于没有指数加权时的比例。对于指数加权，前面 $n*$ 期的权重为：

$$[1 - \lambda^{n*}] / [1 - \lambda^n]$$

前面 $n*$ 期指数权重与非指数权重的比例为：

$$[(1 - \lambda^{n*}) / (1 - \lambda^n)] / (n* / n)$$

（10）完整的计量：ARCH 和 GARCH

估计随时间变化的波动率最复杂也最合适的方法就是使用 ARCH（自回归条件异方差）和 GARCH（广义 ARCH）模型。许多教材讨论了这些模型。麦克尼尔、弗雷和恩布雷希特（McNeil，Frey and Embrechts，2005，第 4 章）与安德森（Anderson，2001）讨论了金融时间序列中的计量和应用。

这些超出了本书的范围，因此我们不加讨论。更重要的是，虽然两者在理论上是合适的模型，但在多元背景下，当变量超过一定数量时是不适用的。由于大多数实际的风险度量应用有几十或几百个风险因素，这些模型通常是不实际的。

（11）维数的诅咒

在实际应用中，一个主要问题是估计方差-协方差或相关性矩阵，需要估计的系数数量增长速度惊人，比历史数据量的增长速度还快。

通常会有很多风险因素，数以十计或百计。对于 k 个风险因素，方差-协方差矩阵中有 $(k^2+k)/2$ 个独立参数，这个数据快速增大。对于 100 个风险因素，有 5000 个参数需要估计，而数据是有限的。如果使用大约 500 期的两年日数据，我们将有大约 50000 个观测值。很粗略地说，这意味着每个参数仅对应 10 个观测值：这个数非常小。

在实践中，这就是方差-协方差或者相关性矩阵的估计值不准确的例子。更具体地说，估计出的方差-协方差矩阵可能不是半正定的（方差-协方差矩阵的一个要求，矩阵形如 $\sigma^2 \geqslant 0$）。

处理这个问题有很多特殊的方法，此处不再讨论。

8.6 不确定性和随机性：确定性幻觉

不确定性和随机性渗透了金融的方方面面，在波动率和 VaR 的估计和使用中也随处可见；那句名言"除了死亡和税赋，没有什么是确定的"同样适用于波动率和 VaR 以及金融的各个方面。然而，我们容易陷入"确定性幻觉"，因为当度量了波动率或 VaR，未来就显得不那么随机了。本书第一部分的大部分内容都在讲述人的直觉和天然训练通常并没有很好地帮助我们识别和管理随机性。

不确定性和随机性在定量风险度量中，有几种不同的存在方式。

① 首先，任何度量方法，例如波动率或 VaR，只是估计量，它基于历史的某种方式以及各种假设。和其他估计量一样，受不同来源不确定性的影响，有些容易定量，有些则不可能。不确定性的来源有：

a. 测量误差，例如，如果某些期间或者投资组合的损益值是不准确的、延迟的，甚至缺失的。

b. 有限的数据样本，以及对应的标准统计不确定性。

c. 不正确或者不合适的假设或近似。

d. 编程或者数据收集中出现的错误。

② 其次，世界是变化的，因此基于历史的估计可能不适用于当前环境。

③ 最后，特定交易日的实际交易结果和损益值是随机的，所以参数结果一定是有变化性的，即使那些参数的准确估计值已经得到。

本节中我们重点关注这些不确定性的最后一个。即使 VaR 和波动率是已知的，也存在内在的不确定性。尽管 VaR 是确定已知的，交易结果仍然具有变化性。损益的这种概率变化用 1%/99%VaR 以及 100 天的损益值来刻画较为简单。假设损益是正态分布的，并且我们用某种方式估计出了正确的 VaR，真实的 1%/99%VaR 为 -2.33σ。

对于 100 个交易日，我们预期：**❶**

① 将有一天的损益值低于−2.33σ。

② 最小的损益值以及实际的分位数（第一个和第二个最小损益值的平均值）不会偏离−2.33σ 太远。

以上两点都没有被完全证实。将有一天的损益值小于−2.33σ 的概率仅为 37%，有两天及以上小于−2.33σ 的概率为 27%，一天都没有的概率为 36%。**❷**

最小损益值以及实际分位数与−2.33σ 也不相同。最小损益值有 10% 的概率会落在区间 [−3.28σ，−1.89σ] 以外，一个相当宽的区间。正态分布下，损益值小于−3.28σ 的概率只有 0.05%，所以我们可能认为这是不可能发生的事件，而当期间为 100 天时，概率为 5%，不是特别小。**❸** 实际分位数（第一和第二个最小损益值的平均值）有 10% 的概率落在 [−2.92σ，−1.82σ] 之外，同样是围绕真实值−2.33σ 的一个相当宽的区间。

注意这些结果并非由于 VaR 估计错误，而是由于内在的变化性和不确定性。在实际交易结果中，我们总能看到变化性，在这个例子中，我们只是计算了具体的变化性。

这个例子低估了在实际交易中我们会看到的变化性，主要由于以下几个原因：

■ 我们通常不知道 VaR 的真实值，估计值本身就是不确定的。

■ 我们通常不能确切知道真实的损益分布，真实世界的交易结果比正态分布的尾部要厚。因此，给定区间内最差的损益值可能比此例中所假设的更差。

■ 环境是不断变化的，世界是不稳定的，所以基于历史的估计值不一定能完全代表未来。

由于以上原因以及其他原因，我们所看到的变化性可能更大，但至少这个例子能让我们了解损益的变动情况。估计出一个简单的统计量（例如 VaR）并不意味着变化性被控制了，只是意味着我们对变化性程度有了一些粗略的想法。

8.7　总结

本章讨论了标准风险度量工具，重点关注了波动率和 VaR。第 9 章将使用这些工具考察一个简单的投资组合，即我们在第 1 章介绍过的美国国库券和 CAC 股指期货。

要想完全了解本章中的细节，需要掌握相当程度的复杂技术。然而，思想是简单

---

❶ 当我们考察 100 个交易日时，实际 1% 分位数在第一个和第二个最小损益值之间是不确定的，两者的平均值是个合理的估计。

❷ 这是一个伯努利试验，$p=0.01$，$q=0.99$。$P[成功 0 次]=0.99^{101}=0.3624$。$P[成功 k 次]=\text{Comb}(n,k)$ $p^k q^{n-k}$，因此，$P[成功 1 次]=0.3697$，$P[成功 2 次及以上]=0.2679$。这个结果通常对于 1%/99% VaR 都成立，而不受回报服从正态分布的限制，只要 VaR 的估计是准确的。

❸ N 个正态分布最大值的分布函数为 $\phi(x)^n$，密度函数为 $n\varphi(x)\phi(x)^{n-1}$。$P[损益<3.283σ]=0.999487$，$P[最大损益值<3.283σ]=0.99487^{100}=0.95$，$P[最大损益值>3.283σ]=1-0.95=0.05$，但是 $P[标准正态>3.283]=0.000513$。

而直接的，使用这些工具时需要理解概念，并不需要掌握每一个技术细节。

附录 8.1　VaR 的小样本分布和标准误差

克拉默（Cramér，1974，28.5节，28.6节）讨论了分位数和极端值或次序统计量的分布。

（1）分位数分布

考虑一维分布的 n 个观测值 $\{x_i\}$，Z 分位数为 q_z（例如，$Z=0.01$，标准正态分布中 $q_z=-2.3263$）。如果 $n \times Z$ 不是整数，观测值以升序排列，$\{x_1 \leqslant x_2 \leqslant \cdots \leqslant x_n\}$，那么存在唯一的分位数 x_{u+1}，$u=$ 小于 $n \times Z$ 的最大整数。[1] 分位数（x_{u+1}）的密度函数为：

$$g(x)\mathrm{d}x = \binom{n}{\mu}(n-\mu)(F(x))^{\mu}(1-F(x))^{n-\mu-1}f(x)\mathrm{d}x \tag{8.2}$$

式中，$F(x)$ 为分布函数；$f(x)$ 为密度函数。

利用这个表达式可以得到平均值、方差以及任何置信水平下的置信区间，只要分布函数 $F(x)$ 是已知的。但是式（8.2）的应用是有限的，因为它只对于 $n \times Z$ 不是整数的情况适用。如果有 100 个观测值，$Z=0.01$ 的分位数在第一个和第二个观测值中是不确定的，式（8.2）也不能使用。第一个和第二个观测值都可以用于估计 1% 的分位数，式（8.2）也可以使用，但是两者都不是 1% 的分位数的理想估计，因为都是有偏的。对于第一个观测值、第二个观测值，以及两者平均值均值和标准误差分别为表8.8 中的数据：[2]

表 8.8　均值和标准误差数据

项目	均值	标准误差
第一个观测值	-2.508	0.429
第一、二个观测值的平均值	-2.328	0.336
第二个观测值	-2.148	0.309

另外一种更简单的方法是使用克拉默（Cramér）［同时也被乔瑞（Jorion，2007，126）、肯德尔（Kendall，194）引用］的渐近方程。克拉默（Cramér）认为样本分位数是近似正态分布的：

$$N\left(q_z, \frac{1}{(f(q_z))^2}\frac{z(1-z)}{n}\right) \tag{8.3}$$

对式（8.3）使用 100 个服从正态分布的观测值，$Z=0.01$，$q_z=-2.3263$，

---

[1]　如果 $n \times Z$ 是整数，那么分位数在 x_{nz} 和 x_{nz+1} 中是不确定的。例如，$Z=0.01$，$n=100$，$n*z=1$，1%的分位数在第一个和第二个观测值中是不确定的。两者的平均值是个很好的选择，但是平均值的分布未知。

[2]　对于第一个和第二个观测值，密度函数（8.4）是数值积分。对于两者的平均值，我使用伪随机数发生器产生了 100 万个观测值进行模拟。

$f(q_z)=0.0267$，分位数的标准误渐近为：

$$\frac{1}{f(q_z)}\sqrt{\frac{z(1-z)}{n}}=\frac{1}{0.0267}\sqrt{\frac{0.01*0.99}{100}}=0.373$$

注意：即使只有 100 个观测值，这个渐近方程对于第一个和第二个观测值的平均值（模拟结果为 0.336）的估计也并不是太糟糕。

（2）极端值（次序统计量）的分布

同前面一样，考虑一维分布的 n 个观测值 $\{x_i\}$。设定 vth 是从最大值开始的变量（对于 100 个观测值来说，$v=1$ 是最大值，$v=100$ 是最小值，$v=99$ 是第二小的值），密度函数为：

$$g(x)\mathrm{d}x=n\binom{n-1}{v-1}(F(x))^{n-v}(1-F(x))^{v-1}f(x)\mathrm{d}x \tag{8.4}$$

同样，通过这个表达式可以计算平均值、方差或任何置信区间。

我们也可以利用这个表达式描绘出极端日期的损益分布。如我们在 8.2 节中所说，VaR 与其叫作"统计上最坏情况下的损失"，不如叫作"统计上最好情况下的损失"。因为在 100 天中，实际最小损益值小于 VaR 的概率非常大。考虑 1%/99% VaR，正态分布下，为 -2.326。对于 $20000000 债券的例子，VaR 大约为 -$304200，在 100 天中，大约会有 1 天发生这个情况。但是最小损益值究竟是多大呢？图 8.13 表示 100 天中最小损益值的分布，假设损益分布是正态的。A 图为标准化正态分布下的损失（$\sigma=1$，1%/99% VaR $=-2.326$）；B 图表示 $20000000 债券的损益（$\sigma=130800，1%/99% VaR $=-$304200$），如图所示，最小损益值小于 -$304200 的概率很大，为 63%，大于 -$304200 的概率只有 37%。

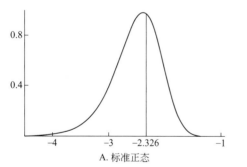
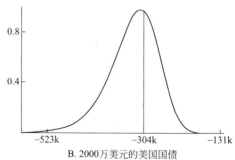

图 8.13　100 天中表现最糟糕一天的损益分布

（3）方差的分布

正态分布下，15.866%/84% VaR 和波动率的值相同，而波动率和 15.866% 分位数的样本分布却有很大不同。波动率是根据所有观测值计算的，公式为：

$$方差=\frac{1}{n-1}\sum(x_i-\bar{x})^2$$

样本 Z 分位数 S_z，是根据次序观测值计算的

$$F(S_z)=Z$$

最多有 $Z\%$ 的观测值小于 S_z，最少有（$1-Z$）% 的观测值等于或大于 S_z。

如果样本方差为 s^2，那么 $(n-1)s^2/\sigma^2$ 的小样本分布是卡方分布（参见克曼塔 1971，139），我们可以计算样本分布的概率：

$$P\left[a\leqslant(n-1)\frac{s^2}{\sigma^2}\leqslant b\right]=P\left[\sigma^2\left(\frac{a}{n-1}\right)\leqslant s^2\leqslant\sigma^2\left(\frac{b}{n-1}\right)\right]$$

$$=P[a\leqslant\chi^2\leqslant b]$$

S^2 的样本分布为渐近正态分布：

$$s^2\sim N\left(\sigma^2,\frac{2\sigma^4}{n-1}\right)$$

$$\left(\frac{s^2}{\sigma^2}-1\right)\sqrt{\frac{n-1}{2}}\sim N(0,1)$$

因此

$$P\left[a\leqslant\left(\frac{s^2}{\sigma^2}-1\right)\sqrt{\frac{n-1}{2}}\leqslant b\right]$$

$$=P\left[\sigma^2\left(a\sqrt{\frac{2}{n-1}}+1\right)\leqslant s^2\leqslant\sigma^2\left(b\sqrt{\frac{2}{n-1}}+1\right)\right]=P[a\leqslant N\leqslant b]$$

（4）波动率和 VaR（分位数）分布的比较

给定方差和分位数的分布，我们可以比较正态分布下波动率的估计值（方差的平方根）和 VaR 估计值（分位数）的样本分布。

但是，我们如何估计 VaR？通常有两种方法：

① 根据波动率。

a. 假设损益分布的函数形式。

b. 根据数据估计波动率。

c. 根据波动率计算 VaR。

② 根据实际分位数。

通过在实际分布中计算合适分位数来估计 VaR。

在第一种情况下，VaR 的样本分布将和波动率相似（VaR 是由波动率乘以一个固定乘数得出的：VaR 是分布的分位数，依赖于假设的分布函数形式）。第二种情况下的比较是我们真正关心的。

首先比较波动率和 15.866% 分位数，在标准正态分布中，两者都为 1.0。对于 100 个观测值，我们使用标准差的通常估计量来估计波动率，15.866% 分位数为从最小的数起第 15 个观测值（实际的 15.866% 分位数）。波动率的样本分布比分位数的样本分布更严格。表 8.9 和图 8.14 为上下 5% 置信区间（因此 5% 和 95% 之间有 90% 的概

率）。因此，波动率小于 0.882 的概率为 5%，第 15 个观测值小于 0.806 的概率为 5%。❶

表 8.9　100 个观察值的波动率和 VaR 抽样分布的比较

项目	5%水平	均值	95%水平
波动率（有限样本）	0.882	1.000	1.116
波动率（渐近）	0.875	1.000	1.111
第 15 个观测值（15.866%分位）	0.806	1.055	1.312
第 15～16 个观测的平均值*	0.789	1.030	1.286
渐近	0.849	1.000	1.151

　* 指通过模拟计算出第 15～16 个观测值之间的平均值。

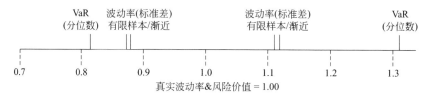

图 8.14　100 个观察值的波动率和 15.866%VaR 的置信区间

然而，更有趣的是比较通过波动率估计的 VaR 与根据实际分位数估计的 VaR（例如，1%/99%VaR）。考虑 255 个观测值（大约一年交易时间）的 1%/99%VaR，实际的 1%分位数为第 2 个观测值。表 8.10 列出了通过波动率计算的 VaR 与通过第 2 个观测值计算的 VaR 的置信区间。❷

表 8.10　由波动率和经验分位数估计出的 1%/99%VaR 的抽样分布的比较——255 个观察值

项目	5%水平	均值	95%水平
由波动率估计出的风险价值（有限样本）	2.156（−7.3%）	2.326	2.495（+7.3%）
由波动率估计出的风险价值（渐近）	2.150（−7.6%）	2.326	2.490（+7.1%）
第 2 个观测（1%分位）	2.086（−10.3%）	2.501	2.990（+28.5%）
第 2～3 个观测的均值 *	2.040（−12.3%）	2.412	2.830（+21.7%）
渐近	2.093（−10.0%）	2.326	2.559（+10.0%）

　* 指通过模拟计算出第 2～3 个观测值之间的平均值。

实际分位数（第 2 个观测值）的置信区间相对于波动率的置信区间要宽得多（真实值的−10%/+28%）。如果分布是正态的，那么使用所有观测值得到波动率的确切估计，然后推测分位数就是有效的。如果只依赖尾部极端数据，假设分布是正态的，

---

　❶　第 15 个观测值是实际分位数，它是有偏的，均值为 1.055。第 15 个和第 16 个观测值的平均值，通过模拟得出均值为 1.03。第 16 个观测值均值为 1.012，置信区间为 0.767/1.265。

　❷　第 2 个观测值的平均值为 2.501（而不是 2.326）。第 2 个和第 3 个观测值的平均值为 2.412。

估计结果就不是有效的。（注意，渐近置信区间并不能代表实际置信区间。）❶

在另一种背景下，我们也希望考察波动率或 VaR 的样本分布。假设知道波动率或 VaR 的值，我们想要计算一些特定交易结果的概率。例如，我们想计算波动率在一年内处在一个特定区间范围内的概率，或者 100 个交易日内最大损失小于特定值的概率。之前给出的分布对这些问题进行了解答。关于 VaR，不论是如何估计的，也不管样本分布如何，实际分位数的分布（依赖于 VaR 的值）都将由式（8.1）和式（8.3）给出。真实的损益分布结果，例如，一定交易区间内的分位数，将服从分位数（VaR）而不是波动率的样本分布。

附录 8.2 二阶导和参数法

参数法或线性估计法最大的缺点就是不能很好地应用于非线性工具。这通常不是致命缺陷，因为大多数投资组合至少是局部线性的，并且参数法提供了很多有用信息。❷ 然而，使用标准方法时，我们并不知道非线性情况是个小问题或者说足够严重以至于影响结果（因此需要其他替代方法）。

本节中，我们使用原始资产或投资组合的二阶导（gamma）信息来估计非线性资产回报的效果，尤其是指出什么情况下线性法不能很好地估计损益分布。❸ 尽管这比直接计算更涉及投资组合的方差，但并没有蒙特卡洛法那样复杂的计算。这种方法可以判断线性法是否适用，但不一定能良好地估计非线性的效果。

我们的方法是，首先考虑只有一个风险因素的单变量情况，f 代表风险因素变化。假设风险因素变化服从正态分布，由于我们特别关注的是资产回报的非线性是否以及如何转化成对于正态性的偏离，所以假设风险因素分布是正态的（然后在相应的损益分布中考察偏离正态性的程度）是合理的方法。

投资组合损益分布的 p 近似为：

$$p \approx \delta f + 1/2 \gamma f^2 \tag{8.5}$$

由于 f^2 不是正态的，重要问题是它偏离正态分布的程度如何。我们的方法是计算分布的前三个高阶矩（方差、偏度、峰度），然后使用反概率密度函数的渐近 Cornish-Fisher 展开来考察该分布分位数（VaR）偏离正态分布的程度。

---

❶ 格鲁希、加莱和马克（Crouhy，Galai and Mark，2001，245-246）并没有严格区分通过波动率估计的 VaR 以及根据实际分位数估计的 VaR 的样本分布。因此，他们关于两种途径得到 VaR 的比较是不正确的，结论"基于分位数的标准差检验没有卡方检验有效"也是错误的。

❷ 利特曼（Litterman，1996，53）："许多风险管理者似乎忘记了，一个简单方法（例如在传统投资组合分析中常用的线性近似法）最关键的好处就是能在有效时提供信息。除了少数例外情况，投资组合通常都是局部线性的，这样我们就可以使用投资组合风险分析工具来得到有用信息。"

❸ 我曾见过使用二阶导来提高方差估计的准确性［例如，格鲁希、加莱和马克（Crouhy，Galai and Mark，2001，249）；乔瑞（Jorion，2007），第 10 章］以及对反概率密度函数使用渐近 Cornish-Fisher 展开来提高 VaR 的临界值。我没见到过同时使用峰度、偏度以及 Cornish-Fisher 展开来考察损益分布非线性的效果。不过这是个简单的想法，可能有作者已经解决。

假设式（8.5）是正确的表达式（三阶以及更高阶导数为 0），损益的高阶乘积为:[1]

$$p^2 = \delta^2 f^2 + 1/4 \gamma^2 f^4 + \delta\gamma f^3$$

$$p^3 = \delta^3 f^3 + 1/2^3 \gamma^3 f^6 + 1/4\ 3\delta\gamma^2 f^5 + 3/2\delta^2\gamma f^4$$

$$p^4 = \delta^4 f^4 + 1/2^4 \gamma^4 f^8 + 4/2\delta^3\gamma f^5 + 4/2^3\delta\gamma^3 f^7 + 6/4\delta^2\gamma^2 f^6$$

$$p^5 = \delta^5 f^5 + 1/2^5 \gamma^5 f^{10} + 5/2\delta^4\gamma f^6 + 5/2^4\delta\gamma^4 f^9 + 5/2\delta^3\gamma^2 f^7 + 5/4\delta^2\gamma^3 f^8$$

假设 f 是均值为 0 的正态分布，f 所有奇次阶的期望都为 0，偶次阶的期望为 $E[f^j] = j!(j/2)! * \sigma^j/2^{j/2}$，期望为:

第一步: $E[p] = 1/2\gamma\sigma^2$

第二步: $E[p^2] = \delta^2\sigma^2 + 3/4\gamma^2\sigma^4$

第三步: $E[p^3] = 15/8\gamma^3\sigma^6 + 9/2\delta^2\gamma\sigma^4$

第四步: $E[p^4] = 3\delta^4\sigma^4 + 105/16\gamma^4\sigma^8 + 45/2\delta^2\gamma^2\sigma^6$

第五步: $E[p^5] = 945/32\gamma^5\sigma^{10} + 75/2\delta^4\gamma\sigma^6 + 525/4\delta^2\gamma^3\sigma^8$

P 的中心矩为:

第一步: $E[p]$ （8.6a）

第二步: $E[p^2] - (E[p])^2$ （8.6b）

第三步: $E[p^3] - 3 * E[p^2] * E[p] + 2 * (E[p])^2$ （8.6c）

$\Rightarrow$ 偏度 $= \{E[p^3] - 3 * E[p^2] * E[p] + 2 * (E[p])^2\}/\{E[p^2] - (E[p])^2\}^{1.5}$

第四步: $E[p^4] - 4 * E[p^3] * E[p] + 6 * E[p^2] * (E[p])^2 - 3 * (E[p])^4$ （8.6d）

$\Rightarrow$ 峰度 $= \{E[p^4] - 4 * E[p^3] * E[p] + 6 * E[p^2]((E[p])^2$
$- 3 * (E[p])^4\}/\{E[p^2] - (E[p])^2\}^2$

$\Rightarrow$ 超值峰度 $= \{E[p^4] - 4 * E[p^3] * E[p] + 6 * E[p^2] * (E[p])^2$
$- 3 * (E[p])^4\}/\{E[p^2] - (E[p])^2\}^2 - 3$

第五步: $E[p^5] - 5 * E[p^4] * E[p] + 10 * E[p^3] * (E[p])^2 - 10 * E[p^2] * (E[p])^3 + 4 * (E[p])^5$ （8.6e）

对于单变量的情况，中心矩 u_i 为:

第一步: $1/2\gamma\sigma^2$

第二步: $\delta^2\sigma^2 + 1/2\gamma^2\sigma^4$

第三步: $\gamma^3\sigma^6 + 3\delta^2\gamma\sigma^4$

$\Rightarrow$ 偏度 $= (\gamma^3\sigma^6 + 3\delta^2\gamma\sigma^4)/(\delta^2\sigma^2 + 1/2\gamma^2\sigma^4)^{1.5}$

第四步: $3\delta^4\sigma^4 + 15/4\gamma^4\sigma^8 + 15\delta^2\gamma^2\sigma^6$

$\Rightarrow$ 超值峰度 $= (3\delta^4\sigma^4 + 15/4\gamma^4\sigma^8 + 15\delta^2\gamma^2\sigma^6)/(\delta^2\sigma^2 + 1/2\gamma^2\sigma^4)^2 - 3$

第五步: $30\gamma\delta^4\sigma^6 + 17\gamma^5\sigma^{10} + 85\delta^2\gamma^3\sigma^8$

$\Rightarrow$ 第五步累积量 $k_5 = \mu_5 - 10\mu_3\mu_2 = 60\gamma^3\delta^2\sigma^8 + 12\gamma^5\sigma^{10}$

---

[1]　严格地说，忽略了三阶以及更高阶导数。尽管他们在 f 中的顺序和我们在其他地方包含的项是一样的。

一旦方差、偏度和峰度都计算出来了，我们就可以通过计算损益分布合适的分位数并且和正态分布相比较来判断非线性是否造成了严重的差别。

通常反概率密度函数的 Cornish-Fisher 展开可以用来评估损益分布的（近似）分位数、偏度和峰度。可以把这些分位数和正态分布的分位数相比较，如果它们显著不同，那么可以推断资产回报的非线性特征对于损益分布的影响很大；如果它们差别不大，那么非线性回报并没有显著地改变损益分布。

Cornish-Fisher 展开是一般分布函数的反概率密度函数的渐近展开。三阶展开为（同阶的项写在方括号中）：[1]

$$\omega \approx x + [1/6 \times (x^2 - 1) \times m_3] + [1/24 \times (x^3 - 3x) \times m_4 \qquad (8.7)$$
$$- 1/36 \times (2x^3 - 5x) \times m_3^2] + [1/120 \times (x^4 - 6x^2 + 3) \times \gamma_3$$
$$- 1/24 \times (x^4 - 5x^2 + 2) \times m_3 \times m_4$$
$$+ 1/324 \times (12x^4 - 53x^2 + 17) \times m_1^3]$$

其中，$y = \mu + \sigma\omega$ 是反密度函数 $F(y) = \text{prob}$ 的解，表示概率水平 prob 对应的具体 Cornish-Fisher 临界值。

x 为标准正态分布概率密度函数 $\phi(x) = \text{prob}$ 的解，表示概率水平 prob 对应的标准正态分布的临界值（注意这是低尾概率，因此 prob $= 0.05$ 对应 $x = -1.6449$，prob $= 0.95$ 对应 $x = 1.6449$）

m_3 为偏度。

m_4 为超值峰度。

$\gamma_3 = K_5 / \sigma^5$。

K_5 为第五累积量。

当偏度和峰度足够大，使得线性近似法不适用时，我们必须要小心。Cornish-Fisher 展开实际上可以用来近似分位数，但是在偏度和峰度很大时，式（8.7）给出的近似准确度不是很高。Cornish-Fisher 展开是渐近的，尤其对于尾部的分位数，当分布显著偏离正态分布时，需要很多项。在第 9 章的例子中我们会看到，式（8.7）中的展开对于大的峰度和偏度近似效果不好。因此，目前的方法可以说明线性法在什么情况下不适用，但不一定是有效的近似；在这种情况下，应当使用历史模拟法或蒙特卡洛法。

对于单变量的情况，这个复杂方法是不必要的，我们可以直接比较 delta 和 gamma（一阶导和二阶导）。然而，多变量情况下，必须考虑协方差的影响，才能估计出一阶导和二阶导的作用，计算投资组合的偏度和峰度是唯一有效的方法。

多变量情况下，假设风险因素变化是一个联合正态分布向量 F，损益分布近似为：

$$p \approx \Delta' F + 1/2 F \Gamma F \qquad (8.8)$$

假设这是准确的表达式，像之前一样计算各阶矩（只留下多变量正态分布中不为

---

❶ 阿布拉莫维茨和斯泰刚（cf. Abramowitz and Stegun，1972，935，0.238）在 "Cornish-Fisher 近似展开" 中使用了厄米多项式。

零的项）：

第一步：$E[p]=1/2\sum_{ij}\gamma_{ij}\sigma_{ij}$

第二步：$E[p^2]=\sum_{ij}\delta_i\delta_j\sigma_{ij}+1/4\sum_{ijkl}\gamma_{ij}\gamma_{kl}\sigma_{ijkl}$

第三步：$E[p^3]=1/8\sum_{ijklmn}\gamma_{ij}\gamma_{kl}\gamma_{mn}\sigma_{ijklmn}+3/2\sum_{ijkl}\delta_i\delta_j\gamma_{kl}\sigma_{ijkl}$

第四步：$E[p^4]=\sum_{ijkl}\delta_i\delta_j\delta_k\delta_l\sigma_{ijkl}+1/8\sum_{ijklmnpq}\gamma_{ij}\gamma_{kl}\gamma_{mn}\gamma_{pq}\sigma_{ijklmnpq}$
$$+3/2\sum_{ijklmn}\delta_i\delta_j\delta_{kl}\gamma_{mn}\sigma_{ijklmn}$$

对于多变量正态分布，$k>2$ 的中心矩都可以用 σ_{ij} 表示 [参见依瑟利斯（Isserlis，1918），以及维基百科词条"多元正态分布"]：

例如，对于四阶矩：

$$\sigma_{iiii}=E[X_i^4]=3\sigma_{ii}^2$$

$$\sigma_{iiij}=E[X_i^3X_j]=3\sigma_{ii}\sigma_{ij}$$

这看起来很麻烦，但是通过编程可以简化。

损益分布是单变量的，因此投资组合方差、偏度和峰度为标量，中心矩也将由前面的式（8.6）给出。和单变量情况类似，Cornish-Fisher 展开 [式（8.7）] 可以应用于整个投资组合，来评估峰度和偏度是否足够小，以使得线性法有效；或是否足够大，提醒我们关注非线性情况。

9 波动率和 VaR 的应用

我们在第 8 章中讨论了定量风险管理中使用的标准工具：主要为波动率和 VaR。本章中，我们将使用这些工具来度量一个含有两种资产（政府债券和股指期货）的简单投资组合的市场风险，主要目的是通过实例来介绍这些工具在现实中怎样应用。我们将使用与第 8 章大致平行的结构，提供相关主题的简单例子。

9.1 简单投资组合

让我们来考察一个由政府债券和股指期货构成的投资组合（与第 1 章中的投资组合相同）：＄20000000 10 年期美国国债。€7000000CAC 股指期货（法国股市指数）。

我们可以将其当作一个简单例子或者一家模拟交易公司，债券代表固定收入交易或投资组合，期货代表股票交易或投资组合。在真正的企业中，投资组合会包括多种资产，但本例中简单的投资组合使我们可以更加关注技术和工具，而不用关注真实投资组合的复杂性。在第 10 章中我们将考察一个较复杂的投资组合，并给定量技术赋予了具体数值。然而即使这样简单的投资组合也具有多种风险：

① 收益率风险——美国国债收益率曲线。

② 股权风险。

③ 操作风险。

④ 债券交付风险。

⑤ 仓位保持和期货核对。

9.2 计算盈亏分布

在第 8 章中，我们讨论了波动率和 VaR，以波动率为 $130800 的正态分布为例，这正是使用参数法或 Delta-normal 法估计出的美国国债的实际盈亏分布。我将使用这个例子来阐述如何计算盈亏分布，如何利用分布计算波动率和 VaR。

我们将遵循 8.3 节"估计盈亏分布的方法"中所概述的四个步骤。

① 资产到风险因素的映射：找出每种资产对应的风险因素。

② 估计可能结果的范围以及市场风险因素的变化。

③ 产生投资组合的盈亏分布：计算风险因素盈亏，然后加总产生投资组合的盈亏分布。

④ 计算 VaR、波动率等统计量：估计 VaR、波动率或者盈亏分布的其他特征。

我们将运用参数法、历史模拟法、蒙特卡洛法来估计盈亏分布（以及 VaR 等）。下面计算单一债券的波动率和 VaR。

美国国债是价值 $20000000 的 10 年期美国国债（利率为 3.75%，2018 年 11 月 15 日到期）。只给出这些信息，我们很难对它的风险有确切的认识。然而，如果估计出盈亏分布，我们就知道它在正常交易状态下的风险情况了。

投资组合是在 2009 年 1 月 27 日估值的，因此，所有价格、收益率、波动率等都是 2009 年 1 月 27 日的值。目标是找出投资组合的盈亏分布，在本例中就是单一债券的盈亏分布。我们将考虑从 27 日到 28 日一天内的盈亏，27 日债券价格是 110.533，因此我们需要使用某种方法来估计 28 日的可能价格以及价格变化。最可能的结果是没有变化，假设平均盈亏为 0，因此盈亏分布的均值为 0。但是我们仍然需要估计均值附近价格可能的变化范围来得到分布。如通常估计盈亏分布一样，我们可以在概念上将这个问题分成两个部分：市场风险因素分布（市场结果独立于公司行为）和投资组合资产对市场风险因素的映射或转换。

1）第一步 资产到风险因素的映射

第一步是将资产映射到风险因素。在本例中，映射非常简单：我们有一种资产，10 年期美国国债；我们将使用一种市场风险因素，10 年期美国国债收益率。映射是一对一的，变换是标准的收益率-价格计算。我们可以使用债券价格来代替收益率，但是使用收益率更方便，因为收益率在不同种类和不同到期时间的债券中（至少是部分的）实现了标准化。[1]

我们将根据不同的估计方法（参数法、历史模拟法、蒙特卡洛法）来进行映射或转换。然而，在本阶段，这三种方法没有什么差别。对三种方法来说，目的都是将我们持有的实际投资组合（10 年期债券）转换为某些可以识别的市场风险因素（本例中

---

[1] 本书假设读者熟悉基本的金融和投资知识，如贝利、夏普和亚历山大（Bailey, Sharpe and Alexander, 2000）所述。

为市场收益率）。对所有的方法，我们将使用债券的收益率-价格函数：

$$P(y) = \sum_{i=1}^{n} \frac{C_i}{(1+y)^i} + \frac{P}{(1+y)^n}$$

对于历史模拟法和蒙特卡洛法，我们将使用完整方程；而对于参数法，我们将使用一阶导和线性近似：假设收益率变化与价格变化以及盈亏线性相关。对于小的收益率变化，价格变化大约与收益率变化呈比例：[1]

$$\Delta P \approx -DV01 \cdot \Delta Y$$

DV01 是收益率-价格方程的一阶导，叫作 Delta，在参数法中叫作 Delta-normal。

10 年期债券每 $1000000 面值的 DV01 大约为 $914/bp，因此对于 $20000000 投资组合的 DV01（或者敏感度）大约为 $18300/bp。换句话说，收益率每下降 1bp，将产生大约 $18300 的利润，或者说收益率每下降 5bp，将产生大约 $91500 的利润（价格和收益率反向运动）。

对于历史模拟法或蒙特卡洛法，我们将使用实际的收益率-价格函数。换句话说，假设收益率由 2.58% 变化到 2.53%：

收益率＝2.53%⇒价格＝110.526⇒投资组合＝$22256400
收益率＝2.58%⇒价格＝110.070⇒投资组合＝$22165200
⇒盈亏＝-$91200 [2]

2）第二步 风险因素分布

第二步是确定市场风险因素分布，在本例中即为债券收益率的分布。没有人能够确切知道真实的盈亏分布，但是考察历史通常是好的开始。图 9.1 为 273 个交易日（大约 13 个月）债券收益率日变化的实际分布，日变化在 -20bp 到 +27bp 之间变化，但是大多数变化在 0 附近。[3]

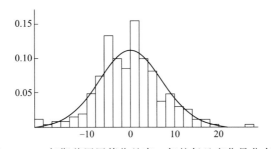

图 9.1 10 年期美国国债收益率一年的每日变化量分布图
注：直方图展示的是一年的日度数据。这条线代表一个具有相同波动率（7.1569/天）的正态分布。

我们可以使用历史数据作为分布，并且认为它和真实分布的差距不大。在历史模拟法中，我们正是这么做的。然而，在参数法中，我们使用参数函数形式（正态分

---

❶ 参见科尔曼（Coleman，1998b）关于债券的 DV01 概述以及敏感度计算。

❷ 27 号的应计利息为 0.756。注意，使用线性近似时，收益率每下降 5bp，对应的利润大约为 $91440，区别不是很大。

❸ 这些数据是合成的，但是与 2008 年 1 月到 2009 年 1 月的数据大致相同。

布），而不是实际分布。实际分布看起来大致是正态的，图 9.1 中也画出了正态分布曲线。尽管正态分布不能完整地拟合数据，但确实抓住了数据的主要特征，包括在 0 值附近集中以及离散程度很大的双向变化。❶（稍后将讨论非正态性和厚尾问题。）

正态分布是简单的——完全由均值和波动率决定——正态分布也很容易使用，在所有数学和统计软件包中都有相应的程序。最合适的分布是均值为 0，日标准差为 7.15bp 的正态分布。

3）第三步　产生盈亏分布

为了得到整个投资组合的盈亏分布，我们必须将市场收益率的盈亏分布转化为投资组合的盈亏分布。这是三种方法（参数法、历史模拟法、蒙特卡洛法）开始出现显著差别的地方。

① 参数法。参数法使用了近似，对于小的变化，价格变化大约与收益率变化成比例：

$$\Delta P \approx -\mathrm{DV01} \cdot \Delta Y$$

正如我们前面提到的，投资组合的 DV01 或敏感度大约为 $\$18300/\mathrm{bp}$。也就是说，收益率每上升 1bp，对应的损失大约为 $\$18300$（价格和收益率呈反向运动）。

收益率到投资组合盈亏的线性变换以及收益率分布的正态假设意味着投资组合盈亏也是正态分布的。盈亏分布将和收益率的盈亏分布相同，只是乘以 DV01 或者 $\$18300$。图 9.2 为从收益率变化转化得到的价格或盈亏分布（注意相对于图 9.1 来说，轴反转了，因为收益率大幅下降意味着价格大幅上升）。由于假设收益率分布是正态的，盈亏分布也将是正态的，转换为：

$$分布[损益] \approx 分布[\mathrm{DV01} \cdot \Delta Y] = N[0,(18300\times7.15)^2] \approx N[0,130800^2]$$

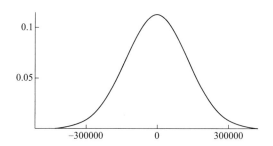

图 9.2　引入参数法后每日收益率变化的损益分布
注：假设市场风险因素（收益率）正态分布，债券损益与收益率线性相关。

因此我们得到了 $\$20000000$ 10 年期债券合理的盈亏分布描述——正态分布，标准差约为 $\$130800$。这与第 8 章图 8.2 和图 8.4 中 A 图的分布相同。

② 历史模拟法。计算历史盈亏分布在概念上是直接的，在本例中非常简单：

a.选择市场风险因素的历史区间。在本例中，是图 9.1 所示的 272 个收益率观测值

---

❶　拟合不是很完美，但是实际分布和正态分布的差别并不太大。统计上，我们可以拒绝正态分布，但是不能拒绝自由度为 6 的 t 分布。

样本（约为一年）。

b.根据市场收益率计算债券盈亏。

历史模拟法可能在两个重要方面与参数法有所不同。首先，最明显一点是使用的市场风险因素分布。图 9.1 所示为实际分布以及拟合的正态分布。历史模拟法使用了实际观测值（直方图所示），参数法使用了拟合的正态分布（实线）。

第二点是投资组合盈亏是如何计算的。参数法使用了线性（一阶导或 Delta）近似：

$$\Delta P \approx -DV01 \cdot \Delta Y$$

我们可以在历史模拟法中使用同样的方法。如果我们使用线性近似，用参数法和历史模拟法得到分布的区别将来源于市场风险因素分布。

然而，历史模拟法中，盈亏通常用全面重估来计算，本例使用了收益率-价格方程。所以，例如，1 月 26 日的 10 年期收益率为 2.65%，1 月 27 日为 2.53%，下降了 12bp。我们计算两个收益率下的债券价格然后分析差别：

收益率＝2.65%⇒价格＝109.435⇒投资组合＝＄22038200

收益率＝2.53%⇒价格＝110.526⇒投资组合＝＄22256400

⇒盈亏＝＄218200

这与使用线性近似得到的盈亏（＄219500）有些许差别，但是对于这样的债券来说，这个差别是相当小的。

有一个细节问题在使用线性近似时不是很明显，但是如果使用全面重估则很明显。2.65% 的历史收益率是 1 月 26 日的数据，但实际上我们想计算的是对 1 月 27 日应用这个收益率，债券价格会是多少。换句话说，我们使用历史市场风险因素，假设它们可以应用于今天的资产。

26 日和 27 日的收益率差别很小，但是如果我们考察很早的时期，差别就很重要了。考虑 2008 年 1 月 3 日的收益率 3.90%，1 月 4 日下降了 5bp，达到 3.85%。10 年期国债在 2008 年 1 月甚至尚未发行，但是如果发行了，那么还有 10 年 10 个月到期（对比来看，如果是 2009 年 1 月 27 日，那么还有 9 年 9 个半月到期）。2008 年 1 月 3 日 3.85% 的收益率对应的交易价格将为 ＄99.12，收益率 5bp 的下降对应着 ＄87400 的利润。实际上，在 2009 年 1 月 27 日，债券价格为 ＄110.526，收益率 5bp 的变化对应着 ＄91200 的利润。

关键是我们想要知道历史风险因素变化对于今天持有资产的影响，而不是对于历史持有资产的影响。在本例中，市场风险因素是债券收益率，更具体地说，是收益率的变化。为了评估影响，我们用今天的收益率（2.53%），应用历史变化，来得到假设的新收益率。2008 年 1 月 3 日到 1 月 4 日之间，收益率下降了 5bp——应用到今天（2009 年 1 月 27 日，收益率为 2.53%），这意味着从 2.58% 下降到了 2.53%——对应着 ＄91200 的收益。

当我们考察短期工具，尤其是期权时，这个问题变得更加明显。假设我们在 2009 年 1 月 27 日持有一个两周的期权。在 2008 年 1 月，实际期权距到期日为一年零两周。

考察历史市场风险因素的原因在于，尝试估计在不同的市场条件下，两周期权将如何表现，而不是一年期权和两周期权的差别。

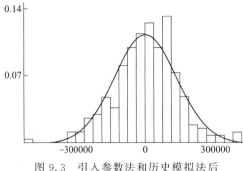

图 9.3　引入参数法和历史模拟法后每日收益率变化的损益分布

当将实际的收益率变化应用到今天持有的债券（2009 年 1 月 27 日持有的债券），我们得到图 9.3 所示的盈亏分布。同时给出了参数分布（通过假设收益率变化为正态分布，债券价格线性由收益率得出）。这两个分布确实有差别，而差别几乎完全来源于收益率（市场风险因素）分布的不同，而不是参数法线性近似与历史模拟法全面重估的差别。稍后我们将对差异做更进一步探讨。

③ 蒙特卡洛法。单一债券的蒙特卡洛估计方法也很直接，与历史模拟法相似。

a. 假设市场风险因素（本例中为收益率）的分布。我们将选择均值为 0 的正态分布，但也可以选择其他分布。

b. 估计参数分布的参数。本例中，计算图 9.1 中 272 个观测值的波动率。（换句话说，我们将做出与参数法完全相同的假设——收益率变化是正态的，日波动率为 7.15bp。）

c. 通过参数分布模拟大量数据，产生风险因素的蒙特卡洛有限样本分布。

d. 和历史模拟法相同，由市场收益率计算债券盈亏。

在一定意义上，蒙特卡洛法是参数法（假设分布的特定参数形式）和历史模拟法（运用收益率变化计算实际盈亏）的结合。在这个特定例子中，蒙特卡洛法相较于参数法没有任何优势，因为分布和投资组合太简单了。如果投资组合包括更多复杂资产，例如具有高度非线性回报的期权，蒙特卡洛法的优势就会比较明显了。

作为蒙特卡洛法的例子，在正态分布假设下，我们模拟了 1000 次收益率变化。图 9.4 为模拟的收益率变化直方图，同时画出了合适的正态分布曲线。需要注意的是，对于有限样本来说，实际分布不可能正好是波动率为假设值的精准正态分布。根据本例中 1000 个收益率变化，计算出日波动率为 7.32bp，而不是假设的 7.15bp。图 9.4 中的虚线为波动率为 7.15bp 的正态分布。实际分布的波动率与我们原始假设的波动率有微小的差别。

然后计算盈亏，就像历史模拟法一样，通常使用全面重估来计算。图 9.5 为计算出的盈亏直方图及对应的正态曲线。

4）第四步：计算 VaR、波动率及其他

通过盈亏分布，我们可以计算波动率、VaR、ES，或者任何想要计算的风险度量统计量。尽管这些统计量经常被讨论，例如 VaR，好像它们是风险度量的关键目的，但是盈亏分布才是我们真正关注的对象。VaR 只是总结分布（特别是分布的离散程度）的一个简单方法。我们可以使用波动率、VaR、ES 或者其他统计量（或者统计量的结

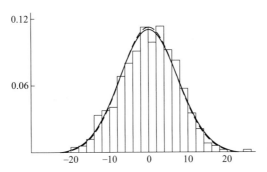

图 9.4　引入参数法和蒙特卡洛法后收益率变化的损益分布

注：虚线展示的是假设的收益率分布——波动率为 7.15bp/天的正态分布。实线展示的是蒙特卡洛波动率为 7.32bp/天的正态分布。直方图展示了蒙特卡洛的实现（假设收益率为正态分布，模拟的 1000 次收益率变化）。

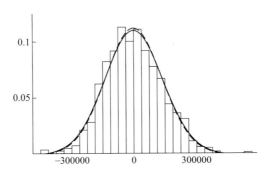

图 9.5　蒙特卡洛法的损益分布图

合）来描述分布，盈亏分布才是我们关注的重点，VaR 只是一种度量手段或统计方法，只是告诉我们关于盈亏分布的信息。

使用参数法时，分布具有解析形式，一般都是带有一定波动率的正态分布。在前面的例子中，分布为：

$$\text{分布 [损益]} = N\left[0, (18300 \times 7.15)^2\right] \approx N\left[0, 130800^2\right]$$

该分布的 VaR 很容易计算，只要给定发生更坏损失的概率为 Z，就可以计算相应的盈亏水平：

$$Z = P\left[\text{损益} \leqslant Y\right] = P\left[\text{标准正态变量} \leqslant (Y - \mu)/\sigma\right]$$

其中，$u = 0$ 为正态分布的均值，$\sigma = 130800$ 为正态分布的标准差（波动率）。

我们可以查阅正态分布的 VaR 表，例如表 8.1，可以看到 1%/99% VaR 为波动率的 2.326 倍，在我们的例子中也就是 \$304200。

历史模拟法中，我们有一组观测值，而不是分布的参数函数，图 9.3 为对应的直方图，在本例中有 272 个盈亏值。如果我们想计算分布的波动率，只要使用标准差的公式即可：

$$\text{波动率} = \sqrt{\frac{1}{n-1} \sum_{i=1, n} (P_i - \overline{P})^2}$$

$$均值 = \overline{P} = \frac{1}{n} \sum_{i=1,n} P_i$$

在本例中，波动率为 \$130800。

如果想计算 VaR，就要知道分位数。我们对观测值排序，并且从最小的（负值最大）开始选择第 n 个。表 9.1 为 4 次涨幅最大的收益率以及对应的 4 次最小的盈亏值。

对于 272 个观测值，1%/99% VaR 为从最小值开始的第 3 个观测值（关于分位数的定义，参见第 8 章附录）。表 9.1 中第 3 个最小盈的亏值为 － \$296000，因此 VaR 为 \$296000。

表 9.1   2008 年 1 月到 2009 年 1 月，美国 10 年期国债几次最大的收益率变化及对应的损益

日期	收益率	相对于前一天的变化	损益（\$）
2008-9-19	3.77	26.9	－486000
2008-1-24	3.64	17.1	－311000
2008-9-30	3.83	16.3	－296000
2008-10-8	3.71	16.3	－296000

与历史模拟法相同，蒙特卡洛法也有一组观测值。在本例中，我们产生了 1000 个观测值，但通常可以产生更多观测值。波动率和 VaR 的计算和历史模拟法相同，在本例中，波动率为 \$134000，1%/99% VaR 为第 10 个最小盈亏值，为 － \$315100。

表 9.2 是通过三种方法计算的波动率和 VaR，它们有一些相同点和不同点。

表 9.2   三种方法计算的波动率和 VaR

采用的方法	波动率	1%/99% VaR
参数法	130800	304200
历史模拟法	130800	296000
蒙特卡洛法	134000	315100

a. 参数法和历史模拟法的波动率是一样的，因为对于历史波动率拟合了参数（正态）分布。

b. 参数法和蒙特卡洛法的波动率不同，因为后者的观测值为有限样本。由于只有 1000 次模拟，本例中的差距不足为奇。❶

c. 参数法和历史模拟法的 1%/99% VaR 不同，因为历史分布实际上不是正态的。本例中，历史模拟法的 VaR 稍小，说明在这个特定例子中，历史分布的左尾没有正态分布延伸得远。

d. 参数法和蒙特卡洛法的 VaR 不同，因为它们的波动率不同。

---

❶ 第 8 章附录介绍了正态样本分布的方差 s^2 和正态分布的方差 σ^2 满足：$(n-1)s^2/\sigma^2 \sim \chi_{n-1}^2$。这意味着，模拟次数为 1000 时，有 5% 的概率样本（蒙特卡洛）方差将比真实方差低 8.6% 或高 9.0%（因此波动率将比真实值低 4.4% 或高 4.4%）。

这里我想重点分析参数法和历史模拟法估计的 VaR 的差别。两个分布的波动率相同（我们选择了参数分布来确保这点），但是 VaR 不同。历史分布很可能不是正态的，但即使它是，历史模拟法的 VaR 仍存在随机变化性，因为它的观测值是有限样本。只要使用有限样本来估计尾部度量指标，例如 VaR，就存在样本变异性。因为尾部的观测值太少，估计结果的变化性就很大。

我们可以使用第 8 章附录给出的次序统计量的分布来考察 VaR 的随机变化性。272 个观测值的 1%/99% VaR 为第 3 个最小观测值。使用数值积分来估计附录中的方程，正态分布 272 个观测值的第 3 个最小观测值的 95% 置信区间为 -2.836σ 到 -1.938σ（连续正态分布的真实分位数为 -2.326）。使用表中的波动率，95% 置信区间为 $-\$371000$ 到 $-\$253000$，这是相当宽的区间，再次提醒我们使用尾部度量方法时要多加小心，例如 VaR。

① 对单一债券头寸使用波动率和 VaR。我们刚刚估计了美国国债投资组合的盈亏分布和风险度量指标（波动率和 VaR），现在来看如何使用这些信息。重点关注参数法，表 8.1 在此处再次列出作为表 9.3，给出了正态分布 Z 和 Y 的不同组合。

通过这些数据，我们得到了债券的一些有用信息。首先最重要的一点是，知道波动率大约为 $\$130800$，我们预期每三个交易日中会有一天盈亏值的绝对值大于 $\$130800$，因为日盈亏值小于 $-\$130800$ 或大于 $+\$130800$ 的概率大约各为 16%。这有效地校准了正常交易条件下的盈亏：大约为 $\$130800$，不是 $\$13080$，也不是 $\$1308000$。这在开始计算之前我们是绝不知道的。

可以在一定程度上延伸我们的理解。假设风险因素服从正态分布，波动率为 $\$130800$，5%/95% VaR 为 $\$215000$。更低概率的 VaR 如何？我们可以使用表 9.3，但是使用正态分布计算较低概率的 VaR 我们信心不足。可以有两个简单的替代方法。第一，应用利特曼（Litterman）的经验法则：4σ 事件大约每一年发生一次。也就是说 0.39%/99.61% VaR 大约为 $\$523200$。（$\$130800$ 的 4 倍。）

表 9.3 正态分布的概率（Z）和损益（Y）的各种组合（与表 8.1 相同）

Z	Y（风险价值）	$(Y-\mu)/\sigma$	$P[$标准正态变量 $\leqslant (Y-\mu)/\sigma]$
15.9%	-130800	-1.000	0.159
5%	-215000	-1.645	0.050
2.5%	-256300	-1.960	0.025
1%	-304200	-2.326	0.010
0.39%	-348000	-2.661	0.0039
0.1%	-404100	-3.090	0.001

我们也可以假设风险因素是混合正态分布（1% 的概率得到高波动率，高波动率为低波动率的 5 倍；也就是 $\alpha=1\%$，$\beta=5$）。假设所有风险因素都同时是低或高波动率，投资组合分布也将为正态分布。在表 8.4 中，可以看到 0.39%/99.61% VaR 大约为

＄356700（2.727σ），比简单正态分布得到的值稍大。

在这里我们要强调几点：

a.所有这些关于风险因素的数字都应该小心使用。它们只是现实的近似，我们必须意识到它们的局限性。之前说"波动率大约为＄130800"，因为我们永远不可能知道明天的真实盈亏分布。我们对于数量级可能很有信心（波动率不会是＄13080，也不会是＄1308000），但是我们不能完全相信是＄130800。在第8章中，我们讨论了估计的不确定性。基本常识和市场经验决定我们使用这些估计时要多加小心。

b.这里计算的波动率和VaR是基于历史的统计量，只是以某种方式总结了历史，事实情况几乎总是这样。这不是坏事，因为了解过去是对未来做出判断的第一步。然而，使用时也应该要小心，因为波动率和VaR只是以简洁和有效的方式告诉我们过去发生了什么。

c.在估计波动率和VaR时，我们做出了很多假设。例如，参数法中，我们假设风险因素是正态分布的。历史模拟法中，我们假设（相对较少的）历史观测值是真实分布的良好估计。蒙特卡洛法中，我们假设风险因素是正态分布的。这些假设是必要的，但我们必须记住，结果是基于假设的，除非对假设具有绝对信心，我们不应该太相信结果——市场中任何有经验的人都知道假设从来都不是完美的。

d.我们必须评估假设的合理性。在这种情况下，参数法的正态性假设对于分布的中心位置是合理的。当使用波动率对标准交易情况（也就是分布的中心位置）做出判断时，我们很有信心。相反，对于0.1％/99.9％VaR为＄399500我们不是很有信心（很可能真实值更大），因为尾部很可能更厚，而正态性假设没有体现这一点。

e.估计分布中心位置的特征永远比估计尾部特征要容易。中心位置可以提供很多信息，可以对其加以利用，但是牵涉到尾部和极端事件时，需要格外小心。

f.重点关注了波动率。波动率在本例中是合适且有用的，因为本例中的盈亏分布几乎是对称的。在非对称分布中（例如，高gamma的短期期权）波动率就不那么合适了。

② 波动率和VaR估计的不确定性。波动率和VaR的真实值永远都是不确定的。不确定性的来源有：

a.估计波动率和VaR时，由于有限样本造成的统计不确定性。

b.对于统计模型的错误假设。例如，我们通常对盈亏分布的函数形式做出假设，但是假设可能是不正确的。（之前提到的统计不确定性假设函数形式是正确的。）

c.世界是不稳定的，环境经常变化，因此基于历史的估计不能完全代表现在，就更别说未来了。

美国国债的波动率估计值为＄130800。我们首先考察统计不确定性（第一个来源），假设盈亏分布确实是正态的，估计基于272个观测值。第8章附录给出了计算方差置信区间的方程，通过这个方程我们可以计算波动率估计的统计不确定性。95％的置信区间（每一侧概率为2.5％）列于表9.4中。

表 9.4　波动率和 VaR 估计的置信区间

项目	2.5%水平	估计	97.5%水平
波动率	119300（−8.81%）	130800	141400（+8.09%）
5%VaR	196100（−8.81%）	215100	232500（+8.09%）
1%VaR	277400（−8.81%）	304200	328800（+8.09%）

VaR 和波动率（以百分比计算）的统计不确定性相同，因为我们假设正态性并且 VaR 是波动率的倍数。

其他来源的不确定性很难量化。然而，如果盈亏服从混合正态分布（$\alpha=1\%$，$\beta=5$）而不是简单正态分布，误差将会如何。第 8 章表 8.4 给出了正态分布和混合正态分布的 VaR，我们在表 9.5 中重新列出。

表 9.5　正态分布和混合正态分布的 VaR 水平（$\alpha=1\%$，$\beta=5$）

项目	正态分布	正态分布的标准差	混合正态分布	混合正态分布的标准差
5.0%VaR	215100	1.64	197000	1.51
1.0%VaR	304200	2.33	288900	2.21
0.1%VaR	404100	3.09	752600	5.75

对于中等的置信水平（5%/95%VaR），简单和混合正态分布有稍许不同。对于低的置信水平，例如 0.1%/99.9% VaR，差别则很大，$404100（简单正态）和 $752600（混合正态）之间有 38%的差距。如果真实分布是混合正态分布，而假设为简单正态分布，或者相反，我们得到的 0.1%/99.9%VaR 将与现实相差很远。这是大程度不确定性的一个例子，尤其对于低置信水平的 VaR，来源于盈亏分布真实函数形式的不确定性。

总之，即使是波动率和 VaR 的最佳估计也存在不确定性，有时不确定性的程度还很大。

9.3　描述性统计的标准化和加总

风险测度方法有两种相互联系但在概念上又有所区别的应用：

① 在标准或一般交易条件下，标准化、汇总和分析不同种类资产（证券、交易、投资组合）的风险。

② 测量尾部风险或极端事件。

在本节中，我们讨论使用波动率（或 VaR）进行标准化和汇总，下一节我们将讨论极端事件。

（1）在正常交易条件下进行标准化

在正常交易条件下，使用波动率和 VaR 来比较不同资产的风险相对来说较为直接。为了更好理解这个应用，考虑简单的投资组合，假设美国政府债券市场的资深债券交易员来管理我们所假设的包括美国国债和法国股指的投资组合。由于在债券市场有丰富经验，该交易员直观上知道＄20000000 10 年期美国国债（或者任何其他美国债券）的大致风险情况。如果该交易员只管理美国国债，他可以根据丰富的经验判定，在正常交易期间，一个特定交易的盈亏大约会有多少，投资组合中的各种资产如何相互影响，可能也很了解在极端条件下资产会如何表现。但是这个交易员没有任何股市经验，没有丰富的经验和敏锐的直觉，因此必须用某种方法来比较股票和某种他熟悉的资产。例如，价值€7000000 的 CAC 股指期货的风险有多大？

波动率（或 VaR）是进行这种比较最简单快捷的工具。通过计算股票交易的波动率，管理人可以对股票风险有快速的认识，并且通过和熟悉的美国国债进行比较来加深了解。

对于本例中€7000000 的 CAC 股指期货，估计的日波动率为＄230800，这是参数估计结果。我们使用与之前提到的美国国债相同的方法来得到这个结果，遵循以下四个步骤。

① 资产到风险因素的映射：找出每种资产对应的风险因素。

这里的映射是 β 等价的概念，使用 CAC 指数本身作为股指。由于工具和指数相同，因此映射是一对一的。

② 风险因素分布：估计市场风险因素的可能变化范围。

假设 CAC 股指期货的百分比变化是正态分布的，根据数据估计波动率，估计出的日波动率为 2.536%。

③ 产生投资组合的盈亏分布：计算风险因素盈亏，产生投资组合的盈亏分布。

资产到风险因素的映射是一对一的，由于风险因素（CAC 指数）的日波动率为 2.536%，资产的日波动率也为 2.536%。面值为€7000000 或＄9100000 时，波动率为＄230800。

④ 计算 VaR、波动率等统计量：估计 VaR、波动率或者盈亏分布的其他特征。

我们已经从第三步中得到了波动率为＄230800。

＄20000000 10 年期美国债券的日波动率为＄130800。换句话说，该股票比美国国债的风险要大得多，即使股票的面值要小一些，仅为€7000000 或＄9100000。

这里波动率作为风险度量工具，使得不同的盈亏分布之间可以相互比较。这种盈亏分布的比较在资产差异度很大时也同样奏效。债券是美国国债，需要预先投资；股票是基于欧元的期货，该衍生品不需要预先投资。然而，我们可以比较两个投资组合的收益和损失。和其他风险度量方法一样，波动率并没有告诉我们所有信息，但确实对比较两种资产提供了一个有价值的方法。

（2）风险汇总

我们可能想将两种不同资产的风险汇总。合并投资组合的波动率不是各自波动率的和，因为两种资产存在一定的多样化特征。当债券价格下降时，有时股票价格会上升，反之亦然。这就是投资组合多样化投资的效果。下一章将讲述如何从盈亏分布以及投资组合波动率推测出投资组合相关信息，但是现在我们只考察合并投资组合的波动率是多少。

我们再来看一下产生盈亏分布的四个步骤。第一和第二步与之前相同，我们对债券和股票分别进行映射并估计风险因素分布。第三步中产生投资组合的盈亏分布与之前不同，我们首先产生收益率和股票指数的盈亏分布，这与分别对两种资产进行估计是相同的。图 9.6 为两者各自的盈亏分布。

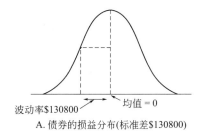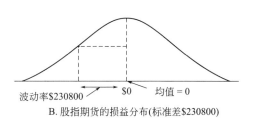

A. 债券的损益分布(标准差$130800) B. 股指期货的损益分布(标准差$230800)

图 9.6 债券和股指期货的损益分布

注：来自 CFA 协会研究基金会 2011 年出版的《风险管理使用指南》中图 5.7。

现在，我们需要合并这些分布。我们并不只是简单加总波动率，而是合并两个分布本身。最简单的解释方法是像历史模拟法一样，考察债券和股票的盈亏。一些历史观测值列于表 9.6 中。第一天，收益率下降了 2.7bp，因此债券收益为 $ 49450；CAC指数下降了 1.81%，盈亏为 $ 164400。这一天，两种资产反向运动，它们的盈亏互相抵消，最终损失为 $ 114900。第二天，债券和股票都盈利。

表 9.6 债券和股票风险因子的样本观察值以及投资组合的损益

日期	收益率	变化	债券损益（$）	CAC 指数	指数变化（%）	股票损益（$）	投资组合损益（$）
2008-1-4	3.87	−2.7	49450	5447	−1.81	−164400	−114900
2008-1-7	3.83	−3.4	62290	5453	0.11	10090	72380
2008-1-8	3.78	−4.9	89840	5496	0.78	71210	161100
2008-1-9	3.82	3.9	−71200	5435	−1.1	−100300	−171500

我们对每一天都进行这样的计算，运用债券和股票分别的盈亏计算投资组合盈亏。有时资产同向运动，有时反向运动。投资组合净盈亏为所有资产共同运动的结果。

图 9.7 为投资组合整体分布以及债券和股票各自的分布。投资组合的离散程度比债券或股票各自的离散程度都大，但是小于两者简单加总的离散程度。图 9.7 给出了投资组合的波动率（$ 291300）和 VaR（$ 479200）。

逐日计算投资组合盈亏，然后加总产生投

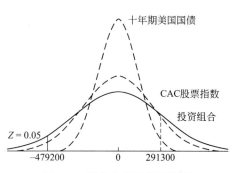

图 9.7 债券和股指期货投资组合的损益分布

资组合盈亏分布在概念上很简单，但是在计算上很复杂。这正是我们在历史模拟法和蒙特卡洛法中所做的，但是在参数法中，债券和 CAC 是正态分布的，正态分布的合并较为简单。实际上，正态分布的和也是正态分布，波动率的公式为：

$$\text{Vol}(\text{组合 A}+\text{组合 B})=\sqrt{\text{Vol}(A)^2+2\times\rho\times\text{Vol}(A)\times\text{Vol}(B)+\text{Vol}(B)^2}$$

在本例中：

$$\text{Vol}(\$20000000\text{UST}+€7000000\text{CAC})$$
$$=\sqrt{130750^2+2\times0.24\times130750\times230825+230825^2}$$
$$\approx291300$$

表 9.7 给出了单独资产以及投资组合的波动率，假设分布都是正态的（使用参数法）。投资组合的波动率 $\$291300$ 比债券或股票的波动率都大，但是比两者波动率的简单加和要小。

表 9.7　政府债券和 CAC 股指期货的波动率

项目	独立的波动率	投资组合的实际波动率	独立波动率的加总
10 年期美国国债	$130800		
CAC 股指期货	$230800		
国债＋CAC		$291300	$361600

对丁如何使用波动率，我们有几点需要强调：

① 管理人使用波动率或 VaR 来比较不同资产并分析在一般或正常交易条件下合并资产的效果。因此，重点关注分布的中心位置并使用波动率是有意义的。

② 股票和债券的比较虽然很有用，但并不是最终目的。除了其他方面的考虑，波动率估计是基于历史的，特定的环境可能使得历史在不同的市场有不同的代表性。

③ 比较主要是在正常交易条件下进行的。要想度量极端事件，管理人需要考虑额外信息或者其他方法。例如，管理人可能想要根据其在美国市场的知识和经验，并且依赖关于法国股市的详细分析来做出推断。

使用风险度量统计量来比较不同资产的想法是直接的，但功能相当强大。比较 10 年期美国债券和股票的例子虽然很简单，但是抓住了这个方法的精髓。现实中的投资组合包括多种资产，这种复杂性使得即使是经验丰富的管理人也很难仅根据直觉来判断投资组合的风险。在本例中使用波动率和 VaR 来比较不同资产这种方法尤其吸引人，因为产品差异巨大：不同的资产类别，不同的货币，一个是现金债券，一个是衍生品。大多数管理人不会对如此多种类的产品都很熟悉，他们需要借助定量工具的帮助。当引入新产品时，如果管理人对其风险不熟悉，使用例如波动率或 VaR 等工具来比较就很有价值了。

9.4　尾部风险或极端事件

风险度量统计量的第二个重要应用就是度量尾部风险或极端事件。VaR 和 ES 是专门用来度量盈亏分布尾部特征的。

我们可能使用 1%/99% VaR 粗略考察大的盈亏会是多少。美国国债的 1%/99% VaR 为－＄304200，这意味着损失值大于＄304200 的概率大约为 1%。在 100 天交易日中，大约会有一次损失大于＄304200。这不是最坏的情况，只是一个经常发生的，虽然让人讨厌但是可以接受的事件。

最有用的是，1%/99% VaR 给出了盈亏的数量级。如果损失大于＄3042000（10 倍的 VaR），我们就会非常震惊，而如果 100 天中没有一天的损失大于＄30420，我们同样会非常震惊。

但是我们不能完全依赖于＄304200 这一数字：估计值＄304200 有很多不确定性及错误来源，我们必须小心使用 VaR。特别是，离中心值越远的尾部，估计起来越困难。通常有两种替代方法，两者都由于不同的原因给出了不精确的估计：

① 使用所有观测值来估计盈亏分布。我们有大量的观测值来降低统计误差。不幸的是，估计出的分布对于中心位置（聚集大量观测值）的拟合很好，但代价是尾部拟合效果不佳。

② 使用尾部观测值来估计尾部分布。但是我们只有少量观测值，因此统计误差将很大。

参数法中，我们已经采取了第一种方法，并假设分布是正态的，尾部确实没有中心部位的拟合效果好。我们可以假设分布服从 t 分布，而不是正态分布。这样得出的 1%/99% VaR 将为－＄335600，而不是之前的－＄304200。

我们也可以采用第二种方法，使用尾部观测值。然而，只有 272 个观测值时，前 1% 的数据值包括 2 或 3 个观测值，这根本不足以得出结论。

如果没有额外信息，将很难对尾部风险进行精准度量。这些信息可能包括根据历史信息或其他市场推断出的金融信息。这些问题稍后将进一步讨论。

（1）简单参数假设：t 分布和混合正态分布

8.4 节中我们讨论过最简单的方法，就是在用参数法或蒙特卡洛法估计 VaR 时将正态分布的假设替换为 t 分布或混合正态分布。t 分布和混合正态分布的尾部都比正态分布要厚，但仍然是相对简单的。

三种分布（正态分布、t 分布、混合正态分布）的相关参数列于表 9.8 中（假设均值都为 0）。

表 9.8　正态分布、t 分布、混合正态分布的参数

项目	正态分布	t 分布	混合正态分布
分布的参数	σ-尺度（标准差）	c_t-尺度 n-自由度	σ_{mix}-尺度（低波动率 regime 的标准差） α-高波动率 regime 的概率 β-高波动率 regime 的乘数
观测的分布方差	$\sigma_{obs}^2 = \sigma^2$	$\sigma_{obs}^2 = c_t^2 n / (n-2)$	$\sigma_{obs}^2 = \sigma_{mix}^2 [(1-\alpha) + \alpha\beta^2]$

项目	正态分布	t 分布	混合正态分布
VaR	$Y_{s.t.}\,P\,[\text{标准正态变}$ $\text{量}\leqslant (Y-\mu)\,/\sigma)]$	$Y_{s.t.}\,P$ $\left[\text{标准变量 } t \leqslant ((Y-\mu)/c_t)\right]=Z$	$Y_{s.t.}\,(1-\alpha)\cdot$ $P\left[\text{标准正态变量}\leqslant\left(\dfrac{(Y-\mu)}{\sigma_{\mathrm{mix}}}\right)\right]+\alpha\cdot$ $P\left[SN\leqslant\dfrac{\left(\dfrac{(Y-\mu)}{\sigma_{\mathrm{mix}}}\right)}{\beta}\right]=Z$

简单估计 t 分布和混合正态分布的方法是：

① 选定非比例参数的值。

a. t 分布的自由度在 3 到 6 之间较为合理［乔瑞（Jorion，2007，130）］。

b. 两点混合正态分布中，高波动率的概率（α）在 1% 到 5% 之间，高波动率与低波动率的比例（β）在 3 到 5 之间较为合理。

② 在这些参数条件下，通过让样本（观测）方差与分布方差相等，计算比例参数。

记住，正如我们在第 8 章中所说，t 分布不能像正态分布一样加总：两个 t 分布的和不服从 t 分布，这使得 t 分布在投资组合中用处不大。而对于正态分布，我们可以假设单一风险因素是正态分布的，那么投资组合的盈亏（单一资产盈亏的和）也服从正态分布。我们可以使用单一风险因素的方差-协方差矩阵，通过简单的矩阵乘法来计算投资组合方差。这种简单的数学性质适用于混合正态分布，却不适用于 t 分布。

（2）单一资产

对于前面考虑的美国国债，标准差为 \$130800。假设 t 分布的自由度 $n=6$，混合正态分布的高波动率概率 $\alpha=1\%$，高波动率倍数 $\beta=5$，得到表 9.9 所示的各分布参数。

表 9.9 正态分布、t 分布、混合正态分布的各参数值

项目	正态分布	t 分布	混合正态分布
假设的参数	$\mu=0$	$\mu=0,\ n=6$	$\mu=0$ $\alpha=1\%,\ \beta=5$
分布的方差	$\sigma^2=130800^2\Rightarrow\sigma=130800$	$c_t^2\cdot 6/(6-2)=130800^2$ $\Rightarrow c_t=106798$	$\sigma_{\mathrm{mix}}^2\left[(1-\alpha)+\alpha\beta^2\right]=130800^2$ $\Rightarrow\sigma_{\mathrm{mix}}=117462$

利用这些参数得到图 9.8 所示的密度函数。密度函数看起来并没有显著的不同，在分布的中心位置差别也不是很大。然而，t 分布和混合正态分布的尾部却和正态分布极不相同。

表 9.10（表 8.4 部分数据）所示为 VaR 的值（单位为美元，是波动率或标准差的乘数）。t 分布和混合正态分布的尾部相对于正态分布更厚。5% 或 1% 的显著水平上，差别不是很显著，但是对于 0.1%/99.9% VaR，t 分布的值为 \$556100，是正态分布的 1.4 倍，混合正态分布是正态分布的 1.9 倍。这与利特曼（Litterman）的经验法则相符，即在 0.39% 的置信水平上，实际 VaR 是正态分布预测值的 1.5 倍。

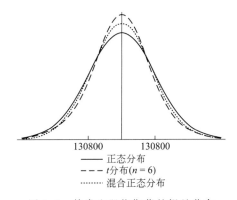

——— 正态分布

- - - - t分布($n = 6$)

············ 混合正态分布

图 9.8 债券和股指期货的损益分布

注：t分布的自由度为 6，混合正态中 $\alpha = 1\%$，$B = 5$。

表 9.10 正态分布、t 分布、混合正态分布的在险价值

Z	Y_{norm}	no. SD	Y_t	no. SD	Y_{mix}	no. SD
5.0%	−215100	1.64	−207500	1.59	−196900	1.51
1.0%	−304200	2.33	−335600	2.57	−288800	2.21
0.1%	−404100	3.09	−556100	4.25	−753300	5.76

注：波动率（标准差）为 \$130800，t 分布的自由度为 6，混合正态分布的 $\alpha = 1\%$，$\beta = 5$。

（3）多种资产

t 分布不适用于多种资产，因为 t 分布的和通常不服从 t 分布。因此，我们不能在简单参数法中使用 t 分布，尽管在蒙特卡洛法中仍然可以考虑使用它。

混合正态分布适用于多种资产以及参数法，因为正态分布的和仍为正态分布。我们可以用美国国债和 CAC 股指期货的例子来说明这一点。假设所有资产同时发生高波动率或低波动率，也就是说，美国国债和 CAC 股指期货同时处在高波动率，或低波动率的情况下。这是一个合理的假设，因为金融市场中的极端事件和危机会同时影响所有市场，而不是离散地、独立地影响每个市场。

所有资产同时处在高/低波动率的假设意味着盈亏分布是联合正态的。这使得数学计算很简单，因为正态分布的和也是正态分布。在美国国债和 CAC 股指期货的例子中，假设为混合正态分布，$\alpha = 1\%$，$\beta = 5$。但这里有一点很重要：所有资产状态相同的假设意味着所有资产的 α 相等；而 β 的值，即高波动率与低波动率的比值，则没有必要相等。此外，高/低波动率情况下，资产之间的相关性不需要相同。在多变量背景下，这意味着高/低波动率的情况下，方差-协方差矩阵可以不同。重要的是所有资产在每种状态下都是联合正态分布的且有给定的方差-协方差矩阵，并且所有资产同时处在高/低波动率的情况下。

表 9.11 说明了我们的简单投资组合如何合并分布。同一列（也就是特定的状态下）中多种资产的盈亏以多变量正态分布的形式合并。换句话说，合并盈亏是正态分布的，波动率（标准差）根据标准法则合并，例如，在低波动率时：

$$\sigma_{lo} = \sqrt{[\sigma^2_{\mathrm{mix}T,l} + 2\rho_l \sigma_{\mathrm{mix}T,l}\sigma_{\mathrm{mix}G,l} + \sigma^2_{\mathrm{mix}G,l}]}$$

同一列中，同一种资产（或整体投资组合）的盈亏分布是两点混合正态分布。

表 9.11　假设服从混合正态分布投资组合的波动率计算的详细过程

	美国国债	CAC 股指期货	相关性	投资组合
低波动率 regime	$\sigma_{\mathrm{mix}T,l} = 117462$	$\sigma_{\mathrm{mix}C,l} = 207265$	$\rho_l = 0.24$	$\sigma_{lo} = \sqrt{[\sigma^2_{\mathrm{mix}T,l} + 2\rho_l \sigma_{\mathrm{mix}T,l}\sigma_{\mathrm{mix}C,l} + \sigma^2_{\mathrm{mix}C,l}]}$
高波动率 regime	$\sigma_{\mathrm{mix}T,h} = \beta_T \sigma_{\mathrm{mix}T,l} = 5 * 117462$	$\sigma_{\mathrm{mix}C,h} = \beta_C \cdot \sigma_{\mathrm{mix}C,l} = 5 * 207265$	$\rho_h = 0.24$	$\sigma_{hi} = \sqrt{[\sigma^2_{\mathrm{mix}T,h} + 2\rho_h \sigma_{\mathrm{mix}T,h}\sigma_{\mathrm{mix}C,h} + \sigma^2_{\mathrm{mix}C,h}]}$
总体	$\dfrac{\sigma_{\mathrm{mix}T,l}}{\sqrt{[(1-\alpha) + \alpha\beta_T^2]}}$	$\dfrac{\sigma_{\mathrm{mix}C,l}}{\sqrt{[(1-\alpha) + \alpha\beta_C^2]}}$		$\sqrt{[(1-\alpha)\alpha_{lo}^2 + \alpha\sigma_{hi}^2]}$

单一资产服从混合正态分布，尾部比正态分布要厚。这同样适用于整个投资组合，投资组合整体也是两点混合正态分布的。如果不同状态下不同资产的相关性相同，高/低波动率比值也相同（$\beta_t = \beta_c = \beta$），那么投资组合的盈亏分布与单一资产分布的参数相同（都为 β）。然而更一般的情况是，投资组合的高/低波动率比例（σ_{hi}/σ_{lo}）将是某种复杂的方程。然而，这个比例以及盈亏分布的计算很直接。需要用参数法对两个投资组合分别计算，分别在高/低波动率下计算，但是这些计算都是简单的。

表 9.12 表明，波动率相同时，0.1%/99.9% VaR 比正态分布显著要高。

表 9.12　假设服从混合正态分布投资组合的波动率计算结果

项目	10 年期美国国债	CAC 股指期货	投资组合	独立波动率的加总
低波动率 regime（σ_{mix}）	\$117400	\$207300	\$261600	\$324700
高波动率 regime（$\beta \cdot \sigma_{\mathrm{mix}}$）	\$587100	\$1036000	\$1308000	\$1624000
资产波动率	\$130800	\$230800	\$291300	\$361600
0.1% VaR-正态分布	\$404100	\$713300	\$900200	\$1117000
0.1% VaR-混合正态分布	\$752400	\$1328000	\$1676000	\$2081000

注：该表格假设 $\alpha = 1\%$（高波动率机制的概率）、$\beta = 5$（高波动率与低波动率之比）。

两点混合正态分布尽管很简单但抓住了厚尾特征，这也是正态性假设不具备的重要特征。由于它是基于正态分布的，那么将参数法扩展以获得厚尾特征是合适的。一种方法，既有参数法的简单性和易于计算性，又可以对厚尾建模，它的价值我们不能低估。

正如前面所说，在多变量背景下，我们允许在高/低波动率情况下有不同的依赖结构。对于标准多变量正态分布，依赖结构不随盈亏的大小而变，但是经验告诉我们，在极端条件下，相关性会增加：经验法则是，发生金融危机时相关性为 1（+1 或 -1，由具体投资组合决定）。高波动率下的相关性可以选择与 1 相近的值（绝对值较大），这样尾部相对于中心位置就具有很强的依赖性（高相关性），但计算依然是简单的。

（4）极端价值理论：尾部建模

我们在 8.4 节中讨论了极端价值理论（EVT）。不同于选择一个具有合适尾部行为的分布然后对全部分布进行拟合，EVT 只拟合了分布的尾部和最大（或最小）值。广义极值分布（GEV）刻画了最大值和最小值的有限分布。不论盈亏分布形式如何，最大值的分布都渐近为 GEV。

在实践中，相对于最大值来说，使用广义帕累托分布（GPD）和阈值过量要更好。阈值过量是指超过特定阈值的观测值。8.4 节中过量分布函数给出了随机变量（盈亏值）超过给定水平 u 的概率。

用 X 表示随机变量盈亏值。我们考察过量值 $X-u$，即 X 超过 u 的大小，以及特定过量值 y（非负值）。过量值 $X-u$ 小于 y 的概率（在 X 大于 u 的条件下）就是过量分布函数：

$$F_u(y) = P[X - u \leqslant y \mid X > u] = [F(y+u) - F(u)] / [1 - F(u)]$$

GPD 为：

$$G_{\xi,\beta}(y) = \begin{cases} 1 - (1 + \xi y/\beta)^{-1/\xi}, & \xi \neq 0 \\ 1 - \exp(-y/\beta), & \xi = 0 \end{cases}$$

其中，$\xi \geqslant 0$ 时，$\beta > 0$，$y \geqslant 0$；$\xi < 0$ 时，$0 \leqslant y \leqslant -\beta/\xi$。

对过量分布函数建模时，GPD 很有用，因为 GPD 的过量分布很简单：GPD 的过量分布仍是 GPD：

$$G_{\xi,\beta}(y) = G_{\xi,\beta(u)}(y), \beta(u) = \beta + \xi u$$

假设我们选定一个较大但是有限的阈值 u，实际过量分布函数将为 GPD。

我们可以用美国国债的例子来说明这个过程。假设有 272 个观测值，我们选定阈值 u 为 18bp（大约为 $-\$329256$），这个阈值包括 5 个观测值，不足所有观测值的 2%。[1] 最大值的似然估计很简单（独立性假设）。对数似然函数为：

$$\ln L(\xi, \beta) = -N \ln \beta - (1 + 1/\xi) \sum \ln(1 + \xi \cdot Y_j/\beta)$$

$$Y_j = X_j - u = \text{过量损失（发生变化的标志，因此将损失记作正）}$$

5 个最大的收益率变化以及相应的最大似然估计列于表 9.13 中。

表 9.13　修正的广义帕累托分布参数的五个最低观测（利用收益率的变化）

日期	收益率	相对于前一天的变化	观测序号	具体损益	对数似然值	超额损失分布
2008-3-24	3.52	19	5	-347548	-1.6664	0.218
2008-9-30	3.83	20	4	-365840	-1.9372	0.383
2008-10-8	3.71	20	3	-365840	-1.9372	0.383
2008-1-24	3.64	21	2	-384132	-2.1993	0.510
2008-9-19	3.77	33	1	-603636	-4.8225	0.951

注：利用收益率的变化，参数 $\beta = 4.0$，$\xi = 0.14$。

---

[1] 这只是为了说明方便。实践中的样本容量应该大得多。参见麦克尼尔、弗雷和恩布雷希特（McNeil, Frey and Embrechts, 2005, 278）中对似然函数和估计的讨论。

根据最大化似然函数，我们得到

$$\beta = 4.0, \quad \xi = 0.14$$

收益率变化的分布是以变化值大于 18bp 为前提条件的，因此可以得到超额损失分布为：

$$F_u(y) = G_{\xi,\beta}(y) = 1 - (1 + \xi y/\beta)^{-1/\xi} = G_{0.14,4}(y)$$
$$= 1 - (1 + 0.14(y)/4)^{-1/0.14}$$
$$= 1 - (1 + 0.14(x - 18)/4)^{-1/0.14}$$

（注意，y 是收益率变化超过阈值 18bp 的大小，x 是收益率变化的大小。表 9.13 所列的是变量 x。）

形状参数 ξ 趋于 0 时，尾部变薄（正态分布中 0 意味着指数衰减）。当 ξ 变大时，尾部变得越来越厚：$\xi = 0.5$ 时，方差不是有限的，$\xi = 1$ 时，均值不是有限的。这里估计的 $\xi = 0.14$ 准确度不高，因为观测值数量太少。相对于许多关于金融回报的研究（根据股票市场数据得到的值在 0.2 到 0.4 之间），这个值偏低［参见麦克尼尔、弗雷和恩布雷希特（McNeil，Frey and Embrechts，2005，280）；乔瑞（Jorion，2007，130）］。

图 9.9 为 GPD 过量损失分布的估计，以及对应的正态、混合正态（$\alpha = 1\%$，$\beta = 5$）、t（自由度为 6）分布。正态分布尾部减小得很快（意味着发生大损失的概率低），而其他分布发生大损失的概率较大。

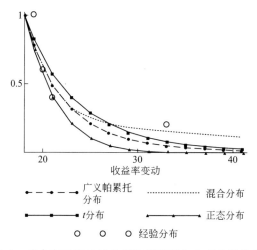

图 9.9　拟合广义帕累托分布的超额损失分布及其他分布

使用过量分布的定义以及过量损失分布是 GPD 的假设（注意变量 x 表示损失水平，而 y 表示过量值），我们发现对于任何大于 u 的损失水平：[1]

$$1 - F(x) = [1 - F(x)][1 - F_u(x - u)] = [1 - F(u)]\left(1 + \xi \frac{x - u}{\beta}\right)^{-1/\xi}$$

---

[1]　参见麦克尼尔、弗雷和恩布雷希特（McNeil，Frey and Embrechts，2005，283）关于此式的推导和后面的公式。

仅由过量损失分布函数不能得出 VaR（或其他风险度量指标），还需要知道概率 $F(u)$。GPD 分布可以与阈值概率的实际估值结合：

$$1-F(u)=大于 u 的观测值数量/所有观测值数量$$

对于给定的水平 u 计算 VaR 并没有多大用处，因为它只是复制了实际分位数。GPD 或尾部过量法的好处是可以用外推法估计基于 GPD 分布的更极端的尾部概率。GPD 相比于实际分布，对尾部数据的拟合更好（也更平滑）。

对于大于 u 的 VaR $[1-Z \geqslant F (u)]$：❶

$$VaR_Z = Z 分位 = u + (\beta/\xi)\{[Z/(1-F(u))]^{-\xi}-1\}$$

ES（假设 $\xi < 1$）为：

$$ES_Z = VaR_Z/(1-\xi) + (\beta-\xi u)/(1-\xi)$$

表 9.14 和 9.15 为在更小的置信水平 Z（1%/99% VaR 和 0.1%/99.9% VaR）下四种函数形式（正态；GPD；自由度为 6 的 t 分布；$\alpha=1\%$，$\beta=5$ 的混合正态分布）VaR 和 ES 的估计值（参见 8.4 节）。

表 9.14　各分布对应的 VaR 和 ES（收益率的基点）

项目	1%/99%水平		0.1%/99.9%水平	
	VaR	ES	VaR	ES
正态分布	20.0	23.0	26.7	29.1
广义帕累托分布	20.5	25.6	32.4	39.4
t 分布	22.1	28.4	36.9	45.5
混合正态分布	19.0	45.6	50.1	89.6

表 9.15　各分布对应的 VaR 和 ES（美元）

项目	1%/99%水平		0.1%/99.9%水平	
	VaR	ES	VaR	ES
正态分布	365576	419866	487958	532314
广义帕累托分布	375755	468403	592242	720132
t 分布	403967	520371	674087	832127
混合正态分布	346696	834955	915682	1638737

如我们所料，尾部概率越极端（0.1%/99.9%），相比其他分布，尾部更薄的正态分布所估计的 VaR 和 ES 越小。

（5）Copulas：非正态多变量分布

之前我们使用两点混合正态分布作为非正态多变量分布的简单模型。虽然我们将看到两点混合正态分布的方法仍然非常有用，但 Copulas 提供了更一般化的数学方法来处理这种问题。Copulas 对蒙特卡洛法最合适，因为用 Copulas 产生的分布通常很容易

---

❶　注意我的 $Z=1\%$（代表 1%/99% VaR）与麦克尼尔、弗雷和恩布雷希特（McNeil, Frey and Embrechts）所表示的 $\alpha=99\%$ 意义相同。

模拟，但是不存在简单的函数形式或解析式。

Copulas 法的精髓是允许我们分别考察边缘分布和依赖结构（Copulas），然后将两者结合得到多变量分布。不同的边缘分布和 Copulas 混合可以得到标准分布（例如，多变量正态分布），Hybrid 分布以及麦克尼尔、弗雷和恩布雷希特（McNeil，Frey and Embrechts，2005，192）所说的 meta 分布。

我们将使用 Copulas 法和蒙特卡洛法来计算投资组合（\$20000000 的 10 年期美国国债和€7000000 CAC 股指期货）的 VaR。我们对风险因素（收益率和股指）分布做出五个假设：

① 二元正态分布：边缘分布和 copulas 都是正态的——既没有厚尾，也没有高概率的联合极端事件。

② Hybrid 正态/t 分布：边缘分布为 t 分布（自由度为 3），copulas 为正态分布——存在厚尾，但是正态 copulas 意味着，对于联合极端事件，不同变量表现独立。

③ 一般的二元 t 分布：边缘分布和 copulas 都服从 t 分布（自由度为 3）——尾部较厚，t 分布的 copulas 意味着联合极端事件的概率变大。

④ 相间二元 t 分布：边缘分布为 t 分布，copulas 也为 t 分布。这个分布对于联合极端事件，不同变量表现也相互独立。

⑤ 两点混合正态分布（$\alpha=2\%$，$\beta=4$）：与二元 t 分布相似，联合极端事件的概率很大。

一般二元 t 分布与相间二元 t 分布的区别稍后我们将进一步阐述。

首先，为何以及怎样使用多变量分布来计算投资组合盈亏分布。投资组合分布通常是我们的关注重点，单一资产的分布只是中间步骤。而得到投资组合盈亏分布的唯一方法就是通过度量单一资产（曾在 8.3 节和 9.2 节中讨论，并在图 8.7 中画出）。得到盈亏分布的四个步骤：资产到风险因素的映射：找出每种资产对应的风险因素。风险因素分布：估计可能的结果范围以及市场风险因素的变化。产生盈亏分布：计算风险因素盈亏，然后加总产生投资组合的盈亏分布。计算风险指标：估计 VaR、波动率或者盈亏分布的其他特征。

联合正态性很常用，因为这种情况下，第一步的映射是线性的，第二步的风险因素分布是多元正态分布的，第三步的汇总就很简单：只需要一个矩阵乘法来计算投资组合的波动率。在这种情况下，单一风险因素盈亏是正态分布的，而正态分布的和也是正态分布的，则投资组合的盈亏分布就也是正态的。这大大减少了数学和计算上的复杂性。

如果风险因素是非正态分布的，或者盈亏函数不是线性的，第三步的汇总过程就很费力，盈亏分布就不是简单的形式了。在这种情况下，投资组合整体的分布必须使用蒙特卡洛法估计，计算过程繁冗而复杂。

如果分布不是联合正态的（Hybrid 正态/t 分布、一般的双变量 t 分布、相间 t 分布），即使我们假设第一步中的映射是线性的，投资组合分布也不会是 t 分布或正态分布，因为风险因素的和与分布的卷积用分析法难以处理。❶ 蒙特卡洛法将是唯一可行的计算方法。

对于模拟 meta 分布的计算方法，读者可以参考麦克尼尔、弗雷和恩布雷希特（McNeil，Frey and Embrechts，2005，193，66，67）关于这个问题的详细讨论。对于 t 边缘分布和正态 copulas 的模拟，产生每一个二元随机变量的两步法为：

第一步 产生正态 copulas：

每次实验产生一个均值为 0，方差为 1，具有特定相关性矩阵的标准二元正态分布：

$$Y = (Y_1, Y_2)' \sim N_2(0, R)$$

计算：

$$U = (U_1, U_2)' = [\Phi(Y_1), \Phi(Y_2)]$$

这将是一个正态 copulas。具体地说，随机向量 U 将有一个正态 copulas 分布，相关性矩阵为 R。

U_i 属于 $[0, 1]$，表示概率。

第二步 产生具有特定边缘分布的联合分布：

计算

$$X = [t_v^{-1}(U_1), t_v^{-1}(U_2)]'$$

边缘分布为 t 分布，依赖结构是正态的。

对于其他 copulas 和边缘分布的计算过程是明显的。例如，t 分布的 copulas 在第一步中将使用 t 分布的 CDF，而不是正态 CDF，而正态边缘分布在第二步中将使用正态反 CDF。

为了说明在使用蒙特卡洛法估计投资组合分布时如何使用 copulas，我们使用投资组合：$20000000 的 10 年期美国国债和€4000000 的 CAC 股指期货。❷

图 9.10 为五个风险因素分布的二元分布图。每个点代表一次实现（总共 5000次），横轴为债券盈亏，纵轴为股指期货盈亏，虚线是 3σ。债券盈亏的波动率为 $130800，股指期货盈亏的波动率为 $131900。

这里我们要注意几点：

① 正态-正态（联合正态或者正态边缘分布与正态 copulas）组合基本上没有超过 3σ 的极值。这与我们的预期相同，因为正态分布的极端值很少。

② t-正态（自由度为 3 的 t 边缘分布与正态 copulas）组合存在超过 3σ 的极值，这与我们的预期相同，因为它符合 t 边缘分布的性质。然而，copulas 是正态的，因此基本没有联合极端值。正态依赖结构来源于正态 copulas，因此有许多个别极端事件，但是基本没有联合极端事件。因此，用正态 copulas 对金融市场建模是不合理的，尽管我

---

❶ 如果假设风险因素服从两点混合正态分布，投资组合损益也将是两点混合正态分布，并且可以像之前所说的用分析法计算。

❷ 这在之前使用投资组合的基础上稍作修改，以便于强调风险因素分布的差别。CAC 股指期货的数量降低了，债券和期货的波动率更相近，并且假设收益率和股指之间的相关性为 0.5，而在本书的其他地方均假设为 0.24。

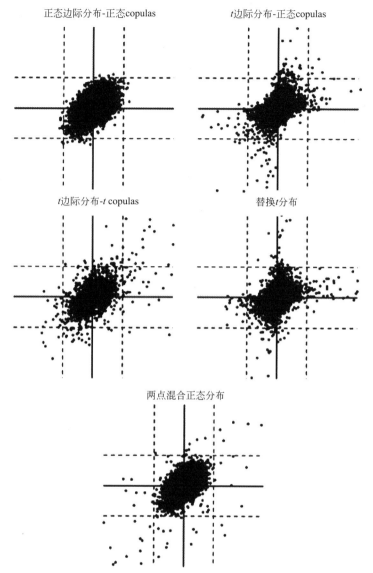

图 9.10　替换 Copulas 函数类型得出的两种资产组成的投资组合的蒙特卡洛模拟结果

们很熟悉正态 copulas 的简单依赖结构（线性相关性）。

③ t-t（一般的自由度为 3 的双变量 t 分布，边缘分布和 copulas 都是 t 分布）组合有许多联合极端事件。这与金融市场的现实情况相符，多种资产共同发生巨大变化。

④ 相间 t 分布（稍后进一步探讨），与 t-正态组合一样，基本没有联合极端事件。

⑤ 混合型（两点混合正态分布，$\alpha=2\%$，$\beta=4$）有许多联合极端事件，在这一点上与双变量 t 分布类似。

对于 t 分布，不存在唯一的多变量形式，这点与联合正态分布不同。肖和李（Shaw and Lee，2007）详细讨论了这个问题。为了理解一般的 t 分布的尾部依赖性，最简单的方法是用蒙特卡洛法考察多变量 t 分布的构建［参见麦克尼尔、弗雷和恩布雷

风险量化管理：金融风险指导手册

希特（McNeil、Frey and Embrechts，2005，3.2 节，尤其是 75 和 76 页），以及肖和李（Shaw and Lee，2007，8）]。一般的多变量 t 分布是正态混合分布，由下式产生：

$$t^d = A \cdot Y \sqrt{\frac{v}{\chi^2_\nu}}$$

其中，$Y \sim N_k(0, I_k)$ 为多元标准化的正态随机变量。

χ^2_ν 为多元 χ^2 的随机变量，自由度为 ν。

这个构造说明了为什么 t 分布比正态分布的尾部要厚：卡方分布变量的较小值使得正态变量变大。因此，得到的值比正态分布大的机会很小。当自由度变大时，分子中的 ν 抵消了卡方分布变量的较小值，t 分布趋近于正态分布。这个构造也说明了为什么多变量 t 分布有联合极端值。每一个正态变量都除以同样的卡方分布变量。一个小的 χ^2 将同时扩大所有正态变量，产生联合极大值。

然而，正如肖和李（Shaw and Lee）指出的，这并不是构造多变量 t 分布的唯一方法。该方法使用了单一的 χ^2 应用于所有多变量正态分布，我们还可以对每个变量使用不同的 χ^2。实际上，这是产生边缘分布具有不同自由度的多变量 t 分布的便捷方法。这种构造还有一个好处，就是零相关性将产生独立性。对于一般的多元 t 分布，零相关性并不意味着独立性。前面的构造说明了其中的道理。对于一般的多元 t 分布（单一 χ^2），尾部是相关的，因为单一的 χ^2 应用于所有的变量。当考察更远端的尾部时，这个效果越来越大，即使是零相关性变量也会存在依赖关系。

图 9.10 中的相间 t 分布对于每个收益率和股指变量都使用了不同的 χ^2。然而，正如我们在图 9.10 中看到的，这种构造对于联合市场风险因素分布可能没有用。它确实能产生极端事件，但并不会产生联合极端事件，收益率和股指同时发生巨大变化的情况不存在。这种尾部的依赖行为与正态 copulas 情况相似。我们在第 11 章中将再次讨论相间 t 分布，我们将看到，相间 t 分布尾部事件的独立性比一般的 t 分布更合适。

回到图 9.10，比较不同 copulas，我们得到三个结论。第一，联合正态性在对尾部行为建模时有问题。不仅仅因为正态边缘分布的尾部较薄。还有一个关于联合正态性的依赖结构问题。t-正态分布的散点图说明了联合极端事件概率非常低。第二，我们需要仔细考虑尾部的联合依赖性。这不简单，copulas 可以提供一些帮助工具。第三，两点混合正态分布由于计算简单，所以看起来作用很好。t 分布虽然很流行，但相对于正态或混合正态分布来说，不具有简单的分析工具。

出于完整性考虑，表 9.16 列出了债券和整个投资组合的波动率和 VaR（为了简洁，股指期货没有列出）。

表 9.16　不同联合分布下债券以及总体投资组合的波动率和 0.1%/99.9% 水平的 VaR

项目	债券 波动率	债券 VaR	投资组合 波动率	投资组合 VaR
正态-正态	132300	406900	229600	705200
t 分布-正态	127400	790400	221800	1430000

项目	债券波动率	债券 VaR	投资组合波动率	投资组合VaR
t 分布-t 分布	125800	619600	222500	1139000
Alternate$t$ 分布	125800	619600	212400	1193000
混合正态分布	132500	954200	232300	1763000

9.5　结论

　　第 9 章使用美国国债和 CAC 股指期货组成的简单投资组合例子说明了波动率和 VaR 在风险度量中的应用。波动率和 VaR 在风险度量中非常有用，但并没有告诉我们风险的来源以及投资组合的结构。

　　在第 10 章中，我们将学习一些能够帮助了解风险来源以及如何进行风险管理的投资组合工具。和已经学习过的工具一样，数字只是提供了一种指导意见。自然世界经常会发生意料之外的事件，我们应将这些工具与常识结合使用，风险管理是一门艺术。

附录　用二阶导进行参数估计

　　我们现在来看一个用二阶导进行参数估计的例子，第 8 章中已经初步介绍过。正如在第 8 章中所说，当进行分位数（VaR）估计时，如果非线性特征明显，二阶导可以与反 CDF 的渐近 Corner-Fisher 展开结合使用。

　　对于参数法或线性法（对于单一风险因素，只使用一阶导，假设 $u=0$），投资组合的均值和方差为：

　　一阶矩：0

　　二阶矩：$\delta^2\sigma^2$

　　使用二阶导，前四阶矩为：

　　第一步：$1/2\gamma\sigma^2$

　　第二步：$\delta^2\sigma^2+1/2\gamma^2\sigma^4$

　　⇒波动率 $=\sqrt{[\delta^2\sigma^2+1/2\gamma^2\sigma^4]}$

　　第三步：$\gamma^3\sigma^6=3\delta^2\gamma\sigma^4$

　　⇒偏度 $=[\gamma^3\sigma^6+3\delta^2\gamma\sigma^4]\ /\ [\delta^2\sigma^2+1/2\gamma^2\sigma^4]^{1.5}$

　　第四步：$3\delta^4\sigma^4+15/4\gamma^4\sigma^8+15\delta^2\gamma^2\sigma^6$

　　⇒峰度 $=[3\delta^4\sigma^4+15/4\gamma^4\sigma^8+15\delta^2\gamma^2\sigma^6]\ /\ [\delta^2\sigma^2+1/2\gamma^2\sigma^4]^2$

　　⇒超值峰度 $=[3\delta^4\sigma^4+15/4\gamma^4\sigma^8+15\delta^2\gamma^2\sigma^6]\ /\ [\delta^2\sigma^2+1/2\gamma^2\sigma^4]^2\ -3$

　　我们可以将 $20000000 的 10 年期美国国债带入计算。假设债券为线性资产是合理的，因此我们可以认为二阶导不会产生非线性影响。Delta 和 gamma（一阶导和二阶导，或 DV01 和凸性）为：

$$\delta = \$18292/bp, \gamma = \$17.59/bp^2$$

由于收益率的日波动率为 7.15bp，由此得出表 9.17 中的结果。

表 9.17　收益率的日波动率为 7.15bp 得出的结果

项目	线性	二次
均值	0.0	450
波动率	130789	130791
偏度	0.0	0.0206
超峰度	0.0	0.0006

偏度和峰度都很小，它们明显不会对盈亏分布的形状产生影响。

相反，期权的非线性性质（gamma 或二阶导）很明显，因此我们预期会看到盈亏分布中很明显的非线性效用。考虑一个短期的 \$20000000 六个月期权，标的物为 5 年期债券或互换。[1] Delta 和 gamma 将为：$\delta = \$30153169$，$\gamma = \$135.9/bp^2$。

由于收益率的日波动率为 7.0735bp，由此得出表 9.18 中的结果。

表 9.18　收益率的日波动率为 7.0735bp 得出的结果

项目	线性	二次
均值	0.0	−3399
波动率	21392	21864
偏度	0.0	−0.9178
超峰度	0.0	1.1321

这些较大的值很合理。我们可以使用 Corner-Fisher 展开（来自于附录 8.2）计算近似分位数来判断这些值是否足够大到影响盈亏分布的分位数。

$$w \approx x + [1/6 \times (x^2 - 1) \times m_3] + [1/24 \times (x^3 - 3x) \times m_4$$
$$- 1/36 \times (2x^3 - 5x) \times m_3^2] + [1/120 \times (x^4 - 6x^2 + 3) \times \gamma_3$$
$$- 1/24 \times (x^4 - 5x^2 + 2) \times m_3 \times m_4$$
$$+ 1/324 \times (12x^4 - 53x^2 + 17) \times m_1^3]$$

$y = \mu + \sigma w$ 是 $F(y) = $ prob 的解，即一个概率水平问题的近似 Cornish-Fisher 临界值。x 是 $\phi(x) = $ prob 的解，即概率水平问题为标准正态分布的临界值（注意这是较低的尾部概率，因此当概率为 0.05 时，$x = -1.6449$；当概率为 0.95 时，$x = 1.6449$）。

$m_3 = $ 偏度

$m_4 = $ 超峰度

$\gamma_3 = \kappa_5/\sigma^5$

$\kappa_5 = $ 五阶累积量

---

[1]　六个月期权利率为 1.68%，远期利率为 1.78%（利率看涨期权或收固定利率互换看跌期权）短期利率为 0.50%，波动率为 20%。

表 9.19 为使用前面的表达式计算的近似分位数。（一阶导只包括了 m_3 项；在第一个方括号中，二阶导包括了 m_4 和 m_3^2 项；在第二个方括号中，清除了第三个方括号中的所有项。）近似分位数表明，期权回报的非线性特征相对于正态分布显著改变了盈亏分布，左尾明显变长（1％下分位数小于 -3，而在正态分布中为 -2.326），右尾变短了。

表 9.19　短期期权的近似分位数

概率与算数平均数的距离（多少个真值标准差）	0.004	0.010	0.050	0.159	0.841	0.950	0.990	0.996
正态	-2.659	-2.326	-1.645	-0.999	0.999	1.645	2.326	2.659
Cornish-Fisher 一阶	-3.652	-3.080	-2.011	-1.126	0.823	1.199	1.460	1.537
Cornish-Fisher 二阶	-3.595	-3.029	-1.974	-1.102	0.800	1.161	1.409	1.480
真实分位数	-3.734	-3.127	-2.011	-1.110	0.809	1.198	1.515	1.640

最后一行是实际分位数。我们发现只使用 Corner-Fisher 展开的首项并不能得到遥远尾部分位数的良好近似。尽管二阶导近似对于 84.1％ 和 15.9％ 分位数来说表现良好，但是当考虑 99％ 和 1％ 分位数时，效果就不佳了。

考察表 9.19，我们可能认为尾部的一阶展开比二阶展开效果要好，但这个想法未经证实。实际上，展开可能是非单调的，尤其是当偏度和峰度很大时。考察同样的期权，但是期限为 1 个月而不是 6 个月，这样的期权会有更高的 gamma 和更大的偏度。表 9.20 显示了结果的分位数和近似值。对于一阶和二阶近似，右尾的近似数量减少而不是增加。在有限数量的条件下进行近似不是很好。［参阅切尔诺茹科夫、费尔南德斯-瓦尔和加利雄（Chernozhukov，Fernandez-Val and Galichon，2007），其中讨论了一些改进近似的方法。］

表 9.20　一个月短期期权的近似分位数（较高的 gamma）

概率与算数平均数的距离（多少个真值标准差）	0.004	0.010	0.050	0.159	0.841	0.950	0.990	0.996
正态	-2.659	-2.326	-1.645	-0.999	0.999	1.645	2.326	2.659
Cornish-Fisher 一阶	-4.346	-3.573	-2.198	-1.155	0.465	0.470	0.201	-0.033
Cornish-Fisher 二阶	-4.189	-3.384	-2.004	-1.014	0.324	0.277	0.012	-0.189
真实分位数	-5.378	-4.263	-2.357	-1.076	0.381	0.460	0.489	0.494

尽管如此，这种方法确实起到了预期的作用——当由于资产收益中的非线性而导致分布严重偏离正态分布时，提供了一个标志。结论是，当非线性的影响变得重要时，利用二阶导数和 Cornish-Fisher 的展开能提供一个标志，即使其本身并不能提供良好的近似效果。

10　证券投资组合风险分析和报告

　　风险管理需要做出实际决策来增加、减少或者改变风险配置。想要做出这样的决策，不仅需要知道风险的水平（P&L 分布的离差大小），并且需要知道证券投资组合中风险的来源，以及仓位的变化会如何改变投资组合的风险。为支持这一点，风险的测度，不仅一定要测量出 P&L 分布的离差（主要讨论集中于第 8 章和第 9 章），并且必须找出风险的来源。利特曼（Litterman，1996，59）做过很精彩的表述：

　　波动率和在险价值模型以不同的方式刻画了收益与损失分布的离散程度，因此它们有助于监控风险。然而，它们不会为风险管理提供多少指导意义。为了更好地管理风险，你必须了解证券投资组合中风险的来源是什么，以及什么样的交易能够有效地减少风险。因此，风险管理需要额外的分析研究——具体来说，就是分解风险，发现潜在对冲风险的可能性，培养将复杂情形简化成模型的能力。

　　在这个意义上，风险管理可以合并到资产投资组合管理中。本章讨论了一些适用于这样的投资组合风险分析的工具和技术。我着重关注的是：

　　① 将波动率和三角形加法作为了解风险组合的一种辅助工具。

　　② 将风险的边际贡献（文献中也称风险贡献、在险价值贡献、在险价值变化、在险价值增量、在险价值构成等）作为了解投资组合当前风险构成的一种工具。

　　③ 将最优对冲和复制证券投资组合作为一种工具，以选出改变风险配置的对冲手段，便于了解投资组合的风险构成。

　　④ 主成分分析作为数据简化和风险整合的技术。

　　这一章的许多思想都是基于罗伯特·利特曼（Robert Litterman）热点和对冲的有关文献［利特曼（Litterman，1996）］，其中一些还出现在《风险》杂志 1997 年 3 月和 1997 年 5 月的文章中。利特曼（Litterman）和 M. B. 加曼（M. B. Garman）对风险贡献这一概念的定义各有阐述（《风险》杂志 1996 年刊）。

这些技术最适合测量和了解标准交易条件下的风险（相对于尾部事件）。也就是说，这些技术非常适用于有关波动率的研究（或者对于一个具有大 Z 值的在险价值模型，如 16%/18% 在险价值水平等）。这并不是一个缺陷，风险管理是需要每日进行的，而大多数交易日都是处于标准条件之下的。此外，许多技术的基础都是线性近似方法（换句话说，就是假设风险的驱动因素是常规的，并且这些因素的头寸是线性的）。这些技术并没有办法捕捉非线性特征。更重要的是，在过去 20 年里，随着期权的发展和其他非线性工具的增加，非线性已经变得越来越重要。但是非线性问题应该从组成部分中剔除，线性方法在它适用的问题中仍然具有很大意义。在它可使用时，这种简单的方法可以提供强大的洞察力，并且，许多甚至绝大多数证券投资组合都是局部线性的，而且符合这些技术使用要求。利特曼（Litterman，1996，53）再次很好地总结过这类情形：

如今，许多风险经理似乎忘记了简单方法的关键好处，例如在传统证券投资组合分析中线性逼近的隐式分析，使它可以在有效的环境中提供强大的洞察力。

除极少数的例外，证券投资组合都会有局部线性的风险敞口，那些应用于投资组合风险分析的工具会提供有用的相关信息。

10.1 波动率、三角形加法和风险降低

作为总体指南，对于了解各类资产的风险如何构成投资组合总风险，标准差和线性近似都是极其有用的。波动率可能并不是风险最完美的度量指标。但是，大多数情况下风险加总都是非直观的，波动率针对这点构建的直观理解，可能是非常有效的，甚至是宝贵的。

投资组合的波动率是根据两种组成资产的波动率来计算的：[1]

$$\sigma_p^2 = \sigma_1^2 + 2\rho\sigma_1\sigma_2 + \sigma_2^2 \tag{10.1a}$$

交叉项 $2\rho\sigma_1\sigma_2$ 意味着投资组合的方差和波动率并不是构成部分方差和波动率的简单相加。事实上，各个头寸的波动率合成就像是三角形的边一样：[2]

$$A^2 = B^2 - 2 \cdot B \cdot C \cdot \cos\theta + C^2 \tag{10.1b}$$

以上两个等式在 $\cos\theta = -\rho$ 情况下是等价的：

$$A^2 = B^2 - 2 \cdot B \cdot C \cdot \cos\theta + C^2 \Longleftrightarrow \sigma_p^2 = \sigma_1^2 + 2\rho\sigma_1\sigma_2 + \sigma_2^2$$

---

[1] 这假设了以下例子中波动率 σ_i 都是用美元形式衡量的。如果用单位货币波动率或者百分比波动率衡量，并且资产组合的权重是 ω_i，则表达式应该是：$\sigma_p^2 = \omega_1^2\sigma_1^2 + 2\rho\omega_1\sigma_1\omega_2\sigma_2 + \omega_2^2\sigma_2^2$。

[2] 我从利特曼（Litterman）文献中得知波动率和三角形加法之间的类比，但是利特曼（Litterman）提出，早在之前这一思想可能就被使用过了。在向量和复数存在的大背景下，标准差作为向量相加和向量（标准差）都能作为复数被简便地表示在极坐标中（用复数测量从 x 轴出发的夹角是十分方便的，夹角 ϕ 可表示为 $\phi = 180° - \theta$ 或者 $\cos\phi = \rho$）。这种类比并不适合扩展至三个标准差相加，因为很难定义向量之间的夹角。

因为 $\cos\theta = -\rho$

考虑第 9 章介绍过的如下投资组合：持有 ＄20000000 美国国债（UST）多头和€7000000 名义 CAC 股指期货多头，详细见表 10.1。

表 10.1 政府债券和 CAC 股指期货的波动率（转载自表 9.7）

项目	独立波动率	投资组合实际波动率	独立波动率之和
10 年期美国国债（UST）	＄130800		
CAC 股指期货	＄230800		
UST ＋ CAC		＄291300	＄361600

注：该表数据是以 CFA 协会研究基金会 2011 年出版的《风险管理使用指南》中表 5.2 的数据为基础的。

在图 10.1A 中将两种资产波动率当作一个三角形的两条边，对风险进行整合。从三角形来看，A 边的长度比 $B+C$ 边长度之和要小，因为它们夹角小于 180°（即相关系数小于 1.0）。就波动率而言，该投资组合的波动率比 UST 和 CAC 波动率之和要小，也是因为两者的相关系数小于 1.0。如果夹角是 180°（相关系数为 1.0），则合成后得到的边长度（投资组合的波动率）会是两者的直接相加。

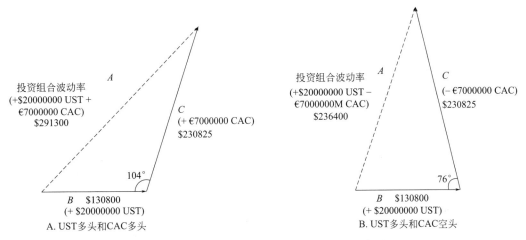

图 10.1 波动率合成三角形的一条边（向量加法）
注：转载自图 5.12，《风险管理的经验指导》，© 2011 年 CFA 协会研究基金会。

图 10.1B 中表示当 CAC 头寸反转时的情形：€7000000 名义 CAC 股指期货空头而不是持有€7000000 名义 CAC 股指期货多头。单个资产的波动率是一样的，但是投资组合波动率（三角形的 A 边）更小了——投资组合波动部分只有 ＄236400。如果夹角是 0°（相关系数为 -1.0），则 A 边的长度（投资组合波动率）会大幅降低（事实上，只有 ＄100025）。表 10.2 是不同相关因素水平下的风险分散化效果。

表 10.2 不同相关因素水平下的风险分散化效果

相关因素	角度 θ	风险分散化效果
-0.99	8.1°	85.9%
-0.90	25.8°	56.4%

相关因素	角度 θ	风险分散化效果
-0.80	$36.9°$	40.0%
-0.50	$60.0°$	13.4%
-0.25	$75.5°$	3.2%

注：这个表示了用波动率给出的风险减少比例，［Vol（无对冲）－Vol（对冲）］/Vol（对冲），因为原始资产和风险对冲资产之间的相关因素不同，风险分散化效果在其范围内可能取到任何值。转载自表 5.3，《风险管理的经验指导》，© 2011 年 CFA 协会研究基金会。

相关性和风险分散化效果。波动率的三角形加法可以用于理解降低风险的可能性，以及随着资产之间相关系数的变化，这种可能性会如何改变。在图 10.1 中，被考察的资产组合是＋＄20000000 UST 和±€7000000 的 CAC 名义股指期货。或者我们可以固定＋＄20000000 UST，将 CAC 股指期货作为对冲资产，通过改变它的头寸数量来观察资产组合波动率的变化。我们关心的是 UST 波动率可以通过对冲减少多少？什么是风险减少的潜在可能性？准确地说，我们可以计算出波动率减少的百分比，这样就可以利用 CAC 股指期货实现对美国国债风险的最优对冲。

图 10.1 中 B 部分表示了＋＄20000000 UST 和-€7000000 名义 CAC 股指期货的合成，它们之间的夹角为 $\theta=76°$（$\cos76°=0.24=-\rho$）。用 CAC 对冲 UST 意味着保持 UST 的数量固定不变（底边 B 长度不变），同时改变 CAC 股指期货的数量（边 C 的长度），此时它们之间的夹角大小取决于相关系数［$\theta=\arccos(-\rho)$］。如果我们希望将组合得到的波动率最小化（线段 A），则需要进行调整，使 A 边与 C 边构成直角，如图 10.2 所示。在这种情况下，我们得到了一个直角三角形和斜边 B，且 $A=B\sin\theta$，波动率减小的部分是 $B-A$，而减少比率或称为风险分散化效果，是 $(B-A)/B$。

$$风险分散化效果 = 1-A/B = 1-\sin\theta = 1-\sin[\arccos(-\rho)] \tag{10.2a}$$

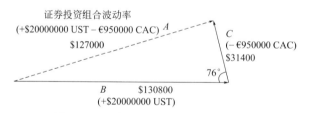

图 10.2　三角形加法和风险分散化效果

注：该图边 C（该例中 CAC 股指期货的数量）为边 B（该例中 US 国债数量）提供最大化风险减少或者最优对冲。
转载自图 5.13，《风险管理的经验指导》，© 2011CFA 协会研究基金会。

另外一种更复杂的方法同样可以得到上述结论，即通过等式（10.1a）。将 UST 数量固定在 ＄20000000，令 CAC 头寸数量为 α（以 €7000000 为单位）。它们之间的相关系数是 ρ（本例中是 0.24）。然后，对冲头寸的波动率 σ_h 如下：

$$\Delta h^2 = \Delta_1^2 + 2\rho\Delta_1 a\Delta_2 + a^2\Delta_2^2$$

当 $\alpha=-\rho\sigma_1/\sigma_2$ 的时候，这个式子将被最小化。作为原始资产（UST）波动率的一部分，被对冲的波动率可以表示为 $\sigma_h/\sigma_1=\sqrt{1-\rho^2}$。这意味着当两种资产之间的相

关系数为 ρ 时，波动率减少的最大比例应该是：

$$风险分散化效果 = 1 - \sqrt{1 - \rho^2} \qquad (10.2b)$$

对 UST 和 CAC 来说，相关系数是 0.24，不论是根据式（10.2a）或式（10.2b），风险分散化效果只有 3%。这是非常低的水平，意味着使用 CAC 股指期货作为美国国债的对冲资产基本上是完全无效的。表 10.2 给出了各种相关系数水平下的风险分散化效果。

正如利特曼（Litterman，1996，62）所说，"很多交易员和投资组合经理可能都没意识到，风险分散化效果对于被对冲头寸和对冲工具回报率之间的相关因素是多么敏感"。利特曼（Litterman，1997，表 17）也有一个很有用的图表，将潜在风险减少表示成相关系数和角度的函数。

这里的示例使用了两种单项资产，但是当考虑用单项资产对冲复合投资组合时，该结论仍然有效。

10.2　风险贡献

波动率与方差都不能简单相加，而且表面上看来，式（10.1）没有提供将资产组合的波动率分解为单个资产或者一组资产贡献的分解方法。然而，有两种有效的方法可以定义一种头寸对波动率或者 VaR 的贡献。

① 无穷小法：一种资产头寸数量上无穷小的变化带来波动率或 VaR 的改变量。

② all-or-nothing 法：一种资产头寸的完全移除带来波动率或 VaR 的改变量。

在我看来，无穷小法的定义方式，或者称为风险的边际贡献，以及它提供的分解意义，是最强大但是被低估的风险分析工具之一。这种风险贡献定义通过显示现有的各资产头寸如何影响投资组合风险，提供了一种有用的风险分解方法，以便于我们分析风险配置和了解投资组合。投资组合中的各个头寸往往是一点点地进行数量调整，而不会有某种头寸突然完全消失，这样看来，边际贡献会为这种拥有众多小头寸的大型资产组合提供良好的估算。我认为，无穷小法比 all-or-nothing 测量方法更加有用。尽管某种资产完全移除（调整成零仓位）时的风险变化也是有价值的信息，但我相信，至目前讨论为止，最优对冲的分析方法仍然更有用。

不幸的是，文献中并没有达成统一说法，有关命名就形成了相当大的混乱，这是更好理解风险贡献的屏障。特别令人困惑的是，RiskMetrics 在 all-or-nothing 方法中使用了边际这个词（尽管边际一词通常用于定义边际上的微小变化或者不是很大的有限变化），并且在无穷小法中使用了增量这个词（增量一词的使用同样有违通常法则）。大多数文献使用了反向术语，在文中使用这些词语时也不一定都清楚它们的解释。

表 10.3 可以作为了解不同学者使用各类术语的快捷指导。

表 10.3　有关无穷小法和 all-or-nothing 风险分解文献中的术语

著作	无穷小法	all-or-nothing
本书	边际贡献或者对风险的贡献	对风险的 all-or-nothing 贡献
利特曼（Litterman，1996）	对风险的贡献	
格鲁希、加莱和马克（Crouhy, Galai and Mark，2001）	VaR 变化量	VaR 增量
马里森（Marrison，2002）	VaR 贡献	
米娜和肖（Mina and Xiao，2001）	VaR 增量	边际 VaR
乔瑞（Jorion，2007）[3]	边际 VaR 和 VaR 成分	VaR 增量

注：转载自表 5.2，《风险管理的经验指导》，© 2011 CFA 协会研究基金会。

（1）风险的边际贡献

风险的边际贡献这一说法曾由罗伯特·利特曼（Robert Litterman）在《热点和对冲》和利特曼（Litterman）以及 M. B. 加曼（M. B. Garman）在《风险》杂志（1996）分别引用过。让我们的研究从考虑波动率的边际贡献这一指标开始。然而，风险贡献这一概念在最常用的风险度量方法（例如，VaR、预期损失的概率）中也适用。

第一步，考虑式（10.1a），原本这是两种资产组合的方差，现在加入确切资产持有的权重，则 σ_i 表示持有一单位该头寸的波动率大小，ω_i 表示持有的数量（以美元、债券的数量、投资组合的百分数或其他任何适当的单位度量）。则原等式可以被写为：

$$\sigma_p^2 = \omega_1^2 \sigma_{11} + \omega_1 \omega_2 \sigma_{12} + \omega_1 \omega_2 \sigma_{21} + \omega_2^2 \sigma_{22}$$

并且波动率可以被写成：

$$\sigma_p = \frac{\omega_1^2 \sigma_{11} + \omega_1 \omega_2 \sigma_{12} + \omega_1 \omega_2 \sigma_{21} + \omega_2^2 \sigma_{22}}{\sigma_p}$$

这样提供了一种分解方法，将投资组合的波动率按照其组成部分点对点分解。❶ 例如下一项：

$$\mathrm{MCL}_1 = \frac{\omega_1^2 \sigma_{11} + \omega_1 \omega_2 \sigma_{12}}{\omega_p}$$

被定义成资产 1 贡献部分。同样，可以使用类似的方式定义资产 2 贡献部分，因此有：

$$\sigma_p = \frac{\omega_1^2 \sigma_{11} + \omega_1 \omega_2 \sigma_{12}}{\sigma_p} + \frac{\omega_1 \omega_2 \sigma_{21} + \omega_2^2 \sigma_{22}}{\sigma_p} = \mathrm{MCL}_1 + \mathrm{MCL}_2 \tag{10.3a}$$

也就是说，波动率可以分解成两种资产相加的波动率贡献。到目前为止，这只是波动率一种特别的分解方法。更奇妙的是，如果从持有资产数目或者权重的微小变化带来波动率的微小变化或边际变化出发考虑，我们可以得到完全相同的分解结果。首先，我们改写波动率的表达式（使用列向量 $\omega' = [\omega_1, \omega_2, \cdots, \omega_n]$ 和方差-协方差矩阵 Σ）：

---

❶　马里森（Marrison，2002，第 7 章）把边际贡献称为 VaR 贡献，在公式总结和矩阵形式上都有很好的阐述。但是，马里森（Marrison）并没有指出接下来讨论中指标的边际特征（它指出了当持有资产发生微小的百分数变化时，波动率发生的微小变化），当然，他其他方面的讨论仍然是十分有用的。

$$\sigma_p = \sqrt{\omega_1^2 \sigma_{11} + \omega_1 \omega_2 \sigma_{12} + \omega_2 \omega_1 \sigma_{21} + \omega_2^2 \sigma_{22}} = \sqrt{\omega' \sum \omega} = \frac{\omega' \sum \omega}{\sigma_p} \qquad (10.3b)$$

就这样追踪每个组成部分 ω_i 的特征来研究下去是很容易的。用符号 $[\omega' \sum]_i$ 表示行向量 $\sum \omega$ 的第 i 行元素，用符号 $[\sum \omega]_i$ 表示列向量 $\sum \omega$ 的第 i 列元素，则可以得到：

$$\omega' \sum = [\omega_1 \cdots \omega_n] \times \begin{bmatrix} \sigma_{11} & \cdots & \sigma_{1n} \\ & \ddots & \\ \sigma_{n1} & \cdots & \sigma_{nn} \end{bmatrix} = [a_1 \cdots a_n]$$

$$[\omega' \sum]_i = a_i$$

$$\sum \omega = \begin{bmatrix} \sigma_{11} & \cdots & \sigma_{1n} \\ & \ddots & \\ \sigma_{n1} & \cdots & \sigma_{nn} \end{bmatrix} \times \begin{bmatrix} \omega_1 \\ \vdots \\ \omega_n \end{bmatrix} = \begin{bmatrix} b_1 \\ \vdots \\ b_n \end{bmatrix}$$

$$[\sum \omega]_i = b_i$$

要注意，$[\omega' \sum]_i$ 和 $[\sum \omega]_i$ 都是资产 i 和投资组合的协方差项。

使用这些符号：

$$\omega' \sum \omega = [\omega' \sum]_1 \omega_1 + \cdots + [\omega' \sum]_n \omega_n = \omega_1 [\sum \omega]_1 + \cdots + \omega_n [\sum \omega]_n$$

因此 σ_p 可以被写成：

$$\sigma_p = \frac{\omega' \sum \omega}{\sigma_p} = \frac{[\omega' \sum]_1 \omega_1}{\sigma_p} + \cdots + \frac{[\omega' \sum]_n \omega_n}{\sigma_p} = \frac{\omega'_1 [\omega \sum]_1}{\sigma_p} + \cdots + \frac{\omega'_n [\omega \sum]_n}{\sigma_p}$$

$$(10.3c)$$

这里给出了一种和式分解，即 $[\omega' \sum]_i \omega_i / \sigma_p$ 各项加总之和等于 σ_p，这一等式跟式 (10.3a) 一样重要。我们可以将上式同时除以 σ_p 又得到一种在百分数水平上的和式分解：

$$1.00 = \frac{\omega' \sum \omega}{\sigma_p^2} = \frac{[\omega' \sum]_1 \omega_1}{\sigma_p^2} + \cdots + \frac{[\omega' \sum]_n \omega_n}{\sigma_p^2} = \frac{\omega'_1 [\omega \sum]_1}{\sigma_p^2} + \cdots + \frac{\omega'_n [\omega \sum]_n}{\sigma_p^2}$$

$$(10.3d)$$

这里 $[\omega' \sum]_i \omega_i / \sigma_p^2$ 各项的加总之和等于 1.00。

另外，我们可以从波动率 σ_p 出发，得到全微分：

$$d\sigma_p = \left[\frac{\partial \sigma_p}{\partial \omega} \right] d\omega = \sum_i \frac{[\omega' \sum]_i}{\sigma_p} d\omega_i = \frac{[\omega' \sum]_1}{\sigma_p} d\omega_1 + \cdots + \frac{[\omega' \sum]_n}{\sigma_p} d\omega_n$$

如果我们考虑 ω_i 极微小的百分数变化，则通过对 ω 的相加各项的全划分，我们可以得到：

$$d\sigma_p = \sum_i \frac{[\omega' \sum]_i \omega_i}{\sigma_p} d\ln \omega_i = \frac{[\omega' \sum]_1 \omega_1}{\sigma_p} d\ln \omega_1 + \cdots + \frac{[\omega' \sum]_n \omega_n}{\sigma_p} d\ln \omega_n \quad (10.3e)$$

该式给出了与式 (10.3c) 形式完全类似的和式分解，其中 $[\omega' \sum]_i \omega_i / \sigma_p$ 各项加总之和等于 σ_p。同样，我们能够得到波动率百分数水平微小变化的全微分形式：

$$d\ln \sigma_p = \sum_i \frac{[\omega' \sum]_i \omega_i}{\sigma_p^2} d\ln \omega_i = \frac{[\omega' \sum]_1 \omega_1}{\sigma_p^2} d\ln \omega_1 + \cdots + \frac{[\omega' \sum]_n \omega_n}{\sigma_p^2} d\ln \omega_n \quad (10.3f)$$

它给出了式（10.3d）的比例分解形式，$[\omega'\sum]_i\omega_i/\sigma_p^2$ 各项加总之和为 1.00。换句话说，式（10.3c）和式（10.3d）都提供了总波动率有效的和式分解，它们同波动率边际变化量的分解具有同样的意义。[1] 我们可以称分解式中的各项为边际贡献（水平值）和边际贡献（比例值）：

$$\mathrm{MCL}_i = \frac{[\omega'\sum]_i\omega_i}{\sigma_p} = \frac{\omega_i'[\sum\omega]_i}{\sigma_p} \tag{10.4a}$$

$$\mathrm{MCP}_i = \frac{[\omega'\sum]_i\omega_i}{\sigma_p^2} = \frac{\omega_i'[\sum\omega]_i}{\sigma_p^2} \tag{10.4b}$$

这些表达式给出资产头寸［式（10.3e）和式（10.3f）］中小的百分比变化对波动率（水平值或比例值）的边际贡献，同时提供了波动率的和式分解方法［式（10.3d）］。

波动率分解式引出的基础是波动率（和方差）的代数定义，它并没有对 P&L 分布的具体函数形式做出任何假设。因此，这种分解式对于任何形式的 P&L 分布都是成立的——正态或者非正态的。[2]

更深入地理解分解式的含义，我们发现，分解式是波动率线性齐次性质得到的结果。线性齐次意味着所有头寸都按照某一些标量 λ 被缩放，则风险也会按同等规模变化。如果 $\sigma_p = \mathrm{Vol}(\omega)$ 表示权重为 ω 的投资组合的波动率，则将所有头寸同时乘以固定的常数 λ 意味着：

$$\mathrm{Vol}(\lambda\omega) = \lambda\,\mathrm{Vol}(\omega)$$

欧拉定理（Varian，1978，269）阐述了任意的线性齐次（可微）函数 $R(\omega)$ 满足如下等式：

$$R(\omega) \equiv \sum_{i=1}^{n} \frac{\partial R(\omega)}{\partial\omega_i}\omega_i$$

波动率的和式分解式（10.3c）就可以从上式直接得到。类似地，微分形式的分解式（10.3e）、式（10.3f）可以直接从以下式子推出：

$$\mathrm{d}R(\omega) \equiv \sum_{i=1}^{n} \frac{\partial R(\omega)}{\partial\omega_i}\omega_i\,\mathrm{dln}\omega_i$$

---

[1] 乔瑞（Jorion，2007），在很多领域都很出名，但在这里失败了。乔瑞（Jorion，2007，7.2.1 节）介绍了边际 VaR，写成了 $\mathrm{d}\sigma_p = \sum_i[\omega'\sum]_i/\sigma_p\mathrm{d}\omega_i$（$\mathrm{d}\omega$ 的函数）而不是 $\mathrm{d}\sigma_p = \sum_i[\omega'\sum]_i\omega_i/\sigma_p\mathrm{dln}\omega_i$（$\mathrm{dln}\omega$ 的函数）。这样的定义是有效的但是实用性有限；它并没有提供波动率或者 VaR 的和式分解，因为 $[\omega'\sum]_i/\sigma_p$ 各部分加总并不等于总波动率。乔瑞（Jorion）随后在 7.2.3 节中引入了 VaR 成分一项 $[\omega'\sum]_i\omega_i/\sigma_p$（我称之为风险的边际贡献）。VaR 成分被表示成 VaR 的一个部分，"它表明了当投资组合中给定的成分被完全去除时投资组合的方差会改变的近似值"。但它遗漏了一个要点，即 $[\omega'\sum]_i\omega_i/\sigma_p$ 这一项［乔瑞（Jorion）的 VaR 成分，我定义为边际贡献］能够给出和 $[\omega'\sum]_i/\sigma_p$［乔瑞（Jorion）的边际 VaR］同样的边际分析，同时它还能提供波动率或者 VaR 的价值和式分解。此外，使用 VaR 成分作为特定资产被完全去除时，VaR 变化量估计值的实用性十分有限；这种近似估计值通常都是很差的，并且特定资产变化成为零头寸时带来的实际波动率变化（all-or-nothing 贡献）计算也是很简单的。

[2] 根据 P&L 分布的形式，波动率本身或多或少是有用的。但是当波动率确实被用作风险度量的方式时，边际分解的式子可以应用于任意分布。

$$\mathrm{d}\ln R(\omega) \equiv \sum_{i=1}^{n} \frac{\partial R(\omega)}{\partial \omega_i} \frac{\omega_i}{R} \mathrm{d}\ln \omega_i$$

$[\partial R(\omega)/\partial \omega_i]\omega_i$ 各项加总得到 $R(\omega)$，而 $[\partial R(\omega)/\partial \omega_i]\omega_i/R$ 各项加总可以得到 1.00。

更重要的是，欧拉定理意味着对任意线性齐次的风险衡量指标，我们都可以运用类似的和式分解方法和边际分解法。实际上，实践中大多数的风险衡量指标（包括波动率、VaR、预期损失，不包括损失概率）都是线性齐次的，因此边际分解方法可以被运用到其中任何一个分析里。❶

这同样意味着风险边际贡献的概念并不依赖于计算波动率或者 VaR 任何特殊的估计方法。风险贡献的计算可以使用参数方法、蒙特卡洛模拟法，或者历史模拟法。

麦克尼尔、弗雷和恩布雷希特 [McNeil，Frey and Embrechts，2002，式（6.23），式（6.24），式（6.26）] 给出了波动率、VaR 和预期损失的风险贡献公式。如果证券投资组合是由 n 种资产组成，资产 i 一单位的 P&L 记为 X_i，投资在资产 i 上的数量记为 ω_i，则总的 P&L 是 $\sum_i \omega_i X_i$，$Z\%$ 参数的 VaR 是 $\mathrm{VaR}_Z = \{Y_{s.t.} P[\sum_i \omega_i X_i \leqslant Y] = Z\}$，预期损失为 $\mathrm{ES}_Z = E[\sum_i \omega_i X_i \mid \sum_i \omega_i X_i \leqslant \mathrm{VaR}_Z]$。相应的贡献分别是：

波动率：$\mathrm{MCL}_i = \omega_i \mathrm{cov}(\omega_i X_i, \sum_i \omega_i X_i)/\sqrt{\mathrm{VaR}(\sum_i \omega_i X_i)}$

VaR：$\mathrm{MCL}_i = \omega_i E[X_i \mid \sum_i \omega_i X_i = \mathrm{VaR}_Z]$

ES：$\mathrm{MCL}_i = \omega_i E[X_i \mid \sum_i \omega_i X_i \leqslant \mathrm{VaR}_Z]$❷❸

请参阅附录对公式的详细说明。

---

❶ 利特曼（Litterman，1996，64）和格鲁希、加莱、马克（Crouhy，Galai，Mark，2001，255）使用欧拉定理和波动率或 VaR 或两者的线性齐次性来证明边际分解方法。恩布雷希特、麦克尼尔和弗雷（Embrechts、McNeil and Frey，2002，6.3 节）对欧拉定理和资产配置（完全配置属性，等价于这里讨论的和式分解）的应用有详细的讨论。这种分解方法将适用于任何移植性风险度量指标，因为线性齐次性是移植性风险度量指标定义时的公理之一。详见阿茨纳等（Artzner et al.，1999）和恩布雷希特、麦克尼尔和弗雷（Embrechts，McNeil and Frey，2002，6.1 节）有关一致性风险度量指标的讨论。

❷ 对正态分布来说，对波动率、VaR 和期望损失值的贡献都是成比例的。使用 8.4 节中的公式，我们可以看到：

$$\mathrm{MCL}_i(\mathrm{VaR},\mathrm{normal}) = \omega_i[\mathrm{cov}(\omega_i X_i, \sum_i \omega_i X_i)/\sqrt{\mathrm{VaR}(\sum_i \omega_i X_i)}] \cdot \phi^{-1}(Z)$$

$$\mathrm{MCL}_i(\mathrm{ES},\mathrm{normal}) = \omega_i[\mathrm{cov}(\omega_i X_i, \sum_i \omega_i X_i)/\sqrt{\mathrm{VaR}(\sum_i \omega_i X_i)}] \cdot \varphi[\phi^{-1}(Z)]/Z$$

麦克尼尔、弗雷和恩布雷希特（McNeil，Frey and Embrechts，2005，260）表明，波动率、VaR 和期望损失值的比例对于任意的椭圆分布都保持不变（并且，对于任何线性齐次的风险度量指标也相同）。

❸ 要注意的是，马里森（Marrison，2005，143-144）估算对 VaR 贡献的方法在被蒙特卡洛使用时，似乎并不是对于 VaR 的估计，而是对于期望损失值的估计。VaR 正确的公式应该是：

$$\mathrm{MCL}_i = [\mathrm{Loss}_i \mid \mathrm{Loss}_p = \mathrm{VaR}]\omega_i \cdot [X_i \mid \sum_i \omega_i X_i = \mathrm{VaR}]$$

也就是说，资产 i 对 VaR 的贡献就是由资产 i 导致的损失大小。（这些项明显是可加的，因为 $\sum_i \omega_i X_i =$ VaR。）很自然的，就会出现一个问题，MCL_i 的估计量只是用了单一的观测值 $\omega_i \cdot [X_i \mid \sum_i \omega_i X_i = \mathrm{VaR}]$。对于特定的蒙特卡洛模拟，我们不能对多种情况进行平均，因为此时只有一种情况，即 $\mathrm{Loss}_p = \sum_i \omega_i X_i =$ VaR。为了对特定的资产 i 多重的观测值进行平均，（也就是说，得到对于资产 i 的多个 $\omega_i \cdot [X_i \mid \sum_i \omega_i X_i = \mathrm{VaR}]$）我们需要进行多重完全模拟实验，从每一个模拟实验中得到 $\omega_i \cdot [X_i \mid \sum_i \omega_i X_i = \mathrm{VaR}]$ 这一观测值。

同样值得重视的是，我们也可以计算一组不同资产的边际贡献或者证券投资组合子集合的边际贡献，波动率的边际贡献相关公式的推导已在附录中给出。

举个例子具体看看对波动率的贡献这一指标是如何运作的，考虑之前讨论过的同时持有美国国债和 CAC 股指期货的资产组合，并考虑每种持有量的微小（无穷小）百分比变化。表 10.4 显示了结果，通过式（10.4）发现，CAC 股指期货对投资组合波动率的边际贡献比 UST 债券要高得多。

当 CAC 股指期货是 €7000000 空头时，情况会发生一些变化，此时 CAC 对投资组合波动率的贡献比例要更加高了（尽管此时资产组合总波动率比先前要低，见表10.5）。

表 10.4 简单投资组合的波动率分析——对风险的贡献

项目	每持有 $1000000 的波动率	头寸波动率	边际贡献比例 $[\omega_i^2\sigma_i^2 + \rho\omega_i\sigma_i\omega_j\sigma_j]/\sigma_p^2$
＋$20000000 UST 10 年期债券	$6500	$130800	0.287
＋€7000000 CAC 股指期货	$25000	$230800	0.713
证券投资组合波动率		$291300	

同样的，我们会问：什么样的 CAC 股指期货头寸会对波动率没有任何贡献？零头寸是很明显的答案，但是没有多大的意义。一般来说，会存在一些非零的 CAC 头寸对投资组合整体的波动率贡献为零。在当前这个例子中，股指期货某个很小的空头头寸会带来跟零头寸一样的贡献效果。特别地，当持有 −€950000 的股指期货空头时，CAC 头寸的微小变化几乎不会对总投资组合的波动造成任何影响。

表 10.5 简单投资组合的波动率分析——CAC 股指期货空头的贡献

项目	每持有 $1000000 的波动率	头寸波动率	边际贡献比例 $[\omega_i^2\sigma_i^2 + \rho\omega_i\sigma_i\omega_j\sigma_j]/\sigma_p^2$
＋$20000000 UST 10 年期债券	$6500	$130800	0.176
−€7000000 CAC 股指期货	$25000	$230800	0.824
证券投资组合波动率		$236400	

波动率的三角形加法能够很好地说明到底发生了什么，该情景其实和图 10.2 是一样的。我们通过选择 CAC 股指期货的头寸数量，使得构造的投资组合波动率（A 边）与 CAC 波动率（C 边）形成直角。三角形加法同样能够帮助我们理解这个特定的头寸是如何形成并且为什么是零贡献。图 10.3A 显示了 C 边的一个变化量（CAC 波动率——要说明的是，是一个较大的变化量而不是无穷小量）。在这种情况下，A 边（投资组合的波动率）在长度上几乎没有发生任何改变。图 10.3B 说明了 B 边（UST 波动率）的一个变化量，使得 A 边基本上和 B 边是 1∶1 的变动。

波动率分解的分析方法或者说波动率的边际贡献是十分有用的，它让我们深入理解这样一种情况，即当保持其他头寸不变，而单一资产头寸发生微小变化时，总波动

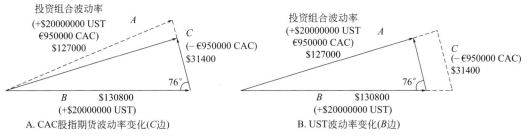

图 10.3　波动率的三角形加法：＋＄20000000 UST，－€950000 CAC 股指期货

注：转载自图 5.14《风险管理的经验指导》，© 2011 年 CFA 协会研究基金会。

率会如何变化。对于大型或者复杂的投资组合来说，它尤其有用，因为这种情况下直接观察法和类似三角形加法图表的帮助手段（两种资产分析时可用）都不能使用了。

（2）与证券投资组合的相关系数

通过边际贡献方法计算一种资产与证券投资组合的相关系数也是可行的：

$$\rho_i = 资产\ i\ 与证券投资组合的相关系数$$
$$= [\textstyle\sum \omega]_i / (\sigma_p \times \sigma_i) = \mathrm{MCL}_i / (\omega_i \times \sigma_i)$$

上式也可以被扩展成对各组资产或者投资组合子集合，详见附录中的分块法的讨论。

（3）对波动率或者 VaR 的 all-or-nothing 贡献

边际贡献分析方法让我们了解了当资产头寸数量发生微小变化（无穷小量或者边际量）时风险的变化量。但是我们发现，研究某一资产头寸被完全移除时风险的变化量也是十分有用的。这就是 all-or-nothing 贡献〔被 RiskMetrics 在 1999、2001 年称为边际贡献，并被加莱、格鲁希和马克（Crouhy、Galai and Mark）在 2006 年称为 VaR 增量〕。

在零头寸时波动率的计算公式是很容易推导出来的（来源详见附录）：

$$资产\ k\ 零头寸时的波动率 = \sqrt{\omega'\textstyle\sum\omega - 2\omega_k [\textstyle\sum\omega]_k + \omega_k \sigma_{kk}\omega_k} \qquad (10.5)$$

资产 k 对于波动率的 all-or-nothing 贡献就是变化至零头寸时波动率的减少量：

$$资产\ k\ 的\ all\text{-}or\text{-}nothing\ 贡献$$
$$= \sqrt{\omega'\textstyle\sum\omega} - \sqrt{\omega'\textstyle\sum\omega - 2\omega_k [\textstyle\sum\omega]_k + \omega_k \sigma_{kk}\omega_k}$$

10.3　最优对冲

当我们考虑持有的某种特定资产发生有限变化或者大幅变化时，考虑到能够将投资组合剩余部分的风险最佳对冲掉的那个改变量是非常有用的。我们可以称这个改变量为最优对冲——该头寸数量能够尽可能减小波动率，或者说能够尽可能高效对冲剩余的投资组合。

为了计算出最优对冲头寸的大小，需要考虑某种特定资产头寸带来的边际贡献，该贡献可能是正的（增加投资组合整体波动率），也可能是负的（减少证券投资组合风险——就像对冲一样）。在处于某些特殊的数量水平时，它的边际贡献会为零。这就是能够将投资组合剩余部分的风险最佳对冲掉的特定资产的头寸数量。[●] 我们可以计算资产 k 的头寸大小，使得在不改变其他资产持有量的情况下，其边际贡献为零。这意味着找到一个 ω_k^* 满足：

$$\mathrm{MCP}_k = [\omega'\textstyle\sum]_k \omega_k/\sigma^2 = 0 \Rightarrow [\omega'\textstyle\sum]_k = \sum_{i \neq k} \sigma_{ik}\omega_i + \sigma_{kk}\omega_k^* = 0$$

$$\Rightarrow 最优对冲 = \omega_k^* = -\sum_{i \neq k}\sigma_{ik}\omega_i/\sigma_{kk} = -[([\omega'\textstyle\sum]_k - \omega_k\sigma_{kk}]/\sigma_{kk}$$

达到零边际贡献的这一点就是通过资产 k 头寸数目的变化使得资产组合风险最小化的那一点，因为边际贡献就是波动率对于头寸数目的导数。此时，资产 k 的该头寸使得证券组合波动率最小化（其他资产头寸均不变），这就是一个最优对冲。

上文中，在仅有两种资产的证券组合中，我们使用了三角形加法图形来讨论风险减少和头寸对风险的贡献。最优对冲是使边际贡献为零的量，图中表示，即使第三条边（A 边，或者证券投资组合总风险）最小化的可控边长度，或者说使第三条边与被考虑头寸代表的边形成直角的情况。

以之前描述的美国国债和 CAC 股指期货为例（图 10.2 和图 10.3），我们保持 $20000000 多头的国债数目不变，改变 CAC 股指期货的头寸数目。当 CAC 股指期货头寸是 −€950000（空头）时，CAC 边际贡献为零，如表 10.6 所示。

表 10.6　简单投资组合的波动率分析——CAC 股指期货零贡献点

项目	每持有 $1000000 的波动率	头寸波动率	边际贡献比例 $[\omega_i^2\sigma_i^2 + \rho\omega_i\sigma_i\omega_j\sigma_j]/\sigma_p^2$
＋$20000000 UST 10 年期债券	$6500	$130800	1.0
−€7000000 CAC 股指期货	$25000	$31390	0.0
证券投资组合波动率		$126900	

图 10.3 显示了组合的波动率（三角形 A 边）与代表 CAC 股指期货的边构成了直角。UST 和 CAC 的 P&L 分布是正相关的，因此 CAC 最优对冲头寸实际上是一个空头头寸，用来对冲 $20000000 的 UST 多头。

最优对冲时证券投资组合波动率（详细推导过程请见附录）如下：

$$资产 k 最优对冲后的投资组合波动率 = \sigma_p^*(k) = \sqrt{\omega'\textstyle\sum\omega - \frac{([\textstyle\sum\omega]_k)^2}{\sigma_{kk}}} \tag{10.6}$$

边际贡献、all-or-nothing 贡献及最优对冲的例子。波动率的边际贡献、all-or-nothing 贡献、最优对冲头寸和最优对冲波动率的概念实际上都是很简单的，但是第一次遇到它们时，可能会混淆。我们可能需要一些时间来认识它们之间的联系，以及不

[●]　简单考虑，一个数目为零的头寸，它的边际贡献当然是零。但是一般来说，仍然会存在某个非零的头寸数目同样使得边际贡献为零，这才是我们感兴趣的情况。这样，假设该头寸既可能是持有的多头，也可能是空头（正的或者负的）。如果一个投资组合被限定了只能是多头，那么该最佳对冲头寸量可能不可得，尽管如此，它提供的洞察仍然是十分有意义的。

　风险量化管理：金融风险指导手册

同的度量方法在什么情况下会更有用。这里通过简单的例子来看看不同度量方法之间的区别。

以两个资产的投资组合为例：$ 20000000 美国国债多头和€7000000 的 CAC 股指期货多头。表 10.7 和表 10.8 显示了与表 10.4 同样的投资组合，但是加入了不同的度量指标。UST 的波动率（仅考虑单项）大概是 CAC 股指期货的一半，尽管名义值是两倍，并且 UST 大概贡献了总波动率的 1/3。表 10.7 和表 10.8 说明了以下几种新增的度量指标。

① 对波动率的边际贡献：比例值和水平值。

② 与证券投资组合的相关系数。

③ 对波动率的 all-or-nothing 贡献。

④ 最优对冲头寸数量。

⑤ 复制组合头寸。

⑥ 最优对冲情况下的波动率。

表 10.7　简单投资组合的波动率分析——边际贡献和相关系数

项目	头寸（独立）波动率	边际贡献比例	边际贡献水平	与投资组合的相关系数
$ 20000000 10 年期美国国债	$ 130800	0.287	$ 83550	0.639
€7000000 CAC 股指期货	$ 230800	0.713	$ 207800	0.900
证券投资组合波动率	$ 291300	1.000	$ 291300	

表 10.8　简单投资组合的波动率分析——all-or-nothing 贡献和最优对冲

项目	头寸（独立）波动率	all-or-nothing 贡献	最优对冲头寸	复制组合头寸	最优对冲波动率	波动率减少（%）
$ 20000000 10 年期美国国债	$ 130800	60490	−8.47	28.5	$ 224100	23.1
€7000000 CAC 股指期货	$ 230800	160600	−0.95	7.95	$ 126900	56.4
证券投资组合波动率	$ 291300					

边际贡献的两种形式——比例值和水平值说明的是同一件事，只是表达的形式不一样。我个人比较倾向比例值。首先，我会观察总波动率，从而得到投资组合可变性的整体估计。然后，分析边际贡献（比例值）以考察各种不同的风险因子、资产类型或证券组合子集合是如何影响整体波动率的。应注意的是，我对于边际贡献比例值的偏好仅仅只是个人偏好而已。这两个度量指标是等价有效的。两种边际贡献的值相加都会得到总值（比例值相加会得到 1.00，水平值相加会得到资产组合总波动），而这些对总波动值的和式分解分别表达了各自边际贡献形式的强度。

某种特定资产或风险因子的 all-or-nothing 贡献就是它实际持有量对波动的贡献。即当我们将这种资产或风险因素的持有数量从零值变化成实际持有水平时，带来的投资组合波动率变化。对于当前分析的简单双资产组合，all-or-nothing 贡献可以很简单地从表 10.7 和表 10.8 的独立波动率一项中算出，这个值没有太大作用。资产组合的总波动率为 $ 291300。假如我们放弃持有美国国债，则只剩下 CAC 股指期货，此时的投资组合波动率就是 CAC 股指期货独立的波动率。而美国国债的 all-or-nothing 贡献就是总投资组合波动率和 CAC 股指期货独立波动率之差（＄291300－＄230800）。类似地，CAC 股指期货的 all-or-nothing 波动率就是总投资组合波动率与美国国债独立波动率之差（＄291300－＄130800）。

对于那些比简单双资产投资组合更复杂的组合来说，all-or-nothing 贡献的计算就不那么简单与直观了。假如我们加入＄40000000 的美国 5 年期国债。表 10.9 和表 10.10 将会给出各项产生的波动率和贡献结果。5 年期美国国债与 10 年期美国国债有大致一样的独立波动率（5 年期美国国债持有到期的时间只有一半，但是其他方面表现的特征与 10 年期美国国债完全一致）。现在 all-or-nothing 贡献就需要进行计算，而不能从独立波动率出发直接推断。

表 10.9　加入 5 年期美国国债后资产组合的波动率分析——边际贡献和相关系数

项目	头寸（独立）波动率	边际贡献比例	边际贡献水平	与投资组合的相关系数
＄40000000 5 年期 UST	＄131100	0.273	＄105100	0.802
＄20000000 10 年期 UST	＄130800	0.267	＄102800	0.786
€7000000 CAC 股指期货	＄230800	0.461	＄177800	0.770
证券投资组合波动率	＄385700	1.000	＄385700	

表 10.10　加入 5 年期美国国债后资产组合的波动率分析——all-or-nothing 贡献和最优对冲

项目	头寸（独立）波动率	all-or-nothing 贡献	最优对冲头寸	复制组合头寸	最优对冲波动率	波动率减少（％）
＄40000000 5 年期 UST	＄131100	＄94430	−54.4	94.4	＄230400	40.3
＄20000000 10 年期 UST	＄130800	＄91520	−26.4	46.4	＄238300	38.2
€7000000 CAC 股指期货	＄230800	＄130900	−2.01	9.01	＄246100	36.2
证券投资组合波动率	＄385700					

计算 all-or-nothing 的方法是，每次去掉组合中的一种头寸，重新计算投资组合的波动率，重复计算后即可。这种方法十分直接，但是非常烦琐而且难以计算。然而，在方差-协方差框架下，式（10.5）给出了更简便的方法来计算 all-or-nothing 贡献。这种方法尤其简单，因为 $[\Sigma\omega]$ 一项几乎出现在我们讨论的所有地方——边际贡献、all-or-nothing 贡献和最优对冲。$[\Sigma\omega]$ 是一个向量，由市场方差-协方差矩阵和头寸向量或单位价格变动向量点积得到。换句话说：

$$[\Sigma\omega]_i = \Sigma \cdot \omega \text{ 的第 } i \text{ 项元素} = \sum_{j=1}^{n} \sigma_{ij}\omega_j$$

这是资产 i 或者风险因素 i 与投资组合的协方差，并且是所有计算步骤中最为重要的要素之一。它推导出的边际贡献表达式为：

$$\mathrm{MCL}_i = \frac{[\omega'\Sigma]_i\omega_i}{\sigma_p} = \frac{\omega'_i[\Sigma\omega]_i}{\sigma_p}$$

资产 i 或者风险因素 i 与投资组合的相关系数为：

$$\rho_i = \frac{[\sum \omega]_i}{\sigma_i \sigma_p}$$

all-or-nothing 贡献［见式（10.5）］和最优对冲波动率［见式（10.6）］。表 10.10 说明了运用式（10.5）计算 all-or-nothing 贡献的结果。

all-or-nothing 贡献是我们讨论的度量指标中用处最小的一个。边际贡献，提供了投资组合波动的一种和式分解，也便于我们观察当持有的某种资产发生微小变化时，总波动会如何变化，这样给投资组合的细微调整提供了有用信息。接下来讨论的最优对冲，提供了对投资组合分解的更深入理解，对于当持有资产大幅变化时波动率如何变动，它也提供了有意义的信息。

回头再看表 10.8，只有 10 年期美国国债和 CAC 股指期货的证券投资组合。"最优对冲头寸"就是能为剩余资产组合提供最优对冲的资产持有量。早些时候我们讨论了 CAC 股指期货能为美国国债提供最优对冲的持有量，表 10.8 给出了这个头寸数量——€950000 的 CAC 股指期货空头头寸。正是持有这个空头头寸的 CAC 股指期货，能够为剩下的资产组合（这里的剩余资产组合就是只有 $20000000 的 10 年期美国国债）提供最优对冲。

在 10.2 节中，我们专注于考虑某种资产对另外一种单独资产的风险分散化效果，举的相关例子即 CAC 股指期货和 10 年期美国国债之间的关系。当我们的投资组合确实只有两种资产时，考察单项也很好。但是当我们拥有多资产组合时，单项分析效果不是很好，如表 10.9 和表 10.10。我们需要改变关注的焦点。现在，将 CAC 股指期货当作一种资产，而剩下的投资组合当作第二项资产。我们可以测量出 CAC 股指期货与总资产组合（包括 CAC 股指期货部分）之间的相关系数。表 10.8 表明，这种相关性是 0.90。回顾表 10.2，可以看到，风险分散化效果（使用 CAC 期货对冲整个投资组合）是 56%——我们可以通过选择最优的 CAC 期货头寸使得投资组合的波动率减少 56%。再看表 10.8，可以看到，CAC 最优对冲头寸将投资组合波动率减少了：（291300－126900）/291300＝56%。❶

最优对冲和与投资组合的相关系数这两个概念被应用到了大型投资组合的分析中。表 10.9 和表 10.10 显示了三个资产组合，以及 5 年期 UST 国债、10 年期 UST 国债和 CAC 期货分别的最优对冲头寸。现在 CAC 最优对冲是 €2010000 空头，但是投资组合波动性仅仅减少了 36.2%。因为现在的投资组合里有更大比例的债券，因此与先前的投资组合相比，表现出更像债券组合的特性。实际上我们能够看到，与 CAC 期货比起来，5 年期债券和 10 年期债券能够为投资组合提供更好的风险对冲效果。

最后关于边际贡献、最优对冲和其他概念的理解必须加以说明。我们在使用这些度量指标时必须始终保持谨慎态度，并进行有效的判断。它们并不能提供确切的答案，

---

❶ 在 10.2 节中，CAC 期货和 10 年期美国国债的相关系数是 0.24，这导致风险分散化效果仅为 3%。在那一节中，我们考虑的是 10 年期美国国债波动率能够降低多少，从 $130800 到 $126900 也确实只有 3%。现在我们提出一个不同的问题——投资组合的波动率将会被降低多少。

只能提供有用的指导。它们展示了投资组合在过去可能是如何表现的，但是未来总是充满了不确定性。明天的市场可能不仅仅是随机波动的，也许还伴随着市场关系的根本性变化。

对于表 10.10 描述的资产组合来说，假设市场未来的表现与过去大致相同，5 年期国债可能是最好的对冲工具。但是因为两个完全不同的原因，我们在两方面一定要慎之又慎。第一个方面是，5 年期国债和投资组合的相关系数仅有 0.8，这意味着仍然会存在某一天，这两者有很大可能不会同时变化。换句话说，即使市场行为与过去完全一致，仍会存在某天，同样的对冲很可能不会完全有效。作为这些工具的使用者，我们必须知道最优对冲并不意味着完美对冲，而在特定的情况下，最优对冲也未必是好的对冲。因此，我们必须了解这样的对冲策略表现如何？例如，通过考察相关系数或者风险分散化效果。

第二个方面是，它们可能带来市场关系的根本性变化。5 年期国债和 10 年期国债通常很可能一起移动，这种共同移动关系导致 5 年期国债成为最优对冲工具。但是一旦这种关系被打破，5 年期债券可能就不再是最优对冲了。因此，表 10.10 中给出的答案只能提供指导意义，并不是确切的答案。

10.4　复制投资组合

将一个复杂的证券投资组合表示成一个简单投资组合既有用又相对简单。对单项资产 k 来说，只改变资产 k 数量时，最优对冲头寸 ω_k^* 可以将投资组合方差最小化。这意味着，原始持有量和最优对冲头寸之间的差异正是一个镜像投资组合：

使用资产 k 表示的单一资产镜像投资组合＝$\mathrm{MP}(k)＝\omega_k-\omega_k^*$

在这个意义上，原始投资组合和镜像组合之间差别的方差被最小化：

$$方差[原始投资组合-\mathrm{MP}(k)]$$
$$＝方差[原始投资组合-(\omega_k-\omega_k^*)]＝资产 k 方差的最小值$$

在原始投资组合中，每一种资产都可以计算各自的单一资产镜像组合量，要得到表示单一资产镜像组合的最优情况也很简单：对于每种资产来说，先计算最优对冲后的波动率，然后从所有情况中选出最小波动率，它对应的对冲资产就是我们要寻找的单一资产。另外，可以将这种最优镜像投资组合叫做复制组合，因为它最优地复制了原始组合（最好地使用了从原始投资组合中选择的单项资产）。

当分析具体实例时，这个思想更加显而易见。表 10.10 显示了各种情况的最优对冲，不仅有持有量，也有既定持有量下的波动率。这个简单投资组合由如下几种资产组成：持有 \$40000000 的 5 年期美国国债多头、\$20000000 的 10 年期美国国债多头和 €7000000 的 CAC 股指期货多头。如果仅使用 10 年期国债为工具对投资组合进行最优对冲，则需要用 \$26000000 的 10 年期美国国债空头头寸替换原有的 \$20000000 的 10 年期美国国债多余头寸。换句话说，针对原始投资组合的最优对冲总共需要

$46000000 的 10 年期美国国债空头头寸。由原始投资组合和 $46000000 的 10 年期美国国债空头头寸组成的新投资组合的波动率显示在 "最优对冲波动率" 一栏中。

当我们考察各种不同最优对冲持有下波动率情况时会发现，实际上 5 年期美国国债（与原始投资组合相比有 $94000000 的变化量）在所有选择中能给出最低波动率。这意味着如果我们使用原始组合里已有的资产种类分别单一复制原始资产，在所有的情况中，$94000000 的 5 年期美国国债空头头寸是能复制出原始投资组合的最佳情况的。在这个意义上，这个 5 年期美国国债的头寸数量是复制原有组合的最佳单一资产组合。我们可以用两种方式理解这个现象。第一，这个投资组合的表现最类似于 5 年期美国国债，它的头寸可以解释 40% 的总波动率 [（385700－230400)/385700＝40%]。这提供了投资组合一种简单直接的观察。第二，$94000000 的美国国债空头将会提供简单的对冲，尽管在这种情况下，它并不是那么有效，因为对冲仅仅减少了 40% 的波动率。

我们真正需要从表 10.10 学习到的是，可以从边际贡献和最优对冲思想中找到它们的不同之处。在表 10.9 中，CAC 期货拥有最大的边际贡献，CAC 是对投资组合波动率贡献最大的资产。但是它并不能提供最优对冲，实际上是 5 年期美国国债提供了最优对冲。这是因为，10 年期美国国债和 5 年期美国国债是相似的，5 年期美国国债不仅能对冲掉 5 年期美国国债的波动率贡献，并且也能对冲掉部分 10 年期美国国债。

多资产复制组合。完整的投资组合将会如何表现。这样的单一资产复制组合提供了一种简单的表示，但是就其本身而言，还是显得太简单而不是特别有用。幸运的是，这种复制组合的想法可以直接运用到多资产上，这样能够提供一种仍然很简单但是包含更多信息的复制组合。

对于两种特定的资产 j 和 k，最优对冲头寸 ω_j^* 和 ω_k^* 如下：

$$\text{最优对冲} = \begin{bmatrix} \omega_j^* \\ \omega_k^* \end{bmatrix} = - \begin{bmatrix} \sigma_{jj} & \sigma_{jk} \\ \sigma_{kj} & \sigma_{kk} \end{bmatrix}^{-1} \times \begin{bmatrix} [\sum w]_j \\ [\sum w]_k \end{bmatrix} + \begin{bmatrix} \omega_j \\ \omega_k \end{bmatrix} \tag{10.7}$$

可以用一种显而易见的方式扩展到多于两种资产的情形。（详细推导见附录。）

使用资产 j 和 k 对原始投资组合进行风险对冲，可以得到最优对冲后的波动率为：

$$\text{资产 } j \text{ 和 } k \text{ 调整的最优对冲波动率} = \sigma_p^*(j \& k)$$

$$= \sqrt{\omega' \sum \omega - \begin{bmatrix} [\sum \omega]_j & [\sum \omega]_k \end{bmatrix} \times \begin{bmatrix} \sigma_{jj} & \sigma_{jk} \\ \sigma_{kj} & \sigma_{kk} \end{bmatrix}^{-1} \times \begin{bmatrix} [\sum \omega]_j \\ [\sum \omega]_k \end{bmatrix}} \tag{10.8}$$

再次，仍然使用这种显而易见的方式扩展到超过两种资产的情况。（详细推导请见附录。）

通过定义资产 j 和 k 的双资产镜像组合的方法，我们能够得到计算双资产复制组合的方法：

$$\text{使用资产 } j \text{ 和 } k \text{ 的双资产镜像组合} = \text{MP}(j \& k) = \begin{bmatrix} \omega_j - \omega_j^* \\ \omega_k - \omega_k^* \end{bmatrix}$$

双资产复制组合即所有双资产镜像组合中方差最小的情况。相对小规模资产的复制组合，例如使用 3、5 或 10 种资产的，能够为完整的投资组合提供有用的信息和更深入的了解。这种复制组合可以作为完整投资组合的代理变量、总结或者近似替代，复制组合能提供一种衡量近似值质量的方法，解释方差的百分比结构。

一种使用 n 资产来复制组合的方法是直接计算：每次选择 n 种资产，算出所有可能的镜像组合的波动率（或方差）减少量，然后选择最优的那个。因为最优对冲方差和方差减少可以由前面的公式很快计算出，所以这种方法在一定程度上可以简化。

当需要计算的情况数 m 比较小（例如，40 或更少）时，这样的方法是可行的。但是当原始投资组合和复制组合中的资产数目都比较大时，这种方法就会出现问题。例如，原始投资组合包含 20 种资产，搜寻 3 种资产复制组合时仅涉及 1140 例。然而，如表 10.11 显示，原始投资组合有 50 种资产时，寻找最优 10 种资产复制组合需要搜索超过 103 亿例。在这种情况下，可以使用一些特定的策略，例如按单一资产最优对冲方差减少值衡量，只搜索排名前 40 的资产的各种组合，或者从需要被搜索的资产中删除相似的资产（例如，删除 10 年期美国国债留下 30 年期的）。

表 10.11　从 m 种资产中选择 n 种资产进行最优复制需要搜索组合的数量

资产数	3 种资产复制组合	5 种资产复制组合	10 种资产复制组合
20 种资产	1140	15504	184756
50 种资产	19600	2118760	10.3×10^9

另外，对于大型投资组合，可以使用一个类似逐步回归的方法——每次建立一种复制组合的资产。最简单的程序就是每次添加一种资产，这样不用再考虑先前的资产组合：

① 首先，在所有单一资产最优对冲情况中选择波动率最小的作为第一个复制组合资产。

a. 对所有的资产 k 分别计算 $\sigma_p^*(k)$。这是所有单一资产最优对冲或者说镜像组合情况中对冲后的波动率。

b. 选择资产 k 使得它能够产生最小的 $\sigma_p^*(k)$，作为第一个复制组合资产，记作 1^*。

② 选择第二个复制组合资产，使得它加上第一个能够尽可能使得投资组合的方差减少量最大。

a. 对所有的 $k =$ {不包括第一个复制的投资组合资产的所有资产} 计算 $\sigma_p^*(1^* \& k)$。这是包含第一个复制组合资产在内的所有两资产最优对冲后的波动率。

b. 选择 k 使得 $\sigma_p^*(1^* \& k)$ 是最小的（或者说方差减少值 $\sigma_p^{*2}[1^*] - \sigma_p^{*2}[1^* \& k]$ 最大），作为第二个复制组合资产，记作 2^*。

③ 选择第三个复制组合资产，使得它加上前两个能够尽可能使得投资组合的方差最大幅度减小。

a. 对所有的 $k =$ {第一个和第二个复制组合中包含的所有资产} 计算 $\sigma_p^{*2}(1^* \& 2^* \& k)$。这是包含前两个复制组合资产在内的所有三资产最优对冲后的波动率。

b. 选择 k 使得 $\sigma_p^{*2}(1^* \& 2^* \& k)$ 最小（或者说方差减少值 $\sigma_p^{*2}[1^* \& 2^*] - \sigma_p^{*2}[1^* \& 2^* \& k]$ 最大），将它作为第三个复制组合资产，记作 3^*。

④ 如此不断逐个增加单项复制组合资产，直到达到想要的复制组合的资产数目。

在一种更为复杂的程序中，在每一步都会回顾早些阶段的复制组合资产以确保它们都被包含在内。该过程在附录中有介绍。

到目前为止的讨论都是集中在从原始的投资组合资产中选择复制组合。除此之外，可以使用一些指定的其他资产。而复制组合的各权重可以通过线性回归分析确定。❶

10.5 主成分法和风险整合

主成分法是一种数据整理技术，它可以降低有效数据的维度，并提供介于个人交易部门的微观水平和投资组合波动率或 VaR 的宏观水平之间的风险媒介总体视图。它将原始的资产或风险因子回报率表示为一个向量 $Y = [y_1, y_2, \cdots, y_n]'$（例如，1 年期收益率、2 年期收益率、……、30 年期收益率），通过一些线性变换方法，转化为一系列新的变量：

$$F = A' \cdot Y \tag{10.9}$$

其中，A' 为线性变换因子矩阵。这是一个 $n \times n$ 矩阵，n 是原始变量的个数。

Y 为原始变量的列向量（例如，收益率）。

$F = [f_1, f_2, \cdots, f_n]'$ 为新变量的列向量（从 1 到 n）。

我们可以选择 A' 使得新变量 f_i 之间是正交的（统计上不线性相关）。正交性质非常好，因为这意味着不同因素在某种意义上跨越了不同且独立的风险维度。这样的优势是，f_i 的分离使得各因素对投资组合方差或者 VaR 的贡献相互独立（假设原始的 Y 是正态分布或者近似正态分布）。此外，f_i 可以按对方差贡献的大小进行排序。实际在大多数情况下，前几个贡献最大份额方差的 f_s 因子具有一些容易理解的意义（例如，收益率曲线，它的水平值、扭曲值、峰值等）。在这种情况下，新变量可能非常有用，因为它将大量的分析变量（例如，20 到 30 种收益率曲线指标）转化成少量的正交因子（例如，水平值、扭曲值、峰值、残差等），不仅降低了数据维度，而且降低了变量数目过多带来的总风险。

新的主成分可以作为一种辅助工具来总结风险，或者将不同来源的风险聚合成为一系列一致的因素（例如，交易部门使用的不同收益率曲线点），并将 P&L 根据独立因素的变化分解成各个对应的部分。

---

❶ 式（10.7）用以计算最优对冲权重，该等式的验证程序中，最为重要的就是使用投资组合包含的资产进行最小二乘等式分析。对于不包含于投资组合的资产来说，投资组合 P&L 每日历史的综合数据（$\omega' Y$，这里 $Y' = [y_1, y_2, \cdots, y_n]$，是各种资产历史变化的一个向量）可以对被选中资产的历史数据进行回归分析。被回归的资产组合子集是从完整的资产组合中选择的，像前文介绍的一样，通过采用强制搜索法或者每步回归分析方法。

（1）主成分法——概念

主成分分析在附录中有详细的说明。主要的观点就是式（10.9）定义的新变量 F，相互之间是不相关的（并且假设 Y 是多元正态分布且独立的）。考虑 2 年期和 10 年期利率的简单例子（表 10.12），假设这些利率有如下波动：

表 10.12　2 年期和 10 年期利率

期数	对数波动率	利率	波动率 bp	每日波动率 bp
2 年期	20%	5%	100	6.262
10 年期	15%	5%	75	4.679

并且 2 年期和 10 年期利率之间的相关系数是 80%，则（详见附录）矩阵 A 应该是：

$$A = \begin{bmatrix} 0.8193 & -0.5734 \\ 0.5734 & 0.8193 \end{bmatrix}$$

第一列给出了 f_1 的转换，第二列给出了 f_2 的转换：

$$f_1 = 0.8193 y_1 + 0.5734 y_2$$
$$f_2 = -0.5734 y_1 + 0.8193 y_2$$

在给定 y_1 和 y_2 的历史条件下，这些新变量统计上是不相关的（并且是独立的，假设 Y 是多元正态分布）。

我们也可以将 F 变换成 Y，如下：

$$Y = A^{'-1} F$$

并且我们可以考虑新变量改变 $1-\sigma$ 时对应的 Y 到底发生了怎样的变化。（详见附录中更精确的公式。）f_i 中 $1-\sigma$ 的变化带来的 Y 改变量被称为因子载荷，FL。要记住 f_1 和 f_2 是相互独立的，因此我们可以说这种改变也是独立的。在这个例子中，f_1 和 f_2 的 $1-\sigma$ 会带来 y_2 和 y_{10} 的变化是（见附录）：

$$f_1 \text{ 的 } 1-\sigma \text{ 变化带来} \begin{array}{cc} ch\,y_2 & 6.11 \\ ch\,y_{10} & 4.28 \end{array}, f_2 \text{ 的 } 1-\sigma \text{ 变化带来} \begin{array}{cc} ch\,y_2 & -1.36 \\ ch\,y_{10} & 1.94 \end{array}$$

大概来说，这是一个平行移动（2 年期和 10 年期分别向上移动 6.11 个和 4.28 个基点）和一种曲线扭动（2 年期下移 1.36 个基点，10 年期上移 1.94 个基点）。也就是说，从 2 年期和 10 年期的历史收益率总结出的协方差矩阵来看，这样的平行位移和曲线扭曲是独立发生的。❶

对新要素来说，什么是风险？例如，拿敏感度来说，2 年期和 10 年期收益率的一个基点变动能带来的 P&L 变动分别是 -1 和 2：

$$\text{风险} = \text{变化量} = \begin{cases} -1 & w.r.t.\,1\text{bp} \quad in \quad 2\text{yr} \\ 2 & w.r.t.\,1\text{bp} \quad in \quad 10\text{yr} \end{cases}$$

利用 f_1 和 f_2 中 $1-\sigma$ 变化带来的 2 年期和 10 年期收益率的变化，我们可以推算出新的因子 $1-\sigma$ 的改变导致的 P&L 是：

---

❶　这是一种规范化的处理，将许多如货币值、收益率曲线分解成（近似的）平行、曲度、峰值等部分。

$$\text{风险} = \text{变化量} = \begin{cases} 2.44 & w.r.t. & 1-\sigma & in & f_1 \\ 5.23 & w.r.t. & 1-\sigma & in & f_2 \end{cases}$$

这些都是独立的，因此总投资组合的方差是各部分方差之和：

$$\text{证券投资总方差} = 2.44^2 + 5.23^2 = 5.97 + 27.35$$

不仅方差的计算变得简单，我们同样可以将投资组合分解成平移风险和扭曲风险进行独立分析。更重要的是，我们能明显看出扭曲风险（组成）是迄今为止最重要的风险。

（2）主成分法的风险聚合

主成分法可以用来分析总风险，或者将分解的风险进行聚合，或者整合不同交易操作的风险。

虽然投资组合波动率和 VaR 为风险的度量提供了有价值的高水准的关于风险量级总结（即 VaR 有效性和基于计量的风险量化），但是它们没有为风险的来源和走向提供更深入的观察。从研究范围的另外一个极端来说，个人交易单元计算和报告风险都在一个非常微观或非宏观的水平，这要求交易风险的管理也要在一个非常微观的水平，但是微观的考察对于中级管理和整合来说过于详细。介于个人交易者的微观视角和 VaR 提供的最顶层视角之间的中间水平是非常有价值的，通常可以借助主成分法提供辅助作用。

更具体地说，由 $1-\sigma$ 变动带来的 P&L 变化能够提供一种中级水平考察方法。主成分包含了市场风险因子的历史数据和投资组合敏感度，以描绘 P&L 所有可能的情形。❶ 如果主成分有容易理解的诠释，这种考察会尤其有效，例如发达经济体的固定收益市场（前三个主成分通常可以理解为收益率曲线水平变化、斜率变化和曲率变化）。

在前面的简单示例中，仅仅使用了两个收益率曲线要素，最主要的两个成分是收益率曲线的水平移动和斜率变化。因为收益率曲线仅由两个要素（2 年期和 10 年期收益率）构成，主成分分析能够额外提供一些深入考察。在实践中，一个现实的收益率曲线通常会由 20 个或更多因素组成 [科尔曼（Coleman，1998a）描述了如何从市场数据中构造向前的曲线]。更具体的收益率曲线点的敏感度能够为风险提供一种微观视图，但是这很难归纳汇总成结论，因此将它们减少至 3 个或 4 个重要成分确实很有用。

现考虑表 10.13，假设有两个交易部门，它给出了收益率曲线点的敏感度。这样的敏感度报告对在微观水平上管理风险是十分必要的。交易员必须随时对冲市场的小型冲击，因此应该对市场行为非常熟悉。然而，当需要将风险从分时管理中剔除一步或者多步时，这种报告并不是太有用。它不足以概括风险，不仅因为它有太多细节，更重要的是因为，它在大小和类型上都不能为收益率曲线可能发生的变化提供任何指示。

---

❶ 更确切地说，是过去会频繁发生的情形。主成分分析是基于历史和过去的结果，它可能并不能代表将来的结果。然而，正如我之前强调的，对投资组合过去如何表现有清晰的了解是我们判断未来它会如何表现的第一步。

对于不能每时每刻紧盯市场的部门经理来说，能体现市场历史的经验总结可以说是无价的。当考虑跨越多个市场的风险时，它也是绝对必要的。

表 10.13　两个交易部门的样本敏感度

到期日	交易部门一 $/基点	交易部门二 $/基点	总计 $/基点
3 个月	600	500	1100
6 个月	100	0	100
1 年	0	0	0
2 年	1800	1500	3300
3 年	0	0	0
5 年	300	0	300
7 年	0	0	0
10 年	500	0	500
20 年	0	0	0
30 年	−1500	−2000	−3500

注：这是收益率下降 1 基点时对应的敏感度；也就是说，正数意味着持有债券的多头，当债券价格上升时盈利。

现在我们再看表 10.14，它显示了各因子载荷，或者说对前三位主成分中 $1-\sigma$ 变化的回应。图 10.4 显示了相应的图形。可以看到，第一个主成分是收益率曲线水平值的移动（在曲线的短端有较大的偏移，并且收益率的下降会导致价格的上升）。第二个主成分是以 7 年期为中心的一个扭动。第三个主成分也是以 7 年期债券为中心的一个峰值。

表 10.14　因子载荷（主成分 $1-\sigma$ 变化的敏感度）

到期日	因子载荷		
	平移	扭动	峰值
3 个月	−6.0	1.4	−1.0
6 个月	−5.7	1.3	−0.9
1 年	−5.5	1.2	−0.8
2 年	−5.0	1.0	−0.5
3 年	−4.8	0.8	−0.2
5 年	−4.6	0.4	0.4
7 年	−4.5	0.0	1.0
10 年	−4.3	−0.2	0.7
20 年	−4.2	−1.0	−0.2
30 年	−4.0	−1.8	−1.2

注："水平"因素被写成收益率降低的形式，这代表债券价格在回升。

主成分的敏感度可以从收益率曲线敏感度中计算出来，如表 10.13 显示的因子载荷的转换 FL：❶

$$\Delta_{pc} = -FL \cdot \Delta_{yld}$$

---

❶　在这个例子中，有一个负值：$\Delta_{pc} = -FL \cdot \Delta_{yld}$，因为敏感度是按收益率下降 1 个基点带来的美元变化衡量的，因此正号表示债券价格涨势的多头。

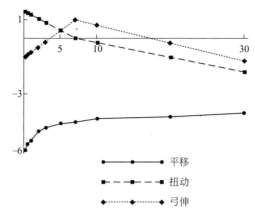

平移

扭动

弓伸

图 10.4　三大主成分：平移、扭动、峰值

表 10.15 显示了转换后的主成分因子的敏感度。部门一主要暴露出收益率曲线水平值的下降（债券价格的回升）。部门二主要暴露出曲线过于扁平，当曲线更加平缓时会有损失（从价格角度来看，部门二拥有更多的长期收益率的短缺头寸。因此当长期收益率下降、长期价格相对于短期价格反弹时，就会赔钱）。这两个部门合并后的敏感度与前两个主成分的敏感度大致相等，第三名或者更靠后主成分的贡献就很少了。

表 10.15　主成分因素的敏感度

项目	部门一		部门二		总计	
	敞口头寸	贡献率	敞口头寸	贡献率	敞口头寸	贡献率
水平值	$10700	74.8%	$2500	14.5%	$13200	54.7%
平整值	− $5549	20.1%	− $5856	79.4%	− $11404	40.8%
峰值	− $719	0.3%	− $1178	3.2%	− $1897	1.1%
残差	$2700	4.8%	$1121	2.9%	$3283	3.4%

当最初几个因素能够解释很大比例的投资组合方差时，因子风险很可能为可能的 P&L 提供了简要的经验总结；也就是说，是对可能风险的简明总结和将风险聚合到几个因素的有用集合。

这些想法可以应用到个人交易单位或者投资组合子集上，甚至当它们并没有测度出相同微观水平的敏感度时也可以应用。比如第二个交易部门实际上是基于收益率曲线的点进行的敏感度测度和风险管理，如表 10.16 所示。这使得直接比较和基于不同单位的风险聚合更加困难。

表 10.16　具有不同收益率曲线点两部门的样本敏感度

到期日	部门一		部门二		因子载荷，部门二		
	$ /基点	到期日	$ /基点	到期日	水平值	平整值	峰值
3 个月	600	1 年	500	1 年	− 5.5	1.2	− 0.8
6 个月	100	2 年	1500	2 年	− 5.0	1.0	− 0.5

到期日	部门一		部门二		因子载荷，部门二		
	$ /基点	到期日	$ /基点	到期日	水平值	平整值	峰值
1 年	0	5 年	0	5 年	−4.6	0.4	0.4
2 年	1800	10 年	0	10 年	−4.3	−0.2	0.7
3 年	0	30 年	−2000	30 年	−4.0	−1.8	−1.2
5 年	300						
7 年	0						
10 年	500						
20 年	0						
30 年	−1500						

注：这是收益率曲线下降 1 个基点时的敏感度。也就是说，正数意味着债券多头，当债券价格上升时盈利。

使用部门一（如表 10.14 所示）和部门二（如表 10.16 所示）的特定因子，可以分别转换两个部门的敏感性，但只可以转换为普通的收益率曲线成分。表 10.17 显示了敏感度的水平值、平整值和峰值等成分。

表 10.17　主成分因子的敏感度

项目	部门一		部门二		总计	
	敞口头寸	贡献率	敞口头寸	贡献率	敞口头寸	贡献率
水平值	$ 10700	74.8%	$ 2250	11.7%	$ 12950	52.6%
平整值	− $ 5549	20.1%	− $ 5778	77.3%	− $ 11326	40.3%
峰值	− $ 710	0.3%	− $ 1289	3.8%	− $ 2008	1.3%
残差	$ 2700	4.8%	$ 1097	2.8%	$ 3240	3.3%

（3）主成分法和 P&L 分解

因子载荷和暴露头寸的方法也可以用在其他方面，例如为观察市场走势提供直观的 P&L 归因分析。例如将特定某天的收益率曲线的变化写成一组列向量（Δy_{25}，Δy_{26}，…，Δy_{30}）'。这些观察到的变化都可以被分解成因子变化，或者使用因子载荷矩阵 FL 或者通过将这些变化对因子载荷的子集回归后分析：[1]

$$\begin{pmatrix} \Delta y_{25} \\ \vdots \\ \Delta y_{30} \end{pmatrix} = \Delta f_1 \begin{pmatrix} fl_{25}^1 \\ \vdots \\ fl_{30}^1 \end{pmatrix} + \Delta f_2 \begin{pmatrix} fl_{25}^2 \\ \vdots \\ fl_{30}^2 \end{pmatrix} + \Delta f_3 \begin{pmatrix} fl_{25}^3 \\ \vdots \\ fl_{30}^3 \end{pmatrix} + \varepsilon$$

$\{\Delta f_1, \Delta f_2, \Delta f_3\}$ 将特定某天的市场变动表示成前三项因子的具体形式：如果 Δf_1 是 1.5，这表示市场变化由因素一变动的 1.5 倍加上其他因素变化以及残差项组成。关于这些因素的 P&L 应该是：

---

❶　Y 和 F 的变化是这样关联的：$\Delta Y = FL \cdot \Delta F$，因此 $\Delta F = FL^{-1} \cdot \Delta Y$，但是如果只想用主成分中的一些子集因素进行分析，则回归将是计算 Δfs 子集的简便方法。

$$\text{归因于因素 } i \text{ 的 P\&L}=d_i \cdot \Delta f_i$$

其中，d_i 是因素 i 的敏感度。

表 10.18 显示了一个具体例子。第一列和第二列分别显示了特定某天的收益率变化——向量：

$$\begin{pmatrix} \Delta y_{25} \\ \vdots \\ \Delta y_{30} \end{pmatrix}$$

表 10.18 收益率变化、因子变化及因子变化引起的 P&L

到期日	收益率变化基点	备注	因子变化	部门一 P&L
3 个月	−9.80	水平值	0.99	−10609
6 个月	−9.27	平整值	−2.00	−11101
1 年	−8.90	峰值	1.11	800
2 年	−7.72	残差		−60
3 年	−6.64	总计		−20970
5 年	−4.80			
7 年	−3.48			
10 年	−2.97			
20 年	−2.28			
30 年	−1.77			

将它对表 10.14 给出的因子载荷矩阵的前三列进行回归，表第四列显示了回归得到的系数。在这种情况下，第二列显示的收益率变化对应因素 1 的 +0.99、因素 2 的 −2.00 和因素 3 的 +1.11。用表 10.15 中部门一的风险乘以被估计的因子变化，最后一列给出了对应因子的 P&L。在这种情况下，残差是非常小的，我们可以通过前三个因素的变化解释绝大部分的 P&L。以后，我们可能没有办法如此大比例地解释总的 P&L。

（4）用户选择的因素

使用主成分法（例如，计算与各因素相关的风险、P&L 各因子归因）进行的分析很多都可以应用于用户选择的因素上。例如，有人可能倾向于让收益率曲线的第一个因素进行平行位移，即所有的利率都移动一个基点。

考虑任意的（但是满秩）收益率曲线点的变换：

$$G=B' \cdot Y \Rightarrow \Delta_G = B^{-1} \cdot \Delta_F$$

总的投资组合方差等于：

$$\sigma_p^2 = \Delta'_F \cdot \Sigma_Y \cdot \Delta_F = \Delta'_F \cdot B^{'-1} \cdot B' \cdot \Sigma_F \cdot B \cdot B^{-1} \cdot \Delta_F = \Delta'_G \cdot \Sigma_G \cdot \Delta_G$$
$$\Rightarrow \Sigma_G = B' \cdot \Sigma_F \cdot B$$

对于独立波动率、风险贡献的分析等，都可以用 Δ_G 和 Σ_G 表现出来。我们面对的挑战之一是如何确定矩阵 B。一般来说，此时只有前面的一些列会被分析者选中，其他的列代表残差项。这可以通过葛兰-施密特正交化方法构造额外的列项来完成。因为残差因子被构建成与用户选择的因子正交，这两者的方差一定是独立的，讨论用户选择的因子和残差因子分别解释的方差比例就很有意义了。

10.6　风险报告

有效、易理解、有用的风险报告与基础分析同样重要。人类对于识别和管理随机性并没有很好的直觉。投资组合中包含的风险通常是非线性和非直观的形式。甚至对于正态分布这种最简单的情况，波动率（标准差）和 VaR 都不是直接相加，因此投资组合的波动率或 VaR 比各成分的波动率或 VaR 的总和要小——这就是多样化。各种工具、技术和技巧需要被应用于阐述风险组成，即使对于相对标准的投资组合。

为了说明和解释分析投资组合风险的这些技术，我专注于一个拥有不同头寸和风险的小型投资组合，以及一个包括边际贡献、最佳对冲等的样本风险报告。风险报告包括了边际贡献、最优对冲等。我的目的并不只是解释这些度量指标是什么和怎么计算，还为了更深入地理解怎么使用及其为什么有价值。

（1）风险报告——自下而上和自上而下

这里讨论的风险报告和对它们的分析都是基于对投资组合的详细考虑，汇聚到顶级层面进行总结。这是一个自下而上的过程。另外一种查看风险报告的方式是自上而下的过程，要做到这样，高级经理需要对公司的风险有宏观视图，而不需要关注个体部门和单位的详细情况。自上而下的方法通常由一家大公司所持有资产和头寸的数量及复杂性来驱动的。自上而下的方法允许存在很多快捷方式和近似值，这些可能对于微观水平十分重要，但是对于公司水平，就显得无关紧要了。

然而，自下而上的方法有十分重要的好处，值得推荐。第一个好处是，即使是高级经理也需要在相对微观的水平关注风险。不需要每天，也不需要是投资组合的每一部分，但是有些时候或者某些情况下，他们也需要能在一个更精细的水平上深入分析风险。风险报告过程，应该像洋葱或者套娃（巴布什卡套娃）一样——有多层，将风险层层剥开，以更分散的层次将风险层层剥开。下钻是自下而上方法的自然特征，但是通常很难在自上而下方法中使用。

自下而上方法的第二个好处是，通过聚合低级风险得到的报告更容易与那些低级单位使用的报告进行比较和协调。在一个大公司里，不同来源风险数目的调节和替代方法的使用会消耗大量资源。这样的调节十分重要，然而，差异化会损害风险总结报告的有效性——低级经理不信任总结报告，因为他们没有将日常管理中熟悉的风险与之匹配起来，而高层管理者在必要的时候又不能使用低等级风险的可靠观点。

（2）投资组合样本

考虑一个由四种子组合（个人投资组合经理或交易部门）构成的投资组合：

① 政府债券子组合。

a. 持有 $ 20000000 10 年期美国国债多头。

b. 持有£25000000 10 年期英国国债多头。

c. 持有＄20000000 5 年期名义美国国债看涨期权空头。

② 互换子组合。

a. ＄20000000 10 年期互换空头加上。

b. ＄30000000 美国国债完全风险敞口。

c. 净结果是互换利差多头和剩下一些美国国债敞口多头。

③ 信贷子组合。持有£55000000 公司债券价差多头（信用违约互换或者法国电信 CDS）。

④ 股票子组合。

a. 持有€7000000 的 CAC 期货多头。

b. 持有€5000000 的法国公司（法国电信）股票多头。

从头寸数量来说，这不是大的投资组合，仅仅只有七个或八个，但是就产品和风险敞口来说它是多样化且复杂的。这个例子说明量化风险测度技术将一些原本复杂和不透明的情况进行透明化。

这个投资组合的风险包括：收益率风险（美国国债曲线、英国国债曲线互换曲线或者互换利差风险）、看涨期权的波动风险、信用风险（CDS 的信用利差交易风险和股票的发行人风险、利率互换和 CDS 的交易对手风险）、股票风险［指数风险（CAC 风险敞口、宽泛的市场指数）和公司特有的风险（法国电信）］、外汇风险、操作风险［期货合约的处理（例如巴林）、IRS 和 CDS 以及期权的处理和记录保存、债券和股票的交割风险］、模型风险、IRS 和 CDS 以及看涨期权。

这里我们将专注于考虑市场风险（收益率、波动、信用利差交易、股票、外汇等）。对样本风险报告的重点在表 10.19 中给出。该报告揭露了细节，不仅包括水平值，投资组合风险敞口的来源也很清楚。在这种情况下，组合里只有七种头寸，对于这么小的投资资产，可能即使没有使用风险报告技术，也可以很好地管理风险。即使在这里，比较和对照不同类别资产或货币的风险敞口也是微不足道的。

表 10.19　投资组合样本风险报告——总结报告

表 A——不同种类资产的期望波动率

项目	期望波动率（＄）	贡献率	与投资组合的相关系数
总计	616900	100.0	
FI-利率	345800	39.2	0.700
FI-互换利差	38760	−0.4	−0.071
信贷	65190	2.8	0.265
股票	296400	35.8	0.746
外汇	236100	21.8	0.571
波动	8678	0.7	0.510

表 B——子组合的期望波动率

项目	期望波动率（$）	贡献率	与投资组合的相关系数
总计	616900	100	
信贷	65540	2.5	0.237
股票	312100	39.0	0.771
政府	37600	51.6	0.847
互换	75350	6.9	0.562

表 C——波动性和 1-255 VaR

波动性	616900
VaR　正态分布	−1640000
VaR　t 分布（自由度为 6）	−1972000
VaR　联合正态分布（$\alpha=1\%$，$\beta=5$）	−1680000
VaR　4-σ 拇指准则	−2468000

（3）风险总结报告

表 10.19 和表 10.20 给出了该投资组合的样本风险报告。这是基于波动率和 VaR 的 Delta-normal 方法或参数估计的结果。它是对投资组合风险的最顶层报告，总结了风险的全面敞口和主要来源。然而好的风险报告程序，应该像洋葱或者是俄罗斯套娃那样——每层被剥开会显示出下一层，并且能够提供更多细节。这就是顶层报告。在后面的章节中，我会讨论更多的详细报告，与表 10.19 和表 10.20 类似，但是专注于特定的子组合。

表 10.20　投资组合样本风险报告——首要贡献因子和复制组合报告

表 A——首要的风险贡献因子（波动性）

项目	期望波动率（1-σ P&L）	贡献率	当前头寸（M eqv）	最优对冲交易量（eqv）	波动的减少率（%）最优对冲	波动的减少率（%）0 头寸
CAC 股指期货	346200	37.1	10.5	−12.4	25.0	24.4
10 年期英镑收益率	187600	20.8	25.0	−56.2	27.1	17.8
10 年期 USD 收益率	202900	20.6	31.0	−59.0	21.9	16.5

排名第一的负相关因子

项目	期望波动率（1-σ P&L）	贡献率	当前头寸（M eqv）	最优对冲交易量（eqv）	波动的减少率（%）最优对冲	波动的减少率（%）0 头寸
5 年期 USD 收益率	21430	−2.1	−6.3	−107.1	19.3	−2.1

排名前三的最优对冲单一资产

项目	期望波动率（1-σ P&L）	贡献率	当前头寸（M eqv）	最优对冲交易量（eqv）	波动的减少率（%）最优对冲	波动的减少率（%）0 头寸
10 年期英镑收益率	187600	20.8	25.0	−56.2	27.1	17.8
CAC 股指期货	346200	37.1	10.5	−12.4	25.0	24.4
5 年期英镑收益率	548	−0.1	0.0	0.0	22.6	−0.1

表 B——最佳复制组合

项目	单一资产		3 种资产		5 种资产	
	方差%	波动%	方差%	波动%	方差%	波动%
被解释的方差和波动（%）	46.8	27.1	86.7	63.6	98.4	87.5
资产/eqv 头寸	资产	eqv 头寸	资产	eqv 头寸	资产	eqv 头寸
	10 年期英镑收益率	56.2	10 年期英镑收益率 CAC 股指期货 英镑外汇	43.2 8.9 18.6	10 年期英镑收益率 CAC 股指期货 英镑外汇 特定公司股票 10 年期 USD 收益率	26.1 11.9 19.4 6.1 24.1

在转向投资组合分析前还有一点要注意：文章中大部分的讨论是加入了"可能""大概""我们可以有合理的信心"和其他类似的语言。任何报告中的测度指标和统计值，都是基于估计和过去的信息。它们是好的、合理的估计量，但是只要花时间研究过市场的人都知道，这里充满了不确定性，一个人应该永远谨慎地对待这些报告、测度指标和统计量等。它们能为过去发生过什么和未来可能发生什么提供好的审视，但是市场总是以新的、不确定的方式让人盈利或亏损。

（4）波动率

首先要注意整体波动率：每日或者预期的波动约为 \$616900。也就是，日常 P&L 分布的标准差大约是 \$616900。当考虑每天的波动时，我们检查的是每天的交易活动而不是尾部事件，因此有一定的把握说正态假设是合理的。因此，我们可以推断出大约有 1/3 以上的时间内每日损失或者利润超过 ± \$616900，这个结论基于正态分布中低于 -1σ 或高于 $+1\sigma$ 的概率大约有 30%。

通过观察可能的 P&L 为投资组合提供了参考的规模。例如，如果这是真实的 1000 万美元的投资组合，我们预期每三天的收益或损失约为 6.2% 或者更多——非常大的波动和风险承担。另外，如果资本达到 5 亿美元，我们预期每三天的波动仅有 0.1% 或更多，或者说，每年约 2%（乘以 $\sqrt{255}$ 达到按年计算）——一种非常不合理的低风险和与之一致的低回报。

每日波动率的分析给出了某一时间点上合理的投资组合规模，但更重要的是，它能提供跨时间的一致性比较分析。如果下周每日波动率会上升到 120 万美元，我们可以相当确信地说，投资组合风险——至少是在标准每日交易条件下的风险，已经翻了一倍。

波动率分析还提供了一种跨资产种类和跨交易部门的比较方法。该报告显示，固定收益产品（债券和互换）的每日波动大约为 \$346000，股票约为 \$296000。这些统计数据是这些资产单独考虑时的每日波动：单独固定收益资产的 P&L 分布大约有

＄346000 的波动。这两类资产有类似规模的风险，这是很有价值的信息，因为没有办法直接从未经处理的名义值中获得：设想的固定收益资产（2000 万美元美国国债，2500 万马克英国国债，2000 万美元互换利差）是股权资产（700 万欧元 CAC 股指期货，500 万欧元法国电信股票）的很多倍。

由资产分类产生的波动率自然不能加总到整体波动率中去：资产分类波动率的总和是 ＄990000，而整体的是 ＄616900，显示了多样化的影响。

（5）VaR

第二项要注意的是每日 VaR。计算的 VaR 值在 0.4％水平，这意味着发生更糟糕损失的概率约为 0.4％或者 1/250。用 VaR 表示概率水平总是会显得有些武断。在本例中，0.4％被选中是因为它大概对应了每年一个交易日的频率（1/255），这样的值不应该被认为是反常值。利特曼（Litterman）曾说过（1996，74）："不要认为这是'最糟糕的情况'，而应该对它习以为常。"

同波动类似，VaR 值也提供了一个范围，在这个范围下，预期的最小损失值应该从一年中最坏的一天得到。重要的是要记住，从一年中最坏交易日里预期的应该是最小每日损失。由于随机波动原因，实际的损失可能会更大（或可能更好），而一年里可能会有超过一天的时间是这样的损失，或者更糟糕的损失。

这里给出了 VaR 的四个值。第一个基于正态假设，仅仅只有 2.652× 每日波动——正态分布变量比均值低 2.652σ 倍的概率是 0.4％。第二个基于整体 P&L 分布是自由度为 6 的 t 分布的假设。这允许了厚尾的存在——与正态分布相比，t 分布有相同的波动率但是更厚的尾部。第三个基于假设每种资产的 P&L 分布是混合正态分布（99％的概率是波动率＝σ_m，1％的概率是波动率＝$5\sigma_m$），并且与正态分布相比也存在厚尾。第四个基于利特曼（Litterman）的经验准则，4-σ 事件发生的概率大约是每年一次，因此 VaR 值仅是波动率的四倍。这样四种可供选择的 VaR 值是很有用的，即使市场风险因子分布出现了厚尾情况，它也可以调整。

这些 VaR 值在使用时应该谨慎，比波动率的使用更要小心。有人可能想检验投资组合中的资产在过去是否已经表现出了厚尾特征，和投资组合中的资产发生了哪种程度的偏斜或厚尾分布。这里的估计是基于风险因子正态性假设和资产敏感度线性假设（估计用的 Delta-normal 模型或者参数估计）。投资组合包含一个看跌期权，它是非线性并且会产生 P&L 分布倾斜。估计的微妙特性和使用 VaR 估计的确能为单独的报告和更详细的分析提供论据。

最后，我想说高盛采用的常规方法［利特曼（Litterman，1996，54）］有许多可取之处："它给出了我们在金融市场中发现的日常回报的非正态性，我们使用的经验法则也是基于以下假设：4 倍标准差事件在金融市场中大约每年发生一次。"在正态假设下，每年一次的事件仅有 2.65-标准差，因此 4-σ 的经验法则是相当高的，正如我们在报告中看到的一样。

（6）波动的边际贡献和相关系数

波动的边际贡献是分解和理解波动和风险最重要的工具之一。表 10.19 显示了

MCP——边际贡献比例（或百分数）——这些项加起来为 100%。由资产分类显示的边际贡献表明，固定收益和股权类资产是最大的贡献因子，每个大概贡献了 1/3 的风险。因为投资组合效应是最重要的，但往往难以凭直觉知晓，边际贡献是比独立波动值更好地理解投资组合风险的引导工具。在这个简单的投资组合中，固定收益资产和股权资产有大致相同的独立波动贡献率，但是对于更多复杂的投资组合来说，通常不是这样的。

这些表显示了边际贡献根据不同资产分类和子组合的一种分解。对于不同的制度结构，不同的分类和分解方法效果可能会不同。按资产类别划分的表格显示了固定收益工具的风险，与它们的持有地点无关。互换的那一部分持有一些完全敞口的利率风险，正如我们看到的，所以互换利差和互换部分本身的波动与风险贡献是不同的，通过检验子组合的贡献我们看到，政府子组合对投资组合波动的贡献比例最大。大部分的外汇风险都是由政府证券持有的（在形式上对英国国债有部分对冲），这导致政府债券对风险的贡献率巨大。

互换利差实际上显示了对于整体波动很小但是为负的贡献率。负的贡献率并不意味着互换利差中没有风险——在某一天，互换利差可能和投资组合剩余部分资产向同样的方向移动，从而导致更大的收益或者损失，但是它确实给出了一个合理的预期，认为互换利差的风险敞口从跨时期来说，并没有为投资组合整体增加太多波动性。

互换利率和完整的投资组合之间的相关系数有助于说明为什么互换能够有负的贡献率。相关系数略微为负，因此互换头寸（略微地）对冲了整体投资组合，而互换资产的少量增加也同样会对冲投资组合的波动率。根据资产分类计算的贡献率和相关系数，我们看到股权资产与投资组合的相关性是最高的，这就解释了为什么股权资产单独的波动率比固定收益资产要少，但是却占了整体波动率如此大的一部分。

根据投资组合的大小和复杂程度，研究单项资产对风险的贡献率可能是很有用的。对于一个庞大而多样化的投资组合来说，通常有太多的资产，单项资产的贡献率会被列在更详细的下一层报告中，在顶层摘要下面。对于比较小的投资组合来说，研究所有资产是很有价值的。

然而，对于大多数任意的投资组合，排名靠前的贡献因子能为了解投资组合提供有用信息。对于这里的样本组合来说，排名前三的贡献因子给投资组合面临的风险提供了简单总结：股票指数（CAC）、美国国债收益率和英国国债收益率。靠前的负贡献因子显示了这些资产能够减少风险或者对冲投资组合。对于这个样本组合来说，只有 5 年期美国国债收益率有负的贡献率。❶

（7）最优单项对冲和复制组合

边际贡献显示了对现有投资组合风险的贡献率，并且当持有资产发生小额变化时，它为波动率如何改变提供了指导。但是当资产持有量发生较大变化或者考虑什么才是

---

❶　据我所知，高盛率先使用了顶级贡献因子报告，并且他们为报告的热点术语申请了版权——详见利特曼（Litterman，1996）。

最优对冲资产时，边际贡献就不是最好的指标了。此时，最优对冲和复制组合的分析方法就显得十分有用。

对于任何特定资产，最优对冲头寸应该是使预期波动率最小化的量。这涉及了头寸中有限的、可能较大的变化。首要的对冲资产通常与首要的边际贡献因子不同。对于表 10.19 显示的样本组合，股指期货（CAC）是最大的边际贡献因子但却是排名第二的最优对冲资产。

首要贡献因子和首要单项对冲资产测度了投资组合的不同特征。风险的首要贡献因子是在给定现有头寸情况下对风险贡献最大的因子，它告诉我们有关现有投资组合组成的信息。相反的，最优单项资产对冲是当大量购入或者出售某种资产时，能够将波动最大限度地减少。它告诉我们对于可替换的头寸来说会发生什么，我们也可以把最优对冲作为一种镜像组合或者复制组合。

对于表 10.19 和表 10.20 的样本组合，CAC 股指期货是最大的贡献因子，但是 10 年期英国国债收益率才是最优对冲资产。10 年期英国国债头寸是最优对冲的原因是它与 10 年期美国国债高度相关，并且，它们一共贡献了风险的 27%。使用 10 年期英国国债对冲时，可以同时对冲掉它自己和 10 年期美国国债的风险。

首要的最优对冲资产可以认为是一种复制组合，在这个意义上说，它是能最好地复制投资组合的单一资产。对于 10 年期英国国债，从现有投资组合出发的对冲的最佳交易是卖掉 5600 万英镑的该资产，这意味着能复制投资组合的最优单一资产是买入 5620 万英镑的 10 年期英国国债。这样的复制组合能够解释 27.1% 的波动。

复制组合能够为真实的投资组合提供有用的代理或者总结，但是单一资产的复制组合往往太简单了。3 种资产和 5 种资产的投资组合能够提供更丰富的总结信息，并且更多地解释投资组合的波动性。5 种资产的复制组合解释了 87.5% 的波动，为该资产组合提供了更有价值的概括。该投资组合的主要表现是：

① 持有 10 年期英国国债多头（10 年期的多头约束，2600 万英镑）。

② 持有 CAC 股指期货多头（1190 万欧元）。

③ 持有英镑外汇多头（价值 1940 万英镑的外汇风险敞口，来源于持有的外币债券和股票）。

④ 持有特定公司股票多头的风险敞口（610 万欧元）。

⑤ 持有 10 年期美国国债多头（相当于 2410 万美元）。

（8）子组合风险报告

表 10.19 和表 10.20 给出了完整投资组合的顶层风险报告。根据该报告，政府证券投资几乎贡献了整体风险的一半。管理总风险的人需要更深入地研究政府证券的详细情况。一种深入研究的有效方法就是提供一样的总结报告信息，但是要加入额外细节。

表 10.21 和表 10.22 简单模仿了表 10.19 和表 10.20 提供的顶层报告形式：根据资产分类列出期望波动率、首要贡献因子和最优对冲。在这种情况下，子组合显得如此

简单——2000 万美元的美国国债、2500 万英镑的英国国债和 2000 万美元的期权——很难说这是必要的总结。（并没有给出复制组合情况，因为没有必要——组合里只包含了三种头寸。）尽管如此，报告也明确表明政府资产子组合里包含固定收益风险（收益率变化导致）和外汇风险（投资组合以美元为基准，但是持有英镑计的债券）。

表 10.21　政府证券子组合的风险总结报告

表 A——不同种类资产的期望波动率

项目	期望波动率（$）	贡献率	与投资组合的相关系数
总计	376000	100.0	
浮动利率-利率	280400	62.6	0.840
浮动利率-互换利差	0	0.0	
信贷	0	0.0	
股票	0	0.0	
外汇	204600	36.6	0.672
波动	8678	0.8	0.352

表 B——子组合的期望波动率

项目	期望波动率（$）	贡献率	与投资组合的相关系数
总计	376000	100.0	
信贷			
股权			
政府证券	376000	100.0	1.000
互换			

表 C——波动性和 1-255 VaR

波动性		376000
VaR　正态分布		−999700
VaR t 分布（自由度为 6）		−1202000
VaR　联合正态分布（$\alpha=1\%$，$\beta=5$）		−1024000
VaR　4-σ 拇指准则		−1504000

表 10.22　样本投资组合风险报告——首要贡献因子

项目	(1-σP&L)	贡献率	(M eqv)	对冲（eqv）	最优对冲	0 头寸
10 年期英镑收益率	187600	41.5	25.0	−41.7	44.6	35.3
英镑外汇	204600	36.6	18.0	−22.3	25.9	24.8
10 年期 USD 收益率	130800	24.8	20.0	−41.0	29.9	21.0

　　表 10.23 显示了各风险因子的详细情况。对于这个子组合，风险因子即收益率风险（债券票面利率）和外汇风险。第一张表显示了各风险因子的贡献率。这个投资组合持有的资产主要是美国国债和英国国债，表 10.23 显示，每种贡献了大约 1/3 的风险，剩下的来自持有英镑计资产（美元为基础货币）的外汇风险。

表 10.23　政府证券子组合的单项资产风险报告

风险贡献率

收益率曲线	美国国债	英国国债	欧洲债券
2 年期收益率			
5 年期收益率	−3.7	0.0	
10 年期收益率	24.8	41.5	
30 年期收益率			
外汇		36.6	0.0

1-σ 变化的敏感度

收益率曲线	美国国债	英国国债	欧洲债券
2 年期收益率			
5 年期收益率	21430	0	
10 年期收益率	130800	187600	
30 年期收益率			
外汇		204600	0

最下面的一张表显示了风险对投资组合中每个特定因子变化 1-σ 时的敏感度。这其实是每项风险因子的单项波动率，除非它有正负之分（利率下降 P&L 为正时，它为正，否则即为负）[1]这为投资组合提供了非常详细或者说微观的视图，可能对于管理完整投资组合的人来说过于微观了，但是对于某些需要管理更详细子组合的人来说十分必要。这里风险表示为对 1-σ 变化量的敏感度而不是传统的度量因子，例如 1 个基点变化的灵敏度或者 10 年期债券等价物，因为前者进行了所有风险因子、资产种类和货币之间的比较。

灵敏度报告仅仅是当前简单投资组合的一个考查，由以下部分组成：

- 持有 10 年期美国国债多头。
- 持有 10 年期英国国债多头。
- 标的为 5 年期美国国债期权空头。
- 持有英国国债而产生的英镑多头。

这类详细报告的研究意义并不在于持有这么简单的投资组合，而在于它们作为额外头寸被添加时会带来的变化。表 10.24、表 10.25 和表 10.26 显示了风险总结报告和更详细的政府证券子组合的报告，该组合添加了更多复杂的资产。[2]

---

[1]　注意，10 年期美国国债头寸的灵敏度和前面章节讨论的 10 年期债券单独的波动是一样的，因为当前投资组合只是原来组合的扩展。

[2]　额外的资产为：价值 3000 万美元的美国国债和 5 年期英国国债空头、持有价值 6000 万美元的 5 年期欧洲债券多头和价值 4000 万美元的 10 年期欧洲债券空头。

表 10.24　更复杂的政府证券子组合——风险总结报告

表 A——不同种类资产的期望波动率

项目	期望波动率（$）	贡献率	与投资组合的相关系数
总计	240900	100.0	
浮动利率-利率	125800	31.6	0.606
浮动利率-互换利差	0	0.0	
信贷	0	0.0	
股票	0	0.0	
外汇	192100	68.4	0.858
波动	8678	0.0	−0.001

表 B——子组合的期望波动率

项目	期望波动率（$）	贡献率	与投资组合的相关系数
总计	240900	100	
信贷	0	0.0	
股权	0	0.0	
政府证券	240900	100.0	1.000
互换	0	0.0	

表 C——波动性和 1-255 VaR

波动性	240900
VaR　正态分布	−640600
VaR t 分布（自由度为 6）	−770200
VaR　联合正态分布（$\alpha=1\%$，$\beta=5$）	−656100
VaR　4-σ 拇指准则	−963700

表 10.25　更复杂的政府证券子组合——首要贡献因子和复制组合报告

表 A——首要的风险贡献因子（波动性）

项目	期望波动率（1-σ P&L）	贡献率	当前头寸（M eqv）	最优对冲交易量（eqv）	波动的减少率（%）最优对冲	波动的减少率（%）0 头寸
欧元汇率	232900	55.4	22.7	−13.4	18.1	9.1
5 年期英镑收益率	157000	18.7	−30.0	13.2	4.2	−2.5
英镑汇率	174800	13.0	−15.4	3.8	1.6	−12.5

排名第一的负相关因子

项目	期望波动率（1-σ P&L）	贡献率	当前头寸（M eqv）	最优对冲交易量（eqv）	波动的减少率（%）最优对冲	波动的减少率（%）0 头寸
10 年期 USD 收益率	130800	−10.5	20.0	7.1	1.9	−22.7

排名前三的最优对冲单一资产

项目	期望波动率（1-σ P&L）	贡献率	当前头寸（M eqv）	最优对冲交易量（eqv）	波动的减少率（%）最优对冲	波动的减少率（%）0 头寸
欧元汇率	232900	55.4	22.7	−13.4	18.1	9.1
5 年期英镑收益率	157000	18.7	−30.0	13.2	4.2	−2.5
5 年期 USD 收益率	123600	12.5	−36.3	17.2	3.0	−0.7

表 B——最佳复制组合

项目	单一资产		3 资产		5 资产	
	方差%	波动%	方差%	波动%	方差%	波动%
被解释的方差和波动（%）	32.9	18.1	75.2	50.2	83.6	59.4
资产/eqv 头寸	资产	eqv 头寸	资产	eqv 头寸	资产	eqv 头寸
	欧元汇率	13.4	欧元汇率	23.8	欧元汇率	25.0
			英镑汇率	−15.6	英镑汇率	−15.5
			5 年期英镑收益率	−6.1	5 年期英镑收益率	−23.5
					10 年期英镑收益率	23.0
					10 年期 EUR 收益率	−11.8

表 10.26　政府证券子组合的单项资产风险报告——更多复杂的投资组合

风险贡献率

收益率曲线	美国国债	英国国债	欧洲债券
2 年期收益率			
5 年期收益率	12.5	18.7	9.8
10 年期收益率	−10.5	−8.9	10.0
30 年期收益率			
外汇		13.0	55.4

1-σ 变化的敏感度

收益率曲线	美国国债	英国国债	欧洲债券
2 年期收益率			
5 年期收益率	−123600	−157000	223200
10 年期收益率	130800	187600	−277300
30 年期收益率			
外汇		−174800	232900

① 风险的总结报告显示：

大部分风险实际上都来自外汇的风险敞口。

首要贡献因子和复制组合报告显示：

a. 欧元的外汇风险敞口是到现在为止最大的风险贡献者。

b. 欧元外汇是唯一能将投资组合波动性任意降低的单项对冲资产。

c. 债券的收益率曲线很重要，但主要以组合形式出现，例如利差。

② 单项资产风险报告让我们深入了解是什么造成了现有的风险敞口模式：

a. 在美国和英国的国债中，5 年期债券空头和 10 年期债券多头相对应（一个收益率曲线扁平的头寸，在曲线变平缓时会有收益）。

b. 在欧洲债券中，5 年期债券多头和 10 年期债券空头（收益率曲线陡峭的头寸）与美国国债和英国国债一起大致有相同的大小尺寸。

10.7 结论

本章侧重于风险报告和应用于市场风险分析的投资组合风险分析工具。这些工具能帮助我们更好地理解投资组合的结构和风险如何相互作用。所有的例子都是基于线性估计、Delta-normal 模型或者线性近似估计。尽管许多概念（例如，边际贡献）在使用历史模拟法或者蒙特卡洛法估计波动率时也可以应用，但是在线性方法或者 Delta-normal 框架下，这些工具最容易使用。

现在我们把焦点从市场风险转向信用风险。基本思路仍然一样——我们关心 P&L 分布，但是估计 P&L 分布的工具和技术非常不同，以至于要将信用风险作为单独的类别来考虑。

附录 10.1 边际贡献和波动率的各种公式

（1）子组合的边际贡献——分块考虑方法

边际贡献不仅可以对单项资产计算，同样可以对资产组合或者子组合计算。［参见马里森（Marrison，2002，142）］对于完整投资组合来说，资产权重是一个列向量：

$$\omega = [\omega_1 \quad \omega_2 \cdots \omega_n]'$$

这个向量可以分割成多个向量：

$$\omega_a = [\omega_{1a} \quad \omega_{2a} \cdots \omega_{na}]'$$
$$\omega_b = [\omega_{1b} \quad \omega_{2b} \cdots \omega_{nb}]'$$
$$\cdots$$
$$\omega_z = [\omega_{1z} \quad \omega_{2z} \cdots \omega_{nz}]'$$

并且

$$\omega = \omega_a + \omega_b + \cdots + \omega_z$$

这些向量可以构成一个矩阵（它将有 n 行，以及所分割成的列数）：

$$\Omega = [\omega_a \quad \omega_b \quad \cdots \quad \omega_z]$$

这种分割可以采取资产分组合并的形式，例如，将资产 1 和资产 2 划分成一组，其他剩下的资产各自为一组：

$$\omega_a = [\omega_1 \quad \omega_2 \quad 0 \quad 0 \quad \cdots \quad 0]'$$
$$\omega_b = [0 \quad 0 \quad \omega_3 \quad 0 \quad \cdots \quad 0]'$$
$$\omega_c = [0 \quad 0 \quad 0 \quad \omega_4 \quad \cdots \quad 0]'$$
$$\cdots$$

或者它可以采用子组合的形式，因此 ω_{1a}，$\cdots$，ω_{na} 代表子组合 a，ω_{1b}，$\cdots$，ω_{nb} 代表子组合 b，等等。子组合加总为：$\omega = \omega_a + \omega_b + \cdots + \omega_z$。

无论使用哪种分割方法，表达式：

$$\text{MCL}=\Omega'\left[\textstyle\sum\omega\right]/\sigma_p$$
$$\text{MCP}=\Omega'\left[\textstyle\sum\omega\right]/\sigma_p^2$$

都会产生一个单列向量，分割的组数即为行数。这个向量的每个元素就是相应分割组的边际贡献率。

这种分割方法可以用来计算每组资产或者资产子组合的单项方差。表达式：
$$\text{diag}\left[\Omega'\textstyle\sum\Omega\right]$$

将会给出单项方差的值。

（2）单项资产零头寸的波动率

式（10.5）给出了资产 k 为零头寸时的投资组合波动率：

$$\text{资产 } k \text{ 为零头寸时的波动率}=\sqrt{\omega'\textstyle\sum\omega-2\omega_k\left[\textstyle\sum\omega\right]_k+\omega_k\sigma_{kk}\omega_k} \quad (10.5)$$

资产 k 为零头寸意味着 $\omega_k=0$，在方差的原始表达式中，行

$$\left[\textstyle\sum\omega\right]_k=\sum_j\sigma_{kj}\omega_j$$

被 ω_k 乘，因此必须使之归零。这可以通过从原始方差中减去得到。同样，因为 $\omega_k=0$，列 $\sum_i\omega_k\sigma_{ik}$ 也应该归零。根据 Σ 的对称性，这项也等于 $\left[\sum\omega\right]_k$，因此我们必须剔除它两次。但是又重复剔除了 $\omega_k\cdot\sigma_{kk}\cdot\omega_k$ 一项，应该被加回。

（3）单项资产最优对冲头寸的波动率

式（10.6）给出了投资组合在最优对冲情况下的波动率：

$$\text{资产 } k \text{ 最优对冲后的投资组合波动率}=\sigma_p^*(k)=\sqrt{\omega'\textstyle\sum\omega-\frac{\left(\left[\sum\omega\right]_k\right)^2}{\sigma_{kk}}} \quad (10.6)$$

具体思路（考虑资产 k 做最优对冲）如下：

$$\omega'\textstyle\sum\omega=\omega_1\left[\textstyle\sum\omega\right]_1+\cdots+\omega_n\left[\textstyle\sum\omega\right]_n$$

$$\omega^{*\prime}\textstyle\sum\omega^*=\omega_1^*\left[\textstyle\sum\omega^*\right]_1+\cdots\omega_k^*\left[\textstyle\sum\omega^*\right]_k+\cdots+\omega_n^*\left[\textstyle\sum\omega^*\right]_n$$

但是 $\left[\sum\omega^*\right]_k=0$，$\omega_i^*=\omega_i$ 对于 $i\neq k$，因此

$$\omega^{*\prime}\textstyle\sum\omega^*=\omega_1\left[\textstyle\sum\omega^*\right]_1+\cdots\omega_k\left[\textstyle\sum\omega^*\right]_k+\cdots+\omega_n\left[\textstyle\sum\omega^*\right]_n$$

现在，对于每项 i 来说，$\omega_i\left[\sum\omega\right]_i$ 和 $\omega_i\left[\sum\omega^*\right]_i$ 的唯一不同是 $\omega_i\sigma_{ki}(\omega_k-\omega_k^*)$，所有项加总起来即 $(\omega_k-\omega_k^*)(\sum\omega)_k$，因此

$$\omega^{*\prime}\textstyle\sum\omega^*=\omega'\textstyle\sum\omega-\omega_k(\textstyle\sum\omega)_k+\omega_k^*(\textstyle\sum\omega)_k$$

但是应注意的是

$$\omega_k-\omega_k^*=\omega_k+\left(\left[\textstyle\sum\omega\right]_k-\omega_k\sigma_{kk}\right)/\sigma_{kk}=\left[\textstyle\sum\omega\right]_k/\sigma_{kk}$$

因此我们最终能够得到式（10.6）。

（4）多项资产最优对冲头寸的波动率

资产 j 和资产 k 的最优对冲头寸是以下等式的解：

$$\left[\textstyle\sum\omega^*\right]_j=0$$
$$\left[\textstyle\sum\omega^*\right]_k=0$$

但是

$$[\Sigma \omega^*]_j = [(\Sigma \omega)_j - \omega_j \sigma_{jj} - \omega_k \sigma_{jk} + \omega_j^* \sigma_{jj} + \omega_k^* \sigma_{jk}] = 0$$

$$[\Sigma \omega^*]_k = [(\Sigma \omega)_k - \omega_j \sigma_{jk} - \omega_k \sigma_{kk} + \omega_j^* \sigma_{jk} + \omega_k^* \sigma_{kk}] = 0$$

这意味着

最优对冲头寸

$$= \begin{bmatrix} \omega_j^* \\ \omega_k^* \end{bmatrix} = - \begin{bmatrix} \sigma_{jj} & \sigma_{jk} \\ \sigma_{kj} & \sigma_{kk} \end{bmatrix}^{-1} \times \begin{bmatrix} -[\Sigma \omega]_j + \omega_j \sigma_{jj} + \omega_k \sigma_{jk} \\ -[\Sigma \omega]_k + \omega_j \sigma_{kj} + \omega_k \sigma_{kk} \end{bmatrix}$$

$$= - \begin{bmatrix} \sigma_{jj} & \sigma_{jk} \\ \sigma_{kj} & \sigma_{kk} \end{bmatrix}^{-1} \times \begin{bmatrix} [\Sigma \omega]_j \\ [\Sigma \omega]_k \end{bmatrix} \times \begin{bmatrix} \omega_j \\ \omega_k \end{bmatrix}$$

（注意，镜像组合系数的表达式从本质上来说是最小二乘法的正规方程组。计算镜像组合或者复制组合实际上是将投资组合回报与所选资产进行有效回归。）

下式给出了在最优对冲头寸下的投资组合波动率：

使用资产 j 和资产 k 最优对冲后的波动率 $= \sigma_p^*(j \& k)$

$$= \sqrt{\omega' \Sigma \omega - \begin{bmatrix} [\Sigma \omega]_j & [\Sigma \omega]_k \end{bmatrix} \times \begin{bmatrix} \sigma_{jj} & \sigma_{jk} \\ \sigma_{kj} & \sigma_{kk} \end{bmatrix}^{-1} \times \begin{bmatrix} [\Sigma \omega]_j \\ [\Sigma \omega]_k \end{bmatrix}}$$

最优对冲后的方差为：

$$\omega^{*'} \Sigma \omega^* = \omega_1^* [\Sigma \omega^*]_1 + \cdots + \omega_j^* [\Sigma \omega^*]_j + \cdots + \omega_k^* [\Sigma \omega^*]_k + \cdots + \omega_n^* [\Sigma \omega^*]_n$$

但是 $[\Sigma \omega^*]_{j,k} = 0$, $\omega_i^* = \omega_i$ 对于 $i \neq j, k$，因此

$$\omega^{*'} \Sigma \omega^* = \omega_1 [\Sigma \omega^*]_1 + \cdots + \omega_j [\Sigma \omega^*]_j + \cdots + \omega_k [\Sigma \omega^*]_k + \cdots + \omega_n [\Sigma \omega^*]_n$$

对于每项 i 来说，$\omega_i [\Sigma \omega]_i$ 和 $\omega_i [\Sigma \omega^*]_i$ 之间不同的是 $\omega_i \sigma_{ji} (\omega_j - \omega_j^*) + \omega_i \sigma_{ki}$ $(\omega_k - \omega_k^*)$，所有项加总为 $(\omega_j - \omega_j^*)[\Sigma \omega]_j + (\omega_k - \omega_k^*)[\Sigma \omega]_k$，因此

$$方差 = \omega^{*'} \Sigma \omega^* = \omega' \Sigma \omega - \begin{bmatrix} [\Sigma \omega]_j & [\Sigma \omega]_k \end{bmatrix} \times \begin{bmatrix} \omega_j - \omega_j^* \\ \omega_k - \omega_k^* \end{bmatrix}$$

$$= \omega' \Sigma \omega - \begin{bmatrix} [\Sigma \omega]_j & [\Sigma \omega]_k \end{bmatrix} \times \begin{bmatrix} \sigma_{jj} & \sigma_{jk} \\ \sigma_{kj} & \sigma_{kk} \end{bmatrix}^{-1} \times \begin{bmatrix} [\Sigma \omega]_j \\ [\Sigma \omega]_k \end{bmatrix}$$

（5）对波动率、VaR 和预期损失的贡献

正如文中讨论的那样，风险的边际贡献特征来自风险度量的线性同方差，并不依赖特定的估计方法。因此，风险的边际贡献可以由波动率、VaR 或者预期损失计算出，具体方法为 Delta-normal 模型、蒙特卡洛或者历史模拟法。

麦克尼尔、弗雷和恩布雷希特 [McNeil, Frey and Embrechts, 2002, 式（6.23）、式（6.24）和式（6.26）] 给出了对波动率、VaR 和预期损失贡献率的计算方法。重复上文的主要内容，假设投资组合由 n 种资产组成，资产 i 产的一单位 P&L 被记为 X_i，投资资产 i 的份额为 ω_i。则总的 P&L 是 $\sum_i \omega_i X_i$，参数 $Z\%$ 的 VaR 值是 $VaR_z = \{Y_{s.t.} P[\sum_i \omega_i X_i \leqslant Y] = Z\}$，预期损失是 $ES_z = E[\sum_i \omega_i X_i \mid \sum_i \omega_i X_i \leqslant VaR_z]$。则贡献（水平值）为：

波动率：$\mathrm{MCL}_i = \omega_i \mathrm{cov}(X_i, \sum_k \omega_k X_k) / \sqrt{\mathrm{variance}(\sum_k \omega_k X_k)}$

VaR：$\mathrm{MCL}_i = \omega_i E\left[X_i \mid \sum_k \omega_k X_k = \mathrm{VaR}_z\right]$

预期损失：$\mathrm{MCL}_i = \omega_i E\left[X_i \mid \sum_k \omega_k X_k \leqslant \mathrm{VaR}_z\right]$

首先,验证当 P&L 分布是正态分布时, 公式的正误。在这种情况下, 对波动率、VaR 和预期损失的贡献都是比例值。通过使用 8.1 节的公式, 我们可以看到:

$$\mathrm{MCL}_i(\mathrm{VaR}, \mathrm{normal}) = \omega_i\left[\mathrm{cov}(X_i, \sum_k \omega_k X_k) / \sqrt{\mathrm{variance}(\sum_k \omega_k X_k)}\right] \cdot \phi^{-1}(z)$$

$$\mathrm{MCL}_i(\mathrm{ES}, \mathrm{normal}) = \omega_i\left[\mathrm{cov}(X_i, \sum_k \omega_k X_k) / \sqrt{\mathrm{variance}(\sum_k \omega_k X_k)}\right] \cdot \varphi[\phi^{-1}(z)] / z$$

换言之, 对 VaR 和预期损失的边际贡献与对波动率的边际贡献成比例。麦克尼尔、弗雷和恩布雷希特 (McNeil, Frey and Embrechts, 2005, 260) 表明, 波动率、VaR 和预期损失之间的比例性对于任何椭圆分布都是成立的 (以及任意的线性齐次风险度量)。

我们接下来使用蒙特卡洛法或者历史模拟法来估计风险度量因子 (波动率、VaR 或者预期损失) 和风险贡献。使用上标 q 表示特定情形, 并继续用下标 i 表示资产 i。则对波动率的边际贡献公式为:

$$\mathrm{volatility}: \mathrm{MCL}_i = \frac{\omega_i \sum_q X_i^q(\sum_k \omega_k X_k^q) / n - 1}{\sqrt{\sum_q(\sum_k \omega_k X_k^q)^2 / n - 1}}$$

也就是说, 方差和协方差 (自然地) 由交叉项与平方和的总和得到。(为了符号上的使用方便, 假设公式中所有的 X 衡量了同均值的偏离量。)

对于 VaR：[1]

$$\mathrm{VaR}: \mathrm{MCL}_i = \omega_i\left[X_i^q \mid \sum_k \omega_k X_k^q = \mathrm{VaR}_z\right]$$

也就是说,我们只需要选取合适情形下的 VaR (q 就是合适的分位数, 对于 1%/99% 的 VaR 来说, 就是 5000 种情况中的第 50 种。), 资产 i 对风险值的贡献即为这种情况下资产 i 的 P&L 分布。(这当然是可以相加的, 因为 $\sum_k \omega_k X_k^q = \mathrm{VaR}$。)

这也存在一个问题, MCL_i 的估计会有相当大的抽样变异性, 因为它只使用了单一的样本观测值 $\omega_i\left[X_i^q \mid \sum_k \omega_k X_k^q = \mathrm{VaR}\right]$。$\{X_1, X_2, \cdots, X_n\}$ 将会有许多可能的组合值, 给出相同的 $\sum_k \omega_k X_k^q = \mathrm{VaR}$, 因此对 $\omega_i\left[X_i^q \mid \sum_k \omega_k X_k^q = \mathrm{VaR}\right]$ 的实现有很多种可能。

为了看清使用单一情形下的 P&L 观测值作为 VaR 贡献估计的问题, 我们考虑如下的简单投资组合:

两种资产, X_1 和 X_2。

每种都服从正态分布, 有零均值和标准差 σ, 相关系数为 ρ。

两者权重均为 $\omega = \dfrac{1}{2}$。

---

[1] 注意, 马里森 (Marrison, 2002, 143-144) 估计对 VaR 的贡献在使用蒙特卡洛法时, 似乎用于期望损失值的无极, 而不是在险价值, 详见后面的脚注。

资产组合的 P&L 是两者之和：

$$P = 0.5X_1 + 0.5X_2$$

和

$$\sigma_p^2 = (1+\rho)\sigma^2/2$$

我们可以写成

$$X_1 = \beta P + \varepsilon$$

和

$$\sigma_\varepsilon^2 = \sigma^2(1-\rho)/2, \beta = 1$$

因此我们可以得到

$$[X_1 \mid P = \mathrm{VaR} = Y] = Z \sim N(\beta Y, \sigma_\varepsilon^2)$$

资产 1 对 VaR 的贡献（水平值）为：

$$\mathrm{MCL}_1 = \omega_1 E[X_1 \mid P = \mathrm{VaR} = Y] = 0.5E[X_1 \mid P = \mathrm{VaR} = Y] = 0.5Y$$

对于蒙特卡洛法来说，VaR 贡献的估计应该是一个随机变量 $\omega_1 Z$：

$$\mathrm{MCL}_1(\text{Monte Carlo}) = \omega_1[X_1 \mid P = \mathrm{VaR} = Y] = \omega_1 Z \sim N(\beta Y, \sigma_\varepsilon^2)$$

我们可以计算

$$P[[X_1 \mid P = Y] < 2\beta Y] = P[Z < 2\beta Y] = \phi[\beta Y/\sigma_\varepsilon]$$

和

$$P[[X_1 \mid P = Y] > 0] = P[Z > 0] = 1 - \phi[-\beta Y/\sigma_\varepsilon]$$

这些是贡献估计值分别小于 βY 和大于 0 的概率（Y 可能是负数，$\beta = 1$）。对于边际贡献的比例值来说，这两个边界就是贡献比例值大于 1.0 或者小于 0.0（符号改变是因为 Y 是负数）。换句话说，蒙特卡洛法中会有 24.6% 的概率使得边际贡献估计量落在范围 $[0,1]$ 之外，虽然真实的贡献值为 0.5。这种样本变异性相当大。

对于特定的蒙特卡洛法，我们不能对各种不同情形进行平均，因为仅仅只有一种情况下的观测值 $\sum_i \omega_i X_i^q = \mathrm{VaR}$。为了对一种特定的资产 i 做不同观测值的平均（也就是说，为了得到资产 i 多样的 $\omega_i \cdot X_i^q$），我们需要进行多个完整模拟，标记为 m，从每一次模拟 m 中得到观测值 $\omega_i \cdot X_i^{qm}$。[1]

对于预期损失来说：

$$\mathrm{ES}: \mathrm{MCL}_i = \omega_i \cdot \sum_k X_i^q/m \; \forall q_{s.t.} \; \sum_i \omega_i X_i^q \leqslant \mathrm{VaR}_z$$
$$m = no.\,of\,q_{s.t.} \; \sum_i \omega_i X_i^q \leqslant \mathrm{VaR}_z$$

附录 10.2　复制组合的程序

在 10.5 节中，我提出了一种简单程序，通过依次添加对冲资产逐步建立复制组

---

[1]　注意，引用麦克尼尔、弗雷和恩布雷希特（McNeil、Frey and Embrechts，2005，260）的结果显示了各种贡献值的比例性，即对于椭圆分布的标准差、风险值和期望损失值贡献，有一种策略是估计出对标准差（或者期望损失值）的贡献率后，乘以风险值就可以得到对风险值的贡献值（水平）。这将证明马里森（Marrison，2004，143-144）的方法，但是这是一种很特殊的方法。

合。这里有一种更复杂、更贴近逐步回归的程序，它重新回到了早些时候的最优对冲资产考察，每次添加一种，确保它们在最新资产组合中能最大程度降低投资组合方差。

① 首先，在所有单一资产最优对冲情况中选择标准差最小的作为第一个复制组合资产。

a. 也就是说，对所有 k 计算 $\sigma_p^*(k)$。这是所有单一资产最优对冲或者镜像组合情况中对冲后的标准差。

b. 选择资产 k 使得它能够产生最小的 $\sigma_p^*(k)$，作为第一个复制组合资产，记作 1^*。

② 选择第二项复制组合资产，使得它加上第一个的资产能够尽可能使得投资组合的方差最大程度减小。

a. 也就是说，对所有的 $k=\{$第一个复制组合中包含的所有资产$\}$ 计算 $\sigma_p^*(1^*\&k)$。这是包含第一个复制组合资产在内的所有两种资产最优对冲后的标准差。

b. 选择 k 使得 $\sigma_p^*(1^*\&k)$ 是最小的（或者说方差减少值 $\sigma_p^{*2}[1^*]-\sigma_p^{*2}[1^*\&k]$ 最大），作为第二个复制组合资产，记作 2^*。

③ 选择第三个复制组合资产，使得它加上前两个能够尽可能使得投资组合的方差最大程度减小。

a. 也就是说，对所有的 $k=\{$第一个和第二个复制组合中包含的所有资产$\}$ 计算 $\sigma_p^{*2}(1^*\&2^*\&k)$。这是包含前两个复制组合资产在内的所有三种资产最优对冲后的标准差。

b. 选择 k 使得 $\sigma_p^{*2}(1^*\&2^*\&k)$ 最小（或者说方差减少值 $\sigma_p^{*2}[1^*\&2^*]-\sigma_p^{*2}[1^*\&2^*\&k]$ 最大），将它作为第三个复制组合资产，记作 3^*。

c. 重新返回检查一下前两个复制组合资产，确保它们在与第三项资产结合时，也能大幅减少方差。

（a）计算 $\sigma_p^{*2}(1^*\&3^*)$ 和 $\sigma_p^{*2}(2^*\&3^*)$，这是将之前挑选的复制组合资产按顺序逐一剔除后的方差。

（b）将这些潜在的两种资产投资组合方差同已经选中的投资组合方差相比较。也就是说，计算 $\sigma_p^{*2}(1^*\&3^*)-\sigma_p^{*2}(1^*\&2^*)$ 和 $\sigma_p^{*2}(2^*\&3^*)-\sigma_p^{*2}(1^*\&2^*)$。

（c）如果有任意一项或者两项同时为负，将 1^* 或 2^* 用 3^* 替换掉，如果两者都为负选择，选择负程度更大那一项。（实际上，通常是 $\sigma_p^{*2}[1^*\&3^*]>\sigma_p^{*2}[1^*\&2^*]$，因为 2^* 是选出的能与 1^* 结合产生最小方差的那项资产。）然后回到原程序，选出新的第三项资产。

④ 选择第四种复制组合资产，使得它加上前三个能够尽可能使得投资组合的方差最大程度减小。

a. 也就是说，对所有的 $k=\{$第一个、第二个和第三个复制组合中包含的所有资产$\}$ 计算 $\sigma_p^*(1^*\&2^*\&3^*\&k)$。这是包含前三个复制组合资产在内的所有四种资产最优对冲后的标准差。

b.选择 k 使得从 $\sigma_p^*(1^* \& 2^* \& 3^*)$ 到 $\sigma_p^*(1^* \& 2^* \& 3^* \& k)$ 的方差减少值最大，作为第四项复制组合资产，记作 4^*。

c.重新返回检查前三项资产，确保它们结合了第四项资产后仍然能使方差大幅减少。

（a）计算 $\sigma_p^{*2}(1^* \& 2^* \& 4^*)$，$\sigma_p^{*2}(1^* \& 3^* \& 4^*)$ 和 $\sigma_p^{*2}(2^* \& 3^* \& 4^*)$，这是将已选定的前三项资产依次剔除后的资产组合方差。

（b）计算 $\sigma_p^{*2}(1^* \& 2^* \& 4^*) - \sigma_p^{*2}(1^* \& 2^* \& 3^*)$，$\sigma_p^{*2}(1^* \& 3^* \& 4^*) - \sigma_p^{*2}(1^* \& 2^* \& 3^*)$ 和 $\sigma_p^{*2}(2^* \& 3^* \& 4^*) - \sigma_p^{*2}(1^* \& 2^* \& 3^*)$。

（c）如果任意一项是负数，将对应的资产替换成 4^*，如果多于一项为负，选择为负程度更大的那项替换。然后返回源程序，选出新的复制组合资产。

附录 10.3　主成分法概述

主成分分析中得到的因子是新的随机变量，它们是原始变量的线性组合。

$$F = A' \cdot Y \tag{10.9}$$

其中，A' 为线性变换系数矩阵。这是 $n \times n$ 矩阵，n 是原变量的个数（A 的列向量为特征向量）。F 为（1 到 n）新因子的列向量。Y 为原变量的列向量（例如，各个收益率）。

我们希望新变量的方差协方差矩阵是对角阵（因子之间不相关）：

$$E[F \cdot F'] = E[A' \cdot Y \cdot Y' \cdot A] = A' \cdot E[Y \cdot Y'] \cdot A = A' \cdot \textstyle\sum_Y \cdot A \tag{10.10}$$

主成分分析将矩阵 A 的列设置成方差协方差矩阵的特征向量（特征值向量），并且是按照特征值大小将各列排序。特征向量是一种简化的选择。根据矩阵 $\sum_Y$ 的特征向量定义我们有：❶

$$\textstyle\sum_Y \cdot A = A \cdot \mathrm{Diag}(\lambda.) \tag{10.11}$$

这里 $\mathrm{Diag}(\lambda.)$ 是非对角线元素为零的矩阵，对角线 (i, i) 元素为 λ_i。这种对角化给出了新变量 F 的方差协方差对角矩阵 $E[F \cdot F']$：

$$E[F \cdot F'] = A' \cdot \textstyle\sum_Y \cdot A = A' \cdot A \cdot \mathrm{Diag}(\lambda.) = \mathrm{Diag}(s.) \cdot \mathrm{Diag}(\lambda.) = \mathrm{Diag}(s.\lambda.) \tag{10.12}$$

这里，$\sum_Y$ 为原变量的方差协方差矩阵；A 为 $\sum_Y$ 的特征向量；λ_i 为 $\sum_Y$ 的特征值（由大到小排序）；s_i 为（任意）选择地将特征向量标准化的常数 ［因此 $A' \cdot A = \mathrm{Diag}(s.)$］。

新变量到原变量的逆变换如下：

$$Y = (A')^{-1} \cdot F \tag{10.13}$$

该矩阵可以用原来的 A 矩阵简单地表示，利用：

$$A' \cdot A = \mathrm{Diag}(s.)$$

---

❶　假设方差协方差矩阵为满秩。

得到

$$(A')^{-1} = A \cdot \text{Diag}(1/s.)$$

给出

$$Y = A \cdot \text{Diag}(1/s.) \cdot F$$

或者

$$F = A' \cdot (A')^{-1} \cdot F = A' \cdot Y$$

从主成分分析（特征向量）中得到一个众所周知的结果，即它给出了总方差的一种分解方法，定义为 $\text{tr}(\sum_Y)$：

$$\text{tr}(\textstyle\sum_Y) = \lambda_1 + \lambda_2 + \cdots + \lambda_n$$

也就是说，特征值求和即为总方差值（方差之和），并且由于特征向量是正交的，各主成分是能解释总方差的正交成分。特征向量/特征值是从大到小排序，因此第一个特征向量解释了最大比例的总方差，第二个解释了第二多的方差，以此类推。

然而，在分析具体的投资组合时，我们通常很少关心方差之和（方差-协方差矩阵的对角值），更多地关心投资组合的标准差或者方差，其通常是方差-协方差矩阵组成成分的结合。因此，在式（10.11）和式（10.12）中对角化过程同样很有价值。

投资组合方差是这种二次形式：

$$\Delta' \cdot \textstyle\sum_Y \cdot \Delta$$

用 A^{-1} 左乘 Δ 即可对角化，将投资组合方差分解成一些相互独立成分之和：

$$
\begin{aligned}
\Delta' \cdot \textstyle\sum_Y \cdot \Delta &= \Delta' \cdot A'^{-1} \cdot A' \cdot \textstyle\sum_Y \cdot A \cdot A^{-1} \cdot \Delta \\
&= \Delta' \cdot A'^{-1} \cdot \textstyle\sum_F \cdot A^{-1} \cdot \Delta = \Delta' \cdot A'^{-1} \cdot \text{diag}(s.\lambda.) \cdot A^{-1} \cdot \Delta \\
&= \Delta' \cdot A \cdot \text{diag}(1/s.) \cdot \text{diag}(s.\lambda.) \cdot \text{diag}(1/s.) \cdot A' \cdot \Delta \\
&= (\Delta' \cdot A) \cdot \text{diag}(\lambda./s.) \cdot (A' \cdot \Delta) \\
&= \Delta' \cdot FL \cdot FL' \cdot \Delta \\
&= \textstyle\sum d_i^2 \lambda_i / s_i
\end{aligned}
\tag{10.14}
$$

其中，d_i 就是 $\Delta' \cdot A$ 的第 i 项。

① 如下是一种非常有价值的分解思路：

a. 第三行 $A \cdot \text{diag}(\sqrt{\lambda_i/s_i})$ 一项是一个 $n \times n$ 矩阵，我们称为 FL，因子载荷。第 i 列给出了主成分或者因子 i 变化 $1-\sigma$ 时带来的原始收益率的改变。

b. $\Delta' \cdot A \cdot \text{diag}(\sqrt{\lambda_i/s_i})$（或者 $\Delta' \cdot FL$）一项是一个行向量。元素 i 给出了主成分或者因子 i 变化 $1-\sigma$ 时的 P&L 值。

c. 完整表达式 $(\Delta' \cdot A) \cdot \text{diag}(\lambda_i/s_i) \cdot (A' \cdot \Delta)$ 是投资组合 P&L 的总方差。它是 $\Delta' \cdot A \cdot \text{diag}(\sqrt{\lambda_i/s_i})$ 和 $\text{diag}(\sqrt{\lambda_i/s_i}) \cdot (A' \cdot \Delta)$ 的点积，所以是主成分 $1-\sigma$ 的变化带来 P&L 的平方和。这种平方和的形式将完整投资组合的方差分解成单独的不相关成分之和。

换句话说，当使用主成分分析时，我们总可以找到一种简单的和式分解，将总方差分解成独立的主成分元素。这与分析原变量形成了鲜明对比，在原变量框架下，总方差不能表示成任何的和式分解——最好的情况也只能像前面讨论的那样，写成标准差微小变化或者边际贡献的和式分解。

正如前面提到的，特征向量只由一个任意常数（s_i）决定。

② 如下有三种较为方便的选择：

a. $s_i = 1$。这是标准正态化的方法（例如，被 MatLab 和 Gauss 使用过），可以得到 $E[F \cdot F'] = \mathrm{diag}(\lambda_i)$ 并且 $A'^{-1} = A$，$A' = A^{-1}$。

b. $s_i = 1/\lambda_i$，得到 $E[F \cdot F'] = I$。

c. $s_i = \lambda_i$，这意味着矩阵 A 直接给出了因子 F_i（因子载荷）变化 $1-\sigma$ 时 Y 的变化量，因此可以直接从 A 的各列中读取。

例如，考虑 2 年期和 10 年期利率，假设这些利率有如下标准差：

期数	对数波动率	利率	波动率基点	每日波动率基点
2 年期	20%	5%	100	6.262
10 年期	15%	5%	75	4.697

如果 2 年期利率和 10 年期利率之间相关系数为 80%，则方差-协方差矩阵为（用每日基点衡量）：

$$\sum\nolimits_Y = \begin{bmatrix} 39.22 & 23.53 \\ 23.53 & 22.06 \end{bmatrix}$$

特征向量为：

$$A = \begin{bmatrix} 0.8193 & -0.5734 \\ 0.5734 & 0.8193 \end{bmatrix}$$

特征值分别是 55.69 和 5.595.（特征向量由使用 $A'A = I$ 或 $s_i = 1$ 标准化计算。）新因子或者因子载荷 FL 的 $1-\sigma$ 变化带来 Y_i 的变化量由 $A \cdot \mathrm{diag}(\sqrt{\lambda_i/s_i})$ 的各个列项给出，在这种情况下就是 $A \cdot \mathrm{diag}(\sqrt{\lambda_i})$。这些列项由如下矩阵给出：

$$\begin{bmatrix} 6.11 & -1.36 \\ 4.28 & 1.94 \end{bmatrix}$$

这是当收益率曲线变化时，通常被观察到变化的两个首要因子，即平移量（2 年期和 10 年期分别上升 6.11 和 4.28）和扭曲值（2 年期和 10 年期分别为 -1.36 和 $+1.94$）。

利率方差的总和为 61.27（方差-协方差矩阵对角线元素之和，39.22 + 22.06），而第一个主成分可以解释它的 90.9%。这是主成分分析的标准结果。

当前，考量应用于投资组合的主成分分析法显得更加有趣。为此，我们需要投资组合的敏感度 Δ，以便可以计算类似于 $\Delta' \cdot A \cdot \mathrm{diag}(\sqrt{\lambda_i/s_i})$ 的项。现在假设投资组合的敏感度为：

$$\Delta = \begin{bmatrix} -1 \\ 2 \end{bmatrix}$$

也就是说，当 2 年期利率上升 1 个基点时，P&L 为 −1，当 10 年期利率上升 1 个基点时，P&L 为 +2。如下将其转换成对主成分的敏感度：

主成分 $1-\sigma$ 变化带来 P&L 变化值为

$$=\Delta' \cdot A'^{-1} \cdot \mathrm{diag}(\sqrt{s_i}\lambda_i) = \Delta' \cdot A \cdot \mathrm{diag}(\sqrt{\lambda_i}/s_i)$$

$$\mathrm{w.r.t} \quad \text{2 年期/10 年期} \qquad \mathrm{w.r.t} \text{ 成分}$$

$$\Delta = \begin{bmatrix} -1 \\ 2 \end{bmatrix} \qquad\qquad \begin{bmatrix} 2.44 \\ 5.23 \end{bmatrix}$$

投资组合的总方差为 33.32，可以分解为 $33.32 = 5.97 + 27.35$（$=2.44^2 + 5.23^2$）。形成鲜明对比的是收益率方差之和（收益率的方差-协方差矩阵对角元素），这里第一因子是最重要的，却只有 5.97（总的为 33.32）或者说只解释了投资组合方差的 17.9%，第二因子解释了 82.1%。这可以从 $1-\sigma$ 变化带来的 P&L 改变量中直接得到。因为这些因子是正交的，投资组合方差就是各成分方差之和（协方差项全为零）：

$$\text{总方差} = 33.32 = 2.44^2 + 5.23^2$$

11　信用风险

11.1　引言

信用风险在现代金融学中无处不在："信用风险是由于发行人或者交易伙伴的信贷质量发生不可预期的变化导致投资组合价值变化的风险"。这包括了违约导致的损失及信用质量变化导致的损失［麦克尼尔、弗雷和恩布雷希特（McNeil，Frey and Embrechts，2005，327）］。

在很多方面，分析信用风险与分析公司业务其他任何部分产生的风险并无不同。信用风险分析的重点集中于损益的分布及损益的信息如何用来管理公司的业务。❶

尽管背后的思想很简单，但是信用风险独有的特点意味着预测和分析信用风险的技术往往非常不同，而且比分析市场风险更复杂。由于各种原因，很难对损益的分布进行估计［见麦克尼尔、弗雷和恩布雷希特（McNeil，Frey and Embrechts，2005，329）］：

① 大多数信用风险都不是在交易中产生的，无法得到市场价格，所以损益分布必须从基本原理出发，这需要复杂的模型。

② 关于信用风险的质量和前景的公共信息往往很稀缺。数据缺失使得统计分析及模型校准非常棘手。（另外，信息不对称使得信用产品的购买者处于劣势地位。）

---

❶　使用损益分配管理业务的例子是一家银行的首席财务官［马里森（cf. Marrison 2002，229）］：拨备——预期在一段时期内损失的平均分配。对于异常糟糕的年份，储备损失水平可以设定在损失分布的 5% 分位数（VaR）。资本（也被称为经济资本，将其与监管资本区分开来）——在非常糟糕年份里的损失水平，要求确保低违约率——可能设定在损失分布的 0.1% 或 0.03% 的分位数（VaR）上。

③ 信用风险的损益分布常常是偏态的，伴随着厚尾分布和大概率的严重损失。这样的偏度很难度量但却十分重要，因为支持投资组合所需的经济资本对大幅亏损的概率非常敏感——下尾的形状驱动着经济资本。

④ 组合中不同风险之间的依赖关系导致了信贷风险分布的偏态，但依赖关系很难准确度量。

信用风险建模与市场风险分析的目标是一样的——建立损益分布表，并利用损益分布表帮助管理商业活动。对于市场风险，损益分布表的分布通常可以通过历史数据直接从市场上获取。相比之下，对于信用风险，损益分布表的分布往往必须从头开始构建，使用有限的数据和复杂的模型，每个模型都有专门的方法和术语。

(1) 信用风险的种类

信用风险在很多领域中出现，并且渗透在现代金融领域。这部分给出了简单的概述，描述了主要工具和有信用风险出现的活动。

研究信用风险的标准方法可以追溯到商业银行及其贷款组合［乔瑞（Jorion，2007，454-455）］。很容易发现，贷款的主要风险是发行人违约，这是信用风险的典型形式。虽然信用风险分析和建模有可能起源于银行贷款，但其实信贷风险实际上渗透到了整个金融领域。

① 单一发行人信用风险，比如贷款和债券。发行人违约意味着不偿还贷款或者不偿还债券本金和约定的利息。

② 多个发行人信用风险，比如证券化抵押债券。这种债券是银行或投资银行发行的，但是标的资产是很多贷款或者其他很多个人或者公司的债务。一个或多个标的贷款违约会导致信贷损失。

③ 交易对手风险来自于交易对手间的合约，这种合约常是场外交易的衍生工具合约。在场外交易中，例如利率互换，如果一方违约，可能会大幅影响另一方的收益。其他合约，例如信用证、保险、财务担保等，也涉及交易对手信用风险，因为一方违约有可能造成损失。

④ 结算风险。与交付和贸易结算有关，是指一方在对方已经支付后不能够按时交割商品的可能性。

(2) 数据考虑

信贷风险与数据有关，也与定量工具和分析有关。建立有效的外部和内部数据数据库是信用风险系统实际实施中最大的挑战之一。

分析信用风险所需的数据大致分为两类。第一类可以定义为外部数据，包括信用质量和对手前景及其他的信贷风险。正如之前提到的，关于信贷质量的公共信息通常很难获得，导致统计分析和信用建模很困难。

第二类是公司的内部数据：关于公司交易对手和其他信用风险的详细信息。收集、校对、整理和利用这些内部数据经常是很有挑战性的。这些内部数据是在公司控制下的，所以通常是可以获得的。不幸的是，这样的数据常常散布在同一系统的不同单元中，分散在不同的遗留系统中，它们被收集和储存的原因与信用风险分析并没有关系，而且非常难以获得，原始形式的数据也无法直接利用。这些内部数据本质上十分复杂，并且很难收集。

作为描述内部数据潜能的复杂例子，考虑一个企业在雷曼兄弟 2008 年崩溃前可能存在的风险。一个单位持有雷曼债券，第二个单位持有与雷曼的 OTC 利率互换，第三个单位可以将雷曼作为主要经纪公司进行外汇交易。当雷曼濒临破产时，上述所有选择都将承担风险。仅仅基于这种不相干的风险暴露，收集信息并非不重要，尤其考虑到它们在久期、流动性、标的资产复杂性方面的异质性。

11.2　信用风险与市场风险

之前的章节主要集中于市场风险，所以强调信用风险和市场风险之间的差别是很有用的。两者的差别集中在一些特定问题上：第一，测度损益分布的时间范围——信用风险要长得多；第二，损益分布的不对称性和偏度——信用风险导致高度偏斜分布；第三，建模方法——信用风险的损益通常根据基本原理，而不是根据观测到的市场风险因素建模；第四，数据和法律问题变得相对重要。我们简单讨论一下这些问题，然后转向讨论信用风险的简化模型。

（1）信用风险与市场风险的流动性和时间框架

虽然市场风险和信用风险的主要关注点都是损益分布，但是信用风险研究损益分布的时间跨度明显比市场风险长。这主要是由于大多数信用产品流动性不足造成的。信用产品，典型的比如贷款，惯例上是不能被交易的，机构持有它们一直到合约到期。另外，信用事件的暴露期限往往比市场事件的暴露期限跨度要长。关于信用评价的信息是以几周或几个月为单位提供的，而市场变量是以几分钟或几小时为单位提供的。鉴于这些原因，以日或周为单位衡量信用风险的损益通常不合适，因为在这么短的时间实现损益是不太可能的，甚至在很多情况下，在这么短的期限内进行实际测量都是不可能的。

考虑更长期限损益分布的结果是：计算平均值对信用风险很重要，但通常对市场风险则不是那么重要。对于市场风险，分布通常是以天数衡量的，市场回报的波动性使得平均值的意义变弱。相反地，对于信用风险，损益分布常以一年或更长的时间内进行衡量，这是一段很长的时间，平均值和波动幅度有相同的数量级，不管用何种概括性的度量方式，比如 VaR 或者其他，都必须在使用时加以说明。

（2）信用风险的不对称性

信用风险的损益分布经常是非对称的，高度偏斜，有长长的厚尾。图 11.1 表明了一个简单贷款组合回报的程式化模型（将在后面详细阐述）。

经常讨论说信用风险的分布是不对称的，因为一个信用组合有很多的小利得和很少的大损失，比如贷款不经常发生的违约导致本金完全损失。事实上，信用风险的不

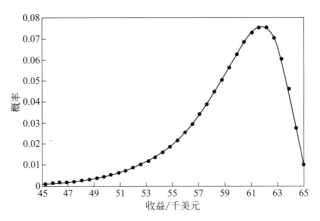

图 11.1　简单贷款组合模型的损益分布

对称性还有很多基本原因。小利得与大损失当然是一个，但并不是全部原因，正如我们将在 11.3 部分看到的。对于违约的相关性，例如，违约一般集中在经济压力比较大的时期，这是违约和一般信用风险呈现不对称性的主要原因。

无论不对称性或偏态的原因是什么，它在信用风险中比市场风险更普遍。这使得信用风险比市场风险更难以度量。偏斜的程度将对长尾产生极大影响，因为偏斜程度很难被精确度量，长尾也很难被度量。恰恰长尾是信用风险中最吸引人的部分，比如，长尾可能决定了维持一个企业所需的储备和经济资本。不对称性和偏态使得信用风险的度量比市场风险的度量更复杂。

（3）结构主义（精算）与市场法相结合的损益分布模型

市场风险就其本质而言，是在市场上活跃交易的。市场价格的可用性意味着，损益在给定时间范围内（通常是短期）的分布估计通常可以从观察到的市场风险因素、市场价格、收益率、利率中衍生出来。尽管有相当多的尝试用于估计恰当的分布（例如，确保适当测量尾部），但分布总是基于观察到的市场价格、市场风险牢固地建立在市场定价的基础上。

相反，信用风险则并不常用于活跃交易，所以市场价格并不可得，损益分布难以从观察到的价格中获得。因此，从信用相关产品中得到的损益需要在细化模型中构建，这个模型是由信用利得和损失的影响因素造成的，例如违约、评级变化等。我称之为构建损益分布模型的结构方法。❶

市场风险方法和信用风险的结构方法之间的对比是区分市场风险和信用风险的主要特征。许多围绕信用风险的复杂性是由基本原理建立分布的必要性导致的，也就是要从根本的驱动因素出发构建分布。

虽然市场风险和信用风险建模的方法不同，这并不是由市场和信用风险的基本差

---

❶　我将此称为结构方法，但麦克尼尔、弗雷和恩布雷希特（McNeil, Frey and Embrechts, 2005）使用该术语强调了信用风险模型类型之间的区别，如 11.4 节所示。

别导致，而是由可获得的信息类型导致的。例如，IBM 的损益分布可以从基本分析构建，考虑到 IBM 的市场地位、新产品的输送、财务状况等。事实上，这就是证券分析师的工作，用来推荐股票。在风险度量中，用 IBM 市场价格而不是基于临界变量构建损益分布，有很多原因。也许最好的原因是，市场价格分布包含了大量投资者和交易员对 IBM 未来前景的估计——需要有一个相当有力的理由来忽略市场价格。

在可以适当模拟未来结果分布的完美市场中，结构方法将给出与市场或价格方法相同的答案。在实践中，信用建模往往必须采取结构方法，因为潜在风险不可交易，市场价格不可用。

（4）数据和法律问题

数据问题之前已经接触到——信用风险分析需要大量的外部和内部数据。信用风险的数据常是低频率的（月度的、季度的、年度的），而市场风险的数据常是高频率的，但收集和核对数据很困难，因为有关信用风险的公开数据往往无法获得。

对于法律问题，指的是交易对手的法定组织，合同的细节（净额结算、抵押品），或破产时的优先权和地点等事项。这类问题通常与市场风险无关。市场风险常依赖于标准化证券价格的变化而不是法律合同晦涩难懂的细节。相比之下，在考虑信用风险时，法律问题是非常重要的，尤其是考虑违约的构成要素及如果违约，能收回多少时，都主要依赖于法律细节。

11.3 程式化信用风险模型

（1）简介

我对信用风险和信用建模的处理，不同于风险管理教材中通常采用的方法。本节展现了程式化模型，为理解信用风险模型提供了框架。11.4 部分介绍了模型的分类［大部分遵从了麦克尼尔、弗雷和恩布雷希特（McNeil，Frey and Embrechts，2005，第 8 章及第 9 章）］。11.5 部分简单讨论了一些具体的模型［默顿（Merton，1974），KMV，CreditMetrics，CreditRisk＋］并使用当前章节的程式化模型将它们置于上下文中。

相比之下，大多数论述是从什么是信用风险、分析和归类信用风险的行业惯例、一个或多个特殊信用模型的详细描述开始的，例如默顿（Merton，1974）的期权违约理论模型或者工业开发模型，又如 KMV 或者 CredieMetrics。在实际的信用风险管理及模型的背景中，我将参考其他书籍。格鲁希、加莱和马克（Crouhy，Galai and Mark，2000，第 7～12 章）对银行业惯例及模型有很好的回顾，格鲁希、加莱和马克（Crouhy，Galai and Mark，2006，第 9～12 章）提供了不太详细的概述）。麦克尼尔、弗雷和恩布雷希特（McNeil，Frey and Embrechts，2005，第 9 章，尤其是第 8 章）对信贷模型的技术基础进行了很好的处理。马里森（Marrison，2002，第 16～23 章）也有关于行业惯例及建模的深刻讨论，第 17 章对银行面临的各种信贷结构进行了特别好的概述。达菲及辛格尔顿（Duffie and Singleton，2003）的论述是比较高级的技术参考。

这部分的目标是说明信用风险建模的特征，而不是建立现实的信用模型。该部分很重要的目标是，指出信用风险模型背后的概念是简单的，同时解释为什么现实模型是复杂和困难的。

（2）程式化信用风险模型

程式化模型是为了分析特定投资组合而建立的，这个投资组合包含 1000 份相同的贷款。我们度量损益分布的时间维度是一年，因为我们希望确定一个适当水平存款的年储存量。一年这个时间段恰巧与贷款到期日相同。贷款提供给了很多企业，但是所有企业都有同样的信用质量，因此每笔贷款违约或发生其他不利事件的概率是相同的，而单一贷款的违约概率是 1%。所有的业务之间是相互独立的，所以违约也是独立的。如果贷款违约，通过清算企业或作为抵押品持有的资产，可以回收贷款面值的 50%。表 11.1 总结了这些特点。

表 11.1　贷款特征、信用分析及信用质量

贷款	信用质量	产出
$1000 初始投资 一年借款期限 年终承诺利率为 6.5%	信用质量完全相同 违约贷款的回收率为 50% 单个贷款违约概率为 0.01 每个贷款相互独立	需要 1 年的损益分布

注：摘自 CFA 协会研究基金会《风险管理实用指南》附录 5.4，© 2011。

初始投资组合的价值是 100 万美元，1 年期的价值取决于偿还和违约的历史经验。如果一份贷款声誉良好，偿还金额为 $1065（收入为 $65）。如果一份贷款违约了，回收金额为 $500，损失金额为 $500。这些付款如图 11.2 所示。

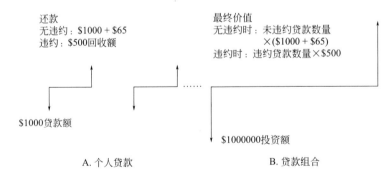

图 11.2　个人贷款及贷款组合的初始投入和最终还款示意图
注：摘自 CFA 协会研究基金会《风险管理实用指南》的图 5.16。

实际的收入为（较少的初始投资）是：

实际收入＝未违约贷款数量×$1065＋违约贷款数量×$500−1000×$1000

贷款违约的平均概率为 1%，所以平均来说，有 10 份贷款违约，所以平均的实际收入为：

$$平均实际收入＝990×\$1065＋10×\$500－1000×\$1000＝\$59350$$

除了要知道平均绩效，我们还需要知道投资组合在不利环境中的表现，以及发放这些贷款的银行应该预留多少资金以应对比预期更多的贷款发生违约。如果知道整个损益分布，我们就可以回答这个问题。

在讨论这个模型的解决方案之前，请允许我强调一个重要的假设：借款者之间贷款的独立性。贷款被假定是独立的，而且借款者之间没有联系（意味着不会由于其他借款者违约或者不违约而改变该借款者的违约概率）。另外，违约概率不会由于经济形势变化或者其他因素而改变——对于每个借款人来说，违约的概率实际上是个常数，为0.01。

在这个假设下，违约的分布其实是非常简单的：一个二项分布，因为1000个贷款中每一个贷款的结果都是一个伯努利试验，违约（概率为0.01）或者不违约（概率为0.99）。1000家企业中有k个贷款违约的概率是（根据二项分布计算）：

$$P_{(k个公司违约)}＝\binom{1000}{k}0.01^{k}0.99^{1000-k}$$

图11.3中A代表违约数量的分布，B代表收入的分布。

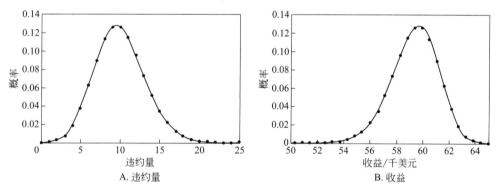

图11.3　1000个同质贷款组合的违约量

注：A表示1000个同质贷款组合的违约数量，每个违约的概率为0.01。这是1000次试验的二项分布，违约概率为0.01。B表示持有这种投资组合的一年收益，该组合的违约率为50%，承诺利息为6.5%。图来自CFA协会研究基金会2011年出版的《风险管理使用指南》中的表5.17。

一些关于违约数量分布要注意的事项：第一点要注意的是，这种情况下的分布很容易用分析方法记下来，但通常情况并非如此。数据模拟通常是很有必要的，在这种情况下，模拟将很容易：只需在0和1之间绘制1000个均匀随机变量（rv），将每个变量与违约概率（0.01）进行比较。如果随机变量比0.01大，公司没有违约；如果随机变量比0.01小，公司违约。更为复杂情况下的模拟也是类似的，并且从概念上理解也很简单。

第二点要注意的是，损益的分布是对称的。这个结论一点也不出乎意料，鉴于众所周知的结论：二项分布在n足够大时收敛于正态分布，$n＝1000$已经足够大。但这确实说明了信用风险的分布并不一定是不对称的，不对称也并不一定是由"小收益，大损失"造成的。投资组合有很多小的收益（对于大约990个履行的贷款，每一个都

有 $\$65$ 的收益）及一些大的损失（对于大约 10 个不履行的贷款，每一个都有 $\$500$ 的损失）。但是分布仍旧是对称的，分布的不对称并不仅仅是由小收益和大损失造成的。信用损失分布经常是不对称的，但通常是公司违约之间的相关性造成的。我们回到这一点，然后考虑分布的不对称性及后续要考虑的其他可供替代的独立性假设。

利用图 11.3 所示分布，我们已经可以提供一些合理的答案，来回答在不利环境中将有多少损失等问题，这些问题会在稍后进行说明。

（3）信用风险建模——简单的概念、复杂的执行

这个模型非常简单，但它确实包含了许多因素，甚至包括大多数更现实的信用风险模型的特征（更准确地说，11.4 部分分类为静态或者离散时间的模型）。

有四个风险因素会导致信用风险，这个模型强调了三个（之间的联系后续会讨论）：

① 违约——交易对手违约导致部分或者所有价值都损失的可能性。定义为违约概率（PD）或者预期违约频率（EDF）❶。（在这个例子中，违约概率是 0.01。）

② 相关性——公司之间违约概率的相互依赖性。正如接下来讨论的，相关性对信用损失的分布形态有巨大影响。（在这个例子中，相关系数为 0。）

③ 风险暴露——公司暴露于特定交易对手或者出现特定信用风险的数量，也称作违约风险敞口（EAD）。（在这个例子中，每个贷款的风险暴露是 $\$1000$。）

④ 回收率——违约时收回的金额，因为几乎没有损失全部金额，也表示为违约损失（LGD）。回收率＝1－LGD。（在这个例子中，回收率是 50％或者说每 $\$1000$ 投资收回 $\$500$。）

从技术上讲，信用风险取决于三个因素：违约、回收率和风险暴露［例如，参见乔瑞（Jorion，2007，454-455）］。损失数量是以下结果：

$$损失的美元 = L = e * (1-\delta) * Y$$

其中，Y 为违约指示器，如果违约发生 $Y=1$；如果违约未发生 $Y=0$。

δ 为回收率（在这个模型中 $\delta=50\%$）。

e 为风险暴露，如果违约发生，处于风险中的资金数量（在这个模型中是贷款额度，$\$1000$）。

违约的相关性或者依赖性只是联合违约概率的一个特征，并包含在违约因素下。尽管如此，违约依赖性是一个很重要的因素，它对投资组合中违约分布的形状有着巨大影响，因此我把它当作一个风险因素。在研究违约时尤其要注重这一点，因为在预测违约概率时常看重孤立的公司（边际概率）而不是互相依赖的公司（联合概率）。

目前的程式化模型强调信用风险模型背后的简单概念（更精确的是静态或离散-时间模型）。这个特定模型对于一些因素做了简单假设：违约（违约概率对于所有的贷款都是相同的，贷款之间并没有联系），回收率（固定在 50％），相关性（无相关性），风险暴露（到期日之前贷款数量是固定的，不会随着诸如利率或者外汇汇率的改变而变

---

❶ 更一般地说，这将扩展到在信用状态之间进行更一般的过渡，从清偿能力到违约的过渡是简单的特例。这一节将在题为"信用迁移和 CreditMetrics"的章节中进一步讨论。

化）。如果这些基本假设是现实的，这个模型将非常适用。问题是在现实生活中，这些关于违约、回收率及风险暴露的假设并不现实。因此是这些假设使得模型不切实际，而不是模型本身。

这个模型强调了为什么构建现实世界信用风险模型如此困难。困难不在于知道风险因素求解信贷模型，而在于估计信贷过程本身的潜在风险因素。四个因素中的每一个都应该被参数化和评估：

① 违约概率（或者说，在更为一般的模型中称之为状态的转变）必须对每个公司都进行估计。通过违约的定义可以知道，一个有偿债能力的企业，违约并不是从历史观察出来的，因此不能天真地用历史数据来估计违约概率。每个公司都应该建立起违约预测情况，而且应该适当地考虑每个公司的特殊情况，包括当前信用状况、债务水平与资产、地区和业务的未来前景等因素的情况。

② 估计公司间的相关性结构。同样地，因为违约很少可以被观察到，不能天真地直接用历史数据去观察违约相关性。相关性的估计必须利用做出合理推测的模型来间接得到，且需考虑公司的特定环境。由于相关性对损失分布的形状有巨大影响，因此相关性非常重要，但这种相关性很难测量和估计。

③ 必须计算违约的风险暴露。有时候，但并不总是，可以通过市场定价模型得到违约的风险暴露。这在计算时衍生产品更加困难，例如利率互换。因为这些产品的风险暴露随着市场变量（例如利率）而变化。❶

④ 一旦发生违约，必须推测违约或损失的回收率。回收率会产生巨大影响，因为它可以从100％的回收率（意味着违约几乎没有货币影响）变化到0％。回收率很难预测，实际的回收率可能与预期相去甚远。❷

我们需要进行预测，主要涉及分析性的数据搜集、数据分析的工作。在对违约、依赖性、回收率等进行现实假设的情况下，这里讨论的程式化模型就非常合适。困难在于实现这样的假设是一项非常复杂的工作。

正如对于市场风险一样，我们可以从概念上将这个模型分为两个部分。第一个是外部的：违约和回收。第二个是内部的：违约的货币风险敞口。乔瑞（Jorion，2006，247）在讨论市场风险时提出了如下情况："损失的可能性由（市场）风险因素的暴露及这些风险因素的分布导致"。在我们讨论的例子中，与市场风险相对应的是违约及回收率，或者是它们背后的驱动因素，违约的货币风险敞口也是这些风险因素的暴露。

接下来讨论的模型，例如 KMV、CreditMetrics、CreditRisk＋给出了单个贷款违约概率、依赖性结构（贷款间的相关性）等更为现实的结果。事实上，即使在有限的交易对手当前和历史的信息及他们的信用状况下，也可以利用这些模型得到现实违约概率、依赖性结构等信息，这是很有用的。一旦违约概率已知，求解损失分布在理论

---

❶ 马里森（Marrison，2002，第17章）很好地讨论了银行可能涉足的各种产品的风险敞口。

❷ 在雷曼兄弟2008年违约后，雷曼兄弟债券的CDS合约回收率约为10％。在签订这些合同之前，人们通常认为回收率是40％，而不是10％。

上并不是一件难事（虽然计算上可能麻烦些。）

信用风险的主要困难，尤其是和市场风险对比，有关违约和回收率的历史信息是缺乏的，对当前状况的了解是不完整的，对未来状态的预测（违约概率等）是非常困难的。人们必须对潜在的经济和金融驱动因素进行建模，以得出现实的估计。在实际应用中，既要使假设反映现实，又要建立和求解模型，这需要花费大量的时间和精力。信用模型的实际实施要求很高，需要投入大量资源用于分析、数据和编程。

① 分析：通过分析构建和解决模型。

② 数据：收集和分析数据，以衡量不同贷款和交易对手之间的风险差异。根据不同的违约概率进行分类、测量和建模，量化风险敞口，并估计回收率。数据可以分为外部数据和内部数据。

a. 外部数据。

（a）个体发行人的违约概率——对于个人风险需要搜集大量的数据来预测可能的违约概率。KMV 及 CreditMetrics 做的大多数工作就是这个，甚至是在开始建模之前。

（b）违约之间的依赖性或相关性——这对正确处理非常重要，但本质上很困难，因为数据不多（违约是罕见的事件），而且依赖性肯定是非平稳的，随着经济形势和事件的变化而变化，而这种变化是很难度量的（同样是因为数据的限制）。

（c）回收率——这依赖于许多不确定性，但即使是在违约情况下，正确处理法律优先事项也是数据密集型的。

b. 内部数据。什么是风险暴露？这往往并不是一件轻松的工作，部分原因是数据往往分散在公司各处，另一部分原因是信贷风险不仅包括同质贷款，而且包括异质的风险暴露，如贷款、债券、交易对手风险和结算风险，这些风险都散布于组织的各个单元中。

③ 编程：信用模型的求解常需要大规模的模拟，因为分析性的方法不可行。为了实现这个目标，需要大量的编程（与系统工作中的数据管理是分离的）。

这里介绍的程式化模型提供了理解信用模型如何工作的框架，并从侧面表现了概念是如何简单和为什么简单，虽然现实的应用可能很复杂。后面的章节将研究一些更实际的模型，但现在我们继续讨论这个程式化模型。

（4）VaR 和经济资本

我们现在回到图 11.3 介绍的分布中去，回答一个公司在不利环境中会损失多少。表 11.2 显示了下尾部分的累积概率、违约率和收入（分布函数而不是图 11.3 所示的密度函数）。平均收入是 59350 美元。从表 11.2 中可以看到，1％/99％的 VaR 是在 $4520 和 $5085 之间的亏损（与平均水平相比），而 0.1％/99.9％的 VaR 是在 6215 美元和 6780 美元之间的亏损。❶

---

❶　从这个投资组合中直接亏钱的概率很低（如果对基础贷款的假设是有效的）。相对于成本而言，衡量收入可能是合理的，因为成本可能是原始贷款加上一些资金成本。如果资金的成本是 5％（相对承诺的利率为 6.5％），那么实际的平均收入减去成本将是 9350 美元。

表 11.2　1000 个同质贷款组合收入分布的统计资料

均值和标准差			
均值			$ 59350
标准差			$ 1778

尾部较低的分布

累积概率	违约数	收入	与平均水平相比的收入
0.08246	15	$ 56525	− $ 2825
0.04779	16	$ 55960	− $ 3390
0.02633	17	$ 55395	− $ 3955
0.01378	18	$ 54830	− $ 4520
0.00685	19	$ 54265	− $ 5085
0.00321	20	$ 53700	− $ 5650
0.00146	21	$ 53135	− $ 6215
0.00066	22	$ 52570	− $ 6780
0.00026	23	$ 52005	− $ 7345

银行的首席财务官可能会对信用风险模型提出要求，马里森（Marrison，2002，229）对此进行了简明的描述：

① 准备——该数量可以涵盖一段时间内可能发生的损失——即预期损失。

② 储备——为弥补异常糟糕年份的损失而设定的金额——可以设定为分布的 5 百分位数（5％/95％ VaR）。

③ 经济资本——极差年份的损失水平——可以设定在分布的 0.1 百分位数（0.1％/99.9％ VaR）。

正如前面计算的，期望收入是 $ 59350。我们可能希望将准备金设置为 5％/95％ VaR 水平，在 2825 美元至 3390 美元之间，以防违约高于预期。我们可以设定资本为 6500 美元，大概是 VaR 0.1％ / 99.9％。

设置经济资本的水平是一个难题。经济资本与监管资本的区别在于，它是根据经济环境而设立的，而不是监管或会计规则。经济资本支持公司的冒险活动，为可能导致公司破产的损失提供缓冲。麦克尼尔、弗雷和恩布雷希特（McNeil, Frey and Embrechts，2005，1.4.3 节）列出了如下确定经济资本的过程：

① 要决定"价值分布"，这是对企业面临的所有风险定量化的结果，包括但不局限于市场、信用、操作风险。（对于现在的简单模型，如果我们假定包括 1000 个贷款的组合是企业的所有业务，损益分布如图 11.3 和价值分布如表 11.2。）

② 确定一个对于机构和层位均适当的可接受的违约概率（偿付能力标准）。一个有用的根据是公司评级及相关的违约率。例如，可以将一家公司的穆迪 Aa 评级作为指标。对于穆迪评级为 Aa 的机构进行历史分析，发现一年违约概率为 0.03％。[1] 该公司

---

[1]　例如，参见格鲁希、加莱和马克（Crouhy, Galai and Mark，2003，表 8.3），他们在其中引用了卡蒂和利伯曼（Carty and Lieberman，1996）；或参见达菲和辛格尔顿（Duffie and Singleton，2003，表 4.2）。

需要足够高的资本水平，以使损失更严重（意味着破产）的可能性只有 0.03%。

③ 以合适的分位数计算经济资本（保证第二步中破产概率需要的缓冲资金）。对于一个 0.03% 概率的破产水平，将是 $Z = 0.03\%/99.97\%$ 分位数。（对于目前的简单贷款组合例子，大约是 \$7300。）

虽然从概念上计算经济资本的过程非常简单明了，但实际操作却极具挑战性。

（5）依赖性、相关性、不对称性和偏态

本节的程式化模型有意保持简单，但重要的是需要在一个特定的方向上扩展它，即贷款间的依赖性。如前所述，不对称或偏态是信用风险的重要特征，贷款的依赖性是不对称性的主要原因。

到目前为止，这个模型产生了对称的违约分布和损失分布——实际上没有不对称。即使中等数量的贷款也会出现这种情况，其原因很简单：贷款被认为是相互独立的，违约分布是二项分布，二项分布在 n 足够大时渐近服从正态分布。

然而，由于违约事件本身就有依赖关系，因而很容易产生不对称性。也就是说，当其他贷款或公司也违约时，某笔贷款的违约概率更高。公司集中违约的现象很容易理解，也很经常出现。违约概率上升或下降可能由于一个或两个原因：一些常见的会对企业造成影响的因素可能会蔓延。公共因素是所有公司都会做出反应的，比如经济衰退使得所有公司更有可能违约。传染可能是在最初违约之后改变观念或行为的某种情况，比如安然（Enron）倒闭之后，投资者加强了对企业账户的审查，这可能会导致其他公司渎职行为（和违约）暴露无遗。

现在我们讨论公共因素。依赖性的产生是因为所有公司的违约概率都会系统性地变化。在最简单的例子中，世界上可能存在两种状态：低概率违约和高概率违约。我们可以估计某一特定年份的违约概率，低概率状态与经济增长有关，高概率状态与经济衰退有关。

公司间依赖性产生的原因并不是一个违约导致另一个违约，而是因为我们展望未来时并不知道明年是低概率违约还是高概率违约。然而，如果一个违约将要发生，则这更有可能是高概率违约状态，因此更有可能出现其他违约。当我们处在一个低概率违约或高概率违约状态下，违约之间并没有相关性，但是现在我们并不知道明年是高概率还是低概率违约。这意味着明年的无条件分布（仅处于当下，并不知道明年是一个低概率违约还是高概率违约状态）违约看起来是相关的。

当违约集中在某一时期时，这种违约间的联系或者相关性将产生偏斜。在大多数情况下，违约相对较少，但违约概率会周期性地升高，并导致大量违约出现。违约可能不会经常发生，但是一旦发生将会有很多——违约分布的右尾部分（损益分布的左尾部分）将会有很多违约。

为了解决这个问题，让我们看一个简单的例子。考虑一个两状态空间，一个低概率违约状态，违约概率为 0.07353，一个高概率违约状态，违约概率为 0.025。公司间违约在每个状态中都是独立的，所以每个状态的分布都是二项式的（对称的）。在这两种情况下，1000 笔贷款的程式化投资组合的收入如图 11.4 中 A 图所示。

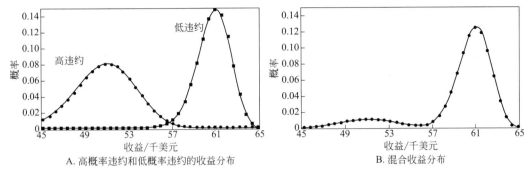

图 11.4　高概率违约状况、低概率违约状况及它们的混合收益分布

注：A 图表示持有 1000 笔同质贷款组合的一年收益分布，每笔贷款的平均违约概率分别为 0.02（高违约情况）和 0.008235（低违约情况）。B 图表示 15% 高违约率和 85% 低违约率混合的收益分布。图来自 CFA 协会研究基金会 2011 年出版的《风险管理使用指南》中的表 5.18。

现在我们考虑整体的情形是两个状态的混合体。假设在任何时点，有 85% 的概率在低概率违约状态，有 15% 的概率在高概率违约状态。在某一特定时点，我们处于两个状态中的一个，但是之前并不知道处于哪一个。在这个假设下，总体的平均违约概率是 0.01，和初始一样。但是现在我们考虑公司违约间的相关性，相关系数为 0.004。如果某一公司违约，我们更可能在高概率违约状态，因此其他公司也更有可能违约——不是因为第一家公司违约，而是因为所有公司违约的概率都可能更高。

收入的整体分布是两种状态分布的混合。这在图 11.4 中 B 图体现出，并且可以看到，自然状态下是偏斜或不对称的，有一个厚尾。不对称性是由于整体分布是由大部分的高收入（低概率违约）分布和小部分的低收入分布构成的，低收入分布导致整体分布的左尾偏斜。

良好（低概率违约）和糟糕（高概率违约）的混合自然地产生了违约间的相关性和偏斜分布，相关性和偏斜相伴出现。无论在好状态还是在坏状态下，违约往往是对称的。但是在一些情况下我们处在高概率违约状态，因此有很多违约发生，另一些情况下，我们处在低概率违约状态，违约发生较少。经济不景气时期的大量违约产生了偏度或违约分布厚的右尾（收入分布厚尾），以及相关性（因为违约倾向于一起发生）。

这个简单模型帮助解释了为什么信用损失对于企业是灾难性的。信用损失是不对称的，因为有"很多小收益和一些大损失"，这种说法显然是不正确的——我们早先看到，如果公司间违约是独立的，违约和损益分布很快变成对称的。虽然以一个比较隐晦的方式表达，这种说法是有其正确性的。当异常糟糕的事件发生时，它们自然会涉及异常大量的违约。这些违约意味着巨大的损失。违约间的相关性意味着，当情况恶化时，它们确实一起变得很糟糕——在比较差的状态下，损失就像图 11.4 中图 A 左边曲线一样确实很糟糕。

混合是信用风险中的自然机制，用以产生违约相关性。这也有助于解释为什么信用风险很难被建模和管理。当情况变得糟糕时，它们会变得更糟糕。如果图 11.4 中的分布是一年的损益分布，那么大多数年份情况是相当好的——图 A 中所示的低违约状态。但是，情况会周期性地变得糟糕，损失会像图 A 中所示的高概率违约状态。

这个例子中违约相关系数只有 0.004，但是产生了显著的偏态。如果与图 11.3 进行比较，其中总体违约概率也是 0.01，但是没有违约相关性，且偏差很小，损失的 1‰/99‰VaR 介于 17 个和 18 个违约之间，或者大约是 \$46000（比均值小 \$13350）。即使是 0.004 的低违约相关性也会产生严重的偏态。坏状态（许多违约）发生的可能性很小，但一旦发生，就会大幅降低收入，正是低概率的左尾，决定了 VaR。仅仅需要很小的违约相关性就能产生巨大的偏态和不对称性。

这种将好坏状态混合在一起的模型显然过于简单，但它确实说明了两点。第一，相关性的产生并不是由公司间的相互依赖产生，而是因为所有企业对相同的潜在因素（在这种情况下，高概率违约或低概率违约）作出反应。第二，在违约和损失分布中，只需要非常低的相关性就会产生相当大程度的偏态或不对称。（这与市场价格损失分布不同，在市场价格损失分布中，我们通常会形成自己的直觉——相关性的微小变化不会大幅度改变分布的形状。）

一个更加实际的依赖性结构模型是临界值模型及因素结构，它是 KMV 等信贷模型的简化版本。在某临界变量 X_i 比关键临界值 d_i 小时，认为违约发生：

$$当 X_i < d_i 时，违约发生$$

每个贷款或公司都有自己的临界变量 X_i 及关键临界值 d_i。对于这里考虑的简单同质化模型，每个贷款都是完全相同的，所有 d_i 都是相同的且所有 X_i 有相同的分布。

这种形式的信用模型［基于默顿（Merton，1974）方法，后续将会讨论］从现实经济和金融关系出发，基于历史数据和公司分析，建立了临界变量和临界值之间的关系。例如，X_i 可能是公司的实际价值（随机上升或下降），d_i 是公司贷款的名义价值。当公司价值比贷款价值小时，公司违约，即当 $X_i < d_i$ 时，违约发生。然而，现在重要的是，有一些合理的解释证明了随机变量 X_i 和固定临界值 d_i 之间的关系是正确的，即当 $X_i < d_i$ 时，违约发生。

如果假设 X_i 服从正态分布，以 0 为均值，1 为方差，则违约概率为：

$$P[X_i < d_i] = \phi[d_i] \tag{11.1}$$

如果所有 X_i 都是独立的，则违约概率也是独立的，这个模型就是我们目前讨论的。然而，通过引入不同贷款或公司的关键变量 $\{Xi\}$ 之间的相关性，很容易在违约之间建立依赖关系。取极值，其中 X_1 和 X_2 完全相关，然后公司 1 和公司 2 总是一起违约（或一起不违约）。一般情况下，X_1 和 X_2 不会完全相关，违约相关性取决于 X_i 间的相关性。X_i 间相关程度越高，违约相关程度越高。

在各个公司违约概率及临界变量相关性给定的情况下，我们可以计算违约相关性。定义 Y_i 为第 i 个公司的违约指标［即，不违约时 $Y_i = 0$，违约时 $Y_i = 1$，见麦克尼尔、弗雷和恩布雷希特（McNeil，Frey and Embrechts，2005，344）］则

$$平均违约概率 = P(Y_i = 1) = E[Y_i] = p_i^* = P[X_i < d_i] = \phi[d_i]$$

  风险量化管理：金融风险指导手册

$$平均联合违约概率 = P[Y_i = 1 \& Y_j = 1] = E[Y_i \cdot Y_j] = P[X_i < d_i \& X_j < d_j]$$

$$\mathrm{var}(Y_i) = E[Y_i^2] - E[Y_i]^2 = E[Y_i] - E[Y_i]^2 = p_i^* - p_i^{*2}$$

$$违约相关性 = \frac{E[Y_i Y_j] - p_i^* p_j^*}{\sqrt{(p_i^* - p_i^{*2})(p_j^* - p_j^{*2})}} \tag{11.2}$$

$E[Y_i Y_j]$ 是两家公司违约的联合概率，在临界变量框架下，这转变为成对 X_i 和 X_j 联合分布的描述。因为我们常假设 X_i 和 X_j 是联合正态的，所以这将是一个关于具有给定相关性的二元标准正态分布的概率描述。

假设我们有违约概率 $p_i^* = P[X_i < d_i] = \Phi[d_i] = 0.01$，这意味着 $d_i = -2.3263$（X_i 是标准正态分布变量，一个正态变量小于 -2.3263 的概率是 0.01）。假设临界变量 X_i 和 X_j 的相关性是 $\rho = 0.05$，则 $E[Y_i \cdot Y_j] = P[X_i < d_i \& X_j < d_j] = 0.001406$（两个相关性为 0.05 的标准正态变量小于 -2.3263 的概率是 0.001406——可参见，例如，赫尔（Hull）1993 年附录 10B 中的近似法，或者 Wolfram 的 Mathematica 中的内置函数）。❶ 将这些值代入式（11.2）可以得出：

违约相关性 $= 0.004$，给定的单个公司违约概率 $= 0.01$，临界变量相关系数 $= 0.05$

临界变量相关性和违约相关性水平都很低，但是这些是观察到的信用违约的典型值。麦克尼尔、弗雷和恩布雷希特（McNeil，Frey and Embrechts，2005，表 8.8）对于从 1981 年到 2000 年由违约数据得到的成对的相关性给出了预测。他们发现评级为 BB 的发行者一年违约概率是 0.0097，同时违约相关性是 0.0044。❷

引入这样的相关性有很多种方法，但是正如之前讨论的，在所谓的公共因素模型中加以混合是非常有用的方法。我们将临界变量分成两个部分：共同因素和特殊因素。

$$X_i = BF + c\varepsilon_i \tag{11.3}$$

其中，F 为公共因子，随机变量 $\sim N(0,1)$；ε_i 为企业特定因素的独立异质性变量 $\sim N(0,1)$；B，c 为保证 X_i 服从 $N(0,1)$ 的斜率。

公共因素 F 代表了影响所有公司的因素。这些可能是常见的经济变量，例如经济增长或利率水平，或常见的行业状况，例如：当相关能源价格上升时，航空公司会受到经济压力。公司特有变量 ε_i 代表该变量对于每个公司是独特的，而且不同公司间相互独立。

公共的因素结构（例如 11.3）在实际中经常用到，代表公司违约怎样集中合理且实际地呈现。它意味着基于变量 F 状态（经济或行业的状态）的条件下，公司间相互

---

❶ 赫尔（Hull）的近似法，他将该方法归功于德雷兹纳（Drezner）［赫尔（Hull）在德雷兹纳（Drezner）的论文中修正了一个打印错误］，该方法产生的值与 Mathematica 的副正态分布略有不同，特别是在尾部。我认为赫尔（Hull）和德雷兹纳（Drezner）的近似法不太准确。赫尔（Hull）和德雷兹纳（Drezner）是用的 C 语言的算法。

❷ 对于 BBB 级债券，$p^* = 0.0023$，违约相关性 $= 0.00149$，而对于 B 级债券，$p^* = 0.0503$，违约相关性 $= 0.0133$。

独立，但是公司违约集中是因为它们都被共同变量影响。[1] 违约相关性通过共同因素 F 引起，但是在 F 某一特定值条件下公司是相互独立的。

概括来说：

① 公共因素（F）对于每家公司都是相同的。

② 公司特有变量（ε_i）仅仅影响特定公司 i，并且完全与其他公司独立。

③ 临界变量间的相关性由公共变量（F）和公司特有变量（ε_i）的相关重要性控制。

公共的因子模型最简单的形式是假设所有贷款和公司都有相同的公共因素模型，其最简单的形式是等相关因素结构。

$$X_i = \sqrt{\rho} F + \sqrt{1-\rho} \varepsilon_i \tag{11.4}$$

其中，F 为公共因子，随机变量 $\sim N(0,1)$；ε_i 为企业特定因素的独立异质性变量 $\sim N(0,1)$；ρ 为归于公共因子的方差比率，它也是各企业临界变量的相关性。

变量 ρ 是公共因素及特殊因素间的联系，决定了临界变量 X_i 的整体方差有多少是由于公共因素或特殊因素造成的。

即使一个低水平的 ρ 值也可以产生相当大的不对称性。图 11.5 给出 $\rho=0$ 和 $\rho=0.05$ 模型的违约和损失分布（产生了 0.004 的违约相关性）。$\rho=0$ 情况是我们到目前讨论的：没有贷款间的依赖关系，违约服从二项分布，导致了违约及损益的对称分布。$\rho=0.05$ 代表了贷款间的依赖关系，依赖性并不高，但仍然产生了大程度偏斜。[2] 在图 11.5 中偏度很明显，我们可以通过计算 VaR 衡量它。对于 $\rho=0$ 的情况，1%/99%的 VaR 介于 18 个和 19 个违约之间（在 1000 贷款中）及一个低于均值的 \$4520 到 \$5085 之间的损益。对于 $\rho=0.05$，1%/99%VaR 就非常高：34 个到 35 个违约数及低于均值的 \$13560 到 \$14125 之间的损益。

迄今为止讨论的例子假设所有贷款都是完全相同的，于是对于不同贷款违约概率是相等的，并且分布为二项分布（没有相关性）。引入贷款间的异质性（在保证独立的前提下）不会显著改变任何事情。当贷款违约相互独立时，默认违约分布趋于对称，而相关性打破了这种对称，产生偏态分布。

正如在 11.6 部分讨论的，临界值框架可以被转化成一个伯努利混合框架。在伯努利混合框架中，违约过程是条件独立的，将相关性结构化为跨独立实现的混合。这帮助了解了产生图 11.5 所示偏斜分布的机制：每个实现（在常见因素 F 的特定值条件下）都是二项分布的，或者更普遍的，是伯努利分布，所以在大数量贷款的条件下将

---

❶ 这是非常简单的因素、结构形式，公共因素 F 对所有公司都有相同的影响。在实际应用中，可能有一个以上的共同变量 F，个别公司可能会以不同的方式受到普通因素的影响（每个公司可能有自己的系数 B），重要的是，有少量的因素，会同时对大量公司产生影响。这种常见的因素结构模型可以模拟常见的经济或行业因素（无论是观察到的还是潜在的），但没有捕捉到最初违约 [例如，安然（Enron）倒闭后，投资者对公司账户的审查加强] 后改变看法的传染。尽管如此，大多数实用模型的实现都使用一种公共因素结构形式，并且不直接模拟蔓延性。

❷ 图 11.1 中的"依赖"线在图 11.5 中 B 图再现，与麦克尼尔、弗雷和恩布雷希特（McNeil，Frey and Embrechts，2005，图 8.1）相近。

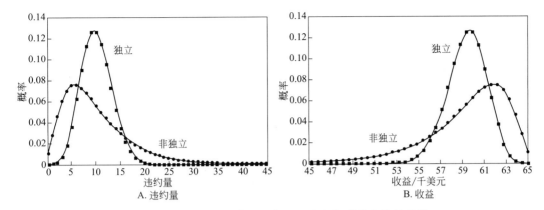

图 11.5　1000 笔同质贷款组合的违约次数-替代依赖性假设

注：A 表示持有 1000 笔同质贷款，每笔贷款的平均违约概率为 0.01 的组合的违约次数。违约概率如图 11.5
（A）所示，公共因素结构如图 11.5（B）所示。独立的情况下阈值相关性 $\rho=0$，非独立情况下临界值变量的
相关性 $\rho=0.05$，违约之间的相关性为 0.004。B 表示持有上述投资组合的一年收益，该组合的违约率为 50％，
承诺利息为 6.5％。图来自 CFA 协会研究基金会 2011 年出版的《风险管理使用指南》中的表 5.19。

倾于对称。由因素 F 引入的相关性意味着一些实现（现实中的状态）将有高违约率，产生很多违约，而另一些实现有很少的违约。这种公司违约的集中或都不违约的倾向造成了违约分布的厚尾（收入分布的厚尾）。

　　在这个例子中，临界值变量的相关性为 0.05，但是正如之前指出的，$p_i=p_j=$ 0.01，这意味着违约之间的相关性仅为 0.004。违约很罕见，所以违约相关性从本质上概率是很低的。这强调了信用风险模型中的困难：违约相关性很小，并且在实际中难以测量，但是违约的分布在很大程度上受相关性影响。在图 11.5 中，有违约相关性的 1000 个贷款的分布比独立分布更厚尾，而违约相关性非常小，只有 0.004。

　　在结束关于分布和不对称性的讨论之前，最后要注意的问题是：即使潜在的临界值变量和混合分布是正态和完全对称的，违约分布中的不对称在本质上产生于伯努利（违约）过程的独立性和混合性。对于信用风险，厚尾和不对称性几乎是必然的。此外，使用本身就是长尾的分布似乎没有任何实质性的影响。[1]

　　（6）信用风险的多样化及相关性

　　对相关性和多样化的分析是具有挑战性的。我们对相关性和多样化的日常经验和理解来自于市场风险领域，在这里它们适用于价格和回报的相关性。这种经验和知识有时候在违约和信用风险的应用中并不理想。违约是小概率事件，违约相关性常常趋向于 0，但是即使很低的相关性也会产生巨大的影响。偏斜的程度及对于相关程度微小变化的敏感程度提供了另一个解释信用风险建模为何如此困难的例子：在现实世界中度量依赖性程度很困难，但是依赖性使得分布的形状产生了很大不同，因此精确测量

---

　　[1]　这似乎与麦克尼尔、弗雷和恩布雷希特（McNeil，Frey and Embrechts，2005，8.3.5 节）的结论相冲突，该结论似乎显示了使用多变量正态分布与 t 分布临界变量之间的显著差异。这是通常由于多变量 t 分布的嵌入式（非线性）依赖性。这种依赖性应该被视为公共因素影响建模之外的额外依赖或混合依赖，而不是临界值变量函数形式的结果。

就显得尤为重要。

有两个潜在的直觉原因可以很好地解释股票的多样化，但并不能很好地解释违约风险和信用风险的多样化。

① 信用违约的相关性非常低（接近零），相关性的微小变化对多元化程度有很大的影响。

② 相关性从根本上改变了回报分布的形状，使其呈倾斜厚尾状态。

关于投资组合多元化，我们从股票交易中学到了两条经验法则：第一，适度的资产数量（大约 10 种到 30 种）足以获得最大的多元化收益；第二，相关性的微小差异不会对多元化的好处产生很大影响。这些经验法则对资产间适当的相关性是有效的（例如 $\rho \approx > 0.3$）但是当相关性接近零时并不能保证，对于信用资产组合一直是这样的。违约是一种罕见事件，因此违约之间的相关性很低；对于单一信用组合 A，相关性可能为 0.001 或更少，对于相关性可能在 0.015 左右。分散信贷风险需要大量资产，相关性的微小差异可能会对风险产生巨大影响，尤其是尾部。

低相关性的投资组合和多样化效应并不依赖离散的损失，可以很容易地在连续收益的组合中得到证明。考虑一个由 n 个相同资产组成的具有连续正态分布收益的等权重投资组合，每种资产平均收益 μ，标准差是 σ，两两间的相关性是 ρ。等权重投资组合的平均收益将是 μ 和标准差 $\sigma \sqrt{\rho + (1-\rho)/n}$，总体的组合收入也将是正态的。

对于一个较大的资产组合，即当 $n \to \infty$ 时，资产组合标准差趋向于 $\sigma \sqrt{\rho}$，可以称之为组合波动率是系统的或不可分散的。对于规模为 n 的资产组合，波动率的残差或多样化因素为 $\sigma \sqrt{[\rho + (1-\rho)/n]} - \sigma \sqrt{\rho}$。

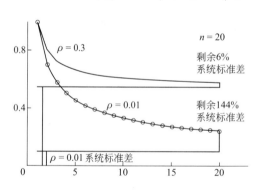

图 11.6 相同资产等权重投资组合的
分散效应（相对标准差）
注：这表示标准偏差是标准规模下
相同资产组合中资产数量的函数。

图 11.6 通过两个例子展示了相关性和投资组合规模对多样化的影响：相关性 $\rho = 0.3$，可能代表市场资产；$\rho = 0.01$，可能代表信用违约的相关性（对于 BB 和 B 评级的公司债券而言）。对于 $\rho = 0.3$，资产组合的标准差随着 n 增加而急剧下降，在仅仅考虑 20 个资产时，大多数的多样化作用就很明显了——残差仅仅是系统标准差的 6%。对于相关性较低的资产，系统成分下降显著，但是残差成分下降要慢得多——对于 20 个资产的组合，残差仍然是系统成分的 144%。❶

低相关性对于系统组合波动率产生影响，

---

❶ 我们可以通过计算 $n* = (-\rho)/(\rho^{0.5} - \rho)$ 和 $n* = (1-\rho)/(\rho^{0.75} - \rho)$ 来衡量投资组合的规模，即 1／2 和 3／4 的标准偏差对数的减少量。对于 $\rho = 0.3$，是 2.8 个和 6.6 个资产，对于 $\rho = 0.01$，是 11.0 个和 45.8 个资产。

使其对相关性水平的微小变化非常敏感。考虑一个相关性为 $\rho=0.3$ 的资产组合，一个单独资产的波动率是 σ，一个充分多样化的资产组合的系统波动率是 0.55σ。相关性可能很难预测，所以真实相关性可能是 $\rho=0.35$ 而不是 0.3，从而系统波动率是 0.63σ，或者高出 15%。

现在考虑一个信用组合，违约相关性为 $\rho=0.001$（大约是 BBB 级信用间的相关性），充分分散化的资产组合的系统波动率仅仅是 0.032σ。这是分散化带来的巨大好处，因为在低相关性的情况下，联合违约是罕见的。但是违约是小概率事件，违约相关性难以估计也意味着它们将有很大的标准误差。比如真实相关性其实是 $\rho=0.002$——只差了 0.001。在这种情况下，一个充分分散的投资组合将会有 0.045σ 的系统波动率，高出 41%。在预测相关性时很小的错误会对多样化投资组合的波动率产生巨大影响。

图 11.7 以图形的方式展示了相关性变化带来的影响。A 表明了相关性为 $\rho=0.3$ 及高 0.1（$\rho=0.4$）的正态分布，这两个分布并没有大的不同。B 展示了 $\rho=0.012$ 及高 0.1（$\rho=0.112$）的正态分布，这两个分布是非常不同的。

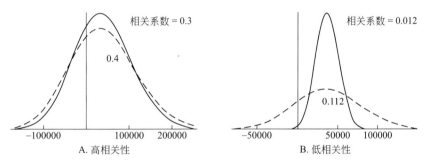

图 11.7　高相关性和低相关性下相关系数变化 0.1 时的影响

注：该图展示了包含 1000 个等权重资产的组合一年的收益。所有资产都具有相同的平均收益（3.675%）和相同的标准差（11.9%）。假设收益为对数正态分布，则资产 i 的收益为 $R_2=F\sqrt{p}+\varepsilon_i\sqrt{(1-p)}$，其中 F 为公共因子、为特殊成分（独立于其他的 ε 和 F）。将 F 和 ε 的方差均化为 σ（单个资产的方差，这里是 11.9%），参数 ρ 是资产间的相关性。

信用违约相关性往往相当低。麦克尼尔、弗雷和恩布雷希特（McNeil，Frey and Embrechts，2005，表 8.8）提供了 1981 年至 2000 年 1 年期违约数据的两两相关性估计。他们发现 BBB 级债券发行人的违约相关性为 0.00149，而 B 级债券发行人的违约相关性为 0.01328。因此，信贷投资组合将从较大的投资组合规模中获得多样化投资的好处，这种规模超过了人们根据标准市场交易资产投资组合的经验所预期的规模。请注意，从图 11.7 中可以明显看出，低相关性信用投资组合的多样化收益可能相当可观。

信贷组合的低相关性也意味着损益分布对相关性的微小变化很敏感。当相关性为 0.3 时（对市场交易资产来说可能是这样），0.1 的变化不会产生巨大的影响，但是当相关性为 0.01 时却会产生很大影响（正如它对于违约相关性一样）。

多样化和相关性的影响是相关性接近零的结果，与违约的全有或全无（all-or-nothing）无关。其对连续竞价市场的资产组合和可违约资产组合的影响是相同的。

连续竞价的资产与全有或全无的可违约资产之间的重要区别在于分布的形状如何随着相关性的变化而变化。市场交易资产通常是正态的或者接近正态，改变相关性将改变投资组合回报的利差（标准差）而不会改变形状。相比之下，对于信用风险而言，引入信用风险之间的相关性会导致不对称性和违约分布的显著厚尾（损益分布的厚尾）。

图 11.8 比较了正态分布和模拟的违约分布。两个例子都是有 1000 个完全相同资产的投资组合，预期收入 3.675%，标准差为 11.9%。对于图 A，每个资产都有连续（正态）的回报，预期回报率为 3.675%，整个投资组合有正态的回报。图 A 分别展示了两个独立的资产及相关性为 $\rho=0.012$ 的资产。在两个例子下，分布是正态的。相比之下，对于图 B，每种资产要么不违约（99% 的概率，回报率 6.5%），要么违约（1% 的概率，回报率 -50%）。实线表示独立资产的投资组合损益，其分布非常像市场组合资产——这并不令人惊讶，因为独立情况下是二项分布，在 n 很大情况下趋向正态分布。虚线表示违约相关性为 0.012 的投资组合，分布有很大的偏态，其标准差与市场交易资产的标准差接近，但分布本身有一个较低的厚尾，显然不是正态分布。

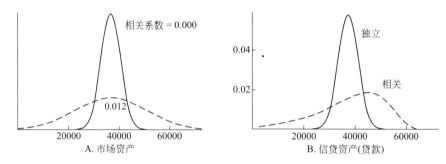

图 11.8　市场资产投资组合与信贷资产投资组合的收益比较
——揭示信贷资产的相关性如何产生偏态分布

注：A 图是由 1000 个市场资产组成的同等权重投资组合的 1 年期收入。所有资产都有相同的平均回报率（3.675%）和标准差（11.9%）。收益率被假设为对数正态分布，资产 i 的收益率为 $R_i = F\rho + \varepsilon_i(1-\rho)$，其中 F 为共同因素，ε_i 为特异性成分（与其他 ε 和 F 无关）。将 F 和 ε 的方差归一到 σ（单个资产的方差，11.9%），参数 ρ 是跨资产的相关性。一个由 n 个资产组成的等权组合的方差为 $[\rho+(1-\rho)/n]\sigma^2$。B 图是持有 1000 个同质贷款组合的一年收入，每个组合的平均违约概率为 0.05。违约概率如图 11.1 所示，共同因素结构如图 11.3 所示。独立情况下各阈值变量的相关性为零（$\rho=0$），依赖情况下 $\rho=0.05$，导致违约的相关性为 0.012。

（7）违约过程与违约参数

违约及相关性参数是信用模型最重要的方面。产生违约的详细机制（基于平均违约概率及违约依赖性）并不如概率和依赖性重要。下一个部分将讨论不同的信用违约模型。各种各样的模型之间有很多重要的不同，最重要的不同是它们怎样预测各个公司的违约及公司间的依赖性，当这些大致相同时，结果也大致类似。❶

---

❶ 我们将更全面地讨论由格鲁希、加莱和马克（Crouhy，Galai and Mark，2000，第 11 章）进行的一项比较各种行业模型的操作。

11.4 信用风险模型的分类

（1）信用风险建模的两个领域

信用风险建模有两个应用领域和两种使用方式。第一个应用是信用风险管理——测度及利用投资组合或业务活动一段时间（经常很长）的损益分布。这样的信用风险建模是本章的重点，模型通常是静态的，因为关注的是一个固定时间的分布，而较少关注违约及损失的过程或违约何时发生等细节。

第二个应用是信用风险证券定价，无论是信用违约互换等新证券，还是公司债券等传统证券。这是一个很大的领域，涉及如何为债券、贷款、CDS 或其他信贷衍生品等工具定价。对这样的工具进行定价的模型通常是动态的，由于是对违约事件或其他损失事件进行建模——也就是对损失的随机过程进行建模。这样的模型不是这章主要关注的内容。

认识到建模的两种类型及它们之间的差别是很有用的，有两个原因。第一，在信用风险证券定价中使用的技术通常与信用风险测度中使用的技术有关。第二，理解信用风险证券定价及信用风险测度之间的区别，能够明晰模型的类型及所用到的方法。

本章主要讨论信用风险管理以及用于非市场交易的信用风险模型。对市场交易证券的风险管理常常可以免于复杂的建模，因为市场风险因素及其分布常可以从市场中获得。❶

（2）基本建模分类

信用模型可以根据两个不同的标准来分类：一方面，它们是静态的（固定的、离散的、时间段的）还是动态的（表 11.3）；另一方面，它们是结构形式还是简化形式。❷

静态模型常被用于信用风险管理。信用风险建模侧重于确定一个固定的、通常很长期限内风险组合的损益分布。因此损益分布被用来计算风险测度指标，例如 VaR 或经济资本，并进行风险分配和其他管理决策。主要问题是违约或其他信用事件在固定时期内的分布，建模是静态的，因为重点是违约概率或该期间信用状况的变化，而违约时间的确定是次要因素。在某种意义上，这些模型通常与物理概率测量共同起作用，这在后面会进行更充分的讨论。

动态模型常被用于信用风险证券定价，主要关注点是风险及违约概率的随机演化。违约（或其他信用事件）的确切时间很重要，因此必须明确建模。这类模型通常是在连续时间下建立的，通常在等价鞅或风险中性测度下工作，并且通常直接根据市场观

---

❶ 对于信用风险，我们需要使用复杂的模型来生成违约分布，这是驱动损失分布的潜在因素。对于市场风险，我们一般不需要使用复杂的模型来生成市场风险因子——它们可以被观测到。然而，我们可能需要使用复杂的定价模型将这些市场风险因素转化为我们实际拥有工具的价格。例如，在给定收益率的条件下，我们需要使用某种期权模型来为债券期权定价。

❷ 这一区别很大程度上借鉴了麦克尼尔、弗雷和恩布雷希特（McNeil, Frey and Embrechts, 2005, 8.1.1 节）。

察结果进行校准。

结构化和简化形式的分类既适用于静态模型，也适用于动态模型，因为静态（固定周期）和动态（连续时间）模型都可以表述为结构化或简化形式。结构模型，也可以称为公司价值模型，详细说明了违约的具体金融和经济决定因素，通常考虑资产、负债和破产事件。这些模型为违约可能性提供了定性和定量的依据。相比之下，简化模型并不描述违约的精确决定因素，而是将违约时间直接建模为经济或金融变量的函数。

结构模型可最终追溯到默顿（Merton，1974），其根据公司期末与负债有关的资产来考虑违约情况。资产被视为随机变量，当资产（随机的）比负债低时违约发生。也就是，当随机变量（资产）低于临界值（负债）时违约发生。结构模型可被一般性地定义为临界值模型，因为当随机变量（或动态模型中的随机过程）超过临界值时违约发生。[见麦克尼尔、弗雷和恩布雷希特（McNeil，Frey and Embrechts，2005，328）。

表 11.3 信用模型的分类

分类	企业资本结构比较关注企业违约机制——通常是企业资产与负债水平	对产生违约的机制进行简化——把违约时间设定为随机变量
静态的（离散/固定的时间周期）应用：主要是信用风险管理——利用固定时间周期的模型测算损益分布 建模方法：通常对风险溢价进行实际概率测度	典型的有默顿（1974）、KMV 等临界值模型 CreditMetrics 等信用迁移矩阵	信用风险＋信用组合观点
动态的（时间连续）应用：主要是信用风险证券定价 建模方法：通常根据市场观测对风险中性概率测度进行校准	动态结构模型没有被广泛使用	单一的金融工具（例如债券、贷款、CDS）——利用违约时间和风险率（违约强度）进行建模 组合工具（例如 CDO、篮式信用违约互换）——利用违约时间和风险率（违约强度）进行建模；对违约时间和风险率的独立性或非独立性有不同的假设

11.5 静态结构模型

静态结构模型可以追溯到默顿（Merton，1974）。[1] 默顿（Merton）注意到，一家公司既发行债券又发行股票的风险债券相当于无风险债券加上该公司资产的看跌期权。这看起来可能很简单，但是它为考虑违约的决定因素提供了有用的分析方法及深刻的洞悉。

（1）默顿（Merton）模型

考虑非常简单的一年结构，公司的资产 V 是随机的（其价值在明年可能上升或下降），公司发行股票 S 及一年债券，并承诺支付固定数额 B。违约判断很简单：当资产

---

[1] 默顿模型在麦克尼尔、弗雷和恩布雷希特（McNeil，Frey and Embrechts，2005）第 8.2 节，以及格鲁希、加莱和马克（Crouhy，Galai and Mark，2000，第 8 章附录 1，第 9 章第 2~4 节）中列出。

的价值低于债券支付（$V<B$）时，债券违约。否则债券就会被支付，股东得到剩余收益。由此可以看出，股权是资产价值的看涨期权，其行权价等于承诺的债券支付 B。

注释如下。

公司价值（资产）：V_0，$\tilde{V}_T$：初始价值、期末价值。$\tilde{V}_T$ 是模型的驱动变量，假定为随机的，通常服从对数正态分布。

债券：B_0，$\tilde{B}_T$，B：B_0 债券初始价值，$\tilde{B}_T$ 为期末债券价值，$\tilde{B}_T$ 是随机的（因为债券可能违约），B 是承诺的固定支付。

股权（股份）：S_0，$\tilde{S}_T$：股份初始价值、期末价值。$\tilde{S}_T$ 是随机的。

债券、股权及公司价值的关系：$V_0=B_0+S_0$，$\tilde{V}_T=\tilde{B}_T+\tilde{S}_T$

股东有权退出，$\tilde{S}_T \geqslant 0$。换言之，T 时刻的股票价值与买一份公司价值看涨期权的支出相同：

$$\tilde{S}_T=\max(\tilde{V}_T-B,0) \tag{11.5}$$

初始的股权价值可以用标准的看涨期权来评估。

T 时刻债券是被支付还是违约，取决于资产比承诺支付 B 多还是少。如果被支付，价值为 B，如果违约，价值为 $\tilde{V}_T$。可以被表达为：

$$\tilde{B}_T=B-\max(B-\tilde{V}_T,0) \tag{11.6}$$

这是固定支付 B 的价值减去购买看跌期权的支付。这意味着有风险的债券最初与一个无风险债券价值（固定支付 B 的折现价值）减去一个看跌期权的价值相等。图11.9 展现了债券和股票在一年结束时的支付情况。

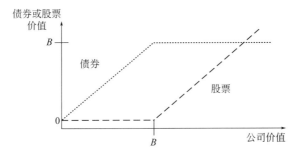

图 11.9　简单默顿（Merton）模型年末债券和股票的支付图

这个框架最精彩之处是它提供了信用风险信息中两个最重要的部分：违约概率和违约产生后的损失。违约概率是资产价值低于承诺支付 B 的概率：

$$P[\tilde{V}_T<B]$$

假设资产价值 $\tilde{V}_T$ 是对数正态分布的，则

$$\tilde{V}_T \sim N\left[\ln(V_0)+(\mu-\sigma^2/2)T,\sigma^2 T\right] \tag{11.7a}$$

则违约概率为：

$$P\left[\widehat{V}_T < B\right] = P\left[\ln(\widehat{V}_T) \leqslant \ln(B)\right] = \Phi\left(\frac{\ln(B/V_0) - (\mu - \sigma^2/2)T}{\sigma\sqrt{T}}\right) \quad (11.7\text{b})$$

这是一个合理（虽然简化）的框架，基于可以或可能观察到的公司特点，提供了违约概率的估计方法。

① 债券的承诺支付，B。

② 资产的当前价值，V_0。

③ 公司资产的波动率，σ。

④ 公司资产的平均增长率，μ。

⑤ 债券的到期日，T。

这是对该债券最终支付相当完整的描述（虽然是在一个非常简化的框架中）：违约概率由式（11.7a）给出，实际支付的数量由式（11.6）给出，如果未违约是 B，违约是 $\widehat{V}_T$。这提供了使第 11.3 节的模型变得更现实的必要条件——实际违约的可能性和违约情况下的损失（或者回收率，如果贷款违约）。特别是，它基于我们可能能够衡量的变量，为违约概率提供了一个合理的估计。因此，它解决了信用风险建模的最大挑战：当违约本身很罕见且无法获得有关违约的直接信息时，如何估计违约概率等特征。式（11.7a）本质上是一种基于公司可观察的其他特征来估计违约概率的方法。

默顿（Merton）模型的结构可以进一步用于股票和债券的定价，并推导出信用价差的表达式。股票和风险债券的价格可以从式（11.5）和式（11.6）（终端条件）以及足以应用 Black-Scholes 型期权定价公式的假设中获得。今天的价值将是风险中性条件下预期的折现价值，假设资产价值服从对数正态分布，但平均回报率等于（确定性）无风险利率 r，[1] 因此：

$$\widehat{V}_T \sim N\left[\ln(V_o) + (r - \sigma^2/2)T, \sigma^2 T\right]$$

然而，现在我不继续定价这个话题（我将回到 11.8 部分的问题上，其更好的展示可以在本章节列出的参考书目中看到）。现在最重要的问题是，式（11.7a）提供了基于经济和金融基本面的违约概率［和式（11.6）违约损失］。在信用风险管理中，一段时间内的损益分布是重点，违约概率是关键。

在式（11.7a）中，当随机资产的价值 $\widehat{V}_T$（关键变量）超过临界值 B 时，违约发生。这与 11.3 部分的式（11.1）介绍的临界值结构形式相同，但重要的一点是，现在关键变量和临界值都有经济和金融基础。

临界值结构的形式如图 11.10 所示。违约是指当公司资产价值低于承诺的债券支付 B 时，位于分布尾部的事件。

式（11.7b）及图 11.10 展现了决定违约的重要变量是：

① 当前资产价值 V_0。

② T 时刻资产价值 $\widehat{V}_T$ 的分布，参数为均值和波动率，μ 和 σ。

---

❶ 在 11.8 节中讨论了实际测量 μ 相对于无风险测度 r 的重要性和意义。

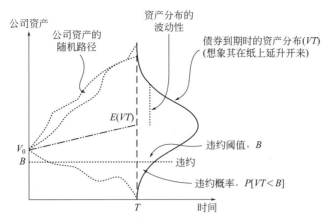

图 11.10　显示违约情形的债券到期时公司的资产分布图

③ 承诺的债券偿还或负债的账面价值，B。

④ 时间跨度，T。

从图 11.10 中可以很容易地看出违约概率是怎样变化的。例如，当波动率上升时违约概率也上升（分布变得更分散，就会有更大的累积概率使得实际值比 B 小），当 V_0 上升时违约概率将下降（违约点 B 变得离起始点 V_0 和均值 $E[\hat{V}_T]$ 更远）。

（2）穆迪的 KMV（MKMV）

默顿（Merton）模型提供了一个考虑违约概率的框架，但是实际应用还不够现实。穆迪的 KMV 产品是沿袭默顿（Merton）的商业模型，在 20 世纪 80 年代和 90 年代得以发展。❶

MKMV 是收集和分析公共和私营公司违约和损失数据的专有数据库。这些数据用于开发、测试和实现遵循前面概述思想的实用和现实模型。

这里的讨论很简单，特别关注 MKMV 实现过程的三个方面：

① 由可观测的股权价格得到公司资产的预测。

② 可供替换的违约概率函数，代替式（11.7b）。

③ 捕捉公司间依赖关系的现实因素结构，扩展了式（11.4）中的简单相关性因素结构。

这是 MKMV 将前一节所述理论思想转变为功能性产品的三个关键组成部分。我的讨论延续了克罗斯比（Crosbie）和博恩（Bohn，2005）MKMV 的工作文件及格鲁希、加莱和马克（Crouhy，Galai and Mark，2000，第 9 章第 5 节）的详细描述，同样参考了麦克尼尔、弗雷和恩布雷希特（McNeil，Frey and Embrechts，2005，8.2.3 节）的文献。我不打算全面回顾 MKMV 的实施情况，更多的细节可以在上述文献中找到。

（3）不能被观测的资产

违约概率由式（11.7a）给出，依赖公司的资产：当前水平的总资产（V_0），平均

---

❶　KMV 最初是一家以其创始人凯尔霍夫（Kealhofer）、麦奎恩（McQuown）和瓦西塞克（Vasicek）命名的私人公司，后来被穆迪收购，现在更名为穆迪 KMV。

增长率（μ），波动率（σ），承诺的债务（B）占总资产的比例。式（11.7a）重新写为式（11.7b）。我们很快就会看到 MKMV 实际上使用了一个与式（11.7b）有些不同的函数，但思想是一样的，违约仍然依赖资产：[1]

$$P\,\mathrm{Default}_{\mathrm{Merton}} = \mathrm{EDF}_{\mathrm{Merton}} = \phi\left(\frac{\ln(B/V_0) - (\mu - \sigma^2/2)\,T}{\sigma\sqrt{T}}\right) \tag{11.7c}$$

式（11.7c）导致了问题，因为企业的总资产水平和资产波动率通常是观测不到的，因此式（11.7c）不能直接使用。

资产包括权益的市场价值加负债（$V_0 = B_0 + S_0$，见 11.5 节）。权益的市场价值常是可得的，债权的账面价值（承诺的数量，之前用 B 表示）通常也是可得的，但是其市场价值（B_0）很少可得。债务通常由债券、银行贷款和其他负债（如应收账款）组成。虽然有些债券可以交易，但大多数债务不能交易，而且由于不同类别的债务有不同的优先级和支付规定，一般不可能获得所有债务的市场价值。

MKMV 用一个相当巧妙的技巧克服了这个问题。式（11.5）表明最终股价是看涨期权的支付，因此今天的价格将是这种看涨期权的现值。继续默顿（Merton）的框架：

$$S_0 = C^{BS}(t, V_0; r, \sigma, B, T) = V_0\phi(d_{0,1}) - Be^{-rT}\phi(d_{0,2}) \tag{11.8}$$

$$d_{0,1} = \left\lceil\frac{\ln(V_0/B) + (r + \sigma^2/2)\,T}{\sigma\sqrt{T}}\right\rceil, d_{0,2} = d_{0,1} - \sigma\sqrt{T}$$

V_0 和 σ 都是未知的，但 S_0 已知。如果知道 σ，那我们可以用式（11.6）倒推出 V_0，或者如果知道 V_0，我们可以倒推出 σ。假设 σ 一段时间内是稳定的，挑选一个初始的猜测值 σ^0，并在一段历史时期内应用式（11.8）来回溯资产价值的时间序列。通过这个时间序列我们可以计算出波动率新的猜测值 σ^1，并且计算资产价值新的时间序列。这显然给出了一个稳定的数对 $\{\sigma^*, V_t^*\}$。利用得到的 σ^*，与现在的 S_0 一起，从式（11.7c）得到 V_0 及违约概率。

（4）违约概率函数（期望违约频率）

在默顿（Merton）模型中，当资产的随机水平在 T 到期时低于违约阈值 B 时发生违约，如式（11.7）和图 11.10 所示。表达式

$$\left\lceil\frac{\ln(V_0) - \ln(B) + (\mu + \sigma^2/2)\,T}{\sigma\sqrt{T}}\right\rceil \tag{11.9}$$

这构成了式（11.9）的论据，并对决定违约可能性的因素进行了简单的描述。

MKMV 并没有完全利用式（11.9），而是定义了一个叫作违约距离的变量：

$$DD = \frac{V_0 - B}{\sigma V_0} \tag{11.10}$$

---

[1] MKMV 并不使用简单的单周期默顿模型，而使用被奥尔德里奇·瓦西塞克（Oldrich Vasicek）和斯蒂芬·凯尔霍夫（Stephen Kealhofer）（原 KMV 的两位创始人）称为瓦西塞克（Vasicek）-凯尔霍夫（Kealhofer）（VK）模型的连续时间扩展。公司的股权是一种永久期权，它的违约点是公司资产价值的吸收障碍。然而，想法是一样的。另外要注意的是，MKMV 使用的是违约频率，而不是预期违约频率（EDF）。

式（11.9）与式（11.10）实际上密切联系。当 $T=1$，考虑式（11.9），式（11.10）是对于式（11.9）的近似，此时 μ 和 σ^2 很小，$\ln V_0 - \ln B \approx (V_0 - B)/V_0$。❶ 两种测度都给出了当前资产水平（$V_0$）和违约临界值（$B$）之间的距离，以资产波动率为尺度。到违约的距离 DD 常被称为"距离违约临界值 B 的标准偏差数"。

默顿（Merton）框架中违约关系式（11.7a）的精确形式对于一个有效的违约模型来说可能过于简单。MKMV 研究了很多公司，发现当资产价值比总负债少但比短期负债多时，就会发生违约。换言之，当资产比总负债少时未必发生违约。为了解释这个问题，MKMV 做了两次调整。第一次调整是将违约临界值 B 作为一个短期和长期债务的组合，大致上是在给定期限内偿还的债务，加上一半的长期债务。

第二次调整，也更复杂，做出调整以免将正态分布函数 $\phi(\ )$ 作为连接违约距离［式（11.10）或式（11.9）］与违约概率的函数。MKMV 基于大量公司的实证分析及违约事件建立了函数：$EDF_{\text{MKMV}} = f[DD]$。

本文通过实证分析了大量的公司和众多的违约事件。违约概率和违约距离的关系在行业、事件及公司规模间往往是稳定的。即，违约距离是很重要的变量，不同行业之间违约距离的不同解释了观察到的违约频率的差异。函数 $f[\ ]$ 显然同正态分布函数 $\phi[\ ]$ 有相同的重要特征；尤其是，它是一个介于 0 和 1 之间的增函数。

（5）因素结构与公司间的依赖性

目前为止焦点都集中于确定单个企业的违约概率，这并不是一个小任务，解决了 11.3 部分程式化模型的主要问题：基于企业的特定信息，估计企业的违约概率。但是公司间的依赖性结构对于理解投资组合的损益分布是很重要的，正如 11.3 部分讨论的那样。

扩展默顿（Merton）模型到两家（或者更多）公司是很简单的——每家公司都有自己的资产价值及承诺的债券支付。当资产价值低于承诺的债券支付时，仍然会发生违约。

公司 1 违约：$\tilde{V}_T^1 < B^1$；

公司 2 违约：$\tilde{V}_T^2 < B^2$。

违约是由二元随机变量 $\{\tilde{V}_T^1, \tilde{V}_T^2\}$ 控制的。当资产价值独立时；违约也是独立的；当资产价值相关时，违约也相关。默顿（Merton）模型提供了一个考虑公司间违约相关性和依赖性很有用的框架；它是由公司资产价值之间的相关性决定的。

当资产价值正相关时，联合违约概率比分别违约概率的乘积大：

$$P[V_T^1 < B^1 \text{ and } V_T^2 < B^2] > P[V_T^1 < B^1] \cdot P[V_T^2 < B^2]$$

违约相关系数为正：

---

❶ 在实践中，MKMV 通过加入资产的平均增长率（μT）和按照 $\sqrt{T}$ 缩放波动率来在时间上调整表达式 11.10，因此在实践中，这两个公式实际上是相同的。

$$违约相关系数 = \frac{P[V_T^1 < B^1 \text{ and } V_T^2 < B^2] - p_1 p_2}{\sqrt{(p_1 - p_1^2)(p_2 - p_2^2)}} \quad (将 P[\tilde{V}_T^1 < B^1] 记做 p_1)。$$

在 11.3 节中，我们有一个非常简单的因子模型，以简单临界模型的形式描述关键变量之间的相关性：式（11.4），重新写成如下形式：

$$X_i = \sqrt{\rho} F + \sqrt{1 - \rho} \varepsilon_i \tag{11.4}$$

对于不同的公司 i，X_i 是临界变量，当 $X_i < d_i$ 时违约发生。在默顿（Merton）模型中，期末随机的资产价值 $\tilde{V}_T^i$ 是临界变量，承诺支付 B^i 是临界值。通过允许 F 为多维的（而不是单一的 F），并且允许每家公司有自身的因素敏感性（而不是每家公司都为 ρ），我们可以将式（11.4）中简单的因素结构推广。一个简单的三因素例子可以写成：

$$\tilde{V}_T^i = \alpha_i F_1 + \beta_i F_2 + \gamma_i F_3 + \varepsilon_i \tag{11.11}$$

在这个例子中，因素 F_1 可以是总体的宏观经济因素，例如 GDP 增长；而 F_2 和 F_3 可以是行业特有的因素；ε_i 是一个独立于 F_i 的随机变量，代表公司资产水平在由共同因素决定的平均水平附近的可变性。

在这样的例子中，宏观因素将影响所有公司。大多数公司在衰退期的表现比扩张期糟糕；对于大多数公司，系数 a_i 是正的，F_1 的低价值将降低临界变量 $\tilde{V}_T^i$（使违约更可能发生），反之亦然。行业变量将仅仅影响某个特定行业内的公司。例如，如果公司不处于 F_2 代表的行业，系数 β 将会变成 0。

式（11.11）的公共因素结构适用于任意数量的公共因素（为了可用性，因素的数量应该远远小于公司的数量）。这并不是唯一可用的相关性模型，但是确实有一些好处。第一，它产生了一个简化的相关性结构，允许相对灵活的公司间的相关性，但仅有少量参数。第二，它保证了公司间的依赖性，违约概率仅仅来自于对公共因素的依赖性：条件建立在因素 F_i 的实现之上，公司间的违约是相互独立的（因素 F_i 是独立于特殊成分 ε_i 的）。

违约的条件独立有很大的好处，正如麦克尼尔、弗雷和恩布雷希特（McNeil、Frey and Embrechts，2005，8.4）进一步讨论的那样。尤其是，它意味着临界值模型可以被重塑为伯努利混合模型，在模拟和统计拟合上都有优势。

对于 MKMV 这样的实际应用，公共因素结构在式（11.11）基础上稍作改变。对公司资产回报额而不是回报水平进行建模，公共因素结构是多层次的，取决于全球和地区因素、国家和行业因素。格鲁希、加莱和马克（Crouhy、Galai and Mark，2000，9.7）比较详细地介绍了它。

（6）信用迁移和信贷指标

在公司价值临界值模型中，例如默顿（Merton）和 MKMV，违约是由资产变量大于违约临界值导致的。另一个可供选择的方法是通过信用转移预测公司违约概率；也就是说，通过公司各种信用评级类别的迁移。❶ 这是 CreditMetrics 采用的方法，一个

---

❶　但是，我们很快就会看到，可以将信用迁移模型重新定义为临界值模型。

由 JP 摩根及 RiskMetrics Group 研发的商业产品，首次发布于 1997 年。❶

（7）单公司（边际）转移矩阵

信用迁移模型的目的是利用历史信用迁移数据，了解特定公司违约概率，以及它与其他公司违约概率的关系。重点是过渡或转移矩阵：首先，根据某一信用评级方案对企业进行分类，然后应用某一时期（通常为一年）类别间过渡的概率来估计违约和信用状态变化的概率。转移矩阵常常是通过测度一个较长阶段内大量的企业来进行估计的。

首先，为了修正思路，考虑只有两个类别的简单情况，有偿还能力（不违约）及违约。从有偿还能力到违约的转变非常简单，信用转移矩阵是不重要的：

$$\begin{pmatrix} solvent \rightarrow solvent & solvent \rightarrow default \\ default \rightarrow solvent & default \rightarrow default \end{pmatrix} \tag{11.12}$$

其值可能是：

$$\begin{pmatrix} 0.99 & 0.01 \\ 0.00 & 1.00 \end{pmatrix}$$

这就是说，对于有偿还能力的公司，下一年违约的概率是 0.01，而不违约的概率是 0.99。一旦违约——公司不再违约的概率为零。

事实上，这个转移模型就是 11.3 节的违约模型，那里所有公司都有相同的违约概率 0.01。这样的转移模型很容易理解，但不是很有用。任何信用风险模型的主要目的是区分公司和风险：对特定公司的风险因素（如违约概率）进行评估。一个除违约或不违约之外不对企业进行区分的迁移模型，对估计企业层面参数几乎没有任何帮助。

不过，只要根据信用评级对违约概率进行分类，就可以很容易地扩展这个简单的迁移模型。上市公司的信用评级是公开的，由标准普尔（Standard and Poor's）、穆迪投资者服务公司（Moody's Investors Services）和惠誉评级（Fitch ratings）等公司提供。引用标准普尔"信用评级是对信用风险的前瞻性意见"，标准普尔信用评级表达了该机构对发行人（如公司、州或市政府）及时全额履行其财务义务的能力和意愿的意见。一个信用评级可以被认为是使用客观数据、主观判断和经验估计的违约概率和可能损失的严重程度的代理估计。❷

上述迁移矩阵可以通过信用评级（在本例中为标准普尔评级）对公司进行分类，

---

❶ 参见 creditmetric-Technical Document，最初由 RiskMetrics 于 1999 年发布，2007 年重新发布。格鲁希、加莱和马克（Crouhy、Galai and Mark，2000，第 8 章）详细讨论了 CreditMetrics。麦克尼尔、弗雷和恩布雷希特（McNeil，Frey and Embrechts，2005，8.2.4 节）进行了简要的讨论，并展示了如何将信用迁移模型嵌入到企业价值模型中。马里森（Marrison，2002，第 18 章）讨论了信贷迁移和迁移矩阵。

❷ 格鲁希、加莱和马克（Crouhy、Galai and Mark，2000，第 7 章）和格鲁希、加莱和马克（Crouhy、Galai and Mark，2006，第 10 章）提供了一个特别详细和有用的解释标准普尔和穆迪提供的公共信用评级，列出评级类别和定义。他们还讨论了银行或其他金融机构经常使用的内部评级系统。马里森（Marrison，2002，第 19 章）讨论信用评级。

并测量有条件的违约概率进行扩展：^❶

$$
\begin{pmatrix}
 & \text{solvent} & \text{default} \\
\text{AAA} & 1.000 & 0.000 \\
\vdots & \vdots & \vdots \\
\text{BB} & 0.989 & 0.011 \\
\text{B} & 0.948 & 0.052 \\
\text{CCC} & 0.802 & 0.198
\end{pmatrix} \tag{11.13}
$$

这个矩阵区分了不同信用评级的情形，说明一家 BB 评级公司一年的违约概率是 0.011（不违约概率是 0.989）。假设目前信用评级确实根据违约可能性对不同公司进行了适当的区分，那么这样的矩阵就可以解决 11.3 节中确定的第一个风险因素：估计每家公司的违约概率。根据借款人的信用评级分配违约概率将使 11.3 节的程式化模型更加现实。

11.13 节仅仅考虑矩阵违约方向的转移，但是有更多可用的信息。信用评级机构收集多年来有关公司和评级的数据，观察年初和年末的评级，并计算评级类别之间变动的相对频率（概率）。一家公司很少从高评级直接转为违约，而是向中间的较低评级过渡，评级之间的过渡信息通常用于信用风险分析。表 11.4 显示了一个完整的过渡矩阵，显示了从初始评级（年初）到终端评级（年底）的概率。对于初始评级为 AA 的公司，在年末违约的概率几乎为 0，但是降级为 A 的概率相对很高，为 7.79%。

表 11.4　1 年期的信用评级迁移矩阵

初始信用等级	年终时的信用等级							
	AAA	AA	A	BBB	BB	B	CCC	违约
AAA	0.9081	0.0833	0.0068	0.0006	0.0012	0.0000	0.0000	0.0000
AA	0.0070	0.9065	0.0779	0.0064	0.0006	0.0014	0.0002	0.0000
A	0.0009	0.0227	0.9105	0.0552	0.0074	0.0026	0.0001	0.0006
BBB	0.0002	0.0033	0.0595	0.8693	0.0530	0.0117	0.0012	0.0018
BB	0.0003	0.0014	0.0067	0.0773	0.8053	0.0884	0.0100	0.0106
B	0.0000	0.0011	0.0024	0.0043	0.0648	0.8346	0.0407	0.0520
CCC	0.0022	0.0000	0.0022	0.0130	0.0238	0.1124	0.6486	0.1979

用表 11.4 所示的多状态转移矩阵有几个优点。第一个好处是，可以通过简单的矩阵乘法计算出多年来的违约概率。当初始状态用对应列中带有 1 的向量表示，表 11.4 中的迁移矩阵记为 M，则 1 年后处于信用评级状态的概率为（M^T 代表矩阵 M 的转置）：

$$S_1 = M^T \cdot S_0$$

2 年及 3 年后的概率是：$S_2 = M^T \cdot M^T \cdot S_0 \quad S_3 = M^T \cdot M^T \cdot M^T \cdot S_0$

如果初始状态是 AA

---

❶　从标准普尔的 CreditWeek（April 15，1996）引用 RiskMetrics（1997/2007）。

$$初始状态 = S_0 = \begin{pmatrix} 0 \\ 1 \\ 0 \\ 0 \\ 0 \\ 0 \\ 0 \\ 0 \end{pmatrix} \quad S_1 = \begin{pmatrix} 0.0070 \\ 0.9065 \\ 0.0779 \\ 0.0064 \\ 0.0006 \\ 0.0014 \\ 0.0002 \\ 0.0000 \end{pmatrix} \quad S_1 = \begin{pmatrix} 0.0128 \\ 0.8241 \\ 0.1420 \\ 0.0157 \\ 0.0020 \\ 0.0028 \\ 0.0004 \\ 0.0002 \end{pmatrix}$$

注意，1 年期的违约概率是 0，但是 2 年期违约概率是 0.0002。这是因为 1 年过后，公司有可能变为 A 或 BBB 级，因此，1 年后它是正的违约概率。

第二个也是更重要的好处是，除违约以外，信用状态的变化可以被建模。对于评级为 AA 的公司，从表 11.4 可以看出，其 1 年期的违约概率为零，但同样从表 11.4 可以看出，移动到像 a 这样评级较低的公司的概率相对较高，为 0.0779。对于一家从 AA 降级到 A 的公司来说，其负债的市场价值必然会下降，这样的降低应该在信用风险建模时考虑到。

11.3 节的程式化模型仅仅对违约进行了建模，没有考虑信用等级的变化。那是合理的，因为我们假定贷款在 1 年末到期，所以它们最终只能进入违约或全额还款的状态。在现实中，状态并不会如此简单，信用等级变化（这里由评级的改变表示）带来的影响通常应被包含进来。格鲁希、加莱和马克（Crouhy，Galai and Mark，2000，第 8 章）及马里森（Marrison，002，第 18 章）讨论了对损失建模的机制，该模型包含信用转移，而不仅仅是违约。

(8) 联合概率及临界值模型转移

信用转移框架解决了违约概率的问题，这是 11.3 节部分讨论的第一个风险因素。

第二个因素违约间的相关性或依赖性同样重要，但表 11.4 中所示的迁移矩阵并没有解决这个问题。该矩阵表示迁移的边际概率，即一个公司被孤立考虑的概率。如果违约间是相互独立的（实际上不是），则两家公司转移的联合概率是单个（边际）概率的乘积。考虑两家公司（一家公司初始评级为 A，另一家为 BB）的情况及两家公司一年后都为 B 级的概率。如果两家公司独立，概率为：

$$P[(公司 1 从 A 变为 B)且(公司 2 从 BB 变为 B)假设独立]$$
$$= 0.0000304 = 0.0026 \times 0.0117 \tag{11.14a}$$

联合概率通常不等于单个概率的乘积，因为公司间的转移和违约并不是独立的。一个产生依赖性的自然机制可能是，当处于同一地区或行业的公司被公共因素影响时——所有都表现好或者表现差——我们将进一步讨论这个问题。

目前而言，式（11.14）帮助解释了为什么评级机构搜集和发布的历史数据对于分析转移和违约的联合概率并不那么有用，这些数据自然适合表 11.4 中边际转移矩阵的建立。即使并不是完全精确（事件并不是独立的），式（11.14）也给出了联合概率的正确数量级。显然，式（11.14）所描述的联合事件是罕见的，因此可以观察到的事件会非常少。另外，可能有大数量的联合后果。

考虑表 11.4，其中有八个类别，从 AAA 级到违约级。对于单个公司进行（边际）概率分析，有七个初始评级及八个最终评级，或者说有 56 种可能性（表 11.4 中的 56 个条目）。对于两家公司的联合分析，有 49 个起始类别（7×7 包括 AAA&AAA，AAA&AA，AAA&A…）及 64 个最终分类，导致了 3776 种可能性。这些可能性中的大多数相当少见，而且需要大量的公司样本和很长的时间期限才能得到可靠估计。

CreditMetrics 选择的解决方法是将信用转移过程嵌入临界值模型的框架下，考虑简单的两状态转移矩阵式（11.12），仅有从有偿债能力到违约的转移。这实际上与默顿（Merton）或者之前讨论的 KMV 临界值模型等价：当某个随机临界变量 X_i 低于临界阈值 d_i 时，就会出现违约

$$当 X_i < d_i 时，违约发生$$

如图 11.11 所示，最左边是一个正态分布的 X 和一个临界阈值 d。如果变量 X 高于阈值 d，则公司仍有偿债能力，如果 X 低于阈值 d，则违约。这与式（11.12）中的转移矩阵相符合，只要 d 选定，则 d 左侧的面积就是违约概率。

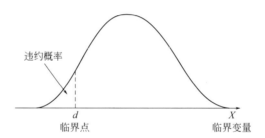

图 11.11　临界变量的违约临界点

归纳起来，与表 11.4 这样的完整迁移矩阵相匹配的方法就应该很清楚了。第一，对每个初始评级假设一个临界变量，我们可以得到一系列临界变量：

$$\{X^{AAA}, X^{AA}, \cdots, X^{CCC}\}$$

第二，对每个临界变量，选择一系列的临界值水平，来匹配转移概率。对于评级为 A 的公司，将有：

$$d_{0s.t.}^A \ P[X^A < d_0^A] = P[A \to default]$$
$$d_{1s.t.}^A \ P[d_0^A < X^A < d_1^A] = P[A \to CCC]$$
$$\cdots$$
$$d_{5s.t.}^A \ P[d_5^A < X^A < d_6^A] = P[A \to AA]$$
$$d_{6s.t.}^A \ P[d_6^A < X^A] = P[A \to AAA]$$

图 11.12 是示意图。选择临界值只是为了匹配迁移或转移矩阵中的（边际）迁移概率，如表 11.4。

迁移方法现在已经嵌入到临界值框架中。联合违约概率不是直接建模的，而是通过潜在临界值变量 X 的机制间接建模。在实际应用中，假设公司资产是临界值变量，

  风险量化管理：金融风险指导手册

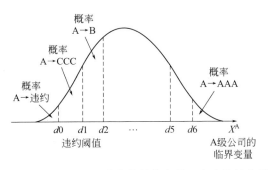

图 11.12　A 级公司迁移的临界值变量，多个关键临界值

服从正态分布，如在默顿（Merton）和 KMV 模型中假设的。公司之间资产的相关性导致了违约的依赖性。例如，从式（11.14）中得出，如果不假设存在独立性，转移的联合概率将是：

$$P\left[(公司 1 从 A 变为 B) 且 (公司 2 从 BB 变为 B) 假设不独立\right]$$
$$= P\left[(X_1^A 介于阈值 A 和 B 之间) 且 (X_2^{BB} 介于阈值 BB 和 B 之间)\right]$$
$$= P\left[(d_3^A < X_1^A < d_4^A) 且 (d_3^{BB} < X_2^{BB} < d_4^{BB})\right] \tag{11.14b}$$

这是二维正态的联合概率，资产变量 X_1^A 和 X_2^{BB} 是相关的。

这是对依赖性或转移模型的联合转移概率建模的标准方法（最初由 RiskMetrics 1997/2007 提出）：模型被嵌入临界值框架下。因为 CreditMetrics 可以被视为临界值模型，而相关性其实是由公司之间资产的相关性结构性模型决定的，因此在表 11.3 的分类中，它被归类为结构性模型。

公司之间的相关性通常使用共同因素结构建模，如式（11.11）：

$$X_i = \beta_i F + \varepsilon_i \tag{11.15}$$

其中，X_i 为临界值变量，通常为 i 公司的资产回报［在之前的式（11.11）中记为 V_i］；

F 为公共因子（可能为单因子或多因子）；

β_i 为 i 公司对因子的敏感性（通常称为因子载荷）；

ε_i 为 i 公司导致资产变化的异质性成分；独立于公共因子 F。

在这种结构下，公司之间的依赖性是由公共因素（用 F 表示）的影响产生的。这些可能是可观测的宏观经济变量因素（例如 GDP 或总的失业人数）或者行业因素（例如一家公司是否属于特定行业）。它们也可能是同一地区或同一行业的公司之间共享的不可观察或潜在因素。这些因素在公司间是共同的，虽然每家公司对其反应可能不同。（例如，一个汽车制造商在低 GDP 增长或高失业环境下状况不佳，因为人们更少买汽车，而沃尔玛可能从中获益，因为人们会转向买打折的零售商品。）

（9）MKMV 与 CreditMetrics 相比较

麦克尼尔、弗雷和恩布雷希特（McNeil，Frey and Embrechts，2005，8.2.4 节）比较了 MKMV 与 CreditMetrics 信用转移方法的优缺点。简而言之：

（10）MKMV 方法优势

① MKMV 方法应该比评级机构更能反映变化。评级机构调整评级的速度很慢，所以评级方法可能无法准确反映公司目前的信用等级。因为信用转移模型依赖于恰当的公司分类，这会导致违约概率的不恰当估计。

② MKMV 的预期违约频率（EDF）应该比历史转移更容易捕获对宏观环境的依赖性，这种依赖性在经济周期中被平均了。

（11）信用转移方法优势

① 信用转移过渡率不应该对股市的反应过度或反应不足敏感，而这可能是 MKMV 中 EDF 的不利之处。

② 信用评级（无论是公开的或内部的银行评级）数据常可获得，包括那些没有公开交易股票的公司。最初的 MKMV 模型依赖历史股票价格来估算资产水平和波动率，不过 MKMV 现在已经开发了对不公开相关数据股份公司的处理方法。

11.6 静态简化形式模型——CREDITRISK+

前一节的临界值模型从潜在的金融和经济变量构建了违约过程，因此可以称为结构模型。另一个方法是仅仅假设违约分布的形式而不是从基本原理衍生出参数，然后将分布的参数与数据拟合。这样的模型被定义为简化形式模型。简化形式模型有一些优势：违约过程可以灵活地指定，既适合观察数据，也便于分析。CreditRisk＋是由 Credit Suisse Financial Products 在 20 世纪 90 年代开发的（见 Credit Suisse Financial Products 1997），是一个简化形式模型的行业实例。

CreditRisk＋专注于违约（而不是信用评级转移）及投资组合的违约和损失分布。为单个企业违约过程假设数学形式是合理的，重要的是，引出了一个方便和易于处理的违约分布。与之前描述的 MKMV 和 CreditMetrics 方法（模拟很耗费时间）不同，CreditRisk＋模型可以不用模拟，这是很大的优势。❶

CreditRisk＋模型主要关注违约过程的两个特质：

① 违约率或违约强度，与之前讨论模型的违约概率类似。

② 违约强度的可变性，尽管违约强度的可变性实际上是共同或协同的，因为重要的是各公司之间的依赖性（共同可变性产生违约相关性），而不是特殊性或公司特有的可变性。违约强度的变化也可以用潜在分布的混合来表示。

本文概述的是麦克尼尔、弗雷和恩布雷希特（McNeil，Frey and Embrechts，2005，8.4.2 节），而不是最初的瑞士信贷金融产品（1997 年）。虽然最初的介绍是全面的，但我觉得它有点难以理解，这很不幸，因为这些技术是如此有用。

---

❶ 值得注意的是，由于 CreditRisk＋中的违约分布与 MKMV 和 CreditMetrics 中的违约分布很接近，作为一种解决信用风险模型计算效率很高的方法，CreditRisk＋中使用的分布和技术有广泛的应用性。

（1）泊松过程、泊松混合及违约的负二项分布

单家公司的违约近似服从强度 λ_i 的泊松随机变量。实际上，违约是一个伯努利变量，它的值可以是 0（没有违约）或 1（违约）。然而，伯努利变量可以用泊松变量来近似，这种近似有很大的好处。

泊松随机变量是计数变量，与伯努利变量不同，它可以取值 $j=\{0,1,2\cdots\}$。当违约事件很少发生时，泊松过程可以提供有用的近似违约过程。j 值记录了一个时间段内的事件数。我们可以将没有违约记为 $j=0$，违约记为 $j\geqslant1$。这忽略了 $j=\{2,3\cdots\}$ 的概率，但是当任何公司违约都很少发生时，多家公司违约的概率也非常小。

泊松变量是由强度 λ 控制的，有 j 个违约事件的概率将是：

$$P\,[\text{泊松随机变量}=j\,|\,\text{强度}\,\lambda] = \frac{\exp(-\lambda)\lambda^{-j}}{j!} \tag{11.16}$$

对于泊松参数 λ 的不同值，违约事件数量分别等于 0、1、2 的概率在表 11.5 中列出。

表 11.5　具有不同强度 λ 参数的泊松随机变量的多重事件概率

项目	BBB	B	CCC
强度，λ	0.00230	0.05296	0.26231
零违约	99.770%	94.970%	79.220%
一次违约	0.230%	4.901%	18.454%
两次违约	0.000%	0.126%	2.149%

我们可以看到，当违约概率很小时（除了最低评级的债券发行者），多重违约的概率非常小。

对于泊松模型，正如对于伯努利模型一样，我们可以定义一个随机向量 $Y^* = (Y_1^*, Y_2^*, \cdots, Y_n^*)'$，$Y^*$ 记录了事件或者违约事件的数量（我们希望对于一家公司的多重违约的数量比较少）。我们定义随机变量 $M^* = \sum_i Y_i^*$，是事件的总数量，当多重事件的强度和概率比较低时，总数 M^* 可以近似为违约的数量。

与伯努利结构相比，泊松结构的巨大优势在考虑包括很多公司的资产组合时就凸显出来了。对于独立的公司，各个公司的泊松分布之和本身也是泊松分布。这意味着违约的总数形式很简单：

（2）公司间的独立性

$$P\,[\text{违约总数}=k] \approx P\,[M^*=k] = \exp\!\left(-\sum_{i=1}^{n}\lambda_i\right)\frac{\left(\sum\lambda_i\right)^{-k}}{k!} \tag{11.17a}$$

与 MKMV 或 CreditMetrics 中用到的伯努利过程不同的是，除非所有公司都有预先沟通的违约概率，否则违约总数的形式并不简单（例如二项分布），而这种情况在实践中从未发生。

在现实世界中，公司间的违约并不相互独立，所以式（11.17a）不能直接应用。然而模型可以拓展为允许一家公司的违约强度随机变动，是变量 F 的函数；换言之，$\lambda_i = \lambda_i(F)$。重要的不仅仅是每家公司的违约强度 λ_i 是随机的，而且是公司的违约强

度一起变化：变量 F 必须是公司间的公共变量。[1,2]如果以公共变量 F 的实现为条件，各公司之间的泊松过程是独立的，那么我们就可以使用。

（3）公司间的条件独立性

$$P\left[\text{违约总数} = k \mid F\right] \approx P\left[M^* = k \mid F\right] = \exp\left(-\sum_{i=1}^{n}\lambda_i(F)\right)\frac{\left(\sum\lambda_i(F)\right)^{-k}}{k!} = \text{Poi}\left[\Lambda(F)\right]$$

(11.17b)

在 F 条件下，违约总数的分布是泊松分布，无条件分布将是 $\text{Poi}\left[\Lambda(F)\right]$ 的混合分布（与 F 的分布相混合）。变量 F 是以一种共同方式及影响部分或所有公司的公共因素，影响方式与临界值模型中的资产相关性相同。F 用于混合独立的泊松分布，从而得到非泊松分布。

最简单的例子是 $F = f$ 作为代表经济形势的单一宏观经济因素，当经济形势低迷时，公司违约强度就高。然而，在经济状况给定的条件下，公司间的违约过程是独立的。

式（11.17b）仍然是条件概率，条件是公共因素 F，然而我们需要无条件分布。F 是随机变量，我们必须为其指定一个分布，然后对 F 的分布计算期望值。关于 F，如果可以假设为伽马分布的强度 λ 会很方便，因为无条件分布将会与负二项分布联系。当 λ 是单变量伽马时，总和 M^* 的无条件分布将服从负二项分布。

为了理解这是怎样起作用的，考虑 F 是单变量的情况，所有公司的强度是伽马分布 f 的线性函数：[3]

$$\lambda_i = k_i \cdot f，其中 f \sim \text{Ga}(a, b)$$

(11.18a)

在这个假设下：

$$E(f) = a/b, \text{var}(f) = a/b^2（根据伽马分布的定义确定）$$

$$E(\lambda_i) = k_i a/b, \text{var}(\lambda_i) = k_i^2 a/b^2\left[根据式(11.18a)\right]$$

$$E(\sum\lambda_I) = E(f)\sum k_i = (a/b) \cdot \sum k_i$$

$$\text{var}(\sum\lambda_i) = \text{var}(f)(\sum k_i)^2 = (a/b^2) \cdot (\sum k_i)^2$$

---

[1] 事实上，并不是所有公司都必须依赖所有相同的变量，但是在一些公司中必定有一些共同的变量。

[2] Credit Suisse Financial Products（1997，附录 A2）断言违约率不能是恒定的。他们指出，观察到的违约数量（对公司的投资组合）的标准偏差要高于由（独立的）固定违约率的泊松模型所预测的标准偏差，这在精算文献中被称为过度分散。他们声称，固定违约率的假设是错误的，违约率必须是可变的。这不是表述这个问题的最好方法。过度分散确实意味着违约率［在一个泊松（Poisson）模型中］不是恒定的，但单变量违约率并不意味着过度分散。重要的问题是企业之间违约过程的依赖性与独立性。违约率的可变性在企业之间很常见，这将在违约计数分布中产生依赖性和过度分散，但违约率的可变性是特殊的或公司特有的，很快就会平均下来，即使是中等规模的投资组合也不会产生过度分散。

另外，要仔细区分违约的强度［未被观测的泊松（Poisson）过程参数，也称为违约率］和违约计数（观测到的违约次数），Credit Suisse Financial Products（1997）并不总是这样做。投资组合的违约计数可以表示为投资组合中公司数量的百分比，称为违约率，这些观察到的数量可以用来估计违约强度参数，但计数和强度在概念上是不同的。

[3] 这与麦克尼尔、弗雷和恩布雷希特（McNeil，Frey and Embrechts，2005，8.4.2 节）中对 CreditRisk＋ 的描述一致，但简化为单变量因素。

我们可以通过这些公式（及伽马的定义）得到，$\sum \lambda_i$ 服从 $Ga(a,b/\sum k_i)$。现在，根据麦克尼尔、弗雷和恩布雷希特（McNeil，Frey and Embrechts，2005，357）及主题 10.20，对于服从泊松分布的 $(M^* \mid f)$，及服从 $Ga(\alpha,\beta)$ 分布的 $\sum \lambda_i$，M^* 服从负二项分布：

$$\{M^* \mid f\} \sim Poi\left(\sum_{i=1}^{n} \lambda_i\right) \text{ 且 } \left(\sum_{i=1}^{n} \lambda_i\right) \sim Ga(\alpha,\beta) \tag{11.18b}$$

$$\Rightarrow \{M^*\} \sim Nb(\alpha,\beta/(1+\beta)) = Nb(\alpha,p) \tag{11.18c}$$

$$\text{记 } p = \beta/(1+\beta)$$

$$E(M^*) = \alpha(1-p)/p, V(M^*) = \alpha(1-p)/p^2, \text{Mode} = [\alpha(1-p)-1]/p$$

这是根据 (α,β) 写出的 $\sum \lambda_i$ 的分布参数，我们可以称之为投资组合强度伽马分布。利用 (a,b) 来表达每件事是很有用的，a,b 分别为因素 f 伽马分布的参数值。我们仅需要用以下替代：$\alpha = a$ 及 $\beta = b/\sum k_i = p/(1-p)$ 或 $p = (b/\sum k_i)/(1+b/\sum k_i)$，便可以得到：

$$\{M^*\} \sim Nb(a,(b/\sum k_i)/(1+b/\sum k_i)) \tag{11.18d}$$

$$E(M^*) = a\sum k_i/b, V(M^*) = a(\sum k_i/b)^2(1+b/\sum k_i)$$

这个方法有很大的好处：伽马-泊松混合分布为投资组合违约分布 M^* 产生了一个简化的形式（负二项分布）。违约分布现在是熟知的分布，可以被分析计算而不是耗费大量时间进行模拟。

（4）CreditRisk＋假设的细节

于是现在我们讨论 CreditRisk＋模型的具体假设：

① 单个公司的违约可以由泊松随机变量近似。

② 单个公司泊松过程的违约强度是 $\lambda_i(F)$，是公共变量 F 的函数。

③ 违约，以 F 为条件，在公司间是相互独立的。

④ F 的分布是伽马分布。

特别的，公司 i 的强度是：

$$\lambda_i(F) = k_i \omega'_i F \tag{11.19}$$

其中，k_i 为 i 公司的平均违约强度（近似的平均违约率）。

ω'_i 为 i 公司 p 维向量的权重，$(w_{i1},w_{i2},\cdots,w_{ip})$，且满足 $\sum_j w_{ij} = 1$。

F 为 p 维独立随机向量，且每一元素均为 $Ga(a_j,b_j)$ 分布（使用麦克尼尔、弗雷和恩布雷希特（McNeil，Frey and Embrechts）关于 gamma 分布的参数标记法，因而 $E(F_i) = a_j/b_j$，$var(F_i) = a_j/b_j^2$，且令 $a_j = b_j = 1/\sigma_j^2$）。

这些假设保证 $E(F_i) = 1$，$var(F_j) = \sigma_j^2$ 及 $E[\lambda_i(F)] = k_i \cdot E(w'_i F) = k_i$。换言之，公司 i 的平均强度是 k_i，这也是违约概率的近似值。违约概率通过下式给出：

$$P(Y^* > 0) = E[P(Y^* > 0 \mid F)] = E[1 - \exp(-k_i \omega'_i F)] \approx k_i \cdot E(\omega'_i F) = k_i$$

根据式（11.17b），这些假设还确保以 F 为条件的违约次数服从泊松分布。F 因素服从伽马分布，我们之前看到一个混合伽马的泊松分布与负二项分布有关。

对于单变量 F，所有公司的强度是：

$$\lambda_i = k_i \cdot f，其中 f \sim \text{Ga}(1/\sigma^2, 1/\sigma^2)$$

$\sum \lambda_i$ 分布将为 $\text{Ga}[1/\sigma^2, 1/(\sigma^2 \sum k_i)]$（均值为 $\sum k_i$，方差为 $\sigma^2[\sum k_i]^2$），因此有：

$$M^* \sim \text{Nb}[1/\sigma^2, 1/(1+\sigma^2 \sum k_i)]$$

$$E(M^*) = \sum k_i \quad \text{var}(M^*) = \sum k_i \cdot (1+\sigma^2 \sum k_i) \qquad (11.20)$$

就像之前描述的，这有一个巨大的优点，因为 M^* 是大家熟知的分布，不用模拟就可以处理。

当公共因素 F 是多维时（独立的伽马分布），M^* 将同独立的负二项分布随机变量总数量的分布相同。分布将不会像单变量情况下一样简单，但是对于概率 P（$M^* = k$）有递推公式［见 Credit Suisse Financial Products 1997；麦克尼尔、弗雷和恩布雷希特（McNeil，Frey and Embrechts，2005，8.4.2）；Panjer recursion，10.2.3 节］。

（5）泊松和负二项的违约分布

回到单变量的例子中，我们比较了负二项分布（混合分布）与没有混合的泊松分布（$\sigma^2 = 0$，没有伽马混合，没有违约强度的常见变化，这些意味着公司间违约过程的独立性）的均值和方差。均值是相同的：$\sum k_i$。泊松分布的方差是 $\sum k_i$，然而对于负二项分布，方差由于因素（$1+\sigma^2 \sum k_i$）增加了，也是偏斜的。

图 11.13 显示了泊松分布（无混合）和负二项分布（混合后的泊松分布，公司间有依赖性）。投资组合是对于 1000 个完全相同的公司，其参数值可以代表评级为 B 的公司：$E[\lambda_i(F)] = 0.05$（与大约 0.05 的违约概率一致）及 $\sigma^2 = 0.22$。两个分布的均值都为 50 个违约。泊松分布的标准差是 7.1 个违约，分布是对称的。负二项分布比泊松分布分布更离散（标准差是泊松分布标准差的三倍还多，为 24.5 个违约），并且更偏斜。

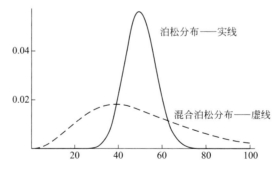

图 11.13　独立与非独立假设下 1000 个同质贷款组合违约数量的泊松分布图

注：这是持有 1000 个同质贷款组合的违约数量，使用泊松违约模型计算，每个公司平均违约强度为 0.05。泊松混合是波动强度相同的混合，强度 $\lambda = 0.05$，单变量混合变量得到一个负的二项分布。这对应于公司间的两两违约相关性为 0.012。

分析的结果及简单的分布极大简化了违约分布及分布属性（例如 VaR 或经济资本）的计算。

（6）强度波动率与违约相关性

Credit Suisse Financial Products（1997）将模型的基本参数取为随机违约强度 $\lambda_i(F)$ 的均值和标准差，并与观测数据进行校准。（对于单变量情形 $\lambda_i = k_i \cdot f$ 及 $f \sim Ga(1/\sigma^2, 1/\sigma^2)$，所以均值是 k_i，标准差是 $k_i\sigma$。）由观测值计算或预测 λ_i 的均值是很简单的。评级机构跟踪这些公司，并报告被跟踪公司的违约数量。违约数量（M_t）和被跟踪的公司数量（m_t）每年按评级类别提供。由此，很容易计算出观察到的平均违约率（分别针对每个评级类别）

$$\text{平均违约率} = p^* = (1/T)\sum_t (M_t/m_t) \tag{11.21}$$

这个观测到的违约率是平均违约概率的预测，与 λ_i 的均值相等，因为对于泊松模型，λ_i 的均值近似为违约概率的均值。

标准差并不是那么显而易见。在这里，区分违约强度（假定一个分布，其标准差是模型的一个参数）及观测到的或有限样本的违约率（将有一个有限样本分布，有不同的标准差），这种区别很重要但是有些隐晦。考虑有 n 个完全相同公司的情况，每个都有固定的泊松强度 λ（换言之，违约强度分布的标准差是 0）。则所收集公司的泊松强度将是 $n\lambda$，违约数的标准差将为 $\sqrt{n\lambda}$。观测到的或有限样本违约率是被 n 除后的结果，其标准差为 $\sqrt{n/\lambda}$。换而言之，即使当强度是常数（违约强度分布的标准差是 0），由于随机样本的变化性，观测到的平均违约率标准差也将是正的。❶

随机违约强度 $\lambda_i(F)$ 的标准差可以从观测到的违约率 p^* 的标准差中抽离出来，但是这样做并不是简单。正如刚才讨论的，即使违约强度是常数，有限样本（观测到的）违约率也会因样本的变化性而波动。这个有限样本的变化性将随 n 或者 $\sqrt{n}$（样本

---

❶ Credit Suisse Financial Products（1997）和其他作者并不总是区分违约的强度（即模型或输入的参数）和有限样本违约率（这是模型或输出的有限样本统计量），这可能导致混淆。格鲁希、加莱和马克（Crouhy, Galai and Mark, 2000）就是一个例子。在第 405-406 页（表 8.3，326）中，他们声称观察到的违约率的标准偏差高于以固定强度的泊松过程所隐含的标准偏差。虽然他们的结论可能是正确的，但他们的分析是错误的，有两个根本缺陷。首先，存在完全的计算错误。对于 B 级债务人，在他们的表 8.3，326 中，E（违约率）$= 7.62\% = 0.0762$。如果这是固定的泊松强度 λ，然后 $\sqrt{\lambda} = \sqrt{(7.62\%)} = \sqrt{0.0762} = 0.276 = 27.6\%$；他们却声称 $\sqrt{\lambda}$ 是 2.76%。（他们的错误是 $\sqrt{7.62} = 2.76$，应用根号外的百分比，而不是内部。然而，这个初级的错误并不能代表格鲁希、加莱和马克（Crouhy, Galai and Mark, 2000）整体的高质量。

其次，更准确地说，他们将有限样本违约率（有限样本统计量）的标准差与泊松强度为 λ 的标准差（模型的一个参数）进行了比较。单个公司泊松分布固定违约强度 λ，其违约数量的标准差为 $\sqrt{\lambda}$。对于 n 个相同的公司来说，这是 $\sqrt{n\lambda}$。观察到的违约率的标准差（违约数量除以样本大小 n）$\sqrt{\lambda/n}$。因为观察到的违约率是一个有限样本统计量，对任何有限样本的统计，其标准偏差随 n（这里 $1/\sqrt{n}$）的改变而改变。底线是，观察到的有限样本违约率的标准差不是 $\sqrt{\lambda}$。表 8.3 没有给出样本的大小，因此我们无法计算泊松模型有限样本违约率的标准差；他们的比较是没有意义的。（作为练习，我们可以计算出不同样本大小的有限样本违约率的标准差。）对于 B 级债务人，从他们的表 8.3，326，E（违约率）$= 0.0762$。对于样本量为 20 和固定强度 $\lambda = 0.076$ 的泊松分布，标准差的违约率为 $\sqrt{0.0762/20} = 0.062$，而 100 个样本，它将是 $\sqrt{0.0762/100} = 0.0276$。有限样本违约率的观测标准偏差实际上是 0.051（表 8.3）。这告诉我们，对于样本容量为 20 的样本，观察到的标准偏差相对于一个固定强度的泊松来说太低了，而对于样本容量为 100 的样本来说，它将会太高。但是，如果不知道样本的大小，我们无法推断 0.051 是过高还是过低。

大小）变化。如果违约强度是随机的，观测到的违约率也将波动，但不会以 n 同样的变化方式变动。关键在于区分这两者。

为便于说明，假设每年跟踪公司的数量是相同的：$m_t = n$。当强度是常数时［对所有公司都相同，$\lambda_i(F) = k =$ 常数］记数 M_t 将是泊松分布，观测到的平均违约率 p^* 将为 k/n。这个表达式随 n 增加而减少。[❶] 相反，对于服从伽马分布的 $\lambda_i(F)$（$\lambda_i = k_i \cdot f$, $f \sim \mathrm{Ga}(1/\sigma^2, 1/\sigma^2)$），观测到的违约率的方差是 $k/n + k^2\sigma^2$；表达式的第二部分并不随 n 增加而下降。[❷]

图 11.14 证明了观测到的违约率的波动率怎样随着样本公司数量上升而下降。图 A 是 100 到 1000 家公司的固定强度，非混合泊松分布。在固定强度下，当企业数量从 100 家增加到 1000 家时，观测到的平均违约率分布的宽度显著减小；波动率可以是 $\sqrt{(k/n)}$。图 B 代表的是可变的强度，是混合的泊松分布，其强度为伽马分布（$\lambda = k * f = 0.05 * f$ 及 $f \sim \mathrm{Ga}[1/\sigma^2, 1/\sigma^2)$］，即产生了一个负二项分布。这里，违约率分布的宽度随公司数量从 100 到 1000 的增长并没有缩小很多，因为波动率为 $\sqrt{(k/n + k^2\sigma^2)}$，$k^2\sigma^2$ 起主要作用。最低限度是，必须谨慎使用观测到的违约率标准差来估计违约强度的标准差。戈迪（Gordy，2000）讨论了标准差的预测，麦克尼尔、弗雷和恩布雷希特（McNeil，Frey and Embrechts，2005，8.6 节）则更广泛地讨论了估计。

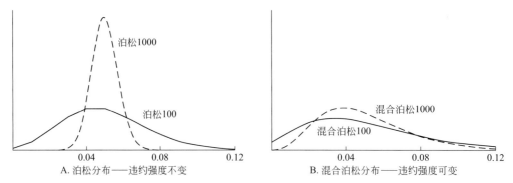

A. 泊松分布——违约强度不变

B. 混合泊松分布——违约强度可变

图 11.14　违约强度不变和可变的情形下，随着样本数量的增加，观察到的违约率分布的宽度减小
注：观察到的违约率的分布式（11.21）。A 是恒定违约强度 $\lambda = k = 0.05$ 的泊松分布，违约率分布的方差为 k/n。B 是违约的负二项分布，强度 $\lambda = k * f = 0.05 * f$, $f \sim \mathrm{Ga}(1/\sigma^2, 1/\sigma^2)$, $\sigma^2 = 0.2^2$ 的混合泊松分布。违约率分布的方差为 $k/n + k^2\sigma^2$。

CreditRisk＋的通常方法是用观测到的违约率的标准差校准强度的标准差。另一个可供选择的方法是，可以利用观测到的两两之间的违约相关性进行校准。违约相关性是信用风险问题的重要方面，关注违约相关性可以使之更明确。公司之间违约强度的

---

❶　计数的方差是 kn，所以违约率的方差是 $kn/n^2 = k/n$。
❷　计数的方差是 $nk \cdot (1 + \sigma^2 nk)$，因此观察到的违约率的方差 $k/n + k^2\sigma^2$，cf，方程 11.21。忽略观察到的违约率的有限样本性质确实会产生影响。戈迪（Gordy，2000）的表 8 数据由标准普尔公布的数据得出，对于 B 级发行方，发行者的平均数量约为 240 家，平均违约率约为 0.0474，而观察到的违约率的方差约为 0.000859。这意味着 k/n 约为 0.000195，$k^2\sigma^2$ 约为 0.000664，$\sigma^2 \approx 0.296$。忽略了 k/n 会得出 $\sigma^2 \approx 0.382$。

公共性或协相关性对产生非对称违约分布很重要。（通过模拟可以表明，违约强度的特殊变异性在投资组合增长时不会对整体投资组合变异性产生影响。）因为协相关性很重要，特别关注违约相关性似乎是恰当的，尤其是对单个公司的关系建模时。尽管如此，由于违约非常罕见，联合违约更是罕见，因此很难根据违约相关性进行校准。

为了计算（近似的）公司两两之间的违约相关性，要计算事件的数量 Y_i^*，违约事件为 $Y_i^* > 0$。对于单变量公共变量的情形，f，违约概率由下式给出：

$$P(Y^* > 0) = E(P(Y^* > 0) \mid f) = E(1 - \exp(-kf)) \approx kE(f) = k$$

联合违约概率是：

$$P(Y_i^* > 0 \text{ 和 } Y_j^* > 0) = E[P(Y_i^* > 0 \text{ 和 } Y_j^* > 0 \mid f)] = E[1 - \exp(-k_i f))(1 - \exp(-k_j f)]$$
$$\approx k_i \cdot k_j E(f^2) = k_i \cdot k_j [V(f) + E(f)^2] = k_i \cdot k_j \cdot (\sigma^2 + 1)$$

违约相关性将为（近似）：

$$\text{违约相关性} \approx [k_i \cdot k_j \cdot (\sigma^2 + 1) - k_i \cdot k_J] / \left\{ \sqrt{[(k_i - k_i^2) \cdot (k_i - k_j^2)]} \right\}$$
$$= [k_i \cdot k_j \cdot \sigma^2] / \left[\sqrt{((k_i - k_i^2) \cdot (k_i - k_j^2))} \right] \tag{11.22}$$

伽马变量的混合增加了总违约分布的混合 $[\text{由} \sum k_i \text{ 增加到 } \sum k_i (1 + \sigma^2 \sum k_i)]$ 并引起了违约间的相关性 $\left\{ \text{大约为 } [k_i \cdot k_j \cdot \sigma^2] / [\sqrt{(k_i - k_i^2) \cdot (k_j - k_j^2)}] \right.$ 而不再是 $0 \}$。我们可以把伽马混合的作用看成是增加方差或产生相关性——它们是等价的，且都是有效的。

（7）特殊因素

正如最初提到的，这里的概述遵循了麦克尼尔、弗雷和恩布雷希特（McNeil、Frey and Embrechts，2005，8.4.2 节），他们将模型呈现为泊松的混合分布。这个方法简化了阐述过程。例如，Credit Suisse Financial Products（1997）引入了一个特定因素。对这里概述的泊松混合分布，给定公司 i 的违约强度是伽马分布变量之和，用 j 表示，重复之前的式（11.19）：

$$\lambda_i(F) = k_i \omega'_i F = k_i \sum_{j=1}^{p} \omega_{ij} f_j \tag{11.19}$$

其中，k_i 为 i 公司的平均违约强度（具体的平均违约率）；ω_{ij} 为 i 公司对于公共因子 j 的权重，满足 $\sum_j w_{ij} = 1$；f_j 为独立随机变量，服从 $\mathrm{Ga}(a_j, b_j)$ 分布（使用麦克尼尔、弗雷和恩布雷希特（McNeil、Frey and Embrechts）关于 gamma 分布的参数标记法，因而 $E(F_i) = a_j / b_j$，$\mathrm{var}(F_i) = a_j / b_j^2$ 且令 $a_j = b_j = 1/\sigma_j^2$。

特定因子对应于将 f_0 定义为常数，也就是一个退化的伽马变量（$\sigma_0 = 0$）。在单一公共因素情况下（没有退化因子），强度的均值和方差对于所有的违约强度水平均为固定的比率：

$$\lambda_i = k_i \cdot f, \text{其中 } f \sim \mathrm{Ga}(1/\sigma^2, 1/\sigma^2) \Rightarrow E(\lambda_i) = k_i, \mathrm{var}(\lambda_i) = k_i^2 \sigma^2$$

通过引入退化的 f_0，这个比率可以随着强度的不同而变化：

$$\lambda_i = k_i \cdot (w_{i0} + w_{i1} f_1)$$

其中，$f_1 \sim \mathrm{Ga}(1/\sigma^2, 1/\sigma^2)$，$w_{i0} + w_{i1} = 1 \Rightarrow E(\lambda_i) = k_i$，$\mathrm{var}(\lambda_i) = k_i^2 w_{i1}^2 \sigma^2$

结果导致的违约记数 M^* 的非条件分布现在是泊松分布（强度为 $\sum_i w_{i0} k_i$）及负二项分布 $\{M^* \sim \mathrm{Nb}[1/\sigma^2,\ 1/(1+\sigma^2\sum_i w_{i1} k_i)]$，$E(M^*) = \sum_i w_{i1} k_i$，$\mathrm{var}(M^*) = \sum_i w_{i1} k_i \cdot (1+\sigma^2\sum_i w_{i1} k_i)\}$ 的卷积。没有常数 w_{i0}，卷积使得分布比负二项分布计算起来稍显困难，但仍比伯努利情况下的计算数量级要小些。我们看到，常数 w_{i0} 的引入对于拟合观测数据是很重要的。

（8）损失分布

到目前为止，讨论仅仅涵盖了违约分布。损失既取决于违约事件，也取决于违约造成的损失。

$$\text{损失} = \begin{cases} 0, & \text{如果没有违约} \\ \mathrm{LGD}, & \text{如果违约} \end{cases}$$

违约发生下的损失取决于风险暴露及违约发生时的回收率：

$$\text{违约发生损失} = \text{风险暴露}^* (1-\text{回收率})$$

在 CreditRisk+ 模型下，风险暴露和回收率都被包括在违约条件下的损失中，违约条件下的损失被看作随机变量。损失分布是违约分布和违约条件下损失的混合。这在 Credit Suisse Financial Products（1997）中有详细讨论。损失分布将会是一个混合分布［见麦克尼尔、弗雷和恩布雷希特（McNeil、Frey and Embrechts，2005，10.2.2 节）］。在 CreditRisk+ 模型中的假设（违约分布是泊松混合分布）条件下，损失分布为泊松混合分布，其中一些简单的递归关系，在 Credit Suisse Financial Products（1997）中有详细描述。

11. 7　静态模型——临界值及混合框架

（1）临界值和伯努利混合模型

11.5 节讨论的静态（固定时间段）结构性模型被表述为临界值模型：当临界变量 X 比临界值 d 低时，违约（或评级转移）就发生了。两家公司的联合违约由联合概率决定，即两个临界变量都比它们各自的临界值小：

$$P[\text{公司 1 和公司 2 都违约}] = P[X_1 < d_1\ \text{且}\ X_2 < d_2]$$

在很多情况下，X_i 被认为是联合正态的，所以这是一个二元的（或者大于二，是多维的）正态分布。

当临界变量采用式（11.15）的公共因素结构时，模型也可以用伯努利混合模型代表。伯努利混合模型有很多优势，尤其是对于模拟及统计拟合方面［麦克尼尔、弗雷和恩布雷希特（McNeil、Frey and Embrechts，2005，8.4 节）］。

公共因素结构的定义是式（11.15），在这里重新定义：

$$X_i = \beta_i F + \varepsilon_i \tag{11.15}$$

在 F 条件下，临界变量 X_i 是独立的，因为 ε_i 是独立的。这意味着联合违约过程是独立的，建立在 F 条件下：

$$P[公司 1 及公司 2 都违约 | F] = P[X_1 < d_1 \text{ 和 } X_2 < d_2 | F]$$
$$= P[\beta_1 F + \varepsilon_1 < d_1 \text{ 及 } \beta_2 F + \varepsilon_2 < d_2 | F]$$
$$= P[\varepsilon_1 < d_1 - \beta_1 F \text{ 及 } \varepsilon_2 < d_2 - \beta_2 F | F]$$
$$= P[\varepsilon_1 < d_1 - \beta_1 F | F] \times P[\varepsilon_2 < d_2 - \beta_2 F | F]$$
$$= \Phi[(d_1 - \beta_1 F - \mu_1)/\sigma_1] \times \Phi[(d_2 - \beta_2 F - \mu_2)/\sigma_2]$$
$$= p_1(F) \times p_2(F)$$

最后两个相等，因为 ε_1 和 ε_2 是条件独立的。

结果是违约概率在不同公司之间是独立的（在 F 条件下），每家公司的概率是 p_i (F)。对于之前的临界值模型，函数 p 是标准的累积分布函数：

$$p_i(F) = \Phi[(d_i - \beta_i F - \mu_i)/\sigma_i] \tag{11.23}$$

但是其他的选择同样也很好——详见麦克尼尔、弗雷和恩布雷希特（McNeil，Frey and Embrechts，2005，354）。

重要的是，在公共因素 F 的条件下，每家公司的违约是独立的伯努利试验，概率以 $p_i(F)$ 给出。因此，处理投资组合的违约分布变得更加简单。对于模拟，这归结为：我们产生一个单变量 F，然后进行独立的伯努利试验（通过产生独立的均匀随机变量），而不是产生一个高维多变量分布 $\{X_1, X_2, \cdots, X_n\}$。

我们可以定义一个随机向量 $Y = (Y_1, Y_2, \cdots, Y_n)'$，$Y_i = 1$ 表示公司 i 已经违约，$Y_i = 0$ 表示公司 i 还未违约。我们可以定义随机变量 $M = \sum_i Y_i$，是 Y_i 的总和，也就是违约的数量。如果所有公司都完全相同，则所有 p 都是一样的，比如 $p^*(F)$，则总和 M 的分布（在 F 条件下）将是二项分布，n 家公司发生 k 个违约的概率为：

$$P[M = k] = P[n \text{ 家公司发生 } k \text{ 个违约}] = \binom{n}{k} p(F)^k (1 - p(F))^{n-k} \tag{11.24a}$$

通常情况下，每个 $p_i(F)$ 都是不同的。我们可以定义一个向量 $y = (y_1, y_2, \cdots, y_i)'$，这个向量由元素 0 或 1 构成，代表特定结构的违约，这样一个结构的概率（在 F 条件下）是：

$$P[Y = y | F] = \prod_i p_i(F)^{y_i} (1 - p_i(F))^{1-y_i} \tag{11.24b}$$

这是伯努利实验的序列，每家公司都服从伯努利试验，两个状态是要么处于要么不处于违约。违约总数 M，现在是伯努利随机变量之和（仍旧在 F 条件下），但是每个伯努利变量可能有不同的 p_i。这是不服从二项分布的，并且不会有简单的分布形式。[●]

为了完成伯努利混合框架，需要得到随机变量 F 的分布。先前考虑的 MKMV 和 CreditMetrics 模型最初被描述为具有公共因子 F 正态分布的临界值模型。现在把它们当成是伯努利混合分布模型，F 服从混合分布，是正态的（可能是多元正态）。正态是通常选择，但不是唯一的选择。

无条件分布是通过对 F 的分布积分式（11.24b）得到的。这是伯努利过程的混合

● 这是使用泊松模型的原因，因为泊松分布的和是简单的分布。尽管如此，由于 p_i 的大小大致相同（由于违约概率很低，所以都很小），随着 n 的增大（根据大数定律），分布将趋于正态。

物，F 作为混合变量。违约总数 M 的分布不会趋于正态分布，正如 11.3 节所见，它肯定不是对称的 ［见麦克尼尔、弗雷和恩布雷希特（McNeil，Frey and Embrechts，2005，8.4）完整的讨论］。

混合产生了违约间的依赖性。条件违约概率是 $p_i(F)$，由之前的临界值模型（11.23）给出。企业违约概率与公共因素 F 相同这一事实产生了相关性。假设 F 是单变量的，所有的 β_i 都是相同的，$\beta > 0$。所以当 F 比平均值小时，将会以同样的方式影响所有公司，所有公司的违约率将会高些。这是公司间存在的相关性，因为当 F 低于平均值时，联合违约概率更高，当 F 高于平均值时，联合违约概率更低。❶ 依赖性的强度取决于 F 的方差，这与 ε、β 和 σ 的大小有关。

伯努利混合框架下的重要好处是可以进行模拟。如果知道了公共因素 F，模拟这个过程就会非常简单：决定每家公司 i 的违约概率 $p_i(F)$，作为 F 的函数。在很多应用中，函数是 $p_i(F) = \Phi[(d_i - \beta_i F - u_i)/\sigma_i]$。执行一系列伯努利试验：对每家公司，找出一个独立同分布随机变量，并与 $p_i(F)$ 相比较。公司违约或不违约，取决于均匀随机变量是大于还是小于 $p_i(F)$。

事实上，我们不知道 F 的值，但是模拟非条件过程只是稍微复杂些。对每个试验，所需要做的就是我们对 F 进行的随机实现过程。F 通常是多维正态的，但是维数远远小于公司的数量。（F 可能是 10 维的，虽然可能有数以千计的公司。相比来说，在临界值框架下意味着模拟一个维度等于公司数量的多元正态分布，这使得模拟在计算上更加困难。）

模拟方案是前面所示方案的一个小的扩展。

① 找出 F 分布的实现过程。

② 决定每家公司 i 的违约概率 $p_i(F)$，作为 F 的函数。在很多应用中，函数是 $p_i(F) = \Phi[(d_i - \beta_i F - \mu_i)/\sigma_i]$。

③ 对每家公司，绘制 id 均匀随机变量和 $p_i(F)$ 比较。公司违约或者不违约取决于均匀随机变量高于或低于 $p_i(F)$。

大多数临界值模型的应用（尤其是 MKMV 和 CreditMetrics）可以被表示成伯努利混合模型，因为公司间相关性可以用一个如式（11.15）的公共因素结构建模。以伯努利混合模型的方式写出模型的随机结构简化了对违约分布如何以及为什么会表现如此的思考。伯努利混合方法另一个重要的含义是在这个框架下，随着时间推移，平均违约率将随 F 变化而变化。考虑一些同质的公司或贷款组合及由式（11.23）给出的用 X 表示的条件违约概率，X 遵循下列相关性结构，如 11.4 给出：

$$X_i = \sqrt{\rho} F + \sqrt{1-\rho}\,\varepsilon_i, [F \text{ 及 } \varepsilon_i \sim N(0,1)]$$

在 F 值实现的条件下，违约将是二项的，违约率均值为 $p(F) = \phi[(d - F\sqrt{\rho})/$

---

❶ 这是以完全相同的方式影响所有公司的单一共同因素。例如可能是经济衰退，使商业环境恶化，并增加所有公司违约的可能性。一般来说，β_i 可能不止一个因素，而且不同公司的 β_i 可能不同，所以一些公司可能受到积极影响，其他公司可能受到消极影响，而有些公司可能完全没有受到影响。

$\sqrt{(1-\rho)}$，中位数是 $\phi[d/\sqrt{(1-\rho)}]$，$\pm 1\sigma$ 值将是 $\phi[(d\pm\sqrt{\rho})/\sqrt{1-\rho}]$。比如我们正在考虑一个一年期限内的违约，在任何给定的年份，违约分布将是二项的，但是从上一年到下一年，违约率将会改变，当考虑多年的分布时，分布将是偏态的。

关于伯努利模型的最后一点，前面考虑的临界值模型假设违约概率 $p_i(F)$ 取决于 F，该概率通过正态累积分布函数 ϕ 依赖于 F，如式（11.20）所示。另外可供选择的假设可以使用并且得到进一步讨论。

（2）泊松混合模型

伯努利混合结构是很有用的，但正如在11.6节中 CreditRisk＋模型所讨论的，用泊松而非伯努利随机变量对违约事件进行建模是更方便的。这是一个近似值，但是非常有用和方便。方便是因为独立泊松随机变量的和仍服从泊松分布，伯努利变量的和没有简单的分布形式。[1] 一段时期内的违约总数是各个企业违约变量之和，所以当违约用独立的泊松变量建模时，违约总数作为泊松分布可以立刻得到。

公司之间的无条件独立是不现实的假设，但与伯努利混合模型一样，假设违约过程在某些随机变量 F 下是独立的，这通常情况下是合理的。当违约用条件独立泊松变量建模时，在 F 条件下，违约总数将服从泊松分布；换言之，是与 F 相混合的泊松分布。当 F 服从伽马分布时，得到的分布是伽马泊松混合，是负二项分布。

11.6节中 CreditRisk＋模型通过一个伽马-泊松混合模型展现，公司违约强度被认为是［重复式（11.19）］：

$$\lambda_i(F)=k_i\omega'_i F \tag{11.19}$$

其中，$\sum_j w_{ij}=1$，F 是独立的多重变量伽马分布。在 F 条件下，公司的违约过程是独立的。伽马-泊松混合的解析及半解析结果极大简化了违约分布及分布属性，例如 VaR 或经济资本的计算。

将泊松混合分布看作伯努利混合分布的近似值是一种有效的方法，这种近似在计算上是易于处理的。给定适当的参数选择，伯努利和泊松混合模型的分布是相当相似的。考虑11.3节的单因素伯努利混合模型（虽然作为临界值模型被讨论，它也可以被看成伯努利混合模型。）

对于相同的评级为 B 的发行人，伯努利混合模型合理的参数是平均违约概率＝p^*＝0.05 及临界变量相关性［假设等式（2）的等相关结构］ρ＝0.05。这将产生一个 0.012 的违约相关性。对于伽马-泊松混合模型相符的参数为 λ＝0.05，σ^2＝q＝0.22。对于一个有1000家公司的投资组合，这给出了 $M^* \sim Nb(10,0.0833)$，均值为50，标准差为24.5，两两之间违约相关性为0.012。

模拟出的伯努利混合及分析的负二项分布很接近。两个分布均值都为50，违约相关性为0.012，标准差为24.5（泊松混合）及24.7（伯努利混合），及－＄41000（泊松混合）和－＄43000（伯努利混合）的1%/99% VaR，而没有相关性的非混合模型

---

[1] 当所有公司都有相同的违约概率，在这种情况下，是二项分布的，但在实际应用中永远不会出现这种情况。

是－＄9300。图 11.15 展现了非混合分布（二项分布和泊松分布）及混合分布。它们被分别呈现在两个图中（图 A 中的二项/伯努利混合，图 B 中的泊松混合/负二项分布），如果把它们画在同一个图表中，实际上很难区分。另外，不管对于小型组合还是大型组合，伯努利和泊松混合都非常接近。

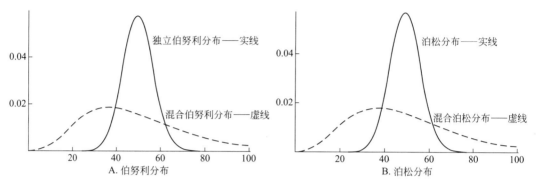

图 11.15　1000 个同质贷款组合违约数量的泊松分布与伯努利分布的对比

注：该图展示了 1000 个相同贷款的违约分布。对于伯努利分布（A），违约概率 $p=0.05$，对于泊松分布（B），强度 $\lambda=0.05$。独立伯努利分布和泊松分布是没有混合的。伯努利混合是使用 $\rho=0.05$ 的等相关结构（参见 11.3）与 probit-normal 相混合的。泊松混合是与 Ga(1/0.22, 1/0.22) 相混合，得到了 Nb[1/0.22, 1/(1+0.22 ＊ 0.05 ＊ 1000)]。所有分布的均值均为 50，混合分布的两两违约相关性均为 0.012，泊松混合分布的标准差为 24.5，伯努利混合分布的标准差为 24.7。

（3）广义线性混合模型

目前所讨论的伯努利和泊松混合模型均适用于广义线性混合模型结构［见麦克尼尔、弗雷和恩布雷希特（McNeil，Frey and Embrechts，2005）；麦卡拉及内尔德（McCullagh and Nelder，1989）］。这样一个模型的三要素是：

① 一个随机效应向量，在我们的例子中是 F。

经对于响应的条件分布是指数类分布的一员。在我们的例子中，响应就是违约（对于伯努利的 Y_i 或者对于泊松的 Y_i^*）。违约被认为是随机效应 F 的独立条件。伯努利、泊松及二项分布都是来自指数类分布的。

③ 连接函数将随机效应条件下平均响应与随机效应的线性估计连接了起来，也就是 $h(\ )$ 是如 $E(Y_i|F)=h(\mu+x'_i\beta+F)$ 这样的函数。这里，x'_i 代表了第 i 家公司观测到的变量（例如行业或国家指标，或者资产负债表或其他公司特有的金融测度），μ 和 β 是参数。

表 11.6 表明了不同的伯努利及泊松混合模型。概率-正态及伽马-泊松在商业产品中被应用了，如之前所述。

表 11.6　各种混合模型

名称	Probit-Normal	Logit-Normal	Beta	Gamma-Poisson	
类型	伯努利混合	伯努利混合	伯努利混合	泊松混合	泊松混合
随机效应（混合变量）	$F \sim$ 正态分布 $(0, \sigma^2)$	$F \sim$ 正态分布 $(0, \sigma^2)$	$F \sim$ Beta 分布 (a, b)	$F \sim$ Gamma 分布 $(1/\sigma^2, 1/\sigma^2)$	$F \sim$ 正态分布 $(0, \sigma^2)$

名称	Probit-Normal	Logit-Normal	Beta	Gamma-Poisson	
有条件的企业违约事件数量的分布	伯努利分布	伯努利分布	二项分布	泊松分布	泊松分布
无条件的违约事件数量分布	无模拟分析模型	无模拟分析模型	贝塔二项分布	负二项分布	无模拟分析模型
连结函数	正态累积分布值:$p_i(F) = \Phi(\mu+F)$	Logistic 累积分布值:$p_i(F) = G(\mu+F)$, $G(x) = (1+\exp(-x))^{-1}$	线性:$p_i(F) = F$	线性:$\lambda_i(F) = k_i w'_i F = k_i(w_{i1} + \sum_j w_{ij} f_j)$	指数:$\lambda_i(F) = \exp(\mu+F)$
运用于金融产品	门限模型(MK-MV 或 Credit-Metrics 模型)	信用组合观点模型(源于麦肯锡公司,但显然目前运用得不多)		信用风险＋信用组合观点	
注	对于 MKMV 模型而言,连结函数并不是 $\Phi(\cdot)$ 而是专有函数 $h(\cdot)$				
单变量 F 的矩(组合规模 n)			Mean $= n*a/(a+b)$, var $= n*a*b*(n+a+b)/[(a+b)^2*(1+a+b)]$	Mean $= \sum k_i$ var $= \sum k_i*(1+\sigma^2 \sum k_i)$	

（4）伯努利及泊松混合模型的参数

麦克尼尔、弗雷和恩布雷希特（McNeil，Frey and Embrechts，2005. 8.6.4 节）用概率-正态伯努利混合模型拟合从 1981 到 2000 年的历史标准普尔违约记录数据。[1] 他们假设所有公司都是五种分类等级（A、BBB、BB、B、CCC）中的一个，在一个等级中所有公司都有相同的违约概率 p_r。违约概率随公共因素 f 而改变。伯努利混合模型与临界值模型之间的等价性是有用的，因此我们将两个模型的符号都写出（表 11.7）。

表 11.7　混合分布门限模型

Probit-Normal 混合分布	门限模型
$p_r(f) = \Phi(\mu_r + \sigma f)$ $f \sim N(0, 1)$	临界变量 $X = f\sqrt{\rho} + \varepsilon\sqrt{(1-\rho)}$ 正如（11.4）中 $f \sim N(0, 1)$ 且 $\varepsilon \sim N(0, 1)$ $\Rightarrow$ $X \sim N(0, 1)$ 当 $X < d_r, p_r(f) = \Phi[(d_r - f\sqrt{\rho})/\sqrt{(1-\rho)}]$ 时违约发生的程度为 r

在混合表示中，

---

[1]　违约数据是根据 Brand and Bahr（2001 年，表 13，第 18-21 页）公布的违约率重新构建的。

$$E[p_r(f)] = p_r^* = \int \phi(\mu_r + \sigma z)\phi(z)\mathrm{d}z \quad \text{对每个评级分类（A、BBB、BB、B、CCC）}$$

$$P\,[\text{公司类型 } r \text{ 及公司类型 } s \text{ 违约}] = E[p_r(f)p_s(f)]$$

$$= \int \phi(\mu_r + \sigma z)\phi(\mu_s + \sigma z)\phi(z)\mathrm{d}z$$

但是伯努利混合和临界公式的等价性告诉我们：

$$\sigma = \sqrt{\rho/(1-\rho)}\,,\rho = \sigma^2/(1+\sigma^2)\,,\mu_r = d_r/\sqrt{(1-\rho)}$$

$$E[p_r(f)] = p_r^* = \phi(d_r) = \phi[\mu_r\sqrt{(1-\rho)}\,]$$

因为当 $X < d_r$，$X \sim N(0,1)$ 时违约发生，则违约的平均概率是 $P(X < d_r) = \phi(d_r)$。$\int \phi(\mu_r + \sigma_z)\phi(z)\mathrm{d}z = \phi[\mu_r/\sqrt{(1+\sigma^2)}\,] = \phi[\mu_r\sqrt{(1-\rho)}\,]$ 也是正确的。

$$E[p_r(f)p_s(f)] = P[\text{联合正态随机变量（相关系数为 } \rho\text{）} < d_r \text{ 及} < d_s]$$

临界值公式一般更适用于计算，而伯努利混合公式更适用于估计和模拟。相应的违约相关性可以从式（11.2）得出：

$$\text{违约相关性} = \frac{E[p_r^*(f)p_r^*(f)] - p_r^* p_s^*}{\sqrt{(p_r^* - p_r^{*2})(p_s^* - p_s^{*2})}} \tag{11.25}$$

表 11.8 总结了麦克尼尔、弗雷和恩布雷希特（McNeil，Frey and Embrechts，2005，表 8.8）的结果。这些结果给出了计算简单违约模型参数非常有价值的资源。重要的是，麦克尼尔、弗雷和恩布雷希特（McNeil，Frey and Embrechts）对该模型进行了简单的扩展，模型允许系统因素的方差 σ^2（即对 f 应用的层级）随评级分类的不同而不同：$p_r(f) = \phi(\mu_r + \sigma_r f)$。然而，这种附加的异质性对于拟合的改进并没有提供实质上的帮助，这表明简单模型已经足够完善了。

来自麦克尼尔、弗雷和恩布雷特希（McNeil，Frey and Embrechts，2005，表 8.8）。

表 11.8 伯努利混合模型的参数估计

	A	BBB	BB	B	CCC
平均违约概率 $E[p_r(f)]$	0.00044	0.00227	0.00975	0.05027	0.20776
临界值 d_r	-3.3290	-2.8370	-2.3360	-1.6420	-0.8140
混合均值 μ_r	-3.4260	-2.9200	-2.4040	-1.6900	-0.8380
隐含违约相关性					
A	0.00040	0.00076	0.00130	0.00220	0.00304
BBB	0.00076	0.00148	0.00255	0.00435	0.00609
BB	0.00130	0.00255	0.00443	0.00762	0.01080
B	0.00220	0.00435	0.00762	0.01329	0.01912
CCC	0.00304	0.00609	0.01080	0.01912	0.02796

如前所述，在伯努利混合框架下（公共因子结构），对任何同质的公司或贷款集合，随着期限的改变，违约情况会随着公共因素 f 的改变而改变。在 f 条件下，公司

类型为 r 的违约率为 $\phi\left[(d_r - f\sqrt{\rho})/\sqrt{(1-\rho)}\right]$。中位数为 $\phi\left[(d_r \pm 2\sqrt{\rho})/\sqrt{(1-\rho)}\right]$。表 11.9 给出均值、中位数及 $\pm 2\sigma$ 违约率，这些是表 11.7 中的估计所暗含的。

表 11.9 由表 11.7 估算得出的伯努利混合框架下违约率的变化

名称	A	BBB	BB	B	CCC
平均违约概率	0.00044	0.00227	0.00975	0.05027	0.20776
违约概率+2sig	0.00164	0.00747	0.02756	0.11429	0.36246
违约概率+1sig	0.00073	0.00371	0.01535	0.07395	0.27596
违约概率0sig（中值）	0.00031	0.00175	0.00811	0.04551	0.20104
违约概率-1sig	0.00012	0.00078	0.00406	0.02662	0.13987
违约概率-2sig	0.00005	0.00033	0.00193	0.01478	0.09277

表 11.9 中的数据显示了违约率的显著变化。评级为 A 的公司年平均违约概率是 0.044%，但大约每六七年违约一次的概率将超过 0.073%。多样化的投资组合并不能防范这种风险，因为所有公司都在应对同样的共同因素。这凸显了为什么信用风险是如此棘手的问题：信用风险要不全部做得很好（低违约率），要不全部很差（高违约率）。

表 11.8 展现的交叉相关关系是从式（11.25）计算得出的，它严重依赖模型的结构。违约事件是非常罕见的，同时违约更是少见。❶ 所以很难从数据直接预测交叉相关性（非参数地），尤其对于评级较高的发行人而言。概率-正态的结构，尤其是函数形式 $p_r(f) = \phi(\mu_r + \sigma f)$，并且假设具有同质比例的单一公共因子（对所有等级类别均适用相同的 σ）会产生表 11.9 所示的交叉相关结构。比例因子 σ 相关性的大小决定了相关性的水平。数据中决定 σ 的主要特征是计数分布相对于非混合伯努利分布的方差。换言之，是年计数或违约率的变异性，而不是公司之间的违约相关性，将成为 σ 的主要决定因素。在这种意义上，CreditRisk＋对于违约率可变性的重视是合理的。

模型依赖于函数形式来确定相关性结构，这既是优势也是不足。优势是它提供了一种结构，可以在面对稀缺数据时产生交叉相关。不足是在数据有限制时，模型结构很难检测。然而，考虑到数据的缺乏，可能也没有其他选择。必须相信临界值模型（违约通过临界变量大于临界值来决定）是恰当的，基础临界变量的模型相关性恰当地捕捉了违约的交叉相关性。

表 11.8 中的数据也可以用来计算泊松混合模型（CreditRisk＋类模型）。对于单因素模型（没有对比因素，所以 $w_{r0} = 0$ 及 $w_{r1} = 1$，用 q 替代 σ^2 作为伽马方差），近似的违约相关性，重复式（11.22）为：

$$\text{违约相关性} \approx \left[p_r^* \cdot p_s^* \cdot q\right] / \left[\sqrt{((p_r^* - p_r^{*2})(p_s^* - p_s^{*2}))}\right] \quad (11.22)$$

事实上，没有这样一个单独的 q，甚至连仅仅与复制表 11.8 中相近的 q 都不存在。

---

❶ 对于 A 级发行方，1000 个发行者的样本每年违约的数量应少于一个，而从戈迪（Gordy，2000）的表 8 来看，每年的样本似乎是 500 个左右。

隐含值在表 11.10 中体现，这些值的变化幅度超过了八倍。

表 11.10　基于表 11.8 得出的泊松混合模型的 Gamma 方差参数

参数	A	BBB	BB	B	CCC
A	0.910	0.767	0.629	0.458	0.284
BBB	0.767	0.651	0.539	0.396	0.249
BB	0.629	0.539	0.450	0.334	0.212
B	0.458	0.396	0.334	0.251	0.162
CCC	0.284	0.249	0.212	0.162	0.107

单一公共因素的泊松混合模型

$$\lambda_i = k_i \cdot f, f \sim Ga(1/\sigma^2, 1/\sigma^2)$$

可以通过引入常见术语 w_{r0} 使之推广：

$$\lambda_r = k_r \cdot (w_{r0} + w_{r1} f_1) \text{ 且 } f_1 \sim Ga(1/q, 1/q), w_{r0} + w_{r1} = 1$$

$$\Rightarrow E(\lambda_r) = k_r, \text{var}(\lambda_r) = k_r^2 w_{r1}^2 q \tag{11.26}$$

对于一个有 n 家完全相同公司的投资组合，这意味着 λ 将是一个常量（$n \cdot k_r \cdot w_{r0}$）及一个伽马分布随机变量［均值为 $n \cdot k_r \cdot w_{r1}$，方差为 $n^2 \cdot k_r^2 \cdot w_{r1}^2 \cdot q$，意味着 $\sim Ga(1/q, 1/n \cdot k_r \cdot w_{r1} \cdot q)$］的和。这将产生一个随机变量，其在分布上与泊松分布（参数为 $n \cdot k_r \cdot w_{r0}$）及负二项分布 $\{Nb(1/q, p), p = (1/n \cdot k_r \cdot w_{r1} \cdot q)/[1 + (1/n \cdot k_r \cdot w_{r1} \cdot q)] = 1/(1 + n \cdot k_r \cdot w_{r1} \cdot q)\}$ 的和（卷积和）相等（见麦克尼尔、弗雷和恩布雷希特（McNeil, Frey and Embrechts, 2005, 357）。

当用 $w_{A1} = 1$（$w_{A0} = 0$，因此用 $q = 0.9101$）将其标准化，我们得到表 11.11，第一行中显示权重，以及表底部显示相关性。❶ 这些相关性与表 11.7 非常吻合。

表 11.11　单因子泊松混合模型的权重及违约相关性

名称	A	BBB	BB	B	CCC
违约强度（近似违约概率）	0.00044	0.00227	0.00975	0.05027	0.20776
权重 w_{r1}	1.00000	0.84600	0.70290	0.52530	0.34230
权重 w_{r0}	0.00000	0.15400	0.29710	0.47470	0.65770
隐含违约相关性					
A	0.00040	0.00077	0.00132	0.00230	0.00333
BBB	0.00077	0.00148	0.00256	0.00444	0.00644
BB	0.00132	0.00256	0.00443	0.00767	0.01112
B	0.00230	0.00444	0.00767	0.01329	0.01928
CCC	0.00333	0.00644	0.01112	0.01928	0.02796

---

❶　戈迪（Gordy，2000）通过设定 $q = 1$ 进行标准化，同时也调查了 $q = 1.5$ 和 $q = 4.0$。对于什么是合适的选择，我没有任何直观的感觉，简单地选择了 $w_{A1} = 1$。

将模型表述为泊松混合（如表 11.11 所示）而不是伯努利混合（如表 11.8 所示）的好处是，违约分布计算很简单，这是实质性的好处。对于评级为 A 的公司，分布将为负二项分布，$w_0 = 0$；对于其他评级的公司，分布将为泊松分布和二项分布的卷积。

与计算伯努利混合模型所需的模拟相比，卷积在计算上是很简单的。❶ 然而需要注意，虽然泊松和负二项分布的卷积符合混合伯努利概率正态的相关性，它并不总是能符合分布的形状。当 $w_{r0} = 0$，$w_{r1} = 1$ 时，负二项分布及混合概率-正态本质上是相同的，但是当 $w_{r0} > 0$ 时，两者是不同的。

图 11.16 显示了由 10000 个 BBB 评级的公司和 200 个 CCC 评级的公司组成的投资组合的伯努利概率-正态混合和泊松混合（卷积）。由图 A 可以看出，BBB 公司的泊松混合分布（$w_{r1} = 0.8460$）与混合伯努利分布相差不大。然而，由图 B 可以看出，随着 w_{r1} 下降（泊松混合中泊松分布相对于负二项分布的比重增加），泊松混合分布的形状与概率-正态混合分布的形状开始出现差异。❷ 一个纯负二项分布（$w_{r0} = 0$，$q = 0.1066$）与伯努利混合并不匹配——图 11.16 B 图中没有显示纯负二项，因为它实际上与伯努利混合几乎没有分别。

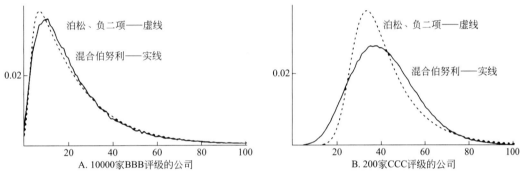

图 11.16　伯努利 Probit-Normal 模型及泊松混合模型（泊松分布与负二项分布的卷积）的对比
注：A 展示了 10000 家评级为 BBB 的公司的投资组合分布。伯努利分布是 $\mu = -3.426$，$\sigma^2 = 0.2430$ 的 probit-normal 混合分布（违约概率为 0.00227，临界水平为 -2.837，临界变量的相关性 $\rho = 0.05576$）。泊松/负二项分布是由式（11.24）给出的具有公共因素的混合泊松分布，$w_{r0} = 0.1540$，$w_{r1} = 0.8460$，$q = 0.9101$（强度为 3.4958 的泊松卷积，负二项分布的 $\alpha = 1.09878$，$p = 0.054119$）。B 表示 200 家评级为 CCC 的公司的投资组合分布。伯努利分布是一个 $\mu = -0.838$，$\sigma^2 = 0.2430$ 的 probit-normal 混合分布（违约概率为 0.20776，临界水平为 -0.814，临界变量的相关性 $\rho = 0.05576$）。泊松/负二项分布是由式（11.24）给出的具有公共因素的混合泊松分布，$w_{r0} = 0.6577$，$w_{r1} = 0.3423$，$q = 0.9101$（强度为 27.3302 的泊松卷积，负二项分布的 $\alpha = 1.09878$，$p = 0.071701$）。

对于泊松混合，似乎没有单独的参数集在与相关性结构相符的同时又能再现伯努利混合的形状。然而伯努利概率-正态混合的形状并没有什么神秘之处。由于数据不足，

---

❶　泊松分布和负二项分布都是可以分析的，并且对可能的违约数，其卷积涉及简单的循环。例如，为了计算泊松/负二项卷积两个违约的概率，我们总结如下：$P[\text{Poiss}=0] * P[\text{NB}=2] + P[\text{Poiss}=1] * P[\text{NB}=1] + P[\text{Poiss}=2] * P[\text{NB}=0]$。总和中项的数量随着违约数量的增加而增加，但是计算的数量比模拟伯努利混合物的数量要少几个数量级。

❷　分布的标准差是接近的，对于 BBB 级，伯努利混合分布是 19.2，泊松分布是 18.9；对于 CCC 级，伯努利分布是 14.7，泊松混合分布是 15.0。

分布的尾部不能很好拟合，因此很难根据观测结果区分两者。

（5）信用模型的进一步比较

MKMV 及 CreditMetrics 模型可以简化为相同的伯努利混合结构，我们已经看到 CreditRisk＋中用的泊松混合模型常被认为是伯努利混合分布的近似。那么，当参数被校准为大致相同时，模型也会产生大约相同的结果，这一点也不奇怪。格鲁希、加莱和马克（Crouhy，Galai and Mark，2000，第 11 章）对这三个模型进行了校准（加上第四个，CreditPortfolio View，它也可以表述为伯努利混合模型，但是其连接函数服从对数正态分布——见表 11.8）。他们将这些模型应用于一个大型多样化的基准债券投资组合，并发现这些模型对在险价值（VaR）产生了类似的估计。

戈迪（Gordy，2000）比较了 CreditRisk＋和 CreditMetrics（更准确地说，是只对违约情况建模的 CreditMetrics 版本，就像我们已经隐含在做的那样）。他展示了两种模型背后数学结构的相似性。他还比较了各种合成的（但貌似可信的）银行贷款组合的结果，并表明这些模型大体上是相似的。

11.8　精算与等价鞅（风险—中性）定价

到目前为止，信用风险的重点一直集中在建立违约和损失的分布上。本来我们很少关注信用风险定价或利用市场价格推断信用损失的分布，因为我们已经假定市场价格无法轻易得到。重点在于常用复杂模型及有限的数据从基本原理建立违约及损失的分布。我们很自然地，使用了违约和损失的实际概率（实际观察和体验到的数据），并称其为实际概率测度。

我们将在下一节转向信用证券的市场定价，以及所谓的动态简化形式模型。在此过程中，我们需要引入一个新概念，即等价鞅或风险-中性概率测度。

实际概率测度及等价鞅概率测度之间的差别有些隐晦，但本质上是很浅显易懂的。实际概率测度是实际观察到的概率，是在物理世界体会到的。到目前为止，我们讨论的所有信用风险分布都在使用实际概率测度（我们称之为 P），即我们实际经历的概率。等价鞅或风险-中性度量（我们称之为 Q）出现在市场交易证券的定价中。这是一种人为的概率度量方法，但是毋庸置疑对证券定价很有用。

一个很自然的问题是：为什么要用其他指标，而不用实际概率呢？答案是，利用实际概率度量对证券进行定价通常是很难的，而使用等价鞅度量的定价则简化为（相对）简单的期望和贴现。对于市场交易工具，风险中性定价方法是非常强大的。

（1）信用风险定价的物理度量及精算方法

为了了解在实际概率测度方法下怎样定价及为什么使用很困难，我们将回到第 11.3 节中概述得最简单、程式化的信贷模型——这是一个包含 1000 笔贷款的投资组合，期限为一年，如果没有违约，则支付 6.5％。收入的分布是二项的，在图 11.3 中展示。平均收入是 ＄59350，意味着考虑违约产生的损失，每个贷款的平均收益是

5.935％。在11.3节中，我们简要介绍了公司如何为这样的投资组合设定准备金。但从不同的角度来考虑这个问题；在给定违约行为的条件下，价格应该是什么？更具体地说，公司应该收取什么利率，而不是按照承诺的6.5％作为给定利率？考虑到平均1000笔贷款中有10笔会违约的风险，6.5％的利率是高还是低？

这个看似简单的问题实际上引发了一些深刻而困难的问题。假设目前这些贷款没有交易，因此没有可用的市场价格，所以我们必须在没有外界价格参考的条件下工作。一种标准方法是将利率设定为相对于相同期限的无违约债券的利差，利差设定为：

总利差＝管理费用＋预期损失＋风险溢价

这被认为是一种精算方法，因为这个等式与标准精算溢价原理［见麦克尼尔、弗雷和恩布雷希特（McNeil，Frey and Embrechts，2005，9.3.4节）具有相同的结构。预期损失与风险溢价是关注的焦点（管理费用在这里并不是主要的利息］。预期损失通常是显而易见的。在我们的例子中，就是违约概率（0.01）与违约条件下预期损失（50％）的乘积，即0.5％。

风险溢价则更为困难，因为它从根本上取决于风险偏好。一种常见的方法是对持有的经济资本（与贷款相比）使用最低要求报酬率（净资产收益率）。如在11.3节中讨论的，经济资本由收入分配决定，见图11.3。它将是一个缓冲，保护公司免受整个投资组合的意外损失，旨在防止违约，并确保某些预先设定的（低）违约概率。此时，经济资本将是一个尾部指标，如VaR或期望损失。

对于最低资本回报率，并不存在正确选择，它取决于风险偏好和对风险的态度。谁的风险偏好？可能是公司管理的，可能是投资者的，但是答案并非无关紧要或明显的。例如，让我们选择20％的股本回报率，在7300美元的经济资本（来自11.3节）上，这给出了1460美元的总风险溢价。作为组合投资的百分比（100万美元），这是0.146％。

经济资本以及因此而产生的风险溢价，是由整个投资组合决定的，而不是基于单个证券，因此必须被分配到各个证券。❶ 风险溢价分配本身并不重要。在现实投资组合中，一些贷款可能与整体投资组合高度相关，因此对整体风险有很大的贡献，需要大量的资本并承担很大的风险溢价。其他的可能与投资组合无关，对于整体风险贡献不大，因此需要较少的资本及承担较低的风险溢价。分配可以使用类似于第10章中讨论的风险贡献来完成。麦克尼尔、弗雷和恩布雷希特（McNeil，Frey and Embrechts，2005，11.3节）讨论了不同资本分配原则。在我们的例子中，所有的贷款完全相同，价差将为0.646％。

请注意为得到贷款价差而遇到的困难和有些棘手的步骤。

① 对每个贷款计算预期损失（0.5％）。

② 对整个投资组合计算经济资本（＄7300）。

---

❶ 在我们的例子中，所有贷款都是相同的，因此所有贷款对经济资本的贡献都是一样的，但是现实并非如此。

③ 通过对经济资本应用最低预期回报率来计算整个公司的风险溢价（20%，$1,460，或0.146%）。

④ 将整体风险溢价分配给每个贷款（0.646%）。

继续向下，步骤变得更加复杂，有了更主观的成分。

这些贷款目前已以合理的方式定价，但是过程并不简单而且部分是主观的。对于这样的贷款，没有可比或参考的市场价格，这样的方法可能是能做到的最好方法了。

（2）等价鞅或风险—中性定价

对于市场交易资产或证券，当市场价格可以获得时，等价鞅或风险—中性定价方法是非常有效的。理解这种区别最简单的方法是通过例子。[1] 11.5节中默顿（Merton）模型假设一家公司由债券及股票提供资金。假设公司的总资产遵循对数正态过程式（11.7a），这给了我们违约的概率方程式（11.7b）。式（11.7a）中指定的资产过程是实际过程，而式（11.7b）中的违约概率是实际违约概率。这正是我们在11.5节中想要的，也是我们在11.5节到11.7节中用的。

然而，我们从来没有尝试为债券或股票定价。我们可以利用真实分布式（11.7a），通过对未来支付取期望[式（11.5）或式（11.6）给出的支付]来实现。但问题是我们必须知道投资者的偏好——他们对于风险的态度——以确定上行和下行的相对价值。这不是简单的工作，相当于（但比之前困难）在前面的例子中选择最低预期回报率和总风险溢价的分配。

然而，在特定条件下，未来现金流可以简单通过折现后的期望现金流量价值确定，但是我们使用的是人为设定的等价鞅概率测度Q而不是真实度量P来取期望值。[2] 对于默顿（Merton）模型，结果表明，等价鞅测度Q仅仅需要用无风险利率的资产过程代替平均增长率。我们用r代替式（11.7a）中的μ：

在实际度量P下的资产过程，对数正态分布均值为μ：

$$\widetilde{V}_T \sim N[\ln(V_0) + (\mu - \sigma^2/2)T, \sigma^2 T]$$

在等价鞅测度Q条件下的资产过程，均值为r的对数正态：

$$\widetilde{V}_T \sim N[\ln(V_0) + (r - \sigma^2/2)T, \sigma^2 T]$$

真实违约概率由式（11.7b）给出，在这里重新写为：

$$p = P_P[\widetilde{V}_T \leq B] = P[\ln(\widetilde{V}_T) \leq \ln(B)] = \phi\left(\frac{\ln(B/V_0) - (\mu - \sigma^2/2)T}{\sigma\sqrt{T}}\right)$$

然而在等价鞅测度条件下的违约概率由下式给出：

$$q = P_Q[\widetilde{V}_T \leq B] = P[\ln(\widetilde{V}_T) \leq \ln(B)] = \phi\left(\frac{\ln(B/V_0) - (r - \sigma^2/2)T}{\sigma\sqrt{T}}\right)$$

---

[1] 麦克尼尔、弗雷和恩布雷希特（McNeil, Frey and Embrechts, 2005, 9.3节）有一个很好的替代例子。

[2] 最重要的条件是，市场是完整的，因为未来的支付[比如方程（11.5）和（11.6）中的股票和债券的支付]可以通过流动资产交易复制。参见麦克尼尔、弗雷和恩布雷希特（McNeil, Frey and Embrechts, 2005, 9.3节）；达菲（Duffie, 2001）；宾厄姆和基泽尔（Bingham and Kiesel, 1998）。

μ 和 r 的区别意味着两个概率是不同的。对于默顿（Merton）模型，用 p 表示 q 是有可能的：

$$q = \phi \left[\phi^{-1}(p) + \left(\frac{\mu - r}{\sigma} \sqrt{T} \right) \right]$$

一般来说，q 比 p 大因为 $\mu > r$。[这个表达式只对默顿（Merton）模型合理，虽然它常在实际中被用来转换实际概率和风险中性概率。]

等价鞅度量的迷人之处在于，现在债券和股票的价格可以简单地计算为未来支付的预期贴现值。对于股票，即为：

$$S_0 = E_Q(\tilde{S}_T) = E_Q[\max(\tilde{V}_T - B, 0)] = \int [\max(\tilde{V}_T - B, 0)] \mathrm{d}\tilde{V}_T$$

资产价值 V_T 服从对数正态分布，所以其总和实际上是欧式看涨期权的 Black-Scholes 公式：

$$S_0 = C^{BS}(t, V_0; r, \sigma, B, T) = V_0 \Phi(d_1) - Be^{-rT} \Phi(d_2)$$

$$d_1 = \left(\frac{\ln(V_0/B) + (r + \sigma^2/2)T}{\sigma\sqrt{T}} \right) \tag{11.27a}$$

$$d_2 = d_1 - \sigma\sqrt{T}$$

债券将是承诺支付的折现价值 Be^{-rT} 减去看跌期权：

$$B_0 = Be^{-rT} - P^{BS}(t, V_0; r, \sigma, B, T) = Be^{-rT} - [Be^{-rT}\Phi(-d_2) - V_0\Phi(-d_1)]$$

$$= Be^{-rT}\Phi(d_2) + V_0\Phi(-d_1) \tag{11.27b}$$

等价鞅或风险-中性方法的优点在于式（11.27）的简洁性。使用风险—中性度量，我们可以把投资者当作风险中性（均值是 r 而不是 μ）来为证券定价。这并不是说真实分布的均值是 r，或者投资者实际上是风险中性的。而是，在市场是完全竞争的时候，有足够多的证券，我们可以复制现有证券的动态交易支付，利用式（11.5）及式（11.6），通过同时使用风险—中性度量（平均 r）和将投资者视为风险中性来得到正确答案。风险中性的观点是相对定价的观点——它有效的原因是我们可以动态地对冲或复制支付。

风险—中性方法开启了一个充满可能性的舞台。现在我们有风险债券的价格，式（11.27b）作为相关基础变量的函数。例如，Be^{-rT} 是无风险或无违约债券的价值，我们可以使用式（11.27b）来得到无风险及风险债券的收益率差。[要注意，默顿（Merton）模型并不是信用差价的理想模型，因为它意味着短期价差趋向 0。见麦克尼尔、弗雷和恩布雷希特（McNeil, Frey and Embrechts, 2005, 8.2.2）及格鲁希、加莱和马克（Crouhy, Galai and Mark, 2000, 9.2）。我们很快就会遇到更有用的风险债券和信用利差模型。] σ 是公司基础资产的波动率，我们可以使用式（11.7b）精确地检验风险债券价格如何随资产波动而变化。

现在，为高风险债券定价变得容易了。违约概率不再是真实概率，但如果主要关注有风险证券的价格，我们就不在乎了。

（3）精算方法及风险—中性定价方法比较

麦克尼尔、弗雷和恩布雷希特（McNeil，Frey and Embrechts，2005，9.3.4节）对精算方法（用实际概率测度）及风险—中性定价方法进行了很好的对比总结：

财务和精算定价比较。在本节最后，我们对这两种定价方法进行了简单比较。财务定价方法是一个相对定价理论，根据可观测的其他证券的价格解释信用产品的定价。如果运用得当，信用风险证券的无套利价格与市场报价一致。这些特点使财务定价方法在信用风险活跃交易的环境中，特别是在相关产品市场流动性相对较好的情况下，成为评估信用工具的首选方法。另一方面，由于财务定价模型必须根据交易信贷工具的价格进行校准，因此在缺乏足够市场信息的情况下很难应用。另外，在这样的情况下，利用选择的某些特定风险中性度量原则的市场报价，或多或少是凭空捏造的。

保险精算定价方法是绝对定价方法，基于风险承担的范式：如果贷款人认为从贷款中获得的利差足以补偿贷款对贷款组合总风险的贡献，则将贷款等信贷产品记入资产负债表。另外，该方法主要依赖历史违约信息。因此，精算方法非常适合信贷工具市场流动性相对较差的情况，即很少或没有价格信息。中小企业贷款是一个很好的例子。另一方面，该方法不一定会导致产品之间价格一致（在没有套利的意义上），或者与信贷工具的市场报价兼容，所以对于交易环境来说并不是很适合。

作者还指出，随着市场发展，更多的信用产品以市场价格和风险中性方法定价。这就提出了整个机构一致性和统一性的问题，因为同一个公司的不同单位对同一产品的定价可能不同。解决这些问题需要了解市场（风险—中性）估值与精算估值之间的差异。

财务与精算的定价区别强调了信用风险的重要分界线，可能是信用风险度量最重要的分界线。当信用风险被交易时，用市场价格和价格分布来衡量风险是有意义的。当工具没有交易的时候，人们应该只使用复杂的、基于违约的模型，例如，贷款、公司债券、交易对手的衍生工具等。

11.9　动态简化形式模型

我们现在来谈谈信用风险证券的定价问题。本章对信用风险的分析主要集中在信用风险管理上——测量和使用投资组合或商业活动在某些（通常是长期）时期的损益分布。在这一节中，我们将换个角度关注信用风险证券的市场定价。我们将看到，当这种风险可以被交易时，这些模型适用于信用风险。因此，它脱离了本章中讨论的工具和技术，更多地转向了前面章节中讨论的市场风险领域。

本节的目的是介绍这种思想，而不是提供全面的概述。信用风险证券的定价是一个很大且不断增长的领域。达菲和辛格尔顿（Duffie and Singleton，2003）写了一本关于这个话题的教科书。麦克尼尔、弗雷和恩布雷希特（McNeil，Frey and Embrechts，2005）在他们书中第9章专门讨论了这个话题。本节只提供最简单的介绍。

近年来，信贷风险证券市场发生了两大变化。第一个变化是信用风险交易的种类和数量都在增加。三十年前，除公司债券以外，几乎没有信用风险证券交易，许多债券的交易也很少。贷款、应收账款、租赁等都由机构持有至到期，几乎从未交易过。现在有大量的衍生证券（其中最主要的是信用违约掉期）、抵押结构产品和可交易的贷款，市场已经发生了巨大的变化。

第二个变化是信贷风险的定价。为信用风险证券定价的风险—中性或等价鞅范式的发展，使投资者能够对信用风险进行估值，而不受利率等其他因素的影响。证券成分的分离使得信用定价更加透明，是促进信用风险交易增长的主要因素。

信贷风险市场的增长曾出现过混乱，最引人注目的是 2007 年至 2009 年与证券化抵押贷款市场有关的金融危机。然而，这种与信贷相关的破坏不应完全归咎于信贷市场的创新和变化。金融市场度过这场危机已经有很长一段时间了，许多危机与信贷有关，而且远早于现代衍生品证券出现之前。巴林兄弟（Barings Brothers）因过度投资阿根廷债券而破产（尤其是布宜诺斯艾利斯排水和自来水公司，见金德尔伯格 [Kindleberger，1989，132] 和 Wechsberg（1967，第 3 章）]。从 1988 年到 1991 年，大约有 1400 家美国储蓄和贷款机构以及 1300 家银行倒闭，原因是不良的放贷做法，尤其是在房地产方面存在过度风险敞口。[参见莱文和瓦伦西亚（Laeven and Valencia，2008）和莱因哈特和罗杰夫（Reinhart and Rogoff，2009），附录 a.4。]

（1）信用违约互换及高风险债券

我将通过开发一个简单的信用违约互换产品掉期定价模型（CDs）来解释动态简化模型的思想。虽然简单，但这个模型能够告诉我们这类模型的运作原理。

（2）CDS 概述

CDS 是最基本的信用衍生品，是各种证券的基础，在很多方面也是最容易建模的信用风险证券。[在科尔曼（Coleman，2009）中可以找到更详细的讨论。也见麦克尼尔、弗雷和恩布雷希特（McNeil，Frey and Embrechts，2005，9.3.3 节）。]虽然 CDS 经常被描绘成复杂、神秘、甚至是邪恶的，但它们实际上并不比公司债券更复杂或更神秘。

我们在第 3 章讨论了 CDS，其中我们展示了标准 CDS 是如何等价于浮动利率的公司债券（浮动利率票据或 FRN）。在讨论定价之前，我们先讨论一些相同的材料。

首先，考虑 CDS 为什么与浮动利率债券（FRN）等价，考虑图 11.17，它显示了一家出售保护公司的 CDS 现金流随时间的变化。出售保护包括收取定期付款，来换取违约时会给予支付的承诺。在 CDS 到期或违约（以先发生者为准）之前，公司都会收到保费。由于保费只有在没有违约的情况下才会支付，所以它是有风险的。如果出现违约，该公司将支付 100 美元（支付债券本金减去从债券中收回的所有金额）。

图 11.17　CDS 支付的时间轴（卖出保护）
注：图来自 CFA 协会研究基金会 2011 年出版的《风险管理使用指南》中的图 3.2。

现在我们可以使用一个巧妙的技巧，对于任何互换协议，只交换净现金流。这意味着我们可以插入任何现金流，只要支付和接收的金额相同，且净额为零。在每个保费到期日，我们可以加减 LIBOR 支付，在 CDS 到期日也加减 100，但前提是没有出现违约。因此，这些 LIBOR 支付是有风险的。但由于它们的净值为零，对 CDS 的价格或风险完全没有影响。在图 11.18 中，图 A 展现了原始 CDS 加上这些净值为零的现金流。图 B 以一种更方便的形式重新排列了这些现金流。

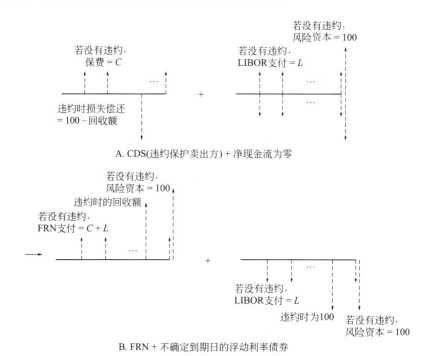

图 11.18　CDS 付款＋抵消付款＝浮动利率债券（FRN）－LIBOR 浮动债券
注：图来自 CFA 协会研究基金会 2011 年出版的《风险管理使用指南》中的图 3.3。

图 B 的左侧是浮动利率债券（FRN）。如果没有发生违约，则出售保护的公司收到（LIBOR＋息差）及最终本金的利息。如果发生违约，公司收到违约的息票及违约后的可回收部分。图 B 右侧的组合看起来很不合适，但是其实是很简单的：它在今天总是值 100。这是 LIBOR 浮动债券，到期日等于违约日或 CDS 到期日：无论是否发生违约，支付都是 LIBOR ＋ 100，100 的支付日期由违约日（或 CDS 到期日）决定。支付的时点可能是不确定的，但这不会影响价格，因为任何支付 LIBOR＋100 的债券，当贴现率为 LIBOR 时（CDS 也是如此），无论到期日是什么时间，都价值 100。

换言之，我们已经证明了 CDS（卖出保护）只不过是多头 FRN 和空头 LIBOR 浮动利率（价值 100 美元）的结合：

$$\text{CDS(卖出保护)} \Leftrightarrow +\text{FRN} - \text{LIBOR 浮动证券} = +\text{FRN} - 100$$

通过改变符号，我们也有

$$\text{CDS(买入保护)} \Leftrightarrow -\text{FRN} + \text{LIBOR 浮动证券} = -\text{FRN} + 100$$

这非常有用，因为它实际上告诉了我们关于 CDS 为什么分布广泛和怎样分布广泛的信息。❶

（3）CDS 定价模型

现在我们可以转向 CDS 定价。CDS 的估值模型相对简单，CDS（卖出保护）的现金流为：

① 收入。固定息票 c，只要没有违约。

② 支付。$\$100-$所有回收量（当违约发生时）。

两个现金流都是有风险的，因为支付的时间长度及是否能被支付取决于违约是否发生及违约发生的确切时间。

这些现金流如图 11.17 所示。如果违约确定会在固定时间 τ 发生，定价就会很容易：利用等价鞅测度折现确定现金流（知道 τ 收到 c，然后支付 100 回收额）。问题是时间 τ 是随机的，并且是未知的。所以我们假设随机违约时间 τ 的分布，然后再贴现回来，同样使用等价鞅测度。

这是简化模型，因为违约过程（随机时间 τ）是被假设的，而不是基于基础金融或经济过程建模的结果。它是动态的，在这个意义上，违约时间作为一个连续时间的随机过程被建模。简化形式方法的好处是，控制违约的随机过程具有很大的灵活性，以及相对定价（无风险或等价鞅）框架的简单性。

对于这个例子，我们假设随机违约时间 τ 是恒定风险过程，这将使得数学计算尤其简单。不变风险假设是指下一时刻违约的概率，以尚未违约为条件，是不变的。也就是说，在风险—中性测度下，违约时间 τ 在常数风险 α 下呈指数分布：

$$P(\tau < t+\mathrm{d}t \,|\, \tau > t) = \alpha \,\mathrm{d}t \, P(\tau > t \,|\, \tau > 0) = \exp(-\alpha t)$$

如果我们假设无风险利率是恒定的，为 γ，则随机时间 τ 收到息票 c 的现值是：

$$\mathrm{PV}(\text{在时间 } t_k \text{ 收到息票 } c) = \sum_k \exp(-rt_k) \cdot c \cdot P_Q(\tau > t_k)$$
$$= \sum_k \exp(-rt_k) \cdot c \cdot \exp(-\alpha t_k)$$

这假设息票支付以年计息。如果不是这样，我们将有 $c \cdot \mathrm{d}f$，$\mathrm{d}f =$ 每日变动部分 $=$（支付之间的时间段）$/360$ 或 $/365$，这取决于货币和适当的货币市场惯例。

支付违约损失的 PV 是在随机违约时间内预期损失（净回收）的期望值。例如损失是 100，回收率固定为 δ，则损失净回收为 $100(1-\delta)$，期望值为：

$$\mathrm{PV}(\text{损失}) = -100 \cdot (1-\delta) \cdot \int \alpha \cdot \mathrm{e}^{-rs} \cdot \mathrm{e}^{-\alpha s}\,\mathrm{d}s$$
$$= -100 \cdot (1-\delta) \cdot [\alpha/(\alpha+r)] \cdot [1-\exp(-(r+\alpha)T)]$$

CDS 的总价值为：

CDS 的 PV（卖出方：保费 c，支付债券损失的偿付额）$=$ PV（收到息票）$-$ PV（损失）

$$= \sum_k \exp(-rt_k) \cdot c \cdot \mathrm{d}f \cdot \exp(-\alpha t_k) - 100 \cdot (1-\delta) \cdot$$
$$[\alpha/(\alpha+r)] \cdot \{1-\exp[-(r+\alpha)T]\}$$

---

❶ 当我们考虑实际在市场上交易的 FRN，因为在违约时支付应计利息存在技术问题，这种等价性并不准确。看到科尔曼（Coleman，2009）。

$$= \sum c \cdot df \cdot e^{-t(r+\alpha)} - 100 \cdot (1-\delta) \cdot \left[1 - e^{-(r+\alpha)T}\right] \frac{\alpha}{\alpha+r} \qquad (11.28)$$

其中，df 为日变化部分（例如，$\approx 92.5/360$ 对季度 USD，A/360）。

这是一个非常简单的公式。事实上，在电子数据表上可以很容易地计算。这假设在券息支付日之间发生违约时，不支付部分券息。❶

若没有违约，支付资本 = 100

违约时的回收额

若没有违约，保费 = C

...

图 11.19　风险债券的支付时间轴

（4）风险债券的定价模型

然而，该方法的真正作用在于，它将 CDS 之类的纯信用衍生品与更传统的公司债券置于相同的框架内。图 11.19 显示了受违约影响的传统债券的现金流：定期息票，违约时的回收额，以及无违约时的本金支付。这些与图 11.17 所示的现金流并不完全相同（尽管接近），但是无论是否完全相同，我们都可以使用相同的框架对它们进行估值。

我们再一次假设无风险利率是常数 r，则收到息票 c 的现值是：

$$\text{PV}(\text{在时间} t_k \text{ 收到的息票} c) = \sum_k \exp(-rt_k) \cdot c \cdot P_Q(\tau > t_k)$$
$$= \sum_k \exp(-rt_k) \cdot c \cdot \exp(-\alpha t_k)$$

一旦违约发生，回收额的现值是随机违约时间内回收额的期望，$100 \cdot \delta$：

$$\text{PV}(\text{回收额}) = 100 \cdot \delta \cdot \int \alpha \cdot e^{-rs} \cdot e^{-\alpha s} ds$$
$$= 100 \cdot \delta \cdot \left[\alpha/(\alpha+r)\right] \cdot \left[1 - \exp(-(r+\alpha)T)\right]$$

本金的现值是 T 之后违约概率的 100 倍，按 r 贴现：

$$\text{PV}(\text{资本}) = 100 \cdot P(\text{在 T 之后违约}) = 100 \cdot \exp\left[-(r+\alpha)T\right]$$

债券的总价值是：

债券的 PV ＝PV（收到息票）＋PV（资本）＋PV（回收额）

$$= \sum_k \exp(-rt_k) \cdot c \cdot df \cdot \exp(-\alpha t_k) + 100 \cdot \exp\left[-(r+\alpha)T\right] +$$
$$100 \cdot \delta \cdot \left[\alpha/(\alpha+r)\right] \cdot \left\{1 - \exp\left[-(r+\alpha)T\right]\right\}$$
$$= \sum c \cdot df \cdot e^{-t(r+\alpha)} + 100 \cdot e^{-(r+\alpha)T} + 100 \cdot \delta \cdot$$
$$\left[1 - e^{-(r+\alpha)T}\right] \frac{\alpha}{\alpha+r} \qquad (11.29)$$

其中，df 为日变化部分（例如，$\approx 92.5/360$ 对季度 USD，A/360）。

这是一个非常简单的公式，事实上，它可以在电子表格中很容易地进行计算。

式（11.28）给出了 CDS，式（11.29）给出了债券作为基础参数的函数，基础参数为：r 为无风险利率；α 为违约强度；δ 为回收率。

（5）例子——CDS 和债券的市场定价

CDS 和债券都依赖于相同的参数、相同的基础过程。这意味着如果我们可以为其

---

❶　事实上，市场上交易的 CDS 通常包括部分支付的息票——见科尔曼（Coleman，2009）。

中一个金融工具估值，则可以自动为另一个进行估值。（息票率及到期日是特定工具的特征。）无风险利率 r 取决于更宽泛的市场条件，但是违约强度 α 及违约率 δ 对于指定公司（我们观察的指定发行者）是特定的。

公司债券可以在市场上交易，所以我们可以得到 PV 的市场价格。考虑一个五年期债券，年息为 5%，无风险利率为 3.50%，如果债券以 ＄100 被交易，我们可以用式 (11.29) 来计算参数 α 及 δ 的值，它们与市场价格是一致的。❶ 如果假设 $\delta=40\%$，我们可以得到 $\alpha=2.360\%$。

现在让我们考虑 CDS，比如同一发行人发行的 5 年期 CDS，年息为 1%。公式 (11.28) 给出 CDS 的价值（收到固定息票，在违约时支付），在本例中是 －1.8727 美元。

我们采用了一个理论框架（一种动态简化模型，在等价鞅度量下贴现不确定的现金流）并且将其应用于两种不同但是相关的工具上（CDS 及相同发行者的风险债券）。通过使用相同的定价框架处理这两种工具，我们可以将债券的市场价格应用于 CDS 的市场定价。利用式 (11.29)，我们分别对纯折现（由于无风险利率 r）及风险折现（由于违约及回收率参数 α 及 δ）进行定价。我们可以应用这些计算相关但不同的现金流，也就是 CDS 的现金流。

我们现在做的是将非交易的信用证券 CDS，转化为以市场价格定价的证券。从本质上讲，我们利用相对定价的范例，将 CDS 转为市场定价及市场风险范畴。在这个意义下，动态简化信贷模型应该与其他交易工具的定价模型（如互换或期权定价模型）属于同一类别。它们将市场风险因素转化为公司持有特定证券的损益分布，它们适用于产生损益分布过程的步骤一（资产到风险因素映射），在第 8 章 8.3 节中讨论。虽然这些工具对信用很敏感，但它们不需要本章讨论的技术。

11.10 结论

正如我之前说的，本章并没有采用标准的方法讨论信用风险。我主要关注建立损益分布所需的数学知识及模型，而较少关注信用计量和管理的传统技术。我认为这种方法在两个方面做出了调整。第一，建立非交易信用风险损益分布所需的模型在概念上简单，但在实践中困难。我尝试列出概念性的框架，并且强调这些概念的简单性，也同样强调建立及实施实际信用风险系统的微妙及困难之处。第二，有很多文章都很好地讨论了传统的信贷风险方法，读者们可以比较容易找到本文所省略之处。

然而，我确实想强调的是，没有涉及的信用风险话题的范围很广。

通常，信用风险管理有三个组成部分：

---

❶ 事实上，α 和 δ 是不可能分离的。标准的做法是固定 δ，令其固定在 30% 或 40%，然后计算 δ 条件下的 α 值。

① 测度。

② 设置储备金、拨备及经济资本。

③ 其他管理领域：设立限制、投资组合管理、人员管理及激励机制。

本章的重点是确定违约的分布，这只是衡量信用风险的第一个组成部分。衡量意味着确定损益分布，损失本身取决于违约率、风险暴露及回收率：

$$损失＝违约率×风险暴露×(1－回收率)$$

违约之所以成为人们关注的焦点，是因为对违约建模是信用风险模型中最复杂的组成部分，模型的不同主要在于对违约和违约背后过程的建模，而不是对风险敞口和回收率的建模。

（1）衡量方法：传统信用分析和评级

传统信用分析致力于分析单个公司、贷款及其他信用风险，目标在于评测违约的可能性以及一旦发生违约会产生多大损失。通常采取的形式是对信用风险进行评级。信用评级可能仅仅反映违约的可能性，或违约的可能性和损失的严重程度的组合。在这个意义下，传统信用评级可以映射到这章讨论的更为正式的模型违约概率上，或者给定违约概率和损失的组合上。在某些情况下，映射是很清楚的，正如在 CreditMetrics 中，公司的评级分类决定了转移（及违约）概率，以及在之前 11.7 部分讨论的麦克尼尔、弗雷和恩布雷希特（McNeil，Frey and Embrechts，2005）根据评级种类的违约概率估计。

大多数评级系统都是基于定量分析和定性分析的考虑，但通常不是本章讨论的正式模型。传统信用分析通常集中于个体而不考虑组合间的相互作用，因此可以被称为单项信用分析。

在实践中，有大量的方法和广泛的文献致力于单项信用分析和评级系统。许多评级机构对公开交易的债券进行评级，其中最著名的是标准普尔（Standard and Poor）、穆迪（Moody's）和惠誉（Fitch）。私营部门的发行人向评级机构支付报酬，由评级机构对债券进行评级，然后将向公众提供，许多投资者和监管机构都依赖这些评级。美国几乎所有公开发行的债券都由一家或多家评级机构进行评级，许多国际债券和发行方（包括美国或希腊政府等主权债券发行方）也都会得到评级。

由于银行所涉及的许多发行机构和发行人都没有公开评级，因此金融机构通常会发展自己的内部评级，以补充公开评级。格鲁希、加莱和马克（Crouhy，Galai and Mark，2000）用了整整一章（第 7 章）来讨论公共和内部信用评级系统，而格鲁希、加莱和马克（Crouhy，Galai and Mark，2006）把这个主题分成两章：一部分涉及零售信贷分析，另一部分介绍商业信用分析。

（2）测度：风险暴露及回收—信用结构的类型

风险暴露及回收对于衡量信用损失是很关键的，但在本章没有广泛涉及。风险指的是如果发生违约可能造成的损失，而回收指的是潜在损失中被回收的金额（或比例）。它们结合在一起，得出违约损失（LGD）：

给定违约条件下的损失＝风险暴露（＄数量）×（1－回收率）

当前的风险暴露往往很难测量，例如，仅仅搜集当前风险暴露的数据可能具有挑战性（正如在11.1节中提到的）。然而，问题变得更加困难，因为重要的是违约时的风险敞口，而不是当前的风险敞口。由于违约是未来的事情，而且违约本身也不确定，因此违约风险可能更加难以衡量。

风险暴露的种类有很多。马里森（Marrison，2002，第17章）讨论了不同的信用结构。

① 大公司的信用暴露：

a. 商业贷款。

b. 商业信用额度。

c. 信用证及担保。

d. 租约。

e. 信用衍生品。

② 零售客户的信用暴露：

a. 个人贷款。

b. 信用卡。

c. 汽车贷款。

d. 租约及分期付款协议。

e. 抵押。

f. 房屋净值信用额度。

③ 交易过程的信用暴露：

a. 债券。

b. 资产支持证券（包括公司或零售客户因贷款、租约、信用卡、抵押等产生的潜在暴露）。

c. 证券贷出及回购。

d. 边际收益。

e. 衍生品的信用暴露（非信用衍生品，例如利率互换）。

f. 交易结算。

g. 信用衍生品。

对于许多金融工具来说，风险敞口会随着时间和市场的变化而变化。考虑期限为5年的分期偿还公司债券，由于分期偿还的原因，债券的名义价值会以一种可预测的方式随着时间的推移而递减。然而，对于任何名义价值债券，其价值（以及风险敞口或有损失风险的金额）将随市场无风险利率水平而变化：低利率意味着低贴现和高现值。解决这个问题的常用方法是测量预期暴露和最大可能暴露（MLE）。对于价值取决于利率的债券，预期风险敞口可以视为远期曲线（或者可能是名义风险）所隐含的价值。MLE可作为利率分布第95百分位的风险敞口。摊销债券的情况如图11.20中A图所示。

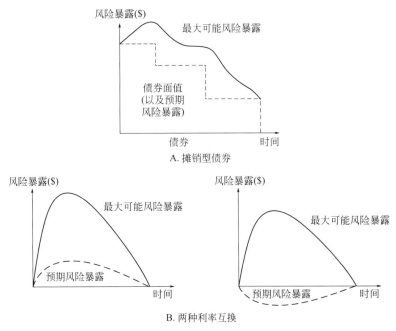

图 11.20　分期偿还债券及两种利率互换的预期和最大可能风险暴露

注：图来自 CFA 协会研究基金会 2011 年出版的《风险管理使用指南》中的图 5.12。

对于利率掉期和期权等其他金融衍生品来说，信用风险更为复杂。一个新的按市场价格进行计价的互换价值将为 0，没有信用暴露——如果交易对手违约并离开，市场价值将不会有损失。然而，随着时间的推移和利率的变化，掉期的市场价值可能会变为正或负。如果是负数，同样没有信用暴露——如果交易对手退出，市场价值将没有损失。然而，当市场价值为正时，信用风险敞口将与市场价值相同——如果交易对手消失，损失将等于互换的市场价值。

利率互换的风险敞口将从 0 开始，但随后可能变成正的，或保持为 0。风险敞口会随时间随机变化，在 0 和某个正值之间移动。然而，仍有可能计算出预期和最大可能的风险敞口。预期风险敞口可以简单地视为沿着远期曲线计算的互换价值；这可能是正的（如图 11.20 中 B 图的左边所示），也可能是负的（图 11.20 中 B 图右侧——请注意，风险敞口实际上在息票付息日有不连续地跳跃，但这些没有显示在图中）。最大可能的风险敞口可以作为远期曲线分布的第 95 百分位，这对于任何互换都将是正的，正如在图 11.20 中 B 图所展示的那样。

马里森（Marrison，2002，第 17 章）更广泛地讨论了最大可能风险暴露的概念，并为许多信用结构提供了有用的图表。

预期或者最大可能的风险暴露可以利用 11.3 部分讨论的程式化违约模型产生损失分布。确实，商业产品经常做一些类似的事情。（CreditMetrics 使用了与预期信用风险敞口相近的东西。MKMV 选择用市场价格［远期价格］来计算风险暴露，这样就得到了近似的预期风险敞口。）

然而，使用预期和最大可能的风险暴露只是不精确的近似。在现实中，违约风险暴露通常是随机的。再次考虑利率互换，实际风险敞口可能为零或正，并且会随着无风险利率的随机变化而变化。将随机违约过程与基础市场变量的随机变化相结合是困难的，而且通常并不这么做。这是未来开发信用风险模型中需要解决的主要问题。❶ 这个问题对于诸如利率互换这样的工具尤为重要，因为在这些工具中风险暴露随市场变量（互换的利率）的变化而大幅变化。对于短期贷款等工具而言，这个问题不那么重要，因为这些工具的风险敞口主要是本金面临的风险。

（3）储备金、拨备和经济资本

一旦违约和损失的分布（损失分布）可以被测量，它们就可以被使用。首先，可以用于确定储备金、拨备和经济资本。11.3节对此进行了简要讨论。事实上，这个话题应该更深入地讨论，但也应与企业整体风险相结合，而不仅仅局限于信用风险。

（4）其他信用风险管理话题

除了储备金及经济资本的特定话题，还有更广泛的风险管理问题——怎样用风险信息来管理日常企业，诸如设定限制、资本配置、人员管理、设定薪酬和其他并非针对信贷风险的激励措施等。如果单单在信用风险背景下讨论这个问题将出现错误。

（5）信用缓释

信用增强、信用缓释和对冲技术是很大的领域。这些技术范围包含从传统技术（例如债券保险及逐日盯市）到近期创新（例如信用违约互换）。格鲁希、加莱和马克（Crouhy，Galai and Mark，2000）用他们书的第12章讲了这个话题；格鲁希、加莱和马克（Crouhy，Galai and Mark，2005）也在第12章涉及了这个话题。

最后，信用风险是一项包含许多因素的艰巨任务。欧内斯特·帕塔基斯（Ernest Patakis）确实是正确的，他说银行最危险的活动之一就是放贷。这章介绍了关于放贷的许多内容，但是并不能认为是最后定论。

附录　概率分布

（1）二项分布

二项分布计算了一系列独立的（是/否或成功/失败）伯努利试验成功的次数。$p=$成功的概率，$q=1-p=$失败的概率，n 次实验中有 k 次成功的概率为：

$$n \text{ 次试验中成功 } k \text{ 次的概率} = \binom{n}{k} p^k (1-p)^{n-k}$$

其中，

$$\binom{n}{k} = \frac{n!}{k!(n-k)!} \text{为二项式系数}$$

---

❶　格鲁希、加莱和马克（Crouhy，Galai and Mark，2000）不止一次强调这一点——见第343和411页。

$$试验成功次数的均值 = np$$
$$方差 = np(1-p)$$
$$概率最大项 = int(p(n+1))$$
$$对于 \ q = 0.01, \ n = 100, \ P \ [k=0] = 0.366, \ P \ [k=1]$$
$$= 0.370, \ P \ [k=2] = 0.185, \ P \ [k \geqslant 3] = 0.079$$

（2）泊松分布

泊松分布给出了在一个固定的时间周期内观察 j 事件的概率，即事件在固定的时间单位独立发生时，如果强度（或单位时间的平均速度）为 λ，则 j 事件发生的概率是：

$$\frac{\exp(-\lambda)\lambda^{-j}}{j!}$$
$$均值 = 方差 = \lambda$$

（3）Gamma 分布

Gamma 随机变量是正的随机变量，密度函数为：

$$f(x;\alpha,\beta) = \frac{\beta^{\alpha}}{\Gamma(\alpha)} x^{\alpha-1} \exp(-\beta x)$$
$$均值 = \alpha/\beta$$
$$方差 - \alpha/\beta^2$$
$$偏度 = 2/\sqrt{\alpha}$$

（4）负二项分布

负二项分布是离散分布（如二项分布取值 0、1、2…）。就像二项分布一样，当考虑要么有 P 的概率成功，要么有 $1-P$ 的概率失败的伯努利试验时，最初的定义就出来了。但不同于二项分布（有固定的实验次数），对于负二项分布，我们持续不断的计数直到有 r 次成功，则（在 r 次成功之前）有 k 次失败的概率为：

$$负二项分布 = r \ 次成功前有 \ k \ 次失败的概率 = \binom{r+k-1}{k} p^r (1-p)^k$$

其中

$$\binom{r+k-1}{k} = \frac{(r+k-1)!}{k!\ (r-1)!} 为二项式系数$$

这个定义在不同的地方可能不同：

① 它可以用在 r 次失败之前 k 次的成功来表示。

② 它可以在一定数量的成功或失败之前，用总试验次数（$k+r$）来表示。

③ 二项式系数可以表示为 $\binom{r+k-1}{r-1}$ 而不是 $\binom{r+k-1}{k}$（基于二项式系数的定义，这两个表达式实际上是相同的）

然而，为了达到目的，我们使用负二项分布的扩展版本，有时被称为 Polya 分布，其中 r，现在我们称为 α，是一个实数。（对于原来的负二项分布，r 必须是整数 >0。）

负二项分布的定义本质上是一样的：

负二项分布＝给定参数 $\alpha>0$，计数 k 的概率＝$\begin{pmatrix} \alpha+k-1 \\ k \end{pmatrix} p^{\alpha}(1-p)^{k}$

除非这个相关系数是由扩展的二项式相关系数所定义的：

$$\begin{pmatrix} \alpha+k-1 \\ k \end{pmatrix}=\frac{(\alpha+k-1)\cdot(\alpha+k-2)\cdots}{k!}=\frac{\Gamma(\alpha+k)}{k!\cdot\Gamma(\alpha)}k>0,\begin{pmatrix} \alpha+k-1 \\ 0 \end{pmatrix}\equiv1$$

12　流动性风险和操作风险

流动性风险和操作风险极为重要，但在某些方面比市场风险或信用风险更难分析和理解。一方面，它们很难被概念化，并很难被量化和衡量。这不是轻视它们的理由，但确实意味着流动性风险和操作风险的量化工具不如市场风险和信用风险那样完善。同时这也意味着判断和经验的重要性——强化风险管理首先是管理的概念。

我对流动性风险和操作风险的理解没有市场风险和信用风险那么深，主要是因为它们正处于发展的较早阶段，而不是它们不重要。事实上，它们至关重要。流动性风险的问题在 2007—2009 年金融危机时期显现出来，该时期的事件反映了资产泡沫的破裂，但这些事件是与随后的流动性危机结合在一起的，或者更准确地说，引发了随之而来的流动性危机❶。

12.1　流动性风险——资产与资金的流动性

谈到流动性风险，我们发现实际上有两个不同的概念。第一种是资产流动性风险（也称为市场或产品流动性）。当资产的强制清算导致不利的价格变动，这种情形就会出现［乔瑞（Jorion 2007，333）］；第二种是资金流动性风险（也称为现金流流动性）。"当债权人或投资者的资金需求无法被持续满足时，就会出现这种情形"［乔瑞（Jorion 2007，333）］。资金流动性风险可以被视为资产和负债的期限错配。

虽然资产流动性和资金流动性有着相似的名称，但它们在本质上完全不同，只是

---

❶　破裂的资产泡沫和流动性危机的联合在历史上已经相当普遍，例如美国的 1873 年、1893 年、1907—1908 年和 1929—1933 年（大萧条）。

不幸地都被叫做流动性。它们在某种意义上又是相关的：当资金流动性出现问题时，资产流动性总是很重要。但这又与市场风险和流动性风险没有什么不同。当市场有大的变动时，我们可能需要重新平衡投资组合，资产流动性就变得异常重要，并可能导致进一步的市场损失。

虽然名称相同，但资产流动性和资金流动性的来源、分析方法、应对措施和管理都有很大不同，所以把它们当作不同的事物来处理会更好。最后，我们可以研究它们之间的联系。事实上，当把它们看作是独立和不同的事物之后，这些联系会更容易理解。

对于资产和资金的流动性风险，我们需要研究证券组合和公司的制度和操作细节。正如乔瑞（Jorion，2007）所言："理解流动性风险需要不同领域的知识，包括市场微观结构，即市场出清机制的研究；最优交易执行，即设计策略以最小化交易成本或满足其他的目标功能；资产负债管理，试图使资产负债表中资产和负债的价值相匹配"。

在单独讨论资产和资金的流动性之前，需要考虑一个基本问题："我们探讨的问题是什么？"在前面章节中，我已经强调过损益分布（盈亏分布）——强调衡量和理解风险意味着衡量和理解损益分布。这对于流动性风险也是恰当的，但必须检验我们的假设，多思考我们在看什么以及为什么看。

前面章节中，我们隐含地假设我们对正在进行的业务的逐日损益感兴趣（或逐周损益，或其他）。这是恰当的，同时也是正确的。考虑我们的样本投资组合，持有 2000 万美元 10 年期美国国债期货和 700 万欧元 CAC 股票指数期货。计算当日价值、研究历史的市场收益率和价格、估算潜在的未来损益时，我们总是将其视为一项持续的业务，一个持续且相对稳定的组合。我们将会持有该组合一段时期，而不是每天对其进行清算并在第二天早上重新建仓。使用中间市场价格，忽略买卖价差和卖出头寸对市场的影响，这是合理的估计。这并不意味着这些不重要，只是它们没有成为我们关注的焦点。我们一直在问的问题是（即使没有明确说明）：逐日损益是什么？它有多高或多低？它来自哪里？什么导致了损益的波动？我们一直关注业务的持续运行，而不是对投资组合进行清算。

但是，如果我们要减少投资组合，这些损益的问题都非常重要。我们应该提出问题：什么条件下，我们会大幅改变投资组合的持仓？什么情况下我们可能被迫缩减投资组合？改变或缩减投资组合的成本是多少？成本的来源是什么，这些成本是否会根据改变或清算投资组合所采用的交易策略而变化？

这些问题促使我们关注流动性问题，我们还需要改变重点。对于资产流动性，我们将关注诸如全部清算投资组合的成本，这种清算可能需要多长时间，以及执行投资组合变更的最佳方式等问题。我们的重点仍然是损益，但可能是在不同的时间范围内，在不同于日常业务正常运作的状况下。我们仍然在探讨损益分布的问题，但与关于标准市场风险的问题不同。因此，毫不奇怪，我们使用的工具和得到的答案都会有一些不同。

对于资金流动性风险，我们关注的问题是：公司的资产负债结构如何应对不同的市场、投资者或客户状况。重申，我们仍然对损益感兴趣，但我们不是探讨标准会计期间的损益是什么，而是探讨它可能受到公司负债和资金结构怎样的影响。

理论上讲，我们可以设想构建一个完整的、包罗万象的模型，其中包括当公司持续运营，投资组合没有大变化时的损益；当投资组合有大的变化或面临清算时，如何把资产流动性的考虑因素加入进来，以及这些如何影响或受到公司资产负债结构的影响。这样的设想可能值得称赞，但却不现实。更好的做法是对这三个问题分别进行详细的分析，然后利用这些分析来探索和理解三种风险之间的相互作用。从本质上讲，我赞同使用一套不同于我们用在标准市场风险或信用风险的工具来分析资产和资金的流动性风险，制定不同的衡量标准，而不是试图调整标准波动率或风险值，会更有成效。同时，我们要清晰地界定标准波动率和风险值的关系。

12.2　资产流动性风险

当我们研究资产的流动性风险时，核心问题是：变更投资组合的损益可能是什么？最重要的是，不同资产的流动性损益效应是什么？

在前面章节中，我们研究损益分布时，忽略了买卖价差的影响，变更投资组合对市场价格的影响，或者在什么时期可以执行交易等因素。我们假设所有交易都是以中间市场价格即时完成。这很好，因为我们关注的是市场走势，并且可以忽略交易成本。这里我们改变策略，主要关注那些交易成本。[1]

（1）成本与效益的快速清算

流动性和交易成本通过两种机制影响损益。第一种机制是买卖价差。事实上，任何资产都有一个市场价格即我们可以买的价格（市场卖价）和一个较低的价格即我们可以卖的价格（市场买价）。当清算组合时，会从市场中间价（我们通常在此标记头寸）转为较差的买价和卖价。缺乏流动性的资产特点是分布广泛。此外，利差可能会因为交易规模和市场状况而变化，规模大的交易或在市场混乱时期执行的交易，可能会有更大的买卖价差。

第二种机制是通过流动性和交易成本实现的，市场价格本身可能受到大宗交易的影响。尝试大量卖出时，可能会压低市场价格，使其低于小型或中等规模交易下的价格。

这两种效应的影响可以概括为以下价格—数量或价格冲击函数：

$$P(q)=\begin{cases}买入:P_m\big[1+k_b(q)\big]\\卖出:P_m\big[1+k_s(q)\big]\end{cases} \tag{12.1}$$

其中，q 为买入或卖出数量（即日交易量）。式（12.1）可能类似图 12.1 中的 A 图，其中数量为 50000 股的买卖价差为 $0.50；但对于规模较大的交易，随着交易量

---

[1]　Also seejorion（2007，section13.2）中关于资产流动性问题的讨论。

的增加，买入价下降，卖出价上升（显示为线性变化，但这不是必需的）。

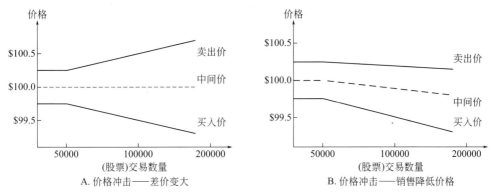

图 12.1 价格冲击函数—价格和百分比条款

图 A 中买入价和卖出价的变化是对称的，但情况并不总是如此。它可能是大宗交易将市场价格推低到足以对买入和卖出决策产生重大价格影响。这一点在图 B 中有所体现，图 B 的买入和卖出价格都因大宗交易而下降。我们可以把图 A 视为买卖价差扩大的情形，把图 B 视为市场价格的实际变化情况。最后大宗交易产生的影响是扩大价差或改变价格并不重要。如果要卖出，我们关心的仅仅是出售的价格，即市场卖出价。价格的变化是做市商扩大价差或是改变市场中间价的结果，从我们所面对价格的角度来看，这是无关紧要的。

实际应用中，我们可能希望用百分比表示价格影响，并作为以美元或欧元而不是股份数量测量的数量函数：

$$P(w) = \begin{cases} 买入：+k_b(w) \\ 卖出：-k_s(q) \end{cases} \tag{12.2}$$

其中，w 为美元金额，然而，这样的变化只是单位的问题。

一旦有了价格冲击式（12.1）或式（12.2），我们就可以检查清算部分或全部投资组合的成本。如果我们持有 W 美元的资产［并使用式（12.2）］，一天内清算投资组合的成本是 $Wk(W)$。如果我们在 n 天内清算，每天出售 W/n，每天的成本为 $(W/n)k(W/n)$，总成本为：

$$n \text{ 天的清算成本：} Wk(W/n)$$

如果价格的冲击是线性的，$k(W) = k_0 W$，那么清算成本将是：

$$\text{用线性方程计算 } n \text{ 天的清算成本：} k_0 W^2/n \tag{12.3}$$

显然，较短期限内进行交易的成本将高于长期，但存在一个权衡。在较长时期内交易，意味着市场价格可能对我们不利，会产生市场损失。关键是快速交易和缓慢交易之间的权衡。如果我们交易迅速，会付出高昂的成本，但避免了市场价格对我们不利以及产生投资组合损失的风险。如果我们交易缓慢，付出的成本较低，但市场对我们不利的可能性更大。

为了衡量市场对我们的不利程度，我们需要考虑一日、两日等期限的损益分布。

像往常一样，我们假设损益从一日到下一日是独立的，所以可以添加方差（给出了波动率的标准 t 平方根规则）。但这里不加入原投资组合方差，因为如果我们每天都出售部分投资组合，投资组合的规模会一天天缩小。

假设在每天结束时进行交易，如果在一日内清算，我们会受到日价值波动的影响；如果在两日内完成清算，我们将受到两日价值波动的影响。以此类推，如果在 n 天内完成清算，我们将增加：

第一天：方差 $=\sigma^2$

第二天：方差 $=(1-1/n)\sigma^2$

……

第 n 天：方差 $=[1-(n-1)/n]\sigma^2$

其中，σ 是原投资组合的方差。这些代数式相加得到：

$$n \text{ 天完成投资组合清算的方差} = \frac{n}{3}(1+\frac{1}{n})(1+\frac{1}{2n})\sigma^2 \tag{12.4}$$

$$n \text{ 天完成投资组合清算的波动率} = \sigma\sqrt{\frac{n}{3}(1+\frac{1}{n})(1+\frac{1}{2n})}$$

式（12.4）表明，在一定期限内完成清算的投资组合的波动率比原投资组合的波动率增长更慢。在 30 天内完成清算的投资组合的波动率与持有 10 天原组合的波动率大致相同。

这是假设投资组合在一段期限内被均匀清算的波动率。我们可以检验其他假设，但思路是一样的：投资组合的方差在某一时期内下降，而这段时间的总方差是日方差的总和。在下文，我将检验均匀清算，这显然是一种简化方式，但对说明问题和构建直觉很有价值。

（2）评估不同层面的清算

我们已经列出了清算成本方程式（12.3）和不同层面投资组合的波动率方程。现在具备了我们需要的基础要求，进而可以在不同层面评估清算。但这里有一个基本问题，我们不能直接比较式（12.3）中的成本和式（12.4）中的波动率：成本降低了分布的均值，波动率衡量的是分布的范围。我们在金融学中最先了解的一件事是：很难评估平均收益率的变化（在这里是指不同时间段的清算成本）与方差或波动率（缓慢清算导致波动率的增加）。

在其他风险测度领域，我们是通过比较损益分布的波动性或 VaR——更高的波动性或 VaR 意味着更高的风险，这里我们无法做到这一点。分布的均值为零（或者足够接近，所以无关紧要），我们可以忽略均值，但这里不能这样做，因为全部问题是清算降低了分布的均值。我们需要研究分布本身，以适当地评估快速清算与缓慢清算。

（3）举例：700 万欧元 CAC 头寸

考虑一个简单的投资组合例子——700 万欧元 CAC 股票指数期货的头寸（按当时汇率折合 910 万美元）。CAC 期货实际上流动性很强，所以不是很好的例子，但为了论证，假设我们拥有一个缺乏流动性的总收益互换。另外假设我们已经估算了价格冲击函数［以百分比计算，式（12.2）］：
$$p(w) = -1.099 \times 10^{-8} \times w, w = \text{以美元计价的交易金额}$$

换句话说，如果我们在一天出售 91 万美元，价格冲击是一个百分点，成本是 9100 美元。如果我们出售 910 万美元，价格冲击是十个百分点，成本是 91 万美元。销售金额 w 的成本是：

$$\text{cost}(w) = -1.099 \times 10^{-8} \times w^2, w = \text{以美元计价的交易金额}$$

全部头寸在 n 天出售的成本用式（12.3）表示：

$$\text{cost}(w) = -1.099 \times 10^{-8} \times w^2/n, n \text{ 天内等额出售}$$

该头寸的原日波动率（700 万欧元或 910 万美元）为 230800 美元。n 天内清算头寸的波动性由式（12.4）给出，其中 $\sigma = 230800$。

表 12.1 显示了在给定期限内清算该头寸的成本和波动率，在一天内清算的成本是 91 万美元，而两天内清算的成本是其一半，即 45.5 万美元。根据式（12.4），波动率从一天的 23.08 万美元增长到两天的 25.80 万美元，依此类推。

表 12.1　在不同时期内清算假设投资组合的成本和波动性

第 n 天	成本（美元）	波动率（美元）
1	910000	230800
2	455000	258000
5	182000	342300
10	91000	452900
31	29360	759800

成本代表损益分布均值的下移，波动性度量分布的离散度。图 12.2 显示了对应表 12.1 中数字的分布。图 A 中，我们从没有清算成本的损益分布开始，虚线代表正在进行业务的损益分布——即通常的日波动率（本例中为 23.08 万美元）和零均值。然而，我们对图 A 中显示单日清算分布的实线感兴趣。单日清算成本使分布向左移动，从而产生了一个均值较低的分布。这些清算成本的引入使整个分布向左移，所以我们得到了一个具有相同波动率，但均值为 -910000 美元的分布。（绘制一条垂直线以显示均值 -910000 美元。）

我们现在拥有了日分布，就可以比较跨日分布了。图 B 显示 1、2、5 日的分布。日清算分布左偏离较大（低均值），但波动率较小。2 日分布左偏离较小，但波动率较大（分布较离散）。5 日分布相对 1 日、2 日分布的左偏离更小，但分布范围更宽（离散度更大）。

在图 12.2 中，我们问一个问题：最佳清算期是什么？在快速清算的高成本与缓慢清算的高离散之间，我们应该如何权衡？

事实上，并没有明确答案。没有数字能给我们解答，"流动性调整后的 VaR"的定义根本不合适［参见乔瑞（Jorion，2007），344 试图定义流动性调整 VaR］。这是一种典型情况，问题的答案取决于客户对均值和波动率的权衡。尽管我们不能明确说明，

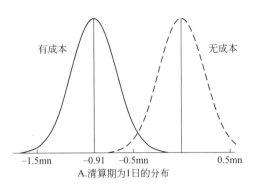
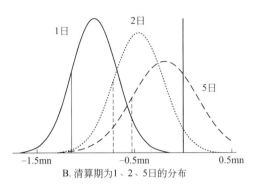

图 12.2　不同清算期的损益分布

但可以在图 B 中看到这种特殊情况：相对于 5 日分布，1 日分布向左偏离了更多，所以就很难想象会有人喜欢 1 日清算而不是 5 日清算。将 2 日与 5 日清算进行比较，5 日清算似乎也更加可取——5 日的密度几乎都在 2 日的右边。❶

从图 12.2 中还可以看出，简单地比较各分布的 VaR 是不合适的。图 B 中的垂线表示低于均值一个标准差（1σ）的分布——成本减去一个标准差，这将产生 16％的 VaR（假设现在的损益分布是正态的）。在图 12.2 中，2 日的清算 VaR 低于 5 日清算的 16％。换言之，16％的 VaR 使我们倾向于进行 5 日清算，这似乎是这个问题的正确答案。

在这种情况下，比较 16％的 VaR 可以得到正确的解答，但我们可以在分布的尾部走得更远，获得比 5 日分布更好的 2 日分布 VaR 值。简单地说，由于分布的均值不同，我们不能盲目地凭借 VaR 值来比较不同日期的分布。表 12.2 显示了成本减去 3.09 倍标准差的结果，这是 0.1％的 VaR。0.1％的 VaR 对于 2 日清算和 5 日清算的效应几乎是相同的。0.1％的 VaR 值似乎表明 2 日和 5 日的清算期限同样好，但图 12.2 的研究说明事实显然不是这样。

表 12.2　不同期限清算假设资产组合的成本和波动率，1％的 VaR

天数	成本（美元）	波动率（美元）	一成本一波动率	一成本＋波动率	一成本一3.09 * 波动率
1	910000	230800	−1141000	−679200	−1623000
2	455000	258000	−713000	−197000	−1252000
5	182000	342300	−524300	160300	−1240000
10	91000	452900	−543900	361900	−1490000
31	29350	759800	−789200	730500	−2377000

（4）资产流动性的问题

思考、计算和评估资产的流动性风险非常困难。对于市场风险和信用风险，我们有完善的分析框架，关注的主要是损益分布的价差和离散性，可以用不同的方式来总

---

❶　从图 12.2 中可以看到，一个长期的清算通常是更好的。这不是重点，当我们长时间进行清算，波幅的增长会比成本的减少更大，这可以在表 12.1 中看到。

结离散度——比方波动率或 VaR 或期望损失——但这些数字的测量通常能很好反映出离散度的概念。

相比之下，针对资产的流动性风险，我们遇到了两个重要问题。一是资产流动性风险的思考框架还不够完善，同时也没有同样深度和规模的成熟实践。此外，对于不同期限资产流动性清算的评估不能简单地归纳为单一的汇总数字。我们必须考虑均值和方差之间的权衡这一棘手问题。二是实施、数据收集和计算方面的实际问题也很重要。本节的其余内容将按相反的顺序回顾这两个问题。

（5）围绕执行的实际问题

资产流动性风险的核心问题是式（12.1）或式（12.2），即价格冲击函数，从中可以计算清算成本。式（12.1）反映了买卖价差和市场价格对大宗交易的反应，对于式（12.1）的应用，产生价格随交易规模变化的实际交易机制比函数本身的数值更重要。

然而，根本问题是估计（12.1）这样的方程非常困难，特别是对于流动性差的证券而言，这一点最为关键。对于市场风险，证券的历史价格和市场风险因素相对容易找到，这些数据我们在估计标准市场风险的损益分布时需要用到，详见第 8 章 8.3 节。对于资产流动性而言，我们很难找到可以用来估计价格冲击函数的数据。

第一个问题是，只有部分资产有良好的价格和交易的公开数据。交易所交易的资产，例如股票有很好的成交量、交易量、买卖价差、价格等数据，而且都是从逐点到每日、每周、每月等不同频率的数据。然而，在许多投资组合中占比很高的场外交易资产，这类资产的交易数据比较稀少。

第二个问题是，即使我们有交易数据，也很难确定价格波动是由于大宗交易还是与基本因素相关的其他原因造成的。假设我们观察到一笔交易，它比之前的规模更大、价格更低。较低的价格可能是由于卖方试图抛售大量头寸，从而压低了价格。或者，这种情况可能是市场资讯导致的：既推低了市场价格，又诱使市场参与者出售头寸。

我们可以做一些简单的事情，但这会极大影响我们对资产流动性成本的估计。对于场内交易资产，我们通常可以轻易地估计式（12.1）的第一部分，即中小规模的买卖价差（在图 12.1 中，由小于等于 50000 股的平线表示）。我们可以得到关于买卖价差和日均值或交易量中位数的统计数据，例如，表 12.1 显示了 IBM 普通股（NYSE 代码 IBM）和 ING 6.125％ 的永续优先股（NYSE 股票代码 ISG）的交易统计数据（数据截至 2011 年 10 月）。

表 12.3　IBM 和 ISG 的市场统计数据

项目	IBM	ISG
市场价格	$185	$18
买卖价差（美元）	$0.07	$0.14
买卖价差（百分比）	0.04％	0.78％
平均每天成交量（3 个月）股份'000s	7100	104
平均每天成交量（3 个月）（百万美元）	$1313.5	$1.9

项目	IBM	ISG
流通在外的股票（百万）	1194	28
流通在外的股票（百万美元）	$221000	$504

注："IBM"是International Business Machines公司的普通股，"ISG"是ING公司6.125%的永续优先股。

仅这有限的信息就提供了有价值的见解，我们已经知道ISG的流动性远低于IBM，但这些数字提供了定量的衡量标准。ISG的买卖价差比IBM大得多（按百分比计算），这让我们可以估算清算头寸的成本，且我们立即可知道ISG的交易成本比IBM更高。与IBM相比，ISG的日交易量和流通股都很小，这表明我们所期望的头寸规模可以轻易地进行交易。尝试出售ISG100万美元的头寸可能不是什么大问题，但2000万美元就是了。当然，对IBM来说，卖出2000万美元却容易。

对于场外交易资产，获取正常买卖价差和交易规模的信息更为困难。这样做通常需要公司利用内部数据源（如果公司交易记录足够充足）或交易员的判断和经验。

我们可以把正常买卖价差和交易规模的数据看作是图12.1所示价格冲击函数的一部分——小于等于50000股的平坦部分。通过价格冲击函数的第一部分，我们可以检查投资组合，以确定是否可能出现资产流动性问题。如果持有的全部头寸日交易量都比正常的小，并且买卖价差相对较窄，在一天内清算投资组合就不太可能对价格产生较大影响。事实上，利用买卖价差，我们可以对单日清算的成本做出初步（最低）估计。

另外，相对于正常的日交易量，如果存在相对较大的持仓头寸，我们必须解决扩展价格冲击函数和评估不同期限清算的问题。

在许多情况下，估计价格冲击函数中超出平坦的买卖部分（在图12.1中，超出50000股的部分）是一个存在大量近似和判断的问题。将数字应用于价格冲击函数的做法不应使我们误以为已经解决了资产流动性问题。相反，它应该使流动性的假设更加详细，同时批判性地检验这些假设。

关于价格冲击式（12.1）或式（12.2）的最后一个问题，我们一直把这个函数视为确定性函数，没有成本的随机变化，这显然是过于简化的。这是一个好的开始，但理想情况下，我们希望成本是随机的，可以把这个方程看成是：

$$p(w)=\tilde{k}(w) \quad 或 \quad p(w)=k(w)+\tilde{z}(w),w=美元金额$$

在第一个方程中，$k(w)$可以假设为对数正态分布（这样成本百分比将始终为正，均值和方差是w函数）。或者在第二个方程中，$\tilde{z}(w)$可以假设为正态分布（只要z和k的相关性很小，成本为负的可能性很低，这里z是正态的，均值为零，方差取决于w）。当成本是随机的，就会改变损益的波动，同时也会改变均值。

（6）评估资产流动性的框架

我之前说过，考虑资产流动性的合理方法是将清算成本视为将损益分布向左移动。快速清算会带来成本，使分布进一步左移，而缓慢清算会减少成本，但会扩大分布范围，并导致更大的潜在交易损失。问题可以简化为在成本与波动性之间进行权衡。

价格冲击函数提供的成本数据，为这一分析奠定了基础。当然，最大的问题是，大多数价格冲击函数的估计都存在相当大的不确定性。这意味着我们在对资产流动性分析进行解释和应用时必须保持谨慎。尽管如此，仅仅是估算函数和分析投资组合的工作就可以对任何资产流动性问题提供相当大的帮助。如果不出意外，它可以指出资产流动性是否能成为投资组合中的问题。

我在前面说过，快速清算与缓慢清算之间的权衡需要考虑完整的分布，如图 12.2 所示。尽管如此，只考虑均值（成本）和方差，如表 12.4 所示的数字，也可以提供相当大的洞悉。但是必须牢记，我们需要认真思考的是图 12.2 中的分布。

表 12.4 显示了前面讨论示例的成本和波动率，也用资产的百分比来显示成本和波动率。在一日内进行清算的费用显然十分高昂，成本远超波动率。在两日内进行清算可以显著降低成本，同时却不会大幅增加波动性。对我来说，在 5 日或 10 日内进行清算似乎是合理的，而 31 天相对于成本的降低来说，波动性增加得太多了。

表 12.4 不同时期清算假设资产组合的成本和波动率

天数	成本（美元）	波动率（美元）	成本（%）	波动率（%）
1	910000	230800	10.0%	2.5%
2	455000	258000	5.0%	2.8%
5	182000	342300	2.0%	3.8%
10	91000	452900	1.0%	5.0%
31	29350	759800	0.3%	8.3%

如表 12.4 所示，将成本列出的另一个好处是我们可以估计为承受清算损失需要的储备金或资本。成本将会是预期损失，而我们需要增加一项额外的资金来防止意外损失——比如 1% 的 VaR。请注意，我们在这里增加的是期望损失 1% 的 VaR，而不是流动性调整的 VaR。正如我之前所说，这样的概念是不科学的。我们要问的是，在考虑到期望损失（成本）和意外损失（偏离平均值的 VaR）的情况下，我们可能要准备多少准备金。

最后一个问题是计算清算期限的波动率。在推导式（12.4）时，我们假设投资组合在清算期间除每天减少 $1/n$ 外不再变化。这可能是合理的假设，当然作为基础案例和帮助建立直觉是有用的，然而，在实践中，流动性强的资产可能会更快地被清算。通过逐日计算预期投资组合的波动率，考虑哪些资产会被快速清算，哪些资产会被缓慢清算，可以很容易解决这一问题。

这种做法在强调平仓对冲带来的问题时可能是非常有价值的。比如，在原投资组合中，缺乏流动性的股票多头头寸用流动性好的股指期货进行对冲，如果股指期货平仓时间过早，而股票持仓却在缓慢抛售，那么由于缺乏流动性的股票未被对冲，投资组合的波动性可能会出现意外的大幅增加。

（7）结论

资产流动性关注的是资产负债表的资产方，尤其是清算头寸的成本。不同种类资产的清算成本可能会有相当大的差异，而且评估起来非常困难。

本节论证了比较不同期限的清算策略是评估资产流动性风险的适当方式。快速清算的成本高，但避免了市场波动带来的潜在损失。缓慢清算可以降低成本，但如果市场走势对投资组合不利，组合可能会遭受损失。需要认识到，为了正确评估快速清算与缓慢清算，我们必须在预期成本与市场波动之间做出权衡。简单将流动性调整后的VaR 计算作为标准 VaR 和成本的总和，最终结果会显著不同。

12.3 资金流动性风险

我们现在把焦点从资产负债表的资产方转向负债方。定量风险测度主要涉及统计学、概率论和数学工具。但正如我在本书中强调的，风险管理就是管理公司，就是不惜一切代价，利用任何可能的和必要的工具和技术，去理解和管理风险。资金的流动性风险是一个主要例子，我们需要的不一定是花哨的数学，而是对常识和细节的关注。

资金流动性的重点是资金来源。风险管理和风险度量一般集中在资金的用途、投资和持有的资产上。资产负债表的资金和负债方面并非大多数风险专业人士的自然专长。资金问题更自然地属于首席财务官或财务部门的职责范围，而不是交易部门。尽管如此，资金的流动性依然至关重要。在危机期间，往往是流动性问题拖垮了一家公司。举几个例子，LTCM、Metallgesellschaft 和 Askin Capital Management 都出现了严重的流动性问题。在 2007—2009 年美国次贷危机和 2011 年欧元债务危机等流动性危机期间，这些问题在整个行业都变得至关重要。

资金流动性风险是什么？简单地说，产生于资产与负债之间的不匹配。不是数值上的错配（当资产的价值低于负债，偿付能力就成为问题），而是期限上的错配。通常很难将偿付能力和流动性问题区分开来，而且流动性问题可以演变成偿付能力问题，但从概念上讲，我们希望保持它们的不同。

银行业和金融业的历史就是一个资金聚集和引导的故事。我们可以追溯到 1873 年巴吉霍特的伦巴第街，金融长期以来都是从储户或投资者那里获取资金，并将这些资金引导到更有利可图的用途，即企业家或公司的手中。

百万计的资金在单一的银行家手中是一种巨大的力量……但是同样的数目分散在整个国家的几十个或五十个人手中，却没有任何力量……，货币集中在银行……是使英国货币市场工具如此丰富的原因。

在这种持续和长期的借贷中，伦巴第街（伦敦 19 世纪的华尔街）是伟大的中间人（Chapter I）。

但是，资金的集中和转移必然会导致承担投资者和储户的负债与投资资产之间的不匹配。无论是传统商业银行还是对冲基金，情况都是如此，但在传统银行业中这一情况会更加明显。银行把分散的存款集中起来，然后将其集中转变为抵押贷款、商业贷款或银行投资的任何其他资产。存款一般是活期的，储户有需求就会赎回。而贷款是长期的，期限有几个月或几年的时间。

我们是从偿付能力问题中抽象出来的，所以假设资产是好的，而且贷款没有过多的违约风险或其他损失。但是，由于某些原因，储户都（在同一时期集中）要求还款，在这种情况下，银行会破产倒闭。银行不可能立即满足所有储户的取款需求，因为资产在很长时间以后才可以出售变现，且由于缺乏流动性而无法快速出售。资产和负债之间存在着根本性的不匹配。

银行之外的金融机构也面临着类似的资金或资产负债不匹配的问题。投资公司接受资金并在证券市场上进行投资，这些金融工具一般比银行贷款的流动性强，但投资者的赎回期限通常比资产的存续期或期限短，而且资产流动性不足，无法立即进行清算。

无论在哪里进行杠杆式投资，都会受到资金流动性风险的影响。为杠杆头寸借入的资金是短期的，而资产的存续期限则更长。考虑债券回购协议或回购——按约定价格融资，为购买债券提供资金，并将债券本身作为贷款的担保。回购协议本身和以此进行的融资期限都很短：隔夜或者隔月。回购协议通常需要一个所谓的折扣：即只能借入债券面值的一部分。折扣可能是 2% 或 5%，也就是公司可以借到债券面值的 98% 或 95%。在市场动荡时期或公司面临压力时，折扣率可能会提高。由于回购协议期限很短，这可以在短时间内快速完成。如果折扣幅度从 5% 提高到 10%，那么维持债券头寸所需现金就会增加一倍，这是典型的资金流动性问题。

衡量和管理资金的流动性问题，可以简化为良好的资产负债管理，虽然这不是本书的重点，但我们可以通过关注这种资产负债分析如何在商业银行发挥作用来学习这些知识。

(1) 资金流动的框架——传统银行业

传统银行业会经常出现资金流动性风险。本节遵循马里森（Marrison，2002，第 14 章）对商业银行内部资产负债管理的讨论，这一讨论为思考和衡量资金流动性风险提供了框架。

如前所述，银行持有大量短期负债。这都是活期存款，如支票存款，通常也包括在同业市场上从机构投资者手中筹集的短期资金。银行将这些短期资金集中投资于商业信贷等长期和流动性差的资产，散户投资者兑现金的需求会有随机的变化，批发资金的价格和可获得性也会有小幅波动，但这些波动一般都很轻微。银行会持有现金及其他储备，以满足这些随机波动。

然而，在极端情况下，客户对现金的需求或批发资金的供应会发生巨大变化。这可能是因为传闻银行陷入了困境，或者银行存在系统性问题，从而使大量客户提取现金以及交易对手停止批发资金。无论出于何种原因，这种变化都会导致银行陷入资金流动性危机。然后资金问题将会自我实现（形成恶性循环），因为一旦出现资金问题，更多的客户将会提取现金，且更少的交易对手意味着批发市场放贷的交易对手将减少。

(2) 资金来源和用途分类

衡量和管理资金流动性归根到底是要衡量和管理银行的资金流入（资金来源）和

流出（资金用途）❶。我们分两个阶段进行。首先，对银行的资金来源和用途进行界定和分类。这为我们提供了一个框架来衡量净现金头寸，并确定波动性可能的规模和来源。其次，考虑导致三组资金需求的三种制度或条件集：正常条件下的正常波动，导致的预期资金需求；异常条件下的巨大波动，导致的异常资金需求；极端条件下的异常波动，导致危机下的资金需求和经济资本。

为了制定资金来源和用途的框架，我们将支付分为四类：定期支付、非定期支付、半委托支付、全权委托或平衡的交易。银行典型的资金流动可分为以下四类：

① 定期支付——之前商定或合同规定的付款，不能轻易或迅速地改变。这方面的例子包括：

a. 现金流出或使用＝O_S、贷款支付、客户还款、如到期信用违约互换、其他银行的偿还贷款、债券。

b. 现金流入或来源＝I_S：客户付款，例如贷款偿还。

② 非定期支付——由客户行为引起。

a. 现金流出或使用＝O_U：还款给客户，例如支票账户提款；信用卡和信用额度等贷款发放；对公司的付款，例如备用信贷额度。

b. 现金流入或使用＝I_U：客户支付款项，例如存入支票账户。

③ 半委托支付——作为银行交易业务部分发生的支付，可以在没有太大困难的情况下进行更改。

a. 现金流出或使用＝O_{SD}：购买证券、支出现金抵押。

b. 现金流入或来源＝I_{SD}：买卖有价证券、收到的现金抵押品。

④ 全权委托或平衡的交易——供资单位为平衡日常现金流而进行的活动。

a. 现金流出或使用＝O_B：同业拆借、增加现金储备。

b. 现金流入或来源＝I_B：同业拆借、要去其他银行提供备用信用额度、提取现金储备、在贴现窗口向中央银行（美联储）借款（仅在严重情况下）。

使用这一分类，我们可以写出平衡银行的日常现金的来源和使用所需要的净平衡交易。净平衡交易（衡量必须筹集的现金）是流出总额减去流入总额：

$$N_B = (O_S + O_U + O_{SD}) - (I_S + I_U + I_{SD}) \qquad (12.5)$$

计划条款已知，它可以用来对随机组件进行归类：

$$R = (O_U + O_{SD}) - (I_U + I_{SD})$$

这样我们就可以把净平衡交易写成：

$$N_B = (O_S - I_S) + R \qquad (12.6)$$

我们可以模拟随机项 R 的正态分布，均值为 μ_R 和标准差（波动率）σ_R。

（3）资金分配和资金需求

到目前为止，我们所做的都是界定会计关系。然而，这样做可以组织数据并重点

---

❶ 正如前文提及，本节遵循马里森（Marrison，2002，第14章）。

关注资金流动性的方面。它允许我们可以使用与市场风险或信用风险完全相同的方式来考虑资金流动性风险：这里重点关注资金分布。在式（12.6）中，我们将净资金需求或平衡交易视为随机变量，因此我们可以思考净融资的分布。我们可以使用和之前相同的分析工具和技术估计分布，然后用分布来计算我们有多大可能会有大量的正或负的资金需求。

对于融资，考虑不同条件下的资金需求是有用的：预期资金需求、异常资金需求和危机下的资金需求。

预期资金需求：概念上很容易理解，是按期付款加上所有其他款项的均值（期望值）：

$$N_{\text{Exp}} = (O_S - I_S) + \mu_R$$

这将包括按期付款，例如承诺的贷款款项（包括企业贷款和银行已贷放款项的流出）、息票支付、新贷款发放等。它还将包括计划外的项目（例如支票账户余额）和半委托项目（例如购买政府债券）的预期水平和变化。

有一点很重要——对预期资金需求的分析必须延伸到未来一段时间。现金的流入和流出会随着时间的推移发生非同步变化。例如，在特定日期发生的大笔新贷款意味着必须有大量现金流出。跟踪未来的预期资金需求将突出潜在的现金流错配，无论是规模还是时间，抑或是两者兼而有之。

当然，这项工作并不容易。它需要大量的数据收集和分析。马里森（Marrison）指出，一个详细的日支票账户余额模型可能会显示，个人支票账户余额在一个月内会随着个人取款而发生变化，然后随着工资的支付得到补充。这种方法确实展示了我们应该努力的方向：衡量计划和预期现金流。

考虑资金需求（NB）的分布时，有必要考虑图 12.3。实际的资金需求是随机的，图 A 显示了预期资金需求—分布的均值，在图 12.3 中，该值大于零，但它可以大于零或小于零。

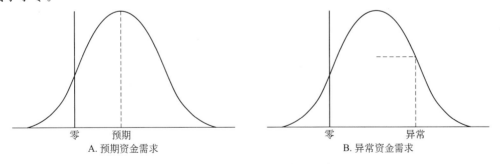

图 12.3　假设的银行净资金分布

预期资金需求的一个重要考虑因素是，它每天都可能有很大的变化，因为在某些特别的日子可能会有大量的现金流出或流入。例如，一个新的贷款计划可能涉及大量的现金流出。处理这样的问题，是标准的资产负债管理和现金流管理的一部分。

异常资金需求：下一步从理论上讲很容易，只要从分布的尾部着手：

$$N_{\text{Unus}} = (O_S - I_S) + \mu_R + 2\sigma_R$$

这里我们使用两个标准差，应该可以涵盖98%的情况——100天中大约有两天资金情况会更好或更差。两个标准差是对异常资金需求的合理假设，图12.3中图B显示了这类资金的分布情况。

如前所述，估算净融资分布并非易事。但分析现金流入和流出并估计分布情况，可以提供有价值的信息，说明资金需求究竟如何变化以及为什么会发生变化。它还提供了可能需要全权委托资金的规模和类型信息，以支持异常的资金需求。

危机下的资金需求和经济资本：最后一步，评估流动性危机期间的资金需求极其困难。自然的倾向是在正态分布较远的尾部，所以我们取用3个或3.5个标准差。假设在危机期间导致资金需求的因素与正常时期相同，只是情况更为严重。事实往往并非如此。就图12.3而言，考虑向尾部进一步移动，将假设分布是正态的；而在现实中，极端事件的分布可能是非正态的——可能是有偏向的厚尾分布。

马里森（Marrison，2002）提供了另一种非常合理的方法来分析危机期间的资金需求，主要有两个步骤。首先，关注潜在现金流，并对其修改以反映客户和同业在危机期间可能的行为。这将更好地评估危机期间的实际现金需求量。其次，基于这个现金需求，分析银行将如何应对，需要出售哪些流动性和非流动性资产来满足这些现金需求，以及可能产生的损失。继而，这种损失将提供一个猜测，即在这种资金流动性危机中生存下来所需的经济资本。

第一步是变更现金流。危机期间，银行定期支付所有款项是合理的。预期的资金流入会发生，但也会有一定比例的违约。可能不会有非预期的资金流入（客户本身会囤积现金），非预期的资金流出将是通常标准差的数倍数额。这样的调整可能需要银行对危机期间的现金需求作出合理估计。

第二步是确定银行如何通过出售资产来产生这些现金。可以首先出售流动性好的资产，最终流动性差的资产将不得不以账面或当前市场价值的折扣出售，从而给银行带来损失。这里关键步骤是列出可能被出售的资产清单，同时估算这些资产在强制清算期间的折扣。这种估计可能是主观的，容易出错，但它们至少为估计潜在损失提供了依据。

表12.5显示了一个假设银行的此类清单，以及强制清算可能造成的损失。现金没有折扣，国债有小幅折扣，其他资产因清算而遭受更大的折扣。如果第一步的分析表明，在危机期间需要156.5亿美元的额外现金，那么银行在此期间可能会遭受3.5亿美元的损失。这是对企业度过危机所需经济资本的估计。

表12.5　流动性危机下资产清算导致的损失

资产	价值 （十亿美元）	总价值 （十亿美元）	减价出 售折扣	总实现价值 （十亿美元）	损失 （十亿美元）	总损失 （十亿美元）
现金	1	1	0%	1.00	0.00	0.00
国库券	10	11	1%	10.90	0.10	0.10
优质公司债券	5	16	5%	15.65	0.25	0.35

资产	价值 （十亿美元）	总价值 （十亿美元）	减价出 售折扣	总实现价值 （十亿美元）	损失 （十亿美元）	总损失 （十亿美元）
股票	10	26	7%	24.95	0.70	1.05
劣质公司债券	15	41	15%	37.70	2.25	3.30
公司贷款	25	66	35%	53.95	8.75	12.05

表 12.5 显示了在式（12.5）和式（12.6）中定义和分析现金流的好处。通过收集和分析正常时期的现金流，我们手上有日常现金流量和变化估计。

（4）流动性风险管理

到目前为止，我们所有工作都集中在流动性风险的测度上，而不是风险管理。风险测度是很有价值的，但这只是第一步。正如我在本书中强调的，风险管理的目标是管理风险。我们现在简要地讨论这个任务。

风险测度很重要，原因有两个。第一，也是最明显的，它提供了可以用来管理风险的详细和可得信息。第二，但同样重要的是，它为深入挖掘资金流动性风险提供了基础和框架。像表 12.5 后的数据，式（12.5）和式（12.6）中包含的数据来源和应用的分类，以及分类背后的数据，为建立危机前管理资金流动性的应急计划和危机中管理的行动计划提供了必要的细节。

有了这些数据和框架，银行可以做出更好的决策。马里森（Marrison，2002，209）阐述了银行为改变其资金流动性状况可以采取的一些步骤：

① 通过在银行间市场借贷或发行债券，提高长期资金相对于短期资金的比例。

② 借用其他长期资金，所得款项投资于可以在危机中出售或抵押的高流动性资产。

③ 建立危机期间的备用信贷额度。

④ 限制在银行间市场长期拆借资金比例。

⑤ 降低负债流动性，例如，鼓励客户存入定期存款，而不是随用随取的储蓄账户或活期存款（例如，支付更高的定期存款利息率）。

然而，所有这些行动都是有代价的。收益率曲线通常向上倾斜，因此借入更大比例的长期资金而非短期会增加成本，而借出较大比例的短期资金则会减少收入。增加的成本必须与更稳定的资金收益和为应对潜在流动性危机而降低的经济资本之间进行权衡。

（5）其他机构的资金流动性

这里论述的关于商业银行的总体思路可以适用于其他大多数机构。例如，长线投资经理人可以遵循同样的方法对资金来源和应用进行分类，但是简化了很多：

① 定期支付——如果没有类似的贷款发放或支付贷款将不适用。

② 非定期支付——从客户的行为产生。

a. 现金流出或使用＝O_U：客户赎回。

b. 现金流入或使用＝I_U：存量客户或增量客户的新投资。

③ 半委托支付——由于公司的多数活动都是交易，所以现金流的主要部分可以在

没有太大困难的情况下改变。

　　a.现金的流出或使用$=O_{SD}$：购买证券。

　　b.现金的流入或来源$=I_{SD}$：证券买卖。

　　④ 全权委托或平衡的交易——平衡每日现金流，从银行借贷以平衡每日赎回。

　　估计客户的资金流入和流出是相当困难的，但从这个角度来看，适用于银行与其他机构的框架在概念上没有区别。

　　然而，我们还有三个问题没有讨论，但其对资金流动性会产生很大影响。第一，杠杆的引入增加了分析维度。第二，衍生品会增加额外的未来现金流，而这些现金流通常是有条件的，因此更难估计。第三，逐日盯市和抵押品问题（通常为衍生品合同）带来了复杂性以及市场波动和资金流动性之间的相互作用。我们现在谈谈这些问题。

　　（6）杠杆

　　除传统银行业的期限转换外，杠杆是为流动性问题提供资金的另一个主要来源。传统银行业务包括吸收短期存款并将其转换为长期资产。简单地说，当短期存款消失，无法为长期资产提供资金时，就会出现资金流动性问题。由于杠杆作用，通常用借来的资金（通常是短期的）购买长期资产，资金流动性问题也会因为杠杆而增加。如果短期借款消失，长期资产无法得到融资，就出现了资金流动性问题。

　　为评估杠杆和资金流动性风险的影响，我们可以开展与银行基本相同的资产负债分析，需要对资金的来源和应用进行分类。用于为长期资产融资的短期借款通常会被续借或展期，当它没有被续借时就会出现资金流动性问题。问题的关键在于，偿还即将到期的短期贷款是计划内的现金流出——付款是一种义务。相反，贷款的续期不是义务，也不是计划外的现金流入——如果视其为定期支付，就必须有担保，而在这种情况下它实际上就不再是短期贷款。

　　对危机条件下资金需求的分析如前所述，包括继续所有定期支付，但是需要把计划外的现金流入设置为零。目前情况下，这意味着假设短期贷款中的部分或全部不再续期。将这种压力下的现金流分析应用到未来，可以看到预计资金短缺的程度和日期。

　　在实际中，金融企业的杠杆通常是以信用融资以外的某种形式存在，常见的形式是通过担保融资或回购交易。

　　债券回购（repo）交易的法律细节可能有点复杂，但最终产品相当于抵押贷款。一家公司同意借入现金并将债券作为贷款的担保。（令人困惑的是，回购交易因涉及借入现金和借出证券，而被称为借出交易——证券被借出。）回购交易通常包含折扣，借款人不能获得全部债券价值的现金——现金借贷被过度担保。美国国债是风险最小的回购交易工具，其折扣率可能是2％至3％（因此可以借入债券价值的98％至97％），公司债券的折扣幅度可能更高，达到20％左右。

　　回购市场规模巨大，是证券行业主要的资金来源。美国国债回购市场的深度、流动性和活跃度都是非常好，但也有其他证券市场，从公司债券到抵押债券，再到股票（在这里市场被称为证券借贷而不是回购）。大部分的回购协议是隔夜回购，换句话说，就是期限为一天的借贷，但回购协议的期限也可以是几天到几个月不等。

回购交易是一种有担保的贷款，所以就比无担保的贷款更安全。因此，回购协议不太可能被取消或不再展期。在流动性危机期间，贷款人往往会提高折扣率（增加贷款的安全性）而不是终止回购。

我们可以应用这种思路来分析前面讨论过的危机融资条件。在现金流入和流出的框架内，我们可能要考虑更类似于长期融资的回购，借款和还款都被视为定期付款。在危机期间，折扣率的变更将是一项计划外的现金流出，我们可以在安全的基础上估算可能的折扣率变化。美国国债的折扣幅度变化不大，低等级的公司债券折扣率可能会发生大幅度的变化。在融资危机条件下，估算折扣的变化和由此导致的现金流出的增加，将对融资可能发生的变化提供更好的估计。

为了概括杠杆如何影响资金流动性，我们仍然可以应用马里森（Marrison）为商业银行制定的框架。我们通过确定短期借款现金流入和流出的日期来考虑杠杆率。对于非担保融资，限制或取消融资将涉及计划外（但预期内）现金流入的下降。对于回购融资，折扣率的增加将导致计划外现金流出的增长。一旦确定了预期的资金需求（在正常和危机条件下），我们就可以考虑是否有必要或值得改变这一状况。

（7）衍生工具

衍生工具给思考资金流动性带来了两个复杂因素：一是，未来的现金流可能难以估计；二是，逐日盯市和抵押品会使得流动性的计算复杂化，并引入市场走势和资金流动性之间的联系。这里讨论的是现金流，逐日盯市和抵押品在下一节讨论。

衍生品产生的未来现金流，在许多方面与债券或其他证券并没有什么不同。这些现金流属于前文所述的付款分类计划中的定期支付类别。衍生工具带来的复杂性在于，现金流往往是未知的或依情况而定的，这使得现金流的估计变得困难。

考虑一个两年期的利率互换，接收 5% 的固定利率，支付浮动利率。已知每六个月的固定付款是 2.5 美元（名义本金 100 美元），如图 12.4 所示，它们由向上的箭头表示。支付的浮动利率设定为伦敦银行同业拆借利率，每三个月重置一次。在第一次重置之后，精确的支付金额是未知的（尽管可以从远期收益率曲线中估算出来）。这种互换如图 12.4 所示。该互换存在两个问题：第一，现金流不匹配，因此会产生连续的流入和流出（每三个月发生一次浮动流出，而固定流入则每六个月发生一次）；第二，现在还不知道未来的浮动利率支付。

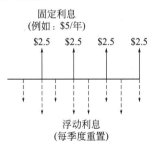

图 12.4　每半年付一次固定利息和每季度付一次浮动利息的两年期互换的现金流示意图

诸如期权和信用违约互换之类的奇特衍生品估算起来越加困难，因为现金流量的金额和发生的时间都是未知的，并且会随着市场状况的改变而发生巨大变化。

人们常说衍生品是杠杆工具，从某种意义上说，这是正确的。但这里的杠杆不是前面章节讨论的形式——以短期借款购买长期资产——这受制于短期资金的偿付和资金流动性问题。

衍生品是一种合同，其收益取决于其他市场的价格或事件。衍生品一般不涉及预先购买或投资。就其性质而言，通常不能涉及衍生工具合约。考虑上文的互换，或者经典的农产品期货如小麦，或者金融期货合约，如股票指数期货合约，交易员可以做多或做空，可以买卖小麦或股票指数。虽然有名义上的本金金额，但没有预付金额，所以买方卖方都不需要支付现金，反之亦然。购买或出售并没有涉及实物商品。期货合约只是约定在未来以现在商定的价格进行买卖的协议。在此期间，可能需要结算最初商定的价格与当前市场价格之间按市价计算的差额，这个差额可能是正的，也可能是负的，而在合同开始时，这个差额的期望值将为零。

（8）逐日盯市和市场/现金波动率

衍生工具合约确实嵌入了杠杆，投资者无需按名义金额进行投资就可以得到相同金额的市场风险暴露[1]。这里杠杆对资金流动性的影响和前面讨论的杠杆作用截然不同。衍生品受到的冲击来自逐日盯市的现金追缴和抵押品赎回，这会在市场走势和资金流动性之间产生联系，有时这种联系可能相当紧密。分析这种类型的市场变动需要考虑市场/现金分布的问题。

交易所交易的衍生工具，例如期货合约，要求每天结算所有利润和损失（通过所谓的变动保证金）。这一机制有助于控制交易对手的信用风险敞口，自期货市场成立以来，它一直是期货市场不可或缺的一部分。场外衍生品（OTC），例如利率互换或信用违约掉期，截至目前，一般不进行逐日盯市。然而随着市场的不断发展，几乎所有场外衍生品都需要提供抵押物，以覆盖逐日盯市产生的波动。如果一方违约，债权人可以通过出售抵押物收款。

无论具体的交易机制是什么？是变动保证金，还是过账抵押品？大多数衍生品合约都会随着市场价格的变化而导致现金流入或流出。前面关于杠杆的章节中讨论过的回购协议，通常也会通过逐日盯市和抵押品赎回来反映市场价格变动，反映的方式都相似。

其结果是，在前面讨论的现金流分类框架中，非定期支付（包括现金流入和流出）将取决于市场走势。第一种倾向可能是将损益波动率（如第 8 章 8.3 节所述）纳入式（12.6）[2] 中随机项 R 的波动率中，这是不恰当的，因为只有部分市场价格变动会产生现金流入和流出。相反，我们需要界定一个新的衡量标准，可以称之为市场/现金分布。这是由市场风险因素分布产生的现金流分布。它与我们在前几章中所研究的损益分布不同，因为只有市场波动产生的现金才会进入。

---

[1] 初始保证金要求期货合约不是支付合同，但是持有保证和帮助逐日盯市的交换数量。这个初始保证金用于限定投资者可以通过期货合同接受的杠杆，但是这个保证金是管理和控制对手信用风险的机制，而不是资产的投资或交易。

[2] R 是非定期和半委托的现金流量：假设是随机的，则 $R = (O_U + O_{SD}) - (I_U + I_{SD})$，例如均值为 μ_R、波动率为 σ_R 的正态分布。

为了建立市场/现金分布，我们需要以类似第 8 章 8.3 节的方式来构建市场变动导致的现金流分布。8.3 节中有四个步骤，第一步是资产/风险因素映射，从单个资产转化为风险因素，这是在构建市场/现金分布中需要改变的第一步。

在 8.3 节中，从资产到风险因素的转变包括逐日盯市的损益计算，这是由市场风险因素导致的变化。这里的变化是需要计算市场风险因素变化而不是逐日盯市计算带来的现金流。这与标准的逐日盯市计算有不同的关注点。我们需要仔细研究所有工具，尤其是衍生品合约，以确定哪些工具将在何种条件下产生现金流。

在分析合约以确定市场波动产生的现金流时，期货合约相对简单：新合约要求预先支付初始保证金，现有合约产生现金流等于逐日盯市计算的损益。由于不同合约和交易对手通常有不同的交易条款和细则，因此计算场外交易合约的现金流时会更加困难。合约有时会涉及双向保证金（抵押品由交易对手转给另一方），有时则只有单向保证金❶，必须收集每份合约的详细资料以及市场价格变化对现金流的影响。

特别重要且值得一提的问题是：当一套合同包含逐日盯市的现金流时，另一套相似或相关的合同却没有包含。当不需要追加抵押品的场外交易合约被附有现金流（变动保证金）的期货合同对冲时，可能会出现这种问题。Metallgesellschaft 例子深入讨论并强调了这个问题。

一旦我们得到市场/现金分布，就可以将其加入到式（12.6）的随机现金流 R 中，然后估算三组条件下的资金需求：预期资金需求、异常资金需求和危机下的资金需求。

（9）关于资金流动性的补充说明

对资金流动性进行分析是非常困难的，理论和实践不像市场风险、信用风险、甚至操作风险那样完善。但这个问题仍然是非常重要的。最后，我对这两个问题有简短的总结。一是，与第 4 章交易损失有关的轶事，强调了资金流动性的重要性。二是，一些关于流动性危机系统性本质的评论，凸显了为什么理解和管理流动性风险特别困难。

（10）德国金属公司 Metallgesellschaft

1993 年 Metallgesellschaft 公司 13 亿美元的亏损主要是由资金流动性问题造成的。最重要的是来自对冲策略一方的变动保证金，或按逐日盯市计算的现金要求，与另一方的现金要求或抵押品要求不匹配。

Metallgesellschaft 是德国一家工业企业集团，是德国第 14 大工业公司，拥有58000 名员工。美国子公司 MG Refining & Marketing（MGRM）向客户提供石油产品的长期合同。MGRM 采取了一种策略，利用短期期货和场外互换（OTC）来对冲长期固定价格的石油交割合约。

尽管该策略的问题在于仅提供了部分对冲，但策略本身并没有致命的缺陷。它的确也受到潜在且严重的资金流动性问题。石油价格的波动使长期合同的价值朝着有利

---

❶ 掉期合约经济自营商通常要求商业客户向经销商提供抵押品，但是坚持认为经销商不需要向客户提供抵押品。

于 MGRM 的方向发展。这些合同没有抵押品协议，因此 MGRM 取得了没有现金流的账面利润，但是短期期货却出现了亏损，这些亏损必须通过向期货交易所支付现金来预先结算❶。更糟糕的是，德国会计准则不允许客户合同账面利润与期货的实际亏损相抵销。

当 MGRM 向总部筹集现金时，总部撤换了 MGRM 的高管并清算了期货合约的头寸。这里存在一个争议，即最终报告的 13 亿美元损失中有多少是由于对冲不当导致的，而不是由于策略的过早平仓。然而，显而易见的是，即使对冲是完美的，它也需要大量的现金支付，从这一点来看该策略也不可行。

（11）流动性危机的系统性本质

流动性风险的管理是非常困难的，因为流动性问题经常与系统性或宏观经济的信用和流动性危机密切相关。近几百年以来，流动性危机不断发生，当阅读与此类危机相关的恐慌和市场混乱的报告时，18 世纪、19 世纪和 20 世纪的事件与我们今天在流动性危机中看到的争抢优质资产没有什么不同——现金为王。

这……引起了银行的大挤兑，他们不得不以比早上收到的钱快得多的速度支付资金。["南海泡沫" 1720 年 9 月 28 日，马凯（Makay）1932，69，最初出版 1841 年]

每个人都想要钱，但是几乎没有任何方法得到钱了。[托马斯·乔普林（Thomas Joplin）关于 1825 年的恐慌，被金德尔伯格（Kindleberger）引用在 1989 年作品的 127 页]

大量银行倒闭……使得人们争先把活期和定期存款转换成现金……恐惧的气氛在储户中蔓延 [大萧条时期的第一次美国银行危机是 1930 年 10 月。弗里德曼和施瓦茨（Friedman and Schwartz，1963，308）]。

早间的纽约时报（1998 年 8 月 27 日）高呼"市场动荡堪比记忆中最痛苦的金融灾难。"……每个人都想要回自己的钱。（1998 年 8 月俄罗斯实际违约后。洛温斯坦 [Lowenstein，2000 年，153-154）]

流动性危机似乎是资本主义经济体系中反复出现的事件。这可能是信贷和银行业的悖论，银行业和金融业建立在信任和信心的基础上，但这种信心可能会过度膨胀，而一旦过度膨胀，反过来这种信心就会快速消失。

对于单个机构而言，防范和管理此类风险相当困难。当"每个人都想要回自己的钱"时，管理优秀与管理不善企业之间的区别就会变得模糊不清，所有公司都会遭受损失❷。流动性风险是管理者面临的最困难的问题之一。

---

❶ 对冲策略绝不是完美的，所以期货的损失不能用客户合同的收益相抵消。然而，这里主要的问题是交易期货的预先现金支付和无现金或抵押客户合同之间的不对称。

❷ 诺塞拉（Nocera，2009）涉及了 2006 年和 2007 年高盛如何减少抵押贷款的暴露，以及预期抵押贷款市场的问题。当流动性危机在 2008 年末和 2009 年初爆发的时候，高盛与其他银行和投资银行遭遇了很大的危机。他们保护自己，与其他机构相比，虽然得以幸存，但是仍旧陷入了混乱。

12.4 操作风险

过去几年时间，有关操作风险测度的研究和发展呈现爆炸式增长。在某种程度上，这是监管要求驱使的。巴塞尔协议Ⅱ在计算监管资本时考虑了对操作风险的收费（详见巴塞尔银行监管委员会 2006 年【初版 2004 年】和 2011 年【初版 2003 年】）。业界也认识到更好地管理操作风险的好处——第 4 章中讨论的许多交易损失都直接或间接地与操作失误有关。

在应用于非寿险精算模型的知识和技术帮助下，操作风险领域的数学复杂性有了实质性增长。然而，最终的目标是风险管理，这一点适用于风险管理的所有领域，尤其适用于操作风险管理。数学建模很重要，过去有，将来也会有更大的进步，但是建模只是整体操作风险管理的一部分。

操作风险管理确实存在真正的商业利益。不止一位作者声称，"操作风险对银行没有任何好处"（麦克尼尔、弗雷和恩布雷希特（McNeil, Frey and Embrechts，2005，464）或者"操作风险只能产生损失"［乔瑞（Jorion，2007，497）］。事实并非如此，引用布伦登和瑟韦尔（Blunden and Thirlwell，2011）的话：

操作风险管理不仅仅是为了避免损失或降低影响，它还涉及寻找商业利益和持续改进的机会。

一个简单的例子就足以说明，关注操作风险和操作风险管理可以带来商业收益。许多对冲基金把利率互换作为交易策略的一部分，交易往往从少量的互换开始（例如，1 到 10），极少交易并持有至到期。由于这种互换交易量小且交易不频繁，日常的操作和结算活动可以用电子表格来管理。从成本和操作风险的角度来看，由人工操作的流程是合理的：可以通过避免投资昂贵的后台系统以控制成本，通过适当的程序和监控来控制风险。

然而，当交易量和交易频率增加时，在这样的电子表格环境中所需的操作任务只能通过投入人员来完成——这些人必须熟练、谨慎并有责任心。在电子表格环境中，更大的交易量涉及更多的操作风险。另一种方法是自动化流程，它可以降低操作风险，同时也可以降低成本。自动化程序可以根据操作的规模进行调整，例如，通过 Access 数据库和简单的用户界面来处理中等规模的操作任务，或者使用大规模的商业内部系统来处理大批量的操作任务。这种自动化不仅降低了错误率，而且允许交易量在不增加成本的情况下增长，从而增加潜在利润。这既能提高运营风险状况，又可以降低成本，存在明显的商业利益。

操作风险管理理论十分重要，并且在不断发展，这个主题在很多书籍里都有出现。麦克尼尔、弗雷和恩布雷希特（McNeil, Frey and Embrechts）为相关技术建模和概率论提供了非常好的入门知识。乔瑞（Jorion，2007）进行了很好的综述。彻诺拜、雷切夫和法博兹（Chernobai, Rechev, Fabozzi，2007）的著作致力于研究损失分布模型的相关数学推导和概率论知识。然而，我最喜欢的整体处理方法是布伦登和瑟韦尔（Blunden and Thirlwell，2010），他们较少关注损失事件建模的数学细节，而把更多的注意力放在操作风险的管理上；他们强调了整体风险管理框架和计划的必要性，并得到了管理层认可。这是正确的，因为操作风险管理的目标是管理风险，所以需要由高级管理层来推动。

本节其余部分概述了操作风险管理，这是高度的概括而不是详细的介绍，原因有二：第一，操作风险涉及的是一个变化异常迅速的领域，我写的东西可能很快就会过时；第二，读者可以查阅最近出版的有关该主题的广泛论述，其中部分刚刚提到过。

我展示的有关操作风险的方法、应用与市场和信贷风险可能会有些许不同。在这里，我更注重识别风险的过程，侧重定性评估和分析业务流程，较少关注定量分析和概率模型的内容。

操作风险的处理可以概括为以下四步。

① 定义：定义操作风险。

② 识别和评估：识别和评估与特定业务线和活动相关的风险来源和规模，识别与来源相关的风险指标。

③ 测度和建模：使用操作风险事件来量化损失，并建立此类损失的分布模型。

④ 管理和缓和：制定并实施计划，以管理、控制和减轻前两个阶段中识别和测量的风险。

然而，操作风险和市场风险或信用风险之间的区别比实际情况更为明显。衡量风险时，我们仍然关注损益分布——损益的可能结果是什么？

但操作风险的某些特性确实使它与众不同。

第一，操作风险管理是一门较新的学科，因此，我们需要在第一阶段即定义和识别操作风险时投入相对更多的精力。

第二，相对于市场风险或信用风险，有关操作风险成因和风险事件可度量的数据是稀少的，难以解释，而且是异质的。操作风险是公司内部的特有事件。数据通常不会公布，即使公开报告，不同公司的数据往往也是无关的（考虑误订的交易，这是典型的操作风险。此类错误的频率和严重程度取决于公司的特定流程、系统和操作人员。）由于数据匮乏和异质，识别和量化操作风险需要比市场风险或信用风险更加谨慎。

第三，我们需要强调的是，操作风险和其他风险之间存在着根本性区别。市场风险和信用风险是企业经营的原因，操作风险是交易过程中偶然的结果，市场风险和信用风险是企业的核心方面。当投资组合经理购买债券或银行发放贷款时，市场风险和信用风险会被积极定价，以期获得补偿风险的利润。可能在测度和管理方面存在许多问题，但风险才是决定是否开展业务的核心。操作风险则不同，它是后果，更像是交易后的结果，而不是交易的原因。没有人会积极寻求错误预订交易带来的风险——预订交易的必要性是开展业务的结果而不是核心，就像价格风险是投资债券业务的中心。

操作风险是嵌入到业务流程当中，而不是金融产品本身。操作风险可能是债券交易带来的不可避免的后果，但它不是债券的固有风险。操作风险取决于处理业务的细节，操作风险的细节因公司而异，即使是同一行业的公司也会有所不同。为了测度和管理操作风险，必须检查业务的细节。市场风险和信用风险的风险分析通常适用于特定类别的所有工具，与哪家公司拥有这些工具无关，而操作风险需要关注公司业务流程的细节。

（1）步骤一——定义操作风险

定义很重要，通过给事物命名，我们就赋予了它现实意义，就可以和其他人谈论它。在我们决定操作风险的定义里面应该包括什么之前，我们几乎不可能去度量它，也很难期望对它进行有效管理。

几年前，操作风险的定义相当狭隘，只限于操作中产生的风险：交易处理和结算，后台系统故障等。这些领域虽然非常重要，但这样的定义限制性太强。例如，它把交易员实施的欺诈行为排除在外。

在与行业协商后，巴塞尔银行监管委员会（BCBS）颁布了以下定义。

操作风险被定义为由不恰当的或不合格的内部流程、人员、系统和外部事件导致的损失风险。这一定义包含法律风险，但不包括战略风险和声誉风险（BCBS 2006，144）。

这个定义是为商业银行专门制定的，但却是可以适用于几乎任何机构的合理定义。

操作风险的定义包括了我们通常认为的金融风险之外的各种风险，包括交易员欺诈交易在内的与人相关的损失，也包括关键人员的流失或违反劳工法造成的损失。这些事件可能与美国国债的市场风险相去甚远，但是损失就是损失，当500万美元损失发生时，它是来自债券价格下跌，还是来自对于不公平解雇索赔的法律判决真的不重要。事实上，解决雇佣索赔问题可能更令人不快，因为它不是管理投资组合的核心——投资债券的价格风险是金融业务固有的，但管理良好的公司应该能够避免或减少雇佣合同风险。

这是一个高层次的定义，但我们需要考虑细节，考虑具体的风险。巴塞尔委员会提供的损失分类是一个好的开始（2006，附件9）。表12.6显示了损失的一级分类，这些类别提供了属于上述定义损失的详细清单。

表 12.6　巴塞尔银行监管委员会（BCBS）损失事件分类（等级 1）

事件类型（1级分类）	定义
内部欺诈	由至少包括一名内部人员在内的，旨在欺诈、挪用财产或者规避监管、法律和或公司政策损失，不包括多样性或歧视事件行为造成的损失
外部欺诈	由第三方的旨在欺诈、挪用财产或者规避法律行为造成的损失
雇佣事务和工作场所安全	由于与劳动合同、健康条款或安全法律不一致的行为，或者支付人身伤害索赔，多样性或歧视事件索赔的协议造成的损失
客户、产品和商业惯例	由从职责出发未能满足特定客户要求（包括信托和硬性需求）的意外或疏忽，或者产品的属性或设计不当造成的损失
实物资产的损坏	由于自然灾害或其他事件导致的实物资产的损耗或损害造成的损失

事件类型（1级分类）	定义
业务中断和系统故障	由业务中断或者系统故障造成的损失
执行、交割和流程管理	在和交易对手或供应商的关系中，由于执行、交割或流程管理的失误造成的损失

资料来源：BCBS（2006）附件9。

这些1级损失事件类别仍然是高级别的，BCBS附件提供了更详细的2级（事件类别）和3级（与损失事件相关的活动示例）分类。表12.7显示了关于内部欺诈和雇佣行为的2级和3级分类——完整表格可以在网上找到。

表12.7　巴塞尔银行监管委员会（BCBS）对两个选定的1级类别进行详细分类

事件类型 （1级分类）	定义	分类（2级分类）	具体事例（3级分类）
内部欺诈	由包括至少一名内部人员在内的，旨在欺诈、挪用财产或者规避监管、法律和或公司政策损失，不包括多样性或歧视事件行为造成的损失。	未经授权的行为	未报告的交易（故意行为） 未授权的交易类型（w/财务损失） 仓位的操作失误（故意行为）
		盗窃和欺诈	欺诈/信用欺诈/无价值保证金 偷窃/敲诈/挪用/盗窃 挪用公司资产 恶意破坏公司资产 伪造文书 空头支票 走私 账户侵权/假冒/等等 违规/逃税（故意行为） 贿赂/回扣 内幕交易（非公司账目显示）
雇佣事务和工作场所安全	由于与劳动合同、健康条款或安全法律不一致的行为，或支付人身伤害索赔，多样性或歧视事件索赔的协议造成的损失	员工关系	薪酬、福利、合约终止争议 有组织的劳工活动
		安全环境	一般法律责任（滑倒，等等） 员工健康和安全规范事件 员工赔偿
		多样性 & 歧视事件	所有歧视类型事件

资料来源：BCBS（2006）附件9。

这里我们需要强调非常重要的一点：损失事件和操作风险之间的区别。布伦登（Blunden）和瑟韦尔（Thirlwell）强调了它们的差异（2010，15），它实际上是风险管理的关键。

根据BCBS分类、在前面两个表格中显示的项目是损失事件——与财务损失相关的事件。显然，我们非常关注这样的事件，它们在大多数操作风险管理中也确实处于核心地位。但是对于风险的管理、采取补救措施来说，我们需要关注事件的起因。事件的起因其实就是操作风险，或者至少是管理操作风险的重点。

我们要考虑的操作风险或事项，分类如下：

原因→事件→影响

可以通过下面的例子来解释这两者之间的区别：

事件	交易员在执行和登记场外交易期权时欺诈性地隐藏错误（期权行权未正确记录）。这个错误导致了期权的意外（但适度）损失。交易员随后试图通过交易摆脱亏损。
影响	最初的错误加上后续交易损失是交易部门年度预算利润的几倍。
原因	两个原因：第一，糟糕的用户界面使得进入期权定价界面时容易混淆 $16/32 和 $0.16 两个标志；第二，后台委托与对账流程和程序没有按照交易对手确认的那样深入检查交易。

严格关注损失事件或事件的影响（资金损失）会忽略事件的根本原因——糟糕的软件设计、不完善的后台流程和同交易对手对账程序的缺陷。为了管理和减少这种风险，我们需要回到根本原因上。专注于交易员的欺诈行为本身是重要的，但这远远不够。这样做可能导致错误的或不充分的补救措施。对交易员采取强制休假的制度可能会有助于防止欺诈，但在这种情况下，真正有效的解决方案是完善糟糕的软件界面和改善后台程序的缺陷。

观察到的损失事件和潜在的操作风险原因之间的区别增加了测度和管理操作风险的难度。损失事件已经很难全面衡量，追溯事件根本原因的难度增加了另一层次的困难。

（2）步骤二——识别和评估业务风险

这里的目标是识别风险来源，并根据它们可能对业务产生的影响对其进行优先排序。这将至少涉及对风险来源及此类风险影响的一些主观和定性评估。这些信息可能没有我们下一节讨论的客观数据和定量数据精确，但仍然是有价值的，甚至是关键的。操作风险是嵌入到企业本身中的，是企业运营的一部分。管理企业依赖于对主观和定性信息的成功应用，因此在管理操作风险时，我们自然要设法利用这些信息。

必须识别业务的特定风险，评估其影响，并收集和编目数据。通常使用评估一词而不是衡量，以反映操作风险的影响难以量化，且不如市场或信用风险那样精确。此处挖掘的信息可能是主观的和定性的，但它仍然可以被收集、编目和使用。整理这些信息有助于识别关键风险，为管理此类风险指明方向。

获取此类数据的方法有很多，但是它们都依赖于从企业内部挖掘信息。这里可以采用访谈、问卷调查或者研讨会的形式。无论采用什么形式，对于被挖掘的信息，都有一些需要深度思考的问题。

首先，我们要将操作风险的总体损益影响分成两个部分：发生的概率或频率以及规模或者严重程度。频率和严重程度这两个组成部分通常不总是相互独立的，但它们在概念上有区别，因此分别估计和衡量它们会容易很多。将这两个变量结合起来我们就得到了总的损失，在下一节，我们将研究如何使用数学方法完成这个过程。

现在的目的是识别和评估风险，它的频率和严重性可以用最低限度和定性的方式表示。例如，频率和严重程度可以用三分法来估计：低水平、中等水平、高水平。

由频率和严重程度结合构成的整体影响，会产生一个分数，得分从 1 到 9。这是一种简单而主观的方法（在这种情况下，只能对预期的影响作出估计，不会有任何非期望值或者尾部效应），但是以它开始已经足够了。该方案可以扩展到估计平均值和更糟糕的情况。

识别风险的第二个考虑因素是，我们通常想要在组织的不同层次检查操作风险。

① 在最高层次上，我们将关注战略风险。这些问题将影响整个经营范围，并可能影响整个企业。它们与组织内的高层次目标和职能有关。此类战略风险的例子有：

a. 未能吸引和留住关键职员。

b. 未能理解和遵守相关法律法规。

c. 信息安全系统漏洞。

d. IT 基础设施不足以支持业务目标。

② 在中间层面，会有流程和经营范围相关的风险。例如，考虑对冲基金的后台或中台职能，即计算每日或每月的资产净值，并与基金管理人对账，将交易传递给主要经纪人并与之对账。此类流程或经营范围风险的示例如下。

a. 关键职员流失。

b. 未能协调关键员工的假期（导致关键活动的覆盖面不足）。

c. 缺乏足够的数据备份和异地系统复制，无法进行灾难恢复。

d. 管理人员之间更替，导致资产净值可靠性下降。

e. 管理员在收集价格时出现错误，导致向客户报告的资产净值不正确。

③ 在最微观的层次上，存在与特定业务活动相关的风险。继续以对冲基金的后台和中台职能为例，每日结束时对持有的头寸与主要经纪人持有的头寸进行核对就是一项特定活动。这方面的活动风险示例如下。

a. 未能及时将交易传递给主要经纪人。

b. 未能妥善分配多个投资组合之间的交易。

c. 在与主要经纪商之间自动传输期货行情时，通信线路的突然中断。

d. 其他经纪商对主要经纪商期货的延期交割。

e. 交易员忘记将票据输入系统。

在识别操作风险时，还需要考虑其他的重要方面。例如，应确定风险所有者，即负责风险的业务部门或者活动的管理人员。控制行为往往伴随着操作风险，这些控制措施旨在消除或减少风险事件的频率或严重程度。此类控制程序也应在风险评估中确定，因为控制措施是管理操作风险的关键因素。

这里的讨论只是对这些问题的简要概述。布伦登和瑟韦尔（Blunden and Thirlwell，2010，第 4 章）致力于研究风险和控制评估问题的更多细节。然而，在继续讨论之前，若我们检验一个简单假设性的风险评估活动的结果，可能有助于确定我们的想法。表 12.8 显示了对冲基金后台或中台部门对前面提到风险的评估结果。最高层次的两个操作风险是未能协调好关键员工之间的假期，导致关键活动的覆盖面不足，以及管理人层面的错误，这可能会向客户交付错误的资产净值报告。表内同样也显示了风险的所有者和为减少这些风险而实施的控制。

表 12.8　样本风险评估

风险	业主	频率	严重程度	乘积	控制手段
未能恰当协调关键员工之间假期	CT	3	2	6	假期日历
管理失误导致错误资产净值报告被交付客户	RS	3	2	6	对资产净值报告每周和每月进行内部核对
损失关键员工	TC	1	3	3	半年度绩效考核 培训项目
缺乏足够的备份和离线系统恢复	AR	1	3	3	对连续性业务计划年度战略评估 每月测试离线系统
管理人员离职	TC	1	2	2	每半年检查管理员关系

注："Freq"是事件的估计频率，"Sev"是估计的严重程度或美元影响，均按 1（低）、2（平均）和 3（高）评分，"Comb"是频率和严重程度的乘积，估算了预期的总体美元影响（从 1 到 9 的范围）。

最后提到的问题是制定风险指标。这些通常被称为关键风险指标（KRIs），但是最好称之为关键风险的指标。我们的目标是确定一组可测量指标，它可以告诉我们关键风险及其控制的现状。对于表 12.8 所示风险，衡量管理人出错导致错误的资产净值报告的风险指标可能是，将基金的内部资产净值与管理人的资产净值进行核对所需的时间。管理人的错误越多，通常意味着内部核对（由对冲基金进行）的时间就越长。这并不是完美的指标，但它是一个提示，提醒应该关注该领域。

在结束对风险评估的讨论时，我们应该注意到这里讨论的风险评估和 6 西格玛以及持续产品改进之间的密切关系。这并不奇怪，因为操作风险与企业的运营密切相关。金融机构不是制造业公司，但是许多为消除制造流程中的缺陷而开发的方法和思想仍然可以应用到该行业中来。我们还应该记住，这里所提供的信息都是对下一节定量信息的补充，而不是代替。

（3）步骤三——损失的度量和建模

我们现在转向风险事件和损失的定量测度与建模。这一领域受益于数学家和统计学家的关注，在过去几年内取得了相当大的发展。然而对于风险管理的所有领域，必须牢记，我们的目标是风险管理，而不是严谨的数学或复杂的模型本身。布伦登和瑟韦尔（Blunden and Thirlwell，2010）说得很好：

有关操作风险的数学模型已经有很多人写过了。不幸的是，几乎所有的作品都非常数学化，很少关注商业利益。就好像操作风险建模本身作为一项智力活动就足够了。

建模很重要——布伦登（Blunden）和瑟韦尔（Thirlwell）继续明确指出，他们并不反对建模——但是建模必须服务于整体框架，利用此类模型可以为企业带来利益。

目标是对操作风险导致的损失分布进行建模，这种方法被称为精算法或损失分步法（LDA）。我们关注的是一段时期内的总损失，例如一年。在这期间，可能会发生一些随机事件（0，1…），每个事件的损失可能很大也可能很小。一年的总损失由两组随机变量组合而成。

损失频率：N，一年内发生事件的次数。

损失程度：X_k，事件 k 造成的损失金额。

该年度的总损失是损失金额的总和，即将随机事件的损失金额加总起来：

$$S_N = \sum_{k=1}^{N} X_k \tag{12.7}$$

随机变量 S_N 被称为复合加总（假设所有 X_k 有同样的分布，并且 N 和 X 是相互独立的）。❶ 对于典型的操作损失的分布来说，会有一年内发生很少事件的情况。当一个事件发生时，它很可能造成小的或者中等程度的损失，但也会有一定概率是大损失事件。图 12.5 显示了一个假设分布，图 A 是一年内发生事件的频率或概率，平均一年发生两次，几乎不可能超过 7 次。图 B 是事件发生时损失的严重程度或损失概率——即小损失的大概率，大损失的小概率。最后，图 C 显示了该年的损失金额——一年中损失的总和式（12.7）的加总。

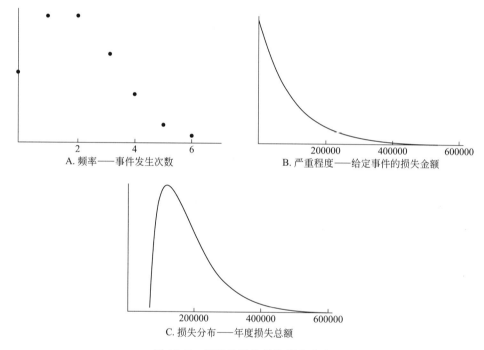

图 12.5　假设的操作风险损失分布

图 12.5 很重要的一点是，分布大体上是有偏斜的，并且具有长尾特征。（注意，正如讨论操作损失分布时通常所做的那样，符号进行变化，损失视为正数。）长右尾是操作损失建模中的基本问题和挑战之一。有大量高频率低影响的事件发生，即经常发生但损失较小的事件，以及少量的低频率高影响的事件。这些大损失的事件才会对公司造成巨大伤害，让经理们夜不能寐。巨大的损失对操作风险来说尤其重要，但由于它们发生的频率很低，所以难以被测度和建模。

---

❶　这种方法被称为精算，是因为它的很多数学理论都来自精算或者保险领域。详见麦克尼尔、弗雷和恩布雷希特（McNeil，Frey and Embrechts，2005，10.2 节）会有数学理论细节的讨论。

有关式（12.7）复合总和的数学处理可能非常复杂。但这并不是操作风险量化建模的大障碍，数据才是主要问题。引用麦克尼尔、弗雷和恩布雷希特（McNeil，Frey and Embrechts，2005）的话：

操作风险的数据状况比信用风险的要糟糕得多，而且显然比市场风险的情况要差一个数量级，因为市场风险的大量数据是公开的。（第 468 页）

建立一个像图 12.5 那样的分布模型是很有吸引力的，但数据量令人生畏。一家公司将不得不收集多年的数据，即使这样，也不会有太多的观察结果，甚至没有信息保证所有的事件都被捕捉到。一些使用汇集行业数据的公共数据库开始使用，但这方面仍然存在重大挑战。

即使存在挑战，定量方法所强加的证据也是有价值的，既挑战和丰富了我们思考问题的方式，又迫使我们面对真实数据。

讨论管理和减少操作风险之前，我们需要回顾巴塞尔协议 II 中关于操作风险资本费用的内容。这些资本费用的重要性体现在两个因素上面。第一，计算资本费用属于商业银行自身的权限，因为必须以这种方式计算其持有的资本。第二，同样重要的是，资本费用和巴塞尔协议 II 的方法推动了该领域发展。资本计算背后的思路为数据和建模工作提供了良好的起点。

巴塞尔协议 II 提供了三套计算方法。前两种方法分别称为基本指标法（BI）和标准化方法（S），使用总收入作为活动指标："总收入是一个非常宽泛的指标，可作为操作业务规模的代理变量，因此也可以衡量……业务范围的操作风险敞口"（BCBS 2006，653）。基本指标法和标准化法之间的差别在于，基本指标法使用的指标是企业的总收入，而标准化法则使用了按业务范围划分的总收入，正如 BCBS（2006，附件 8）定义的那样，见表 12.9。

基本指标法使用三年的总收入（只取正值），并将资本设定为收益的百分比（15％）。标准化法使用表 12.9 所示业务范围的总收入，并将所示因素应用于该业务范围（允许跨业务领域的抵消）。

表 12.9 业务线和标准化资本因素——巴塞尔协议 II

业务线	β 因子	业务线	β 因子
企业融资（$\beta1$）	18％	付款和结算（$\beta5$）	18％
贸易及销售（$\beta2$）	18％	代理服务（$\beta6$）	15％
零售银行业务（$\beta3$）	12％	资产管理（$\beta7$）	12％
商业银行（$\beta4$）	15％	零售经纪（$\beta8$）	12％

数据来源：巴塞尔银行监管委员会（2006，654 节以及附件 8）。

当我们转向第三种也是最复杂的方法时，建模和数据就显得尤为重要。高级计量法（AMA）允许银行根据其内部风险测度系统来计算资本。为了符合 AMA 的要求，银行必须按照表 12.9 所示的八个业务项目收集损失数据，并在每个业务项目中按照表 12.6 所示的损失事件类型收集数据。银行需要在收集到五年的此类数据后才可以使用

AMA。其他标准，详见 BCBS（2006）。

然而，主要的一点是，AMA 为银行收集和使用损失数据指明了有用的方向。通过给收集的损失事件数据提供规范化的类别和标准，BCBS 为操作风险模型的发展提供了主要动力。仅仅是收集损失数据并对其进行检测，往往就是向前迈出的一大步。

（4）步骤四——管理和规避风险

操作风险管理的最后阶段是管理和规避风险。前面阶段为作出明智的战略和战术决策提供了定性和定量的必要背景。

通过识别风险的来源，评估或模拟实际和潜在损失的规模，我们可以作出明智的决策，可以采取相应的纠正和预防措施。这些措施可以减少损失（在损失发生时降低其严重程度）、预防损失（减少发生的频率）、避免风险接触（简单地回避活动，这是预防损失的极端方式），或是减轻损失（保险）。

良好的操作风险管理与持续的过程改进以及 6 西格玛思想的联系在前面已经强调过了。最后，优秀的管理层和适当的企业文化提供了防范操作风险的最佳保护。

12.5 总结

操作风险和流动性风险是市场风险和信用风险的近亲。现在已经取得了很多进展，尤其是在操作风险领域，但还有许多工作等着我们去完成。市场风险和信用风险的理论发展得更完善，部分原因是它们更简单，有更高的知名度，更易于定量分析且数据也更易获得。然而，流动性风险和操作失误事件带来的损失同样令人痛苦。

公司还会面临其他风险。战略风险和声誉风险被 BCBS 明确排除在操作风险的定义外，但从长远来看，这些领域的失误更具有破坏性。但将它们排除在外或许是正确的，因为它们完全属于传统管理领域，定量分析和数学技术工具在这里几乎没有什么用处。

13 总结

通过这本书，我们已经大致了解了风险管理的轮廓。在书中我们已经讨论了很多，但也有很多地方还没有涉及。风险管理和金融市场都是在不断发展的，这是件好事，但这对所有认真负责的管理者都提出了挑战。

最后，再次重申风险管理的中心甚至是我认为的唯一原则：风险管理就是在管理风险。听起来虽简单，事实却并非如此。要正确地管理风险，我们需要了解和使用所有本书中涉及的工具，即便如此，我们也不能够预知未来，并且不得不在一个不确定的世界里尽可能做到最好。

风险管理是金融公司的核心活动。这是利用我们从过去中学到的东西来减少不幸和发现未来机遇的一门艺术。它涉及如何制定战术和战略上的决策，以控制风险，并开拓新的机遇。它涉及如何对人员和流程进行管理，涉及如何制定良好的激励机制和实施良好的公司治理。风险管理远远不只是数字本身，正如拉弥亚·古德内克（Lamia Gurdleneck）所说的，"重要的不是这些数字本身，而是你用它做了什么。"

风险度量和量化工具是进行风险管理的关键，但在管理公司的盈利能力方面，量化工具并不比审计员的季度报告来得有效。最后，量化工具是好是坏，在于谁使用它们。量化测量技术的许多批评都是因为对这些工具的期望太高，它们是不可以替代判断、智慧和知识的。一个能力不足的管理者，即使拥有优质的风险报告，他仍然是一位低水平的管理者。

管理公司往往是需要运气的，事实上，运气本就是生活不可缺少的一部分。问题不在于是否要承担风险——因为风险是不可避免的，它是人类生存条件的一部分——而在于要妥善管理运气以保持胜算。最后，在结尾附上哲学家雷舍尔（Rescher）的建议：

尽管我们的底线是不可以通过迷信来干预运气，但的确可以通过更加有效的审慎原则对运气产生影响。特别是通过以下三种方式：①风险管理：管理风险暴露的方向和程度，以合理的方式调整我们的冒险行为，而不是缩手缩脚或者漫不经心。②损失控制：通过审慎的措施保护自己免于厄运，例如保险、"对冲自己的赌注"等。③机会资本化：通过把握机会来避免过度谨慎，利用机会优势将有希望的可能性转化为实际的收益。(2001，187)

关于配套网站

这本书的大部分内容是技术性和数量化的，我们在相关网站（www.wiley.com/go/qrm）提供了补充资料，以帮助使用和理解书中讨论的工具和技术。

这些资料主要分为两大类：

第一类资料是一组用 matlab 编写的例程，用于实现投资组合波动的参数估计，以及基本的投资组合工具，诸如对风险和最佳对冲的贡献。这些例程展示了风险测度系统的实际执行。我们假设市场历史和投资组合敏感性是外部提供的，然后这些例程计算投资组合的波动性、各种子组合的波动性以及最佳对冲和复制投资组合。目的是提供有关书中讨论想法的例程。我们的目标不是提供一个有效的风险测度系统，而是展示如何将书中的想法转化为有效的代码。

第二类资料是附件，以交互式数字文档的形式扩展各个章节中的想法。例如，书中图 8.4 通过美国国债的损益分布解释了 VaR。第 8 章的数字增强附件讨论了波动性，并使讨论具有互动性。使用沃尔弗拉姆（Wolfram）的可计算文档格式，用户可以选择 VaR 概率水平、工具（债券、股票期货等）、名义金额和假设分布（正态分布、t 分布、正态混合分布）。该文档动态计算了 VaR 并绘制损益分布，允许用户查看 VaR 如何随着假设或投资组合各方面的变化而变化。

参考文献

Abramowitz，Milton，and Irene A. Stegun. 1972. Handbook of Mathematical Functions［M］. New York：Dover Publications.

Aczel，Amir D. 2004. Chance：A Guide to Gambling，Love，the Stock Market，Just About Everything Else［M］. New York：Thunder's Mouth Press.

Adler，David. 2009. Snap Judgment［M］. Upper Saddle River，NJ：FT Press.

Alexander，Carol. 2001. Market Models：A Guide to Financial Data Analysis［M］. New York：John Wiley & Sons.

Artzner，P.，F. Delbaen，J. M. Eber，and D. Heath. 1999. Coherent Measures of Risk［J］. Mathematical Finance，(9)：203-228.

Bailey，Jeffrey V.，William F. Sharpe，and Gordon J. Alexander. 2000. Fundamentals of Investments. 3rd ed［M］. New York：Prentice Hall.

Basel Committee on Banking Supervision. Undated. About the Basel Committee. www. bis. org/bcbs.

_____. 2003. Sound Practices for the Management and Supervision of Operational Risk［M］. BIS. www. bis. org/publ/bcbs96. htm.

_____. 2004. Basel Ⅱ：International Convergence of Capital Measurement and Capital Standards：a Revised Framework［M］. BIS. www. bis. org/publ/bcbs107. htm.

_____. 2006. Basel Ⅱ：International Convergence of Capital Measurement and Capital Standards：A Revised Framework—Comprehensive Version［M］. BIS. www. bis. org/publ/bcbs128. htm.

_____. 2011. Principles for the Sound Management and Supervision of Operational Risk［M］. BIS，June. www. bis. org/publ/bcbs195. htm.

Beirlant，Jan，Wim Schoutens，and Johan Segers. 2005. Mandelbrot's Extremism［J］. Wilmott Magazine，March.

Bernstein，Peter L. 2007. Capital IdeasEvolving［M］. Hoboken，NJ：John Wiley & Sons.

Billingsley，Patrick. 1979. Probability and Measure［M］. New York：John Wiley & Sons.

Bingham，N. H.，and R. Kiesel. 1998. Risk-Neutral Valuations［M］. New York：Springer.

Blunden，Tony，and John Thirlwell. 2010. Mastering Operational Risk［M］. Harlow，UK：Pearson Education Ltd.

Box，G. E. P.，and G. M. Jenkins. 1970. Time Series Analysis：Forecasting and Control［M］. San Francisco：Holden-Day.

Brand，L．，and R．Bahr．2001．Ratings Performance 2000：Default，Transition，Recovery，and Spreads［M］．Standard & Poor's．

Carty，L．V．，and D．Lieberman．1996．Defaulted Bank Loan Recoveries．Special Report［M］．Global Credit Research．Moody's Investors Service．

Chernobai，Anna S．，Svetlozar T．Rachev，and Frank J．Fabozzi．2007．Operational Risk［M］．Hoboken，NJ：John Wiley & Sons．

Chernozhukov，Victor，Ivan Fernandez-Val，and Alfred Galichon．2007．Rearranging Edgeworth-Cornish-Fisher Expansions［J］，September．www．mit．edu/vchern/papers/EdgeworthRearranged-posted．pdf．

Coleman，Thomas S．1998a．Fitting Forward Rates to Market Data［J］．January 27．http://ssrn．com/abstract＝994870．

_____．1998b．A Practical Guide to Bonds and Swaps［J］．February 20．http://ssrn．com/abstract＝1554029．

_____．2007．Estimating the Correlation of Non-Contemporaneous Time-Series［J］．December 13．http://ssrn．com/abstract＝987119．

_____．2009．A Primer on Credit Default Swaps（CDS）［J］．December 29．http://ssrn．com/abstract＝1555118．

_____．2011a．A Guide to Duration，DV01，and Yield Curve Risk Transformations［J］．January 15．http://ssrn．com/abstract＝1733227．

_____．2011b．Probability，Expected Utility，and the Ellsberg Paradox［J］．February 26．http://ssrn．com/abstract＝1770629．

Coleman，Thomas S．，and Larry B．Siegel．1999．Compensating Fund Managers for Risk-Adjusted Performance［J］．Journal of Alternative Investments，2(3)：9-15．

Cramér，Harald．1974．Mathematical Methods of Statistics［M］．Princeton，NJ：Princeton University Press，First published 1946．

Credit Suisse Financial Products．1997．CreditRisk＋—A Credit Risk Management Framework［M］．Credit Suisse Financial Products．

Crosbie，Peter and Jeff Bohn．2003．Modeling Default Risk［J］．Moody's KMV，December 18，www．moodyskmv．com．

Crouhy，Michel，Dan Galai and Robert Mark．2001．Risk Management［M］．New York：McGraw-Hill．
_____．2006．Essentials of Risk Management［M］．New York：McGraw-Hill．

Drezner，Z．1978．Computation of the Bivariate Normal Integral［J］．Mathematics of Computation，32（January）：277-79．

Duffie，Darrel．2001．Dynamic Asset Pricing Theory．3rd ed［M］．Princeton，NJ：Princeton University Press．

Duffie，Darrel，and Kenneth J．Singleton．2003．Credit Risk：Pricing，Measurement，and Management．Princeton Series in Finance［M］．Princeton，NJ：Princeton University Press．

Eatwell，John，Murray Milgate，and Peter Newman，eds．1987．The New Palgrave：A Dictionary of Economics［M］．London：Macmillan Press Ltd．

Ellsberg，Daniel．1961．Risk，Ambiquity，and the Savage Axioms［J］．The Quarterly Journal of

Economics，75，（4，November）：543-669.

Embrechts，Paul，Claudia Klüppelberg，and Thomas Mikosch. 2003. Modelling Extremal Events for Insurance and Finance. corrected 4th printing[M]. Berlin：Springer Verlag.

Epstein，Larry G. 1999. A Definition of Uncertainty Aversion[J]. Review of Economic Studies，66，（3，July）：579-608.

Feller，William. 1968. An Introduction to Probability Theory and Its Applications，Volume I. Third Edition，Revised Printing[M]. New York：John Wiley & Sons.

Felsted，Andrea，and Francesco Guerrera. 2008. Inadequate Cover[J]. Financial Times，October 7.

Felsted，Andrea，Francesco Guerrera，and Joanna Chung. 2008. AI's Complexity Blamed for Fall[J]. Financial Times，October 7.

Friedman，Milton，and Anna Jacobson Schwartz. 1963. A Monetary History of the United States，1857-1960[M]. Princeton，NJ：Princeton University Press.

Frydl，Edward J. 1999. The Length and Cost of Banking Crises. International Monetary Fund Working Paper[J]. Washington DC：International Monetary Fund，March.

Gardner，Martin. 1959. Mathematical Games[J]. Scientific American，October.

Garman，M. B. 1996. Improving on VaR[J]. Risk，9(5)：61-63.

Gigerenzer，Gerd. 2002. Calculated Risks：Learning How to Know When Numbers Deceive You[M]. New York：Simon & Schuster.

_____. 2007. Gut Feelings：The Intelligence of the Unconscious[M]. New York：Penguin Group.

Gladwell，Malcolm. 2005. Blink[M]. New York：Little，Brown and Company.

_____. 2009. Cocksure：Banks，Battles，and the Psychology of Overconfidence[J]. The New Yorker，July 27.

Gordy，M. B. 2000. A Comparative Anatomy of Credit Risk Models[J]. Journal of Banking and Finance，24：119-149.

Hacking，I. 1990. The Taming of Chance[M]. Cambridge，UK：Cambridge University Press.

Hacking，Ian. 2001. Probability and Inductive Logic[M]. New York：Cambridge University Press.

Hacking，I. 2006. The Emergence of Probability. 2nd ed[M]. Cambridge，UK：Cambridge University Press.

Hadar，J.，and W. 1969. Russell. Rules for Ordering Uncertain Prospects[J]. American Economic Review，59：25-34.

Hald，A. 1952. Statistical Theory with Engineering Applications[M]. New York：John Wiley & Sons.

Hanoch，G.，and H. Levy. 1969. The Efficiency Analysis of Choices involving Risk[J]. Review of Economic Studies，36：335-346.

Hoffman，Paul. 1998. The Man Who Loved Only Numbers：The Story of Paul Erdos and the Search for Mathematical Truth[M]. New York：Hyperion.

Holm，Erik，and Margaret Popper. 2009. AIG's Liddy Says Greenberg Responsible for Losses[J]. Bloomberg website，March 2.

Hull，John C. 1993. Options，Futures，and Other Derivative Securities. 2nd ed[M]. Englewood Cliffs，NJ：Prentice-Hall.

Isserlis，L. 1918. On a Formula for the Product-Moment Coefficient of Any Order of a Normal

Frequency Distribution in Any Number of Variables[J]. Biometrika, 12: 134-139.

Jorion, Philippe. 2007. Value-at-Risk: The New Benchmark for Managing Financial Risk. 3rd ed[M]. New York: McGraw-Hill.

————. 2000. Risk Management Lessons from Long-Term Capital Management [J]. European Financial Management, 6(3): 277-300.

Kahneman, Daniel, and Amos Tversky. 1973. On the Psychology of Prediction[J]. Psychological Review, 80: 237-251.

Kahneman, Daniel, Paul Slovic, and Amos Tversky, eds. 1982. Judgment under Uncertainty: Heuristics and Biases[M]. Cambridge, UK: Cambridge University Press.

Kaplan, Michael, and Ellen Kaplan. 2006. Chances Are…Adventures in Probability[M]. New York: Viking Penguin.

Kendall, Maurice, and Alan Stuart. 1979. Advanced Theory of Statistics. Fourth. Vol. 2. 3 vols[M]. New York: Macmillan.

Keynes, John Maynard. 1921. A Treatise on Probability[M]. London: Macmillan.

Kindleberger, Charles P. 1989. Manias, Panics, and Crashes: A History of Financial Crises. Revised Edition[M]. New York: Basic Books.

Kmenta, Jan. 1971. Elements of Econometrics[M]. New York: Macmillan.

Knight, Frank. 1921. Risk, Uncertainty and Profit[M]. Boston: Houghton Mifflin Co.

Laeven, Luc, and Fabian Valencia. 2008. Systemic Banking Crises: A New Database[J]. IMF Working Paper.

Lakatos, Imre. 1976. Proofs and Refutations: The Logic of Mathematical Discovery[M]. Cambridge, UK: Cambridge University Press.

Langer, Ellen. 1975. The Illusion of Control[J]. Journal of Personality and Social Psychology, 32(2): 311-328.

Langer, Ellen, and Jane Roth. 1975. Heads I Win, Tails It's Chance: The Illusion of Control as a Function of Outcomes in a Purely Chance Task[J]. Journal of Personality and Social Psychology, 32 (6): 951-955.

LeRoy, Stephen F., and Larry D. Singell Jr. 1987. Knight on Risk and Uncertainty[J]. Journal of Political Economy, 95 (2, April): 394, doi:10. 1086/261461doi:10. 1086/261461.

Litterman, R. 1996. Hot Spots^{TM} and Hedges[J]. Journal of Portfolio Management (Special Issue), (December): 52-75.

Lleo, Sébastien. 2008. Risk Management: A Review[M]. London: CFA Institute Publications.

Lowenstein, Roger. 2000. When Genius Failed: The Rise and Fall of Long-Term Capital Management [M]. New York: Random House.

Mackay, Charles. 1932. Extraordinary Popular Delusions and the Madness of Crowds[M]. New York: Farrar Straus Giroux.

Mahajan, Sanjoy, Sterl Phinney, and Peter Goldreich. 2006. Order-of-Magnitude Physics: Understanding the World with Dimensional Analysis, Educated Guesswork, and White Lies[J]. March 20, www. stanford. edu/class/ee204/SanjoyMahajanIntro-01-1. pdf.

Markowitz, Harry M. 1959. Portfolio Selection[M]. Malden, MA: Blackwell Publishers.

_____. 2006. de Finetti Scoops Markowitz[J]. Journal of Investment Management, 4 (3, Third Quarter). Online only, and password protected, at www. joim. com.

Marrison, Chris. 2002. Fundamentals of Risk Measurement[M]. New York: McGraw-Hill.

Maslin, Janet. 2006. His Heart Belongs to (Adorable) iPod[J]. New York Times, October 19.

Mauboussin, Michael, and Kristin Bartholdson. 2003. On Streaks: Perception, Probability, and Skill [J]. Consilient Observer (Credit Suisse-First Boston), April 22.

McCullagh, P. , and J. A. Nelder. 1989. Generalized Linear Models. 2nd ed[M]. London: Chapman & Hall.

McNeil, Alexander, Rudiger Frey, and Paul Embrechts. 2005. Quantitative Risk Management[M]. Princeton, NJ: Princeton University Press.

Merton, Robert C. 1974. On the Pricing of Corporate Debt: The Risk Structure of Interest Rates[J]. Journal of Finance, 29 (2, May): 449-470.

Mirrlees, J. 1974. Notes on welfare economics, information, and uncertainty. In Contributions to Economic Analysis, ed. M. S. Balch, Daniel L. McFadden, and S. Y. Wu[M]. Amsterdam: North Holland.

_____. 1976. The Optimal Structure of Incentives and Authority within an Organization[J]. Bell Journal of Economics, 7(1): 105-131.

Mlodinow, Leonard. 2008. The Drunkard's Walk: How Randomness Rules Our Lives[M]. New York: Pantheon Books.

New School. Riskiness[J]. http://homepage. newschool. edu/het//essays/uncert/increase. htm.

Nocera, Joe. 2009. Risk Mismanagement [J]. New York Times, January 4, Magazine sec. www. nytimes. com/2009/01/04/magazine/04risk-t. html? _r=1&ref=business.

Press, William H. , Saul A. Teukolsky, William T. Vetterling, and Brian P. Flannery. 2007. Numerical Recipes, 3rd ed[M]. New York: Cambridge University Press.

Reinhart, Carmen M. , and Kenneth S. Rogoff. 2009. This Time Is Different: Eight Centuries of Financial Folly[M]. Princeton, NJ: Princeton University Press.

Rescher, Nicholas. 2001. Luck: The Brilliant Randomness of Everyday Life[M]. New York: Farrar Straus Giroux.

RiskMetric Group, Greg M. , Greg M. Gupton, and Christopher C. Finger. 1997. CreditMetrics— Technical Document [M]. RiskMetrics Group. www. riskmetrics. com/publications/techdocs/cmtdovv. html.

Rosenhouse, Jason. 2009. The Monty Hall Problem: The Remarkable Story of Math's Most Contentious Brainteaser[M]. New York: Oxford University Press.

Ross, Stephen. 1973. The Economic Theory of Agency: The Principal's Problem [J]. American Economic Review, 63 (2, May): 134-139.

Rothschild, M. , and J. E. Stiglitz. 1970. Increasing Risk I: A definition[J]. Journal of Economic Theory, 2(3): 225-243.

_____. 1971. Increasing Risk Ⅱ: Its economic consequences[J]. Journal of Economic Theory, 3 (1): 66-84.

Schmeidler, David. 1989. Subjective Probability and Expected Utility Without Additivity [J].

Econometrica，57（3，May）：571-587.

Selvin，S. 1975a. On the Monty Hall Problem[J]. American Statistician，29：134.

————. 1975b. A Problem in Probability[J]. American Statistician，29：67.

Shaw，W. T.，and K. T. A. Lee. 2007. Copula Methods vs. Canonical Multivariate Distributions：The Multivariate Student T Distribution with General Degrees of Freedom[J]. Kings College，London，April 24.

Stiglitz，J. E. 1974. Incentives and Risk Sharing in Sharecropping[J]. Review of Economic Studies，41（April）：219-255.

Stiglitz，J. E.. 1975. Incentives，Risk，and Information：Notes Toward a Theory of Hierarchy[J]. Bell Journal of Economics，6（2）：552-579.

Taleb，Nassim. 2004. Fooled by Randomness[M]. New York：Random House.

————. 2007. The Black Swan：The Impact of the Highly Improbable[M]. New York：Random House.

The Economist. 2008. AIG's Rescue：Size Matters[J]. The Economist，September 18，www. economist. com/finance/displaystory. cfm? story_id=12274070.

Tremper，Bruce. 2008. Staying Alive in Avalanche Terrain. 2nd ed[M]. Seattle WA：The Mountaineers Books.

Tversky，Amos，and Daniel Kahneman. 1974. Judgment under Uncertainty：Heuristics and Biases[J]. Science，185（4157）：1124-1131.

————. 1983,. Extensional versus Intuitive Reasoning：The Conjunction Fallacy in Probability Judgment[J]. Psychological Review，90（4，October）：293-315.

Valencia，Mathew. 2010. The Gods Strike Back[J]. Economist，February 11.

Varian，Hal R. 1978. Microeconomic Analysis[M]. W. W. Norton & Company.

vos Savant，Marilyn. 1990a. AskMarilyn[J]. Parade，September 9.

————. 1990b. AskMarilyn[J]. Parade，December 2.

————. 1996. The Power of Logical Thinking[M]. New York：St. Martin's Press.

Wechsberg，Joseph. 1967. The Merchant Bankers[M]. London：Weidenfeld and Nicolson.

WillmerHale. 2008a. Rogue Traders：Lies，Losses，and Lessons Learned[J]. Wilmer Hale，March. www. wilmerhale. com/files/Publication/738ab57aba44-4abe-9c3e-24ec62064e8d/Presentation/Publication Attachment/a5a7fbb0-e16e-4271-9d75-2a68f7db0a3a/Rogue％20Trader％20Article％20FINAL％20 for％20Alert. pdf.

Young，Brendon，and Rodney Coleman. 2009. Operational Risk Assessment[M]. Chichester，UK：John Wiley & Sons.

关于作者

托马斯·科尔曼（Thomas S. Coleman）在金融行业拥有 20 多年的工作经验，在交易、风险管理和量化建模方面拥有丰富的经验。科尔曼先生目前管理着一家风险咨询公司，在这之前曾经担任 Moore Capital Management，LLC（一家大型多元资产对冲基金管理公司）的量化分析和风险控制主管，以及一家伦敦对冲基金管理公司 Aequilibrium Investments Ltd. 的董事和创始成员。科尔曼先生也曾在卖方工作多年，包括在 TMG Financial Products、雷曼兄弟（Lehman Brothers）和位于伦敦的 S. G. Warburg 从事固定收益衍生品研究和交易。

在进入金融行业之前，科尔曼先生曾是一名学者，在纽约州立大学石溪分校教授本科生和研究生的经济学和金融学，目前他仍在福特汉姆大学工商管理研究生院和伦斯勒理工学院担任兼职教员。科尔曼先生拥有哈佛大学物理学学士学位，以及芝加哥大学经济学博士学位。他与罗杰·伊博森（Roger Ibbotson）和拉里·费舍尔（Larry Fisher）共同撰写了《美国国债收益率曲线》一书，并陆续在各类期刊上发表了大量文章。

关于译者

郭喜才，上海财经大学与美国俄勒冈大学联合培养金融数学与金融工程博士，华东政法大学商学院金融学硕士生导师，华东政法大学金融创新与风险管理研究所所长，上海市金融学会理事会理事，中国金融风险管理专家委员会（国家金融与发展实验室发起）专家委员。主要研究领域为中国资本市场以及金融工程、量化投资、风险管理等，出版专著《价格涨跌幅限制制度对证券市场的影响研究》《量化投资：量化选股策略研究》等。